全国高职高专建筑工程技术专业规划教材

建设工程监理概论

主　编　谢延友　张玉福
副主编　徐黎明　田明武　李　佳
　　　　袁俊利　王　伟
主　审　杨开云

黄河水利出版社
·郑州·

内 容 提 要

本书是按照我国建设工程法律法规、行业标准和该门课程的教学大纲编写的。全书共分九章，内容包括：建设工程监理与相关法规制度、监理工程师和工程监理企业、建设工程项目监理组织、建设工程监理的目标控制、建设工程合同与风险管理、建设工程安全与信息管理、建设工程监理文件、国外工程项目管理简介、案例分析等。

本书采用了最新标准和规范，其理论内容具有系统性、全面性，实践案例部分具有针对性、实用性，突出高等职业技术教育的特色，加大实践运用力度，满足专业特点要求，内容新颖、层次清晰、结构合理，适用于高职高专土建类专业的教学用书，也可作为岗位培训教材或供土建工程管理人员参考使用。

图书在版编目(CIP)数据

建设工程监理概论/谢延友，张玉福主编. —郑州：黄河水利出版社，2009.5

全国高职高专建筑工程技术专业规划教材

ISBN 978 - 7 - 80734 - 644 - 9

Ⅰ.建… Ⅱ.①谢… ②张… Ⅲ.建筑工程 - 监督管理 - 高等学校：技术学校 - 教材 Ⅳ.TU712

中国版本图书馆 CIP 数据核字(2009)第 074583 号

出 版 社：黄河水利出版社

地址：河南省郑州市顺河路黄委会综合楼 14 层　邮政编码：450003

发行单位：黄河水利出版社

发行部电话：0371 - 66026940、66020550、66028024、66022620(传真)

E-mail：hhslcbs@126.com

承印单位：黄河水利委员会印刷厂

开本：787 mm × 1 092 mm　1/16

印张：17.5

字数：404 千字　　印数：1—4 100

版次：2009 年 5 月第 1 版　　印次：2009 年 5 月第 1 次印刷

定价：29.00 元

前　言

本书为全国高职高专建筑工程技术专业系列规划教材之一。应高职高专建筑工程技术专业教学的需求，我们承担了“建设工程监理概论”这一专业课程的编写任务，其目的是使学生系统地掌握建设工程监理的相关知识、基本理论及方法，强化建设工程监理的技能，提高建设工程项目质量、投资、进度控制的能力，从而具备从事建设工程监理的基本能力，能够运用所学知识解决工程中的实际问题。

本书在介绍建设工程监理知识的基础上，以《建筑工程监理规范》(GB 50319—2000)为主线，以施工阶段监理的“三控制、三管理、一协调”的手段为重点，与其他教材相比增加了安全管理的内容，从而使知识结构更加合理、适用。本书力求突出能力训练，编写了应用案例并进行分析，可操作性强，体现了高职教育教材的特色。

本书由甘肃工业职业技术学院谢延友、沈阳农业大学高职学院张玉福担任主编，华北水利水电学院杨开云担任主审，广西水利电力职业学院徐黎明、四川水利职业技术学院田明武、三门峡职业技术学院李佳、濮阳职业技术学院袁俊利、河南省高等级公路建设监理部有限公司王伟担任副主编，甘肃工业职业技术学院王利军参编。编写分工及建议学时如下：

章节	内　容	编写责任人	课时数
第一章	建设工程监理与相关法规制度	徐黎明	4
第二章	监理工程师和工程监理企业	张玉福	4
第三章	建设工程项目监理组织	王伟	6
第四章	建设工程监理的目标控制	谢延友	8
第五章	建设工程合同与风险管理	谢延友、袁俊利	4
第六章	建设工程安全与信息管理	田明武	4
第七章	建设工程监理文件	谢延友、田明武	4
第八章	国外工程项目管理简介	王利军、徐黎明	4
第九章	案例分析	李佳	4
			42

在本书编写过程中，我们参阅和引用了一些优秀教材的内容，吸收了国内外众多专家的最新研究成果，在此一并表示感谢！

由于水平有限，加上时间仓促，书中不妥之处在所难免，我们恳切希望广大读者批评指正。

编　者

2009 年 3 月

目　录

第一章　建设工程监理与相关法规制度

【能力目标】

学完本章应会:建设工程监理的含义、性质、建设程序。

【教学目标】

通过本章学习,掌握建设工程监理的基本概念和内涵,建设工程监理的性质、作用、监理工作的任务;熟悉工程建设程序、监理工作的目标控制等内容;了解建设工程监理的发展及相关法律规章制度。

第一节　建设工程监理的基本概念

一、建设工程监理的定义

建设工程监理,是指针对工程项目建设,工程建设监理单位接受业主的委托和授权,根据国家批准的工程项目建设文件与有关工程建设的法律、法规和建设工程委托监理合同,以及其他建设工程合同所进行的旨在实现项目投资目的的微观监督管理活动。针对这一概念来分析,它包括六方面的内涵。

(一)建设工程监理是针对工程建设项目所进行的监督管理活动

根据2000年1月国务院发布的《建设工程质量管理条例》和2001年1月建设部发布的《建设工程监理范围和规模标准规定》,以下建设工程必须实行监理:国家重点建设工程;总投资额在3 000万元以上的大中型公用事业工程;建筑面积在5万m^2以上的、成片开发建设的住宅小区工程;高层住宅及地基、结构复杂的多层住宅;利用外国政府或者国际组织贷款、援助资金的工程;总投资额在3 000万元以上关系社会公共利益、公众安全的基础设施项目;学校、影剧院、体育场馆项目等。建设工程监理活动都是围绕工程建设项目来进行的。建设工程监理是直接为工程建设项目提供管理服务的行业,是工程建设项目管理服务的主体,但非管理主体。

(二)建设工程监理的行为主体是监理单位

建设工程监理不同于建设行政主管部门的监督管理,也不同于总承包单位对分包单位的监督管理,其行为主体是具有相应资质的工程监理企业。只有监理单位才能按照独立、自主的原则,以"公正的第三方"的身份开展工程建设监理活动。非监理单位进行的监督活动不能称为建设工程监理。

(三)建设工程监理的实施需要建设单位的委托和授权

由中华人民共和国第八届全国人民代表大会常务委员会第二十八次全体会议于1997年11月1日通过,并于1998年3月1日实施的《中华人民共和国建筑法》(以下简称《建筑法》)第三十一条规定:实行监理的建筑工程,由建设单位委托具有相应资质条件的工程监理单位监理。建设单位与其委托的工程监理单位应当订立书面委托监理合同。可见，工程监理企业是经建设单位的授权，代表其对承建单位的建设行为进行监控。这种委托和授权的方式也说明，监理单位及监理人员的权力主要是由作为管理主体的建设单位授权而转移过来的，而工程建设项目建设的主要决策权和相应风险仍由建设单位承担。

（四）建设工程监理是有明确依据的工程建设行为

建设工程监理是严格按照有关法律、法规和其他有关准则实施的。建设工程监理的依据是国家批准的工程建设项目建设文件，有关工程建设的法律和法规以及直接产生于本工程建设项目的建设工程委托监理合同和其他工程合同，并以此为准绳来进行监督、管理及评价。

（五）建设工程监理在现阶段主要发生在实施阶段

现阶段，我国建设工程监理主要发生在工程建设的实施阶段，即设计阶段、招标阶段、施工阶段以及竣工验收和保修阶段。也就是说，监理单位在与建设单位建立起委托与被委托、授权与被授权的关系后，还必须要有被监理方，需要与在项目实施阶段出现的设计、施工和材料设备供应等单位建立起监理与被监理的关系。这样监理单位才能实施有效的监理活动，才能协助建设单位在预定的投资、进度、质量目标内完成建设项目。

（六）建设工程监理是微观性质的监督管理活动

建设工程监理是针对一个具体的工程建设项目展开的，需要深入到工程建设的各项投资活动和生产活动中进行监督管理。其工作的主要内容包括：协助建设单位进行工程项目可行性研究，进行项目决策；对工程项目进行投资控制、进度控制、质量控制、合同管理、信息管理、安全管理和组织协调，协助业主实现建设目标。

二、建设工程监理的任务

建设工程监理的主要任务是对建设项目进行投资控制、质量控制、进度控制、合同管理、信息管理、安全管理、组织协调等，简称“三控制三管理一协调”。

（一）投资控制

监理单位审核施工单位编制的工程项目各阶段及各年、季、月度资金使用计划，并控制其执行；熟悉设计图纸、招标文件、合同价，分析合同价构成因素，找出工程费用最易突破的部分，从而明确投资控制的重点；预测工程风险及可能发生的索赔，制定防范性对策，一旦索赔事项发生，公正的进行处理；严格执行付款审核签证制度，严格计量与支付程序，及时审核签发付款证书。

（二）质量控制

在质量控制过程中，要做到“四不准”：人力、材料、机械设备不足，不准开工；未经检查认可的材料，不准使用；未经批准的施工工艺在施工中不准采用；前一道工序或分项工程部位未经监理人员验收，下一道工序或另一分项工程不准施工。

只有质量检查合格的分项工程，才能够给予计量从而给予支付工程款。

（三）进度控制

进度控制一般包括以下工作内容：

(1)审核施工单位编制的项目总进度计划及各年、季、月进度计划。

(2)审核施工进度计划与施工方案的协调性和合理性。

(3)审核施工单位提交的施工总平面布置图。

(4)审定材料、构配件及设备的采购供应计划。

(5)检查实际进度与计划进度的差异,并督促承包商采取一定措施保证进度。

(四)合同管理

合同管理是监理工作的重要内容。狭义的合同管理是指合同文件管理、会议管理、支付、合同变更、违约、索赔及风险分担、合同争议协调等。广义的合同管理是指监理单位受项目法人的委托,协助项目法人组织工程项目建设合同的签订,并在合同实施过程中管理合同。

(五)信息管理

信息管理是对信息的收集、整理、处理、储存、传递与应用等一系列工作的总称。信息管理是实现项目目标的重要手段。只有及时、准确地掌握项目建设中的信息,严格、有序地管理各种文件、图纸、记录、指令、报告和有关技术资料,完善信息资料的接收、签发、归档和查询等制度,才能使信息及时、准确、可靠地为建设监理提供工作依据,以便及时采取措施,有效完成监理任务。

(六)安全管理

安全管理是指在项目实施过程中组织安全生产的全部管理活动。通过项目实施安全状态的管理,减少或消除不安全的行为和状态,使项目工期、质量和投资等目标的实现得到充分的保障。

(七)组织协调

在工程项目实施过程中,存在大量的组织协调工作,项目法人和承包商之间由于各自的经济利益和对问题的不同理解,就会产生各种矛盾和冲突;在项目建设过程中,多部门、多单位以不同的方式为项目建设服务,他们也难以避免地会发生各种冲突。因此,监理工程师及时、准确地做好协调工作,是建设项目顺利进行的重要保证。

三、实行建设工程监理的依据

建设工程监理的依据包括建设工程相关法律法规、国家规范和验评标准及工程建设监理合同、施工合同、设计合同、勘察合同、设计文件等。

第二节　我国监理制度的起源和发展

为适应改革开放和社会主义市场经济发展的客观需要,我国自 1988 年开始实行建设监理制度,这给我国工程建设领域带来了深刻的变化,在提高工程质量、投资效益、规范建设行为等方面发挥了积极的作用。大体来说,我国监理事业的发展经历了三个阶段。

(1)第一阶段:1988 ~ 1992 年,为准备及试点阶段。

1988 年 8 月和 10 月,原国家建设部分别在北京和上海召开了第一次、第二次建设监理工作会议,确定北京、上海、天津、南京、宁波、沈阳、哈尔滨、深圳八市,交通部的公路和能源部的水电系统,进行监理试点。同年 11 月 12 日,研究制定了《关于开展建设监理试点工作的若干意见》,为试点工作的开展提供了依据。1988 年年底,监理试点工作同时在“八市二部”展开。

1992 年,监理试点工作迅速发展,《建设工程监理单位资质管理试行办法》、《监理工程师资格考试和注册试行办法》先后出台,监理取费办法也会同国家物价局制定颁发。

这一阶段的监理以自行监理为主,即由业主直接派出人员组建监理。社会对监理一词认识比较模糊。

(2)第二阶段:1993 ~ 1995 年,为稳步推进阶段。

1993 年 3 月,中国建设监理协会成立,标志着我国建设监理行业的初步形成。1995 年 12 月,建设部在北京召开了第六次全国建设监理工作会议,出台了《建设工程监理规定》、《建设工程监理合同(示范文本)》,进一步完善了我国的建设监理制度。

这一时期,监理对象除一些重点工程外,还有一些具有一定规模,投资相对较大的工程项目,如市政工程、高层建筑、小区开发等。监理队伍发展较快,社会监理机构发展迅速,监理方式除自行监理外开始委托社会化的独立的监理单位。

这一阶段的监理有自行监理和委托监理两种方式。

(3)第三阶段:1996 年至今,为全面推行阶段。

这一阶段,监理的范围继续扩大,监理队伍继续壮大,相关的法律法规更加完善。2001 年 1 月颁布的《建设工程监理范围和规模标准规定》明确了必须实行监理的建设工程项目。目前,全国已开展监理工作的地级以上城市有 100 多个,已成立监理单位 1 000 多家,其中甲级监理单位 100 多家;监理工作从业人员近 10 万人,其中有 1 000 多名监理工程师获得了注册证书。全国大型水电工程、铁路工程、大部分国道和高等级公路工程全部实行了监理。

第三节　建设工程监理的性质与作用

一、建设工程监理的性质

(一)服务性

服务性是建设工程监理的根本属性。监理单位本身不是建筑产品的投资者和生产者,它只是受业主委托,为其提供高智能的服务。在工程项目建设过程中,监理单位利用自己在工程建设方面的知识、技能和经验,对工程进行组织、协调、控制、监督,保证合同顺利实施。监理单位既不需要大量的机械、设备和劳务,一般也不需要雄厚的注册资本,其所获得的是技术服务性报酬,是脑力劳动的报酬。

服务的内容、方式、期限、报酬等,通过和业主签订委托合同来实现,是受法律保护的。

(二)独立性

监理单位是直接参与工程项目建设的“三方当事人”之一,它与业主、承包商之间的关系是平等的,横向的。监理单位和承包商之间虽然没有合同关系,但是业主和承包商之间的合同中有关条款已明确规定了二者之间监理与被监理的关系。

监理单位不得从事所监理工程的施工、建筑材料和构配件供应以及建筑机械设备的经营活动,以保证监理工作的独立性。

业主不得超出合同内容随意增减任务,也不得干涉监理工程师独立、正常的工作。

(三)公正性

公正性是监理单位生存和发展的基础。当业主和承包商发生利益冲突或矛盾时,监理工程师应当以公正的态度对待双方,以事实为依据,以有关法律、法规和双方所签订的工程建设合同为准绳,公正地解决和处理问题。

(四)科学性

建设监理是一种高智能的技术服务,从事建设监理活动应当遵循科学的准则。当今工程复杂程度、功能、标准要求越来越高,新材料、新工艺、新技术层出不穷,参加组织和建设的单位越来越多,市场竞争越来越激烈,风险日益增加。因此,只有采取新的更科学的思想、理论、方法、手段,才能驾驭工程项目建设。

二、建设工程监理的作用

建设工程监理制度的实行是我国工程建设领域管理体制的重大改革,它使得建设单位的工程项目管理走上了专业化、社会化的道路。随着我国加入 WTO,建设工程监理必将在制度化、规范化和科学化方面迈上新的台阶,并向国际监理水准迈进。近 20 年的实践表明,监理工作在提高工程质量、保证工程进度及控制投资三个方面均发挥了重要作用,取得了明显的社会效益和经济效益,促进了我国工程建设管理水平的提高,得到了全社会的广泛认同。建设工程监理的作用主要表现在以下几方面。

(一)有利于提高建设工程投资决策的科学化

工程项目可行性研究阶段就介入监理,可大大提高投资的经济效益,例如举世瞩目的巨型工程——三峡工程实施全方位建设工程监理,在提高投资的经济效益方面取得了显著成效。若建设单位委托工程监理企业实施全方位、全过程监理,则工程监理企业协助建设单位优选工程咨询单位、督促咨询合同的履行、评估咨询结果、提出合理化建议;有相应咨询资质的工程监理企业可以直接从事工程咨询。工程监理企业参与决策阶段的工作,不仅有利于提高项目投资决策的科学化水平,避免项目投资决策失误,而且可以促使项目投资符合国家经济发展规划、产业政策,符合市场需求。

(二)有利于规范参与工程建设各方的建设行为

社会化、专业化的工程监理企业在建设工程实施过程中对参与工程建设各方的建设行为进行约束,改变了过去政府对工程建设既要抓宏观监督,又要抓微观监督的不合理局面,可谓在工程建设领域真正实现了政企分开。工程监理企业主要依据委托监理合同和有关建设工程合同对参与工程建设各方的建设行为实施监督管理。尤其是全方位、全过程监理,通过事前、事中、事后控制相结合,可以有效地规范各承建单位以及建设单位的建设行为,最大限度地避免不当建设行为的发生,及时制止不当建设行为或者尽量减少不当建设行为造成的损失。

(三)有利于保证建设工程质量和使用安全

建设工程作为一种特殊的产品,除具有一般产品共有的质量特性外,还具有适用、耐久、安全、可靠、经济、与环境协调等特定内涵,因此保证建设工程质量和使用安全尤为重要。同时，工程质量又具有影响因素多、质量波动大、质量的隐蔽性、终检的局限性、评价方法的特殊性等特点，这就决定了建设工程的质量管理不能仅仅满足于承建单位的自身管理和政府的宏观监督。

有了工程监理企业的监理服务，既懂工程技术又懂经济管理的监理人员能及时发现建设过程中出现的质量问题，并督促质量责任人及时采取相应措施以确保实现质量目标和使用安全，从而避免留下工程质量隐患。

（四）有利于提高建设工程的投资效益和社会效益

就建设单位而言，希望在满足建设工程预定功能和质量标准的前提下，建设投资额最少；从价值工程观念出发，追求在满足建设工程预定功能和质量标准的前提下，建设工程寿命周期费用最少；对国家、社会公众而言，应实现建设工程本身的投资效益与环境、社会效益的综合效益最大化。实行建设工程监理制之后，工程监理企业不仅能协助建设单位实现建设工程的投资效益，还能大大提高我国全社会的投资效益，促进国民经济的发展。

目前，工程监理制度得到了社会广泛认可。在铁道、交通、水利、电力、冶金、航空航天、石油化工、房屋建筑和市政公用等各类建设工程中普遍实施了工程监理制度，尤其是在三峡工程、青藏铁路、西气东输、西电东送、南水北调等一批国家重点工程和大中型建设项目上，工程监理的作用日益明显。正是由于工程监理已成为工程建设不可缺少的重要环节，所以目前大多数建设单位正在从被动接受监理向主动选择监理转变。

但是我们必须认识到，监理工作正面临世界经济一体化、市场经济体制不断健全和建设项目组织实施方式改革带来的机遇和挑战。工程监理企业必须进一步树立市场竞争观念、经营理念和服务意识，不断拓展经营范围、扩大经营规模，从单一的施工阶段监理向建设工程全过程的项目管理延伸，应用现代项目管理理论，采用先进的项目管理方法和技术手段，为业主提供全过程、全方位的咨询服务。有条件、有实力的工程监理企业应逐步参与国际市场竞争，形成有国际竞争力的大型项目管理企业。

第四节　建设工程法律法规体系及有关制度

一、法律法规体系概述

在我国，不同的国家机关有不同的立法权，所制定的法律规范也具有不同的效力。所谓法的效力，是指法在什么地方、对什么人、在什么时间内有效，以及是否溯及既往。这些法律法规构成一个有机整体，调整着社会生活各个方面的法律关系。

根据法的效力不同，我国的法律法规分为不同的层次。

（一）宪法

《中华人民共和国宪法》是我国的根本大法，又称母法，在我国的法律体系中具有最高的法律效力。它由全国人民代表大会制定，由全体与会代表的三分之二以上的代表表决同意。任何法律法规不得与宪法相抵触。

（二）法律

法律的效力仅次于宪法，但高于其他的法。法律可分为基本法律和一般法律。

基本法律，是指规定国家的政治、经济、文化及其他社会生活中的某些基本的和主要的社会关系的法律规范。它由全国人民代表大会制定，半数以上代表通过即可。如《中华人民共和国刑法》、《中华人民共和国民法通则》、《中华人民共和国民事诉讼法》、《中华人民共和国刑事诉讼法》、《中华人民共和国合同法》等。

一般法律，是规定国家的政治、经济、文化及其他社会生活中某个方面社会关系的法律规范。其制定和修改由全国人大常委会委员半数以上通过即可。如《建筑法》、《招标投标法》、《安全生产法》、《行政许可法》、《标准化法》等。

（三）行政法规

行政法规是国务院制定的规范性文件，其效力低于法律。如《建设工程质量管理条例》、《建设工程勘察设计管理条例》、《建设工程安全生产管理条例》、《生产安全事故报告和调查处理条例》、《对外承包工程管理条例》等。

（四）部门规章

部门规章是由国务院各部、委制定并由国务院认可的法律规范性文件，其效力低于法律和行政法规。建设部制定的一系列规章，如《建筑工程施工发包与承包计价管理办法》、《实施工程建设强制性标准监督规定》、《工程建设项目施工招标投标办法》、《建筑工程施工许可管理办法》、《工程监理企业资质管理规定》、《外商投资建设工程服务企业管理规定》、《房屋建筑工程和市政基础设施工程竣工验收备案管理暂行办法》、《建设工程监理与相关服务收费管理规定》、《建设工程监理合同（示范文本）》。

（五）地方性法规

地方性法规是指省、自治区、直辖市以及省、自治区人民政府所在地的市和经国务院批准的较大市的人民代表大会及其常委会，在其法定权限内制定的法律规范性文件。地方性法规具有地方性，只在本辖区内有效，其效力低于法律和行政法规。如《黑龙江省建筑市场管理条例》、《内蒙古自治区建筑市场管理条例》、《北京市建设工程施工现场管理办法》、《深圳经济特区建设工程施工招标投标条例》等。

（六）地方政府规章

由省、自治区、直辖市以及省、自治区人民政府所在地的市和经国务院批准的较大的市的人民政府所制定的法律规范文件，其效力低于法律和行政规章，低于同级或上级地方性法规，如《甘肃省民用建筑节能管理规定》、《河南省发展应用新型墙体材料管理办法》等。

二、建设程序

所谓建设程序是指一项建设工程从设想、提出到决策，经过设计、施工，直至投产或交付使用的整个过程中应当遵循的内在规律。按照建设项目发展的内在联系和发展过程，建设程序分成若干阶段，这些发展阶段有严格的先后次序，不能任意颠倒、违反它的发展规律。

在我国按现行规定，基本建设项目从建设前期工作到建设、投产一般要经历以下几个阶段的工作程序：

(1)根据国民经济和社会发展长远规划，结合行业和地区发展规划的要求，提出项目建议书。

(2)在勘察、试验、调查研究及详细技术经济论证的基础上编制可行性研究报告。

(3)根据项目的咨询评估情况,对建设项目进行决策。

(4)根据可行性研究报告编制设计文件。

(5)初步设计经批准后,做好施工前的各项准备工作。

(6)组织施工,并根据工程进度做好生产准备。

(7)项目按批准的设计内容建成并经竣工验收合格后,正式投产,交付生产使用。

(8)生产运营一段时间后(一般为两年),进行项目后评价。

以上程序可由项目审批主管部门视项目建设条件、投资规模作适当合并。

目前,我国基本建设程序的内容和步骤主要有:前期工作阶段,主要包括项目建议书、可行性研究、设计工作;建设实施阶段,主要包括施工准备、建设实施;竣工验收阶段和后评价阶段。这几个大的阶段中每一阶段都包含着许多环节和内容。

(一)前期工作阶段

1. 项目建议书

项目建议书是要求建设某一具体项目的建议文件,是基本建设程序中最初阶段的工作,是投资决策前对拟建项目的轮廓设想。项目建议书的主要作用是为了推荐一个拟进行建设的项目的初步说明,论述它建设的必要性、条件的可行性和获得的可能性,供基本建设管理部门选择并确定是否进行下一步工作。

项目建议书报经有审批权限的部门批准后,可以进行可行性研究工作,但并不表明项目非上不可,项目建议书不是项目的最终决策。

项目建议书的审批程序:项目建议书首先由项目建设单位通过其主管部门报行业归口主管部门和当地发展计划部门(其中工业技改项目报经贸部门),由行业归口主管部门提出项目审查意见(着重从资金来源、建设布局、资源合理利用、经济合理性、技术可行性等方面进行初审),发展计划部门参考行业归口主管部门的意见,并根据国家规定的分级审批权限负责审、报批。凡行业归口主管部门初审未通过的项目,发展计划部门不予审、报批。

2. 可行性研究

(1)可行性研究。项目建议书一经批准,即可着手进行可行性研究。可行性研究是指在项目决策前,通过对项目有关的工程、技术、经济等各方面条件和情况进行调查、研究、分析,对各种可能的建设方案和技术方案进行比较论证,并对项目建成后的经济效益进行预测和评价的一种科学分析方法,由此考查项目技术上的先进性和适用性、经济上的盈利性和合理性、建设的可能性和可行性。可行性研究是项目前期工作的最重要的内容,它从项目建设和生产经营的全过程考察分析项目的可行性,其目的是回答项目是否必要建设,是否可能建设和如何进行建设的问题,其结论为投资者的最终决策提供直接的依据。因此,凡大中型项目以及国家有要求的项目,都要进行可行性研究,其他项目有条件的也要进行可行性研究。

(2)可行性研究报告的编制。可行性研究报告是确定建设项目、编制设计文件和项目最终决策的重要依据,要求必须有相当的深度和准确性。承担可行性研究工作的单位必须是经过资格审定的规划、设计和工程咨询单位,要有承担相应项目的资质。

(3)可行性研究报告的审批。可行性研究报告经评估后按项目审批权限由各级审批部门进行审批。其中,大中型和限额以上项目的可行性研究报告要逐级报送国家发展和改革委员会审批,同时要委托有资格的工程咨询公司进行评估。小型项目和限额以下项目,一般由省级发展计划部门、行业归口管理部门审批。受省级发展计划部门、行业主管部门的授权或委托,地区发展计划部门可以对授权或委托权限内的项目进行审批。可行性研究报告批准后即国家同意该项目进行建设,一般先列入预备项目计划。列入预备项目计划并不等于列入年度计划,何时列入年度计划,要根据其前期工作进展情况、国家宏观经济政策和对财力、物力等因素进行综合平衡后决定。

3. 设计工作

一般建设项目(包括工业建筑、民用建筑、城市基础设施、水利工程、道路工程等),设计过程划分为初步设计和施工图设计两个阶段。对技术复杂而又缺乏经验的项目,可根据不同行业的特点和需要,增加技术设计阶段。对一些水利枢纽、农业综合开发、林区综合开发项目,为解决总体部署和开发问题,还需进行规划设计或编制总体规划,规划审批后编制具有符合规定深度要求的实施方案。

(1)初步设计(基础设计)。初步设计的内容依项目的类型不同而有所变化,一般来说,它是项目的宏观设计,即项目的总体设计、布局设计,主要的工艺流程、设备的选型和安装设计,土建工程量及费用的估算等。初步设计文件应当满足编制施工招标文件、主要设备材料订货和编制施工图设计文件的需要,是下一阶段施工图设计的基础。

初步设计(包括项目概算)根据审批权限,由发展计划部门委托投资项目评审中心组织专家审查通过后,按照项目实际情况,由发展计划部门或会同其他有关行业主管部门审批。

(2)施工图设计(详细设计)。施工图设计的主要内容是根据批准的初步设计,绘制出正确、完整和尽可能详细的建筑、安装图纸。施工图设计完成后,必须委托由施工图设计审查单位审查并加盖审查专用章后使用。审查单位必须是取得审查资格,且具有审查权限要求的设计咨询单位。经审查的施工图设计还必须经有权审批的部门进行审批。

(二)建设实施阶段

1. 施工准备

(1)建设开工前的准备。主要内容包括:征地、拆迁和场地平整;完成施工用水、电、路等工程;组织设备、材料订货;准备必要的施工图纸;组织招标投标(包括监理、施工、设备采购、设备安装等方面的招标投标),并择优选择施工单位,签订施工合同。

(2)项目开工审批。建设单位在工程建设项目可研批准,建设资金已经落实,各项准备工作就绪后,应当向当地建设行政主管部门或项目主管部门及其授权机构申请项目开工审批。

2. 建设实施

(1)项目新开工建设时间。开工许可审批之后即进入项目建设施工阶段。开工之日按统计部门规定是指建设项目设计文件中规定的任何一项永久性工程(无论生产性或非生产性)第一次正式破土开槽开始施工的日期。公路、水库等需要进行大量土、石方工程的，以开始进行土方、石方工程作为正式开工日期。

(2)年度基本建设投资额。国家基本建设计划使用的投资额指标，是以货币形式表现的基本建设工作，是反映一定时期内基本建设规模的综合性指标。年度基本建设投资额是建设项目当年实际完成的工作量，包括用当年资金完成的工作量和动用库存的材料、设备等内部资源完成的工作量；而财务拨款是当年基本建设项目实际货币支出。投资额是以构成工程实体为准，财务拨款是以资金拨付为准。

(3)生产或使用准备。生产准备是生产性施工项目投产前所要进行的一项重要工作。它是基本建设程序中的重要环节，是衔接基本建设和生产的桥梁，是建设阶段转入生产经营的必要条件。使用准备是非生产性施工项目正式投入运营使用所要进行的工作。

(三)竣工验收阶段

1. 竣工验收的范围

根据国家规定，所有建设项目按照上级批准的设计文件所规定的内容和施工图纸的要求全部建成，工业项目经负荷试运转和试生产考核能够生产合格产品，非工业项目符合设计要求，能够正常使用，都要及时组织验收。

2. 竣工验收的依据

按国家现行规定，竣工验收的依据是经过上级审批机关批准的可行性研究报告、初步设计或扩大初步设计(技术设计)、施工图纸和说明、设备技术说明书、招标投标文件和工程承包合同、施工过程中的设计修改签证、现行的施工技术验收标准及规范，以及主管部门有关审批、修改、调整文件等。

3. 竣工验收的准备

竣工验收的准备主要有三方面的工作：一是整理技术资料。各有关单位(包括设计、施工单位)应将技术资料进行系统整理，由建设单位分类立卷，交生产单位或使用单位统一保管。技术资料主要包括土建方面、安装方面及各种有关的文件、合同和试生产的情况报告等。二是绘制竣工图纸。竣工图必须准确、完整、符合归档要求。三是编制竣工决算。建设单位必须及时清理所有财产、物资和未花完或应收回的资金，编制工程竣工决算，分析预(概)算执行情况，考核投资效益，报规定的财政部门审查。

一般非生产项目的验收要提供以下文件资料：项目的审批文件、竣工验收申请报告、工程决算报告、工程质量检查报告、工程质量评估报告、工程质量监督报告、工程竣工财务决算批复、工程竣工审计报告、其他需要提供的资料。

4. 竣工验收的程序和组织

按国家现行规定，建设项目的验收根据项目的规模大小和复杂程度可分为初步验收和竣工验收两个阶段进行。规模较大、较复杂的建设项目应先进行初验，然后进行全部建设项目的竣工验收。规模较小、较简单的项目，可以一次进行全部项目的竣工验收。

建设项目全部完成，经过各单项工程的验收，符合设计要求，并具备竣工图表、竣工决算、工程总结等必要文件资料，由项目主管部门或建设单位向负责验收的单位提出竣工验收申请报告。竣工验收的组织要根据建设项目的重要性、规模大小和隶属关系而定，大中型及限额以上基本建设和技术改造项目，由国家发展和改革委员会或由国家发展和改革委员会委托项目主管部门、地方政府部门组织验收，小型项目及限额以下基本建设和技术改造项目由项目主管部门与地方政府部门组织验收。竣工验收要根据工程的规模大小和复杂程度组成验收委员会或验收组。验收委员会或验收组负责审查工程建设的各个环节,听取各有关单位的工作总结汇报,审阅工程档案并实地查验建筑工程和设备安装,并对工程设计、施工和设备质量等方面做出全面评价。不合格的工程不予验收;对遗留问题提出具体解决意见,限期落实完成。最后经验收委员会或验收组一致通过,形成验收鉴定意见书。验收鉴定意见书由验收会议的组织单位印发各有关单位执行。

生产性项目的验收根据行业不同有不同的规定。工业、农业、林业、水利及其他特殊行业,要按照国家相关的法律、法规及规定执行。上述程序只是反映项目建设共同的规律性程序,不可能反映各行业的差异性。因此,在建设实践中,还要结合行业项目的特点和条件,有效地去贯彻执行基本建设程序。

(四)后评价阶段

建设项目后评价是工程项目竣工投产、生产运营一段时间后,再对项目的立项决策、设计施工、竣工投产、生产运营等全过程进行系统评价的一种技术经济活动。通过建设项目后评价以达到肯定成绩、总结经验、研究问题、吸取教训、提出建议、改进工作、不断提高项目决策水平和投资效果的目的。

我国目前开展的建设项目后评价一般都按三个层次组织实施,即项目单位的自我评价、项目所在行业的评价和各级发展计划部门(或主要投资方)的评价。

三、建设工程主要管理制度

按照我国有关规定,在工程建设中,应当实行项目法人责任制、工程招标投标制、建设工程监理制、合同管理制等主要制度。这些制度共同构成了建设工程管理制度体系。

(1)项目法人责任制:为了建立投资约束机制,规范建设单位的行为,建设工程应当按照政企分开的原则组建项目法人,实行项目法人责任制,即由项目法人对项目的策划、资金筹措、建设实施、生产经营、债务偿还和资产的保值增值,实行全过程负责的制度。

(2)工程招标投标制:我国《招标投标法》对招标范围和规模标准、招标方式和程序、招标投标活动的监督等内容作出了相应的规定。

(3)建设工程监理制:1988 年建设部发布的“关于开展建设监理工作的通知”中明确提出要建立建设监理制度;《建筑法》也作了“国家推行建筑工程监理制度”的规定。

(4)合同管理制:合同管理制的基本内容是:建设工程的勘察、设计、施工、材料设备采购和建设工程监理都要依法订立合同。各类合同都要有明确的质量要求、履约担保和违约处罚条款。违约方要承担相应的法律责任。合同管理制的实施对建设工程监理开展合同管理工作提供了法律上的支持。

四、《建设工程监理规范》

见附录一。

五、施工旁站监理管理办法

(1)《建设工程旁站监理管理规定》,见附录二。

(2)《房屋建筑工程施工旁站监理管理办法(试行)》,见附录三。

小　结

建设工程监理,是指针对工程项目建设,工程建设监理单位接受业主的委托和授权,根据国家批准的工程项目建设文件、有关工程建设的法律、法规和建设工程委托监理合同以及其他建设工程合同所进行的旨在实现项目投资目的的微观监督管理活动。建设工程监理的主要任务是对建设项目进行投资控制、质量控制、进度控制、合同管理、信息管理、安全管理、组织协调等,简称"三控制三管理一协调"。建设监理的依据包括建设工程相关法律法规、国家规范和验评标准及工程建设监理合同、施工合同、设计合同、勘察合同、设计文件等。建设工程监理的性质有服务性、独立性、公正性、科学性。目前我国基本建设程序的内容和步骤主要有:前期工作阶段,主要包括项目建议书、可行性研究、设计工作;建设实施阶段,主要包括施工准备、建设实施;竣工验收阶段和后评价阶段。

思考题

1. 建设工程监理的主要任务是什么?

2. 我国监理事业的发展经历了哪三个阶段?

3. 建设工程监理的性质有哪些?

4. 根据法的效力不同,我国的法律法规分为哪些层次?

5.《建筑法》、《建设工程安全生产管理条例》、《建设工程监理与相关服务收费管理规定》、《甘肃省民用建筑节能管理规定》在法律法规中各属于哪个层次?

6. 现阶段,我国建设工程的建设程序是什么?

第二章　监理工程师和工程监理企业

【能力目标】

学完本章应会：监理工程师的含义，监理企业的资质等级、业务范围和经营准则。

【教学目标】

通过本章学习，掌握监理人员的职责及监理企业的经营活动基本准则等内容；熟悉什么是监理工程师，监理工程师应负的责任和应具备的素质及监理企业的设立、资质条件要求等内容；了解监理工程师的法律责任、资质管理及工程监理企业资质管理内容。

第一节　监理工程师概述

一、监理工程师

监理工程师是指在工程建设监理工作岗位上工作，参加全国工程建设监理工程师资格统一考试合格，获得工程建设监理工程师资格证书，并经注册的工程建设监理人员。监理工程师不是国家现有专业技术职称的一个类别，它具有以下特点：第一，监理工程师是从事监理工作的人员；第二，已经取得国家确认的监理工程师资格证书，经省、自治区、直辖市建设厅或由国务院水利、交通等部门的建设主管单位核准、注册，取得监理工程师岗位证书。监理工程师并非终身职务，只有具备资格并经注册上岗，从事监理工作的人员，才能称为监理工程师。

监理工程师是一种岗位职务，由政府部门审核资格并注册，具有相应岗位责任的签字权，这是与未取得监理工程师岗位证书的监理从业人员的区别。

关于监理人员的称谓，不同国家的叫法不尽相同。FIDIC《土木工程施工合同条件》（第四版）业主指定的工程师（Engineer）分为工程师、工程师代表和助理。根据《工程建设监理规定》（建监〔1995〕737 号）文件规定，建设监理人员分为总监理工程师、监理工程师和监理员。

工程项目建设监理实行总监理工程师负责制。总监理工程师行使合同赋予监理企业的权限，全面负责受委托的监理工作。总监理工程师在授权范围内发布有关指令，签认所监理的工程项目有关款项的支付凭证。项目法人不得擅自更改总监理工程师的指令。总监理工程师有权建议撤换不合格的工程建设分包商和项目负责人及有关人员。总监理工程师要公正地协调项目法人与被监理企业的争议。

总监理工程师代表或副总监理工程师由总监理工程师任命和授权，行使总监理工程师授予的权利，从事总监理工程师委派的工作，并对总监理工程师负责。

专业监理工程师是项目监理机构中的一种岗位设置，可按工程项目的专业设置，也可按部门或某一方面的业务设置。当工程项目规模大，在某些专业或某一方面业务宜设置几名专业监理工程师时,总监理工程师在他们中应指定负责人。

监理员是经过专门监理业务培训,具有同类工程相关专业知识,从事具体监理工作的监理人员。监理员不同于项目监理机构中的其他行政辅助人员,属于工程技术人员,协助监理工程师开展监理工作,对监理工程师负责。

二、监理工程师素质要求

工程建设监理企业的职责是受工程建设项目业主的委托,对工程建设进行监督和管理。建设监理是一种高智能的有偿技术服务。因此,对于监理工程师来说,要求有比较广泛的知识面、比较高的业务水平和丰富的工程实践经验,还要有较高的政策水平,能够胜任对工程项目进行监督管理,提出指导性意见,能够组织协调与工程建设各方的关系,共同完成工程建设任务。

(一)监理工程师应具备的素质

监理工程师是一种高智能的复合型人才,具体表现在以下几个方面。

1. 监理工程师应当具有较高的理论水平

监理工程师作为从事工程监理活动的骨干人员,只有具有较高的理论水平,才能保证在监理过程中抓重点、抓方法、抓效果,分析和解决问题时才能从理论高度着手,才能起到权威作用。监理工程师的理论水平和修养应当是多方面的。首先,应当熟知工程建设方针、政策、法律、法规知识,并且具有较好的法律、法规意识,在监理实践中准确应用;其次,应当掌握工程建设方面的专业理论,知其然并知其所以然,在解决实际问题时能够透过现象看本质,从根本上解决和处理问题。

2. 监理工程师应当具备较高的专业技术水平

监理业务专业性强,监理工程师要向项目法人提供工程项目的技术咨询服务,必须具有较高的专业技术水平,如在建设项目监理工作中涉及建筑、结构、施工、材料、金结设备、电气设备等诸多方面的专业知识。监理企业开展监理工作,必须具备与所监理工程在专业上相适应的监理人员。

3. 监理工程师的工程经验和实践能力

建设监理工作是实践性很强的工作,监理工程师必须具有丰富的工程建设实践经验。没有知识就谈不到应用,而提高知识应用水平离不开实践的过程,经验来自积累,解决工程实际问题,离不开正反两方面的工程经验。

监理活动伴随着工程项目的动态过程进行,监理工程师需要在动态过程中发现问题与解决问题,而发现和解决问题的能力,在很大程度上取决于监理工程师的经验和阅历。见多识广,就能够对可能发生的问题加以预见,从而采取主动控制措施;经验丰富,就能够对突然出现的问题及时采取有效方法加以处理,积累工程经验相当于建立存储解决工程问题的"方法库",对"常见病"可以按惯用"药方"有效解决,对新问题可以借鉴类似问题的解决方法。因此,丰富的工程经验是胜任监理工作、有信心做好监理工作的基本保证。

4. 监理工程师应当具有足够的管理知识

监理企业在项目建设中作为合同管理的核心,要求监理工程师应具有计划、组织、协调和控制等广泛的管理知识。项目建设参与部门多,人员、设备、材料、附属设施、场地等资源因素复杂，项目建设过程中受技术、资金、现场条件和不可抗力等因素制约大，因此计划管理、资源管理、风险预测与决策、生产组织管理、关系协调、成果检验与验收管理、信息管理等，都是监理工程师应当具备的基本管理知识，对监理工程师和部门监理负责人尤为重要。

5. 监理工程师应当熟知法律、法规知识

无论是监理工程师协助项目法人组织招标工作、签订合同，还是进行合同管理，都涉及诸多法律、法规和规章。如《招标投标法》、《合同法》、《价格法》、《劳动法》、《建设工程质量管理条例》、《注册监理工程师管理规定》等。监理工程师只有熟知有关法律、法规和规章，才能在监理工作中遵守法律、法规和规章，如招标文件内容合法、招标过程合法、合同签订合法、处理合同问题合法、解决合同争议的原则和方法合法等。

6. 监理工程师应当具备足够的经济方面的知识

监理工程师还应当具备足够的经济方面的知识，因为从整体讲，工程项目建设的过程就是投资投放使用的过程。从项目的提出到建成乃至它整个寿命期，资金的筹措、使用、控制和偿还都是极为重要的工作。在项目实施过程中，监理工程师需要做好各项经济方面的监理工作，如在项目前期协调项目法人对项目进行论证，对各种工程变更方案进行技术经济分析以及概预算审核等；在合同文件中合理、准确约定有关费用的事宜；在合同实施中正确处理有关工程款支付、变更、索赔等问题。

7. 监理工程师应当具有较高的外语水平

监理工程师如果从事国际工程监理，则必须具备较高的外语水平，即具有会话、谈判、阅读（招标文件、合同条件、技术规范等）以及写作（公函、合同、电传等）方面的外语能力。同时，还要具有国际金融、国际贸易和国际经济技术合作有关法律等方面的基础知识。随着我国对外开放的扩大，对监理工程师的外语水平将有更高、更普遍的要求。

（二）总监理工程师的作用与素质

工程监理企业内部的工作关系如图 2-1 所示。一般是监理企业的副经理对经理负责，工程项目总监对主管副经理负责，工程项目实行总监负责制。

总监理工程师是监理企业派往项目地执行组织机构的全权负责人，代表监理企业全面负责和领导工程项目的建设监理工作，包括组建建设项目的监理班子，主持制定监理规划，组织实施监理活动，对外向业主负责，对内向监理企业负责。因此，总监理工程师在项目监理过程中，扮演着一个很重要的角色，是项目监理的责任、权力和利益的主体。

总监理工程师又是一个工程项目中的监理工作的总负责人，在管理工作中担任决策职能，直接主持或参加重要方案的规划工作，并进行必要的监督和检查；同时，他也有执行的职能，对本企业的指示、业主按监理合同的规定范围发出的指示、监理合同要求应认真执行。

应建立健全总监理工程师负责制，确立总监理工程师在项目监理中的领导地位和作用，明确总监理工程师在监理工作中的责、权、利，健全监理机构，完善运行制度，提高监理手段，形成一个以总监理工程师为核心的决策运行体系。

由于总监理工程师在项目建设中所处的位置，要求总监理工程师具有较高的素质，主要表现在以下几个方面。

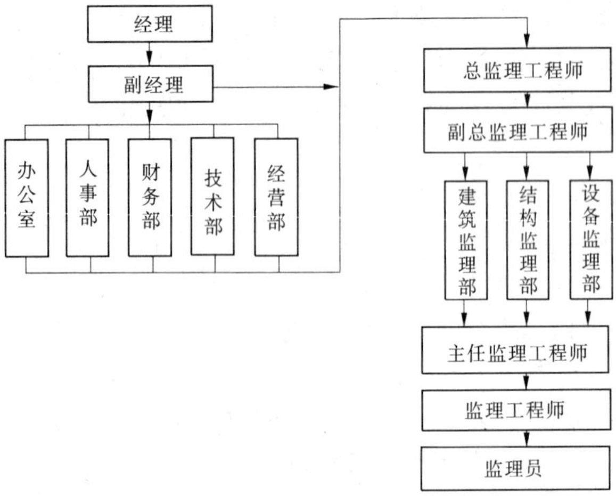

图 2-1　工程监理企业内部的工作关系

1. 专业知识的深度

总监理工程师必须精通专业知识，其特长应和项目专业技术相对口。作为总监理工程师如果不懂专业技术，就很难在重大技术方案、施工方案的决策上勇于决断，更难以按照工程项目的工艺、施工逻辑开展监理工作和鉴别工程施工技术方案、工程设计和设备选型等的优劣。

当然，不能要求总监理工程师对所有技术都很精通，但必须熟悉主要技术，借助于技术专家和各专业监理工程师的协助，就可以应对自如，胜任职责。例如，从事水利水电工程建设的总监理工程师，要求必须是精通水电专业知识，其专业特长应和监理项目专业技术相“对口”。水利水电工程尤其是大、中型工程项目，其工艺、技术、设备专业性很强，作为总监理工程师如果不懂水电专业技术，就很难胜任水利水电工程建设项目的监理工作。

2. 管理知识的广度

监理工作具有专业交叉渗透、覆盖面宽等特点。因此，总监理工程师不仅需要一定深度的专业知识，更需要具备管理知识的才能。只精通技术，不熟悉管理的人不宜做总监理工程师。

3. 组织协调的能力

总监理工程师要带领监理人员圆满实现项目目标，要与上上下下的人合作共事，要与不同地位和知识背景的人打交道，要把各方面的关系协调好，这一切都离不开高超的领导艺术和良好的组织协调能力。

1）总监理工程师的理论修养

现代化行为科学和管理心理学，应作为总监理工程师学习和应用的理论基础。如知识理论、需要理论、授权理论、激励理论等，结合工程项目的组织设计，选择下属人员并对其委派、奖惩、培训、考核等。

2）总监理工程师的榜样作用

作为监理工程师班子的带头人，总监理工程师榜样作用的本身就是无形的命令，具有很大的影响力，这种榜样作用往往是靠领导者的作风和行动体现的。总监理工程师的实干精神、开拓进取精神、团结精神、牺牲精神、不耻下问的精神和雷厉风行的作风，对下属有巨大的感召力，有利于形成班子内部的合作气氛和奋斗进取的作风。

总监理工程师尤其应该认识到，良好的群众意识会产生巨大的向心力，温暖的集体本身对成员就是一种激励；适度的竞争氛围与和谐的共事氛围相互补充，才易于保持良好的人际关系和心理的平衡。

3）总监理工程师的个人素质

总监理工程师作为监理班子的领导指挥者，要圆满地完成任务，离不开良好的组织才能和优秀的个人素质。这种素质具体表现如下：

（1）决策应变能力。工程施工中的地质、设计、施工条件和施工设备等情况多变，只有及时决断，灵活应变，才能抓住战机，避免失误。例如，在重大施工方案选择、合同谈判、纠纷处理等重大问题处理上，总监理工程师的决策应变水平显得特别重要。

（2）组织指挥能力。总监理工程师在项目建设中责任大、任务繁重，作为监理人员的最高领导人必须能指挥若定，因而良好的组织领导才能就成了总监理工程师的必备素质。总监理工程师要避免组织指挥失误，特别需要统筹全局，防止陷入事务圈子或把精力过分集中于某一专门性问题，所以良好的组织指挥才能的产生，需要阅历的积累和实践的磨练，而且这种才能的发挥，需要以充分的授权为前提。

（3）协调控制能力。总监理工程师要力求把参加工程建设的各方组织成一个整体，要处理各种矛盾、纠纷，就要求具备良好的协调能力和控制能力。为了确保工程目标的实现，总监理工程师应该认识到：协调是手段，控制是目的，两者缺一不可，互相促进。所以，总监理工程师必须对工程的进度、质量、投资及所有重大工程活动进行严格监督和科学控制。

（4）其他能力。总监理工程师在工程建设中经常扮演多重角色，需要处理各种人际关系，因而还必须具备交际沟通能力、谈判能力、说服他人的能力等。这些能力的取得，主要靠在实践中磨练。

4）开会艺术

会议是总监理工程师沟通情况、协调矛盾、反馈信息、制定决策和下达指令的主要方式，也是总监理工程师对工程进行监督控制和对内部人员进行有效管理的重要工具。如何高效率地召开会议、掌握会议组织与控制的技巧，是对总监理工程师的基本要求之一。

总之，作为建设项目的总监理工程师，在专业技术上、管理水平上、领导艺术和组织协调及开会艺术诸方面要有较高的造诣，要具备高智能、高素质，才能够有效地领导监理工程师及其工作人员顺利地完成建设项目的监理业务。

三、监理人员职业道德要求

工程建设监理是一项职能要求高、原则性强、责任重大的工作，为了确保工程建设监理行业的健康发展，对监理工程师的职业道德和工作纪律都有严格的要求，我国的有关法规中也作了具体规定。

关于监理工程师的职业道德和工作纪律规定如下。

（一）职业道德守则

（1）热爱中华人民共和国，拥护四项基本原则，热爱本职工作，忠于职守，认真负责，具有对工程建设的高度责任感，遵守纪律，遵守监理职业道德。

(2)维护国家利益和建设各方的合法利益，按照守法、诚信、公正、科学的准则执业。

(3)模范自觉地遵守国家、地方工程建设的法律、法规、政策和技术规程、规范、标准，并监督被监理单位执行。

(4)严格履行工程建设监理合同规定的职责和义务。

(5)未经注册，不得以监理工程师的名义从事工程建设监理业务，不得同时在两个或两个以上监理单位注册和从事监理活动。

(6)不得出卖、出借、转让、涂改或以不正当手段取得工程建设监理工程师资格证书或工程建设监理工程师岗位证书。

(7)不得以个人名义承揽监理业务。

(8)廉洁奉公，不得接受任何回扣、提成或其他间接报酬。

(9)不得在政府机构或具有行政职能的事业单位任职。

(10)不得经营或参与经营承包施工、设备、材料采购或经营销售等有关活动，也不得在施工企业、材料供应公司任职或兼职。

(11)坚持公正性，公平合理地处理项目法人和承包方之间的利益关系。

(12)对项目法人和承包商的技术机密及其他商业机密，应严守机密，维护合同当事人的权益。

(13)实事求是。不得隐瞒现场真实情况，不得以谎言欺骗项目法人、承包商或其他监理人员，不得污蔑、诽谤他人，藉以抬高自己的地位。

(14)坚守岗位，勤奋工作。需要请假、出差、离岗时，应按规定办理手续，在安排好工作交接后方可离岗。

(15)不得与承包商勾结，出现瞒报、虚报和偷工减料、以次充好等行为。

(二)FIDIC 道德准则

在国际上，监理工程师职业道德准则，由协会组织制定并监督实施。国际咨询工程师联合会(FIDIC)于 1991 年在慕尼黑召开的全体成员大会上，讨论批准了 FIDIC 通用道德准则。该准则分别对社会和职业的责任、能力、正直性、公正性、对他人的公正等 5 个问题共计 14 个方面规定了监理工程师的道德行为准则，要求会员国都要认真地执行这一准则。下述准则是其会员行为的基本准则。

1. 对社会和职业的责任

(1)接受对社会的职业责任。

(2)寻求与确认的发展原则相适应的解决办法。

(3)在任何时候，维护职业的尊严、名誉、荣誉。

2. 能力

(1)保持其知识和技能具有与技术、法规、管理的发展相一致的水平，对委托人要求的服务采用相应的技能，并尽心尽力。

(2)仅在有能力从事服务时方才进行。

3. 正直性

在任何时候均为委托人的合法权益行使其职责，并且正直和忠诚地进行职业服务。

4. 公正性

(1)提供职业咨询、评审和决策时不偏不倚。

(2)通知委托人在行使其委托权时,可能引起的任何潜在的利益冲突。

(3)不接受可能导致判断不公的报酬。

5. 对他人的公正

(1)加强按照能力进行选择的观念。

(2)不得故意和无意地做出伤害他人名誉或事务的事情。

(3)不得直接和间接取代已经任命的其他咨询工程师的位置。

(4)接到委托人终止其先前任命的建议前,不得取代该咨询工程师的工作。

(5)在被要求对其他咨询工程师的工作进行审查时,要以适当的职业行为和礼节进行。

四、监理工作人员的职责与分工

(一)总监理工程师的职责

总监理工程师应履行以下职责:

(1)确定项目监理机构人员的分工和岗位职责。

(2)主持编写项目监理规划、审批项目监理实施细则,并负责管理项目监理机构的日常工作。

(3)审查分包单位的资质,并提出审查意见。

(4)检查和监督监理人员的工作,根据工程项目的进展情况可进行监理人员调配,对不称职的监理人员应调换其工作。

(5)主持监理工作会议,签发项目监理机构的文件和指令。

(6)审定承包单位提交的开工报告、施工组织设计、技术方案、进度计划。

(7)审核签署承包单位的申请、支付证书和竣工结算。

(8)审查和处理工程变更。

(9)主持或参与工程质量事故的调查。

(10)调解建设单位与承包单位的合同争议、处理索赔、审批工程延期。

(11)组织编写并签发监理月报、监理工作阶段报告、专题报告和项目监理工作总结。

(12)审核签认分部工程和单位工程的质量检验评定资料,审查承包单位的竣工申请,组织监理人员对待验收的工程项目进行质量检查,参与工程项目的竣工验收。

(13)主持整理工程项目的监理资料。

(二)总监理工程师代表的职责

总监理工程师代表应履行以下职责:

(1)负责总监理工程师指定或交办的监理工作。

(2)按总监理工程师的授权,行使总监理工程师的部分职责和权力。

(三)注意事项

总监理工程师不得将下列工作委托总监理工程师代表:

(1)主持编写项目监理规划、审批项目监理实施细则。

(2)签发工程开工/复工报审表、工程暂停令、工程款支付证书、工程竣工报验单。

(3)审核签认竣工结算。

(4)调解建设单位与承包单位的合同争议、处理索赔、审批工程延期。

(5)根据工程项目的进展情况进行监理人员的调配,调换不称职的监理人员。

(四)专业监理工程师的职责

专业监理工程师应履行以下职责:

(1)负责编制本专业的监理实施细则。

(2)负责本专业监理工作的具体实施。

(3)组织、指导、检查和监督本专业监理员的工作,当人员需要调整时,向总监理工程师提出建议。

(4)审查承包单位提交的涉及本专业的计划、方案、申请、变更,并向总监理工程师提出报告。

(5)负责本专业分项工程验收及隐蔽工程验收。

(6)定期向总监理工程师提交本专业监理工作实施情况报告,对重大问题及时向总监理工程师汇报和请示。

(7)根据本专业监理工作实施情况做好监理日记。

(8)负责本专业监理资料的收集、汇总及整理,参与编写监理月报。

(9)核查进场材料、设备、构配件的原始凭证、检测报告等质量证明文件及其质量情况,根据实际情况认为有必要时对进场材料、设备、构配件进行平行检验,合格时予以签认。

(10)负责本专业的工程计量工作,审核工程计量的数据和原始凭证。

(五)监理员的职责

监理员应履行以下职责:

(1)在专业监理工程师的指导下开展现场监理工作。

(2)检查承包单位投入工程项目的人力、材料、主要设备及其使用、运行状况,并做好检查记录。

(3)复核或从施工现场直接获取工程计量的有关数据并签署原始凭证。

(4)按设计图及有关标准,对承包单位的工艺过程或施工工序进行检查和记录,对加工制作及工序施工质量检查结果进行记录。

(5)担任旁站工作,发现问题及时指出并向专业监理工程师报告。

(6)做好监理日记和有关的监理记录。

第二节 监理工程师资格考试和注册

一、监理工程师资格考试

监理工程师是一种岗位职务,其资格是一种执业资格。专业技术人员只有通过全国监理工程师资格考试合格,才能取得监理工程师资格证书。实行监理工程师资格考试制度的意义在于:第一,有利于统一监理工程师的基本水准,保证监理工程师队伍的质量;第二,有利于促进申请监理工程师的人员熟练掌握监理的基本知识和方法;第三,通过考试确认监理工程师资格这一方式,是国际上的通行做法,这种符合国际惯例的方式,有助于与国际咨询业接轨,开拓国际工程建设监理市场。

(一)实施监理工程师考试制度的意义

(1)客观、公正地确定监理人员的监理工程师资格。

(2)统一监理工程师的基本水准,保证监理工程师队伍的素质。

(3)促进监理人员和其他愿意掌握监理基本知识的人员提高业务水平。

(4)建立社会的监理人才库。

(5)符合国际惯例要求,便于开拓国际监理市场。

(二)考试组织管理

(1)建设部和人事部共同负责全国监理工程师执业资格制度的政策制定、组织协调、资格考试和监督管理工作。

(2)建设部负责组织拟定考试科目,编写考试大纲、培训教材和命题工作,统一规划和组织考前培训。

(3)人事部负责审定考试科目、考试大纲和试题,组织实施各项考务工作;会同建设部对考试进行检查、监督、指导和确定考试合格标准。

(三)监理工程师考试报考条件

凡中华人民共和国公民、身体健康、遵纪守法且具备下列条件之一者,均可申请参加监理工程师执业资格考试。

(1)工程技术或工程经济专业大专(含大专)以上学历,按照国家有关规定评聘的工程技术或工程经济专业中级专业技术职务,并任职满3年。

(2)按国家有关规定评聘的工程技术或工程经济专业高级专业技术职务。

(3)1970年(含1970年)以前工程技术或工程经济专业中专学历,按照国家有关规定评聘的工程技术或工程经济专业中级专业技术职务,并任职满3年。

(4)部分科目免试条件:对从事工程建设监理工作并同时具备下列四项条件的报考人员,可免试《工程建设合同管理》和《工程建设质量、投资、进度控制》两科。

①1970年以前(含1970年)工程技术或工程经济专业大专以上(含大专)毕业。

②具有按照国家有关规定评聘的工程技术或工程经济专业高级专业技术职务。

③从事工程设计或工程施工管理工作15年以上(含15年)。

④从事监理工作1年以上(含1年)。

(5)考试时间、科目、考场设置:

①监理工程师执业资格考试每年一次,实行全国统一大纲、统一命题、统一组织的办法。

②全国监理工程师执业资格考试科目为《工程建设质量、投资、进度控制》、《工程建设监理基本理论和相关法规》、《工程建设合同管理》、《工程建设监理案例分析》。

③考场原则上设在省会城市,如确需设在其他城市,须经人事部、建设部批准。

(6)具体事项。

①参加考试,由本人提出申请,所在单位推荐,持报名表到当地考试管理机构报名。考试管理机构按规定程序和报名条件审查合格后,发给准考证。考生凭准考证在指定的

时间和地点参加考试。中央和国务院各部门及其直属单位的报考人员，按属地原则报名参加考试。

②坚持考核培训分开的原则，参与考前培训工作的人员不得参与所有考试工作（包括命题和组织管理）；考生自愿参加考前培训，各地、各部门不得以任何理由强迫考生参加考前培训。

③申请参加监理工程师执业资格考试，须提供下列证明文件：

- 监理工程师执业资格考试报名表；
- 学历证明；
- 专业技术职务证书。

④各地在具体操作中，要严格执行人事部《关于资格考试工作中有关问题的通知》（人办发（1996）52 号）各项规定，认真做好资格审查工作。

⑤监理工程师执业资格考试合格者，由各省、自治区、直辖市人事（职改）部门颁发人事部统一印制，人事部和建设部共同用印的《中华人民共和国监理工程师执业资格证书》，该证书在全国有效。注册管理的具体办法由建设部另行制定。人事部和各级人事（职改）部门对注册使用情况有检查、监督的责任。

有关报名条件、考务工作的解释权属人事部；有关考试大纲、参考教材、培训等业务工作解释权属建设部。

二、监理工程师注册管理

专业执业资格实行注册管理，这是国际上通行的做法。改革开放以来，我国相继实行了律师、经济师、会计师、建筑师等专业的执业注册管理制度。监理工程师是一种岗位职务，我国实行监理工程师执业注册管理制度，即持有监理工程师资格证书的人员，必须经注册才能从事工程建设监理工作。实行监理工程师注册管理制度，是为了建立和维护监理工程师岗位的严肃性。

（一）注册管理的组织机构

国务院建设主管部门对全国注册监理工程师的注册、执业活动实施统一监督管理。

县级以上地方人民政府建设主管部门对本行政区域内的注册监理工程师的注册、执业活动实施监督管理。

取得资格证书的人员申请注册，由省、自治区、直辖市人民政府建设主管部门初审，国务院建设主管部门审批。

取得资格证书并受聘于一个建设工程勘察、设计、施工、监理、招标代理、造价咨询等单位的人员，应当通过聘用单位向单位工商注册所在地的省、自治区、直辖市人民政府建设主管部门提出注册申请；省、自治区、直辖市人民政府建设主管部门受理后提出初审意见，并将初审意见和全部申报材料报国务院建设主管部门审批；符合条件的，由国务院建设主管部门核发注册证书和执业印章。

省、自治区、直辖市人民政府建设主管部门在收到申请人的申请材料后，应当即时做出是否受理的决定，并向申请人出具书面凭证；申请材料不齐全或者不符合法定形式的，应当在 5 日内一次性告知申请人需要补正的全部内容。逾期不告知的，自收到申请材料之日起即为受理。

对申请初始注册的，省、自治区、直辖市人民政府建设主管部门应当自受理申请之日起20日内审查完毕，并将申请材料和初审意见报国务院建设主管部门。国务院建设主管部门自收到省、自治区、直辖市人民政府建设主管部门上报材料之日起，应当在20日内审批完毕并做出书面决定，并自做出决定之日起10日内，在公众媒体上公告审批结果。

对申请变更注册、延续注册的，省、自治区、直辖市人民政府建设主管部门应当自受理申请之日起5日内审查完毕，并将申请材料和初审意见报国务院建设主管部门。国务院建设主管部门自收到省、自治区、直辖市人民政府建设主管部门上报材料之日起，应当在10日内审批完毕并做出书面决定。

对不予批准的，应当说明理由，并告知申请人享有依法申请行政复议或者提起行政诉讼的权利。

注册证书和执业印章是注册监理工程师的执业凭证，由注册监理工程师本人保管使用。

注册证书和执业印章的有效期为3年。

（二）申请注册

1. 初始注册

初始注册可自资格证书签发之日起3年内提出申请。逾期未申请者，须符合继续教育的要求后方可申请初始注册。申请初始注册，应当具备以下条件：

（1）经全国注册监理工程师执业资格统一考试合格，取得资格证书。

（2）受聘于一个相关单位。

（3）达到继续教育要求。

（4）没有《工程监理企业资质管理规定》第十三条所列情形。

初始注册需要提交下列材料：

（1）申请人的注册申请表。

（2）申请人的资格证书和身份证复印件。

（3）申请人与聘用单位签订的聘用劳动合同复印件。

（4）所学专业、工作经历、工程业绩、工程类中级及以上职称证书等有关证明材料。

（5）逾期初始注册的，应当提供达到继续教育要求的证明材料。

2. 延续注册

注册监理工程师每一注册有效期为3年，注册有效期满需继续执业的，应当在注册有效期满30日前，按照《工程监理企业资质管理规定》第七条规定的程序申请延续注册。延续注册有效期3年。延续注册需要提交下列材料：

（1）申请人延续注册申请表。

（2）申请人与聘用单位签订的聘用劳动合同复印件。

（3）申请人注册有效期内达到继续教育要求的证明材料。

3. 变更注册

变更注册是指在注册有效期内，注册监理工程师变更执业单位应当与原聘用单位解除劳动关系，并办理变更注册手续，变更注册后仍延续原注册有效期。

变更注册需要提交下列材料：

(1)申请人变更注册申请表。

(2)申请人与新聘用单位签订的聘用劳动合同复印件。

(3)申请人的工作调动证明(与原聘用单位解除聘用劳动合同或者聘用劳动合同到期的证明文件、退休人员的退休证明)。

4. 不予注册的情况

申请人有下列情形之一的,不予初始注册、延续注册或者变更注册:

(1)不具有完全民事行为能力的。

(2)刑事处罚尚未执行完毕或者因从事工程监理或者相关业务受到刑事处罚,自刑事处罚执行完毕之日起至申请注册之日止不满2年的。

(3)未达到监理工程师继续教育要求的。

(4)在两个或者两个以上单位申请注册的。

(5)以虚假的职称证书参加考试并取得资格证书的。

(6)年龄超过65周岁的。

(7)法律、法规规定不予注册的其他情形。

5. 印章失效

注册监理工程师有下列情形之一的,其注册证书和执业印章失效:

(1)聘用单位破产的。

(2)聘用单位被吊销营业执照的。

(3)聘用单位被吊销相应资质证书的。

(4)已与聘用单位解除劳动关系的。

(5)注册有效期满且未延续注册的。

(6)年龄超过65周岁的。

(7)死亡或者丧失行为能力的。

(8)其他导致注册失效的情形。

6. 注销

注册监理工程师有下列情形之一的,负责审批的部门应当办理注销手续,收回注册证书和执业印章或者公告其注册证书和执业印章作废:

(1)不具有完全民事行为能力的。

(2)申请注销注册的。

(3)有《工程监理企业资质管理规定》第十四条所列情形发生的。

(4)依法被撤销注册的。

(5)依法被吊销注册证书的。

(6)受到刑事处罚的。

(7)法律、法规规定应当注销注册的其他情形。

注册监理工程师有前面情形之一的,注册监理工程师本人和聘用单位应当及时向国务院建设主管部门提出注销注册的申请;有关单位和个人有权向国务院建设主管部门举报;县级以上地方人民政府建设主管部门或者有关部门应当及时报告或者告知国务院建设主管部门。

被注销注册者或者不予注册者，在重新具备初始注册条件，并符合继续教育要求后，可以按规定的程序重新申请注册。

（三）监理执业

取得资格证书的人员，应当受聘于一个具有建设工程勘察、设计、施工、监理、招标代理、造价咨询等一项或者多项资质的单位，经注册后方可从事相应的执业活动。从事工程监理执业活动的，应当受聘并注册于一个具有工程监理资质的单位。

注册监理工程师可以从事工程监理、工程经济与技术咨询、工程招标与采购咨询、工程项目管理服务以及国务院有关部门规定的其他业务。

工程监理活动中形成的监理文件由注册监理工程师按照规定签字盖章后方可生效。

修改经注册监理工程师签字盖章的工程监理文件，应当由该注册监理工程师进行；因特殊情况，该注册监理工程师不能进行修改的，应当由其他注册监理工程师修改，并签字、加盖执业印章，对修改部分承担责任。

注册监理工程师从事执业活动，由所在单位接受委托并统一收费。

因工程监理事故及相关业务造成的经济损失，聘用单位应当承担赔偿责任；聘用单位承担赔偿责任后，可依法向负有过错的注册监理工程师追偿。

（四）权利和义务

注册监理工程师享有下列权利：

（1）使用注册监理工程师称谓。

（2）在规定范围内从事执业活动。

（3）依据本人能力从事相应的执业活动。

（4）保管和使用本人的注册证书和执业印章。

（5）对本人执业活动进行解释和辩护。

（6）接受继续教育。

（7）获得相应的劳动报酬。

（8）对侵犯本人权利的行为进行申诉。

注册监理工程师应当履行下列义务：

（1）遵守法律、法规和有关管理规定，履行管理职责，执行技术标准、规范和规程。

（2）保证执业活动成果的质量，并承担相应责任。

（3）接受继续教育，努力提高执业水准。

（4）在本人执业活动所形成的工程监理文件上签字、加盖执业印章。

（5）保守在执业中知悉的国家秘密和他人的商业、技术秘密。

（6）不得涂改、倒卖、出租、出借或者以其他形式非法转让注册证书或者执业印章。

（7）不得同时在两个或者两个以上单位受聘或者执业。

（8）在规定的执业范围和聘用单位业务范围内从事执业活动。

（9）协助注册管理机构完成相关工作。

（五）法律责任

隐瞒有关情况或者提供虚假材料申请注册的，建设主管部门不予受理或者不予注册，并给予警告，1 年之内不得再次申请注册。

以欺骗、贿赂等不正当手段取得注册证书的，由国务院建设主管部门撤销其注册，3年内不得再次申请注册，并由县级以上地方人民政府建设主管部门处以罚款，其中没有违法所得的，处以1万元以下罚款，有违法所得的，处以违法所得3倍以下且不超过3万元的罚款；构成犯罪的，依法追究刑事责任。

未经注册，擅自以注册监理工程师的名义从事工程监理及相关业务活动的，由县级以上地方人民政府建设主管部门给予警告，责令停止违法行为，处以3万元以下罚款；造成损失的，依法承担赔偿责任。

未办理变更注册仍执业的，由县级以上地方人民政府建设主管部门给予警告，责令限期改正；逾期不改的，可处以5 000元以下的罚款。

注册监理工程师在执业活动中有下列行为之一的，由县级以上地方人民政府建设主管部门给予警告，责令其改正，没有违法所得的，处以1万元以下罚款，有违法所得的，处以违法所得3倍以下且不超过3万元的罚款；造成损失的，依法承担赔偿责任；构成犯罪的，依法追究刑事责任：

(1)以个人名义承接业务的。

(2)涂改、倒卖、出租、出借或者以其他形式非法转让注册证书或者执业印章的。

(3)泄露执业中应当保守的秘密并造成严重后果的。

(4)超出规定执业范围或者聘用单位业务范围从事执业活动的。

(5)弄虚作假提供执业活动成果的。

(6)同时受聘于两个或者两个以上的单位，从事执业活动的。

(7)其他违反法律、法规、规章的行为。

有下列情形之一的，国务院建设主管部门依据职权或者根据利害关系人的请求，可以撤销监理工程师注册：

(1)工作人员滥用职权、玩忽职守颁发注册证书和执业印章的。

(2)超越法定职权颁发注册证书和执业印章的。

(3)违反法定程序颁发注册证书和执业印章的。

(4)对不符合法定条件的申请人颁发注册证书和执业印章的。

(5)依法可以撤销注册的其他情形。

县级以上人民政府建设主管部门的工作人员，在注册监理工程师管理工作中，有下列情形之一的，依法给予处分；构成犯罪的，依法追究刑事责任：

(1)对不符合法定条件的申请人颁发注册证书和执业印章的。

(2)对符合法定条件的申请人不予颁发注册证书和执业印章的。

(3)对符合法定条件的申请人未在法定期限内颁发注册证书和执业印章的。

(4)对符合法定条件的申请不予受理或者未在法定期限内初审完毕的。

(5)利用职务上的便利，收受他人财物或者其他好处的。

(6)不依法履行监督管理职责，或者发现违法行为不予查处的。

三、我国监理工程师的资格及注册与国外的区别

工程项目管理在国际上没有统一的模式。类似我国的建设监理在国际上一般叫做工

程咨询，如在欧美称工程咨询公司、工程咨询事务所、项目管理公司；在日本称建筑师事务所、设计事务所等。有资格从事类似我国监理工程师职业的人员称为咨询工程师、顾问工程师、测量师、建筑师等。

尽管有资格从事建设监理的人员在各国的称谓不同，业务范围也不尽相同，但几乎都要求这些人员在从业前进行注册，并要求申请者具有较高的学历、经历条件，经审查核准获得证书后才能开展相应业务。美国有专门的机构对专业工程师进行注册；在加拿大，需要经过职业工程师理事会中的学历条件委员会、资历条件委员会和注册委员会的审查核准，获得授权证书后才能开展监理业务；新加坡的建筑师或专业工程师开展其他工程业务，只要参加各自的学会即可，而如果从事建设监理业务，则必须在建筑师理事会或专业工程师理事会进行注册；日本的建筑师从事工程监理业务，需要得到相应级别的政府官员（建设大臣或都到府县知事）的批准并登记注册。

根据国际惯例，从事各类关系到公司利益的专业工作的人，必须取得专业资格方可开展业务。对更为重要或影响更大的行业或职业，则有更严格的要求。这些工作往往涉及国计民生，影响社会和民众的基本利益。建设监理就是这样一类职业，所以不能当做一般的工程技术管理工作对待，而要采用更严格的规定才能保证这种职业所带来的社会效益和经济效益，监理工程师考试与注册制度正是从这一原则出发制定的，它对于建设监理制的实施及提高建设监理人员的业务水平都有着重大的意义。

从我国目前实行的监理工程师资格考试和注册办法看，在考试和注册条件上以及管理机构等方面，与国际普遍做法既有相同的地方，又有不同的地方，总的模式是力求与国际接轨，但是在很多细节方面是从当前的实际情况出发而采取的适应性办法。所以，有的规定比较特殊，有些规定也与多数国家做法不完全相同。

首先，是监理工程师的资格条件。国际惯例是按学历和工程经验来确定的，我国则基本按专业技术职称来衡量。这是根据我国国情出发的又一措施。我国的教育体系，长期以来一直处于封闭或半封闭状态，高等学历的人数所占比例较小，尤其在工程建设领域更甚，这样就产生了一个矛盾，经验丰富者往往学历不够，而学历达标的，又表现为经验尚不足。而这个矛盾可以通过专业技术职称加以调和。专业技术职称反映了学历和业绩、经验，它可以在现阶段代替学历要求。随着教育事业的发展和改革的不断深入，学历要求将会成为监理工程师资格的基本条件。

其次，我国规定监理工程师不能以个人名义承揽工程监理业务。这点与国际惯例有所不同。国外监理工程师以个人名义开办工程监理事务所是极平常的事，当然他以个人名义开展监理业务也就顺理成章。国际金融组织一般对借款人聘请个体咨询人也持积极态度，如世界银行就是如此。在《世界银行借款人以及世界银行作为执行机构使用咨询专家的指南》中明确指出，世界银行对借款人聘请个体咨询人为其提供咨询服务与聘用咨询公司具有同样兴趣，而且在选择程序上也不如对咨询公司那么谨慎。在谈判及签订协议前，世界银行只需要批准职责范围以及个体咨询人资格受聘条件。当然，咨询或监理的任务，是决定聘请公司还是个人的重要因素。然而，监理业务是多种多样的，有许多工作可以而且更适合监理工程师个人发挥作用。有些任务，不需要监理小组完成的工作和不需要其他更多的专业支持的工作，更需要个人的经验、资格和能力。这些工作如果邀请多人来完成，反而在协调、管理和责任等问题上造成困难。在许多情况下，监理公司的监理工程师作为个体咨询人为客户所聘用，这种情况虽然也经常与被聘公司签订合同，但对监理质量负责的通常是聘者本人而非公司。同时，这种情况下不可能或很少能够得到监理公司的专业支持，一些国家采取以监理工程师个人名义承揽监理业务的方式，同样可以实现对工程项目的监理，甚至达到了很好的效果，说明了建设监理作为咨询性质的职业，是可以以个人名义来承揽监理业务的。

第三节　工程监理企业

一、监理企业的概念

监理企业是指取得监理资格等级证书、具有法人资格从事工程建设监理的单位，如监理公司、监理事务所、监理中心以及兼承监理业务的设计、施工、科研、咨询等单位。

监理企业必须具有自己的名称、组织机构和场所，有与承担监理业务相适应的经济、法律、技术及管理人员、完善的组织章程和管理制度，并应具有一定数量的资金和设施。符合条件的单位经申请取得监理资格等级证书，并经工商注册取得营业执照后，才可承担监理业务。

二、监理企业的主要特征

（一）合法性

监理企业必须依法成立，这是监理单位合法的基本体现。首先，它必须经政府建设主管部门按法定程序进行资格审批、取得监理资格证书、确定经营范围，并向同级工商行政管理机关申请注册登记领取营业执照，才能依法开展工程建设监理业务。其次，监理企业开展业务，应在核准的经营范围内，依法签订监理委托合同，并依照法律、法规和规章、监理委托合同、所监理的工程建设合同开展监理业务。

（二）服务性

从市场角度定位，监理企业属于中介服务性质的单位，监理企业依靠其高技术、高智能和丰富的实践经验，向项目法人提供技术服务。

一方面，监理企业是独立的社会中介服务组织，不具有任何行政职能。因此，决定了监理业务具有委托性，这种委托一般反映了项目法人的意愿。主要表现在：

（1）监理企业必须与项目法人签订委托合同，明确双方的权利义务。

（2）项目法人可以选择与一家或某几家监理单位签订合同。

（3）项目法人按监理委托合同规定支付监理企业监理酬金，这些费用是经双方协商确定的，这是监理单位赖以生存和发展的主要经济来源。

另一方面，监理企业不是建设产品的直接生产者和经营者，而只为项目法人提供高智能的技术服务。它与工程承包总公司、建筑施工企业不同，不承包工程造价，只是按付出的服务取得相应的监理酬金。

（三）公正性和独立性

监理企业的公正性和独立性体现在其在建设市场中地位的独立性和在开展监理工作中的独立性和公正性。

（1）监理企业在法律地位、人事关系、经济关系和业务关系上必须独立。《工程建设监理规定》指出，监理单位的“各级监理负责人和监理工程师不得是施工、设备制造和材料供应单位的合伙经营者，不得与这些单位发生经营性隶属关系，不得承包施工和销售业务，不得在政府机关、施工、设备制造和材料供应单位任职”，“项目监理组织不得从事所监理工程的施工和建筑材料、构配件以及建筑机械、设备的经营活动”。

（2）尽管监理企业受项目法人的委托而承担监理任务，但它与项目法人在法律地位上是合同主体地位完全平等的合同关系。监理单位所承担的任务，经过双方平等协商确立在监理委托合同中，并在所监理的建设工程合同的有关条款中明确规定。项目法人不得超出合同之外随意增减任务，也不得干涉监理工程师独立、正常的工作。

（3）监理企业在实施监理过程中，是以项目法人和承包单位之外独立的第三方名义，独立地行使工程承包合同所确认的职责和权利开展监理业务，而不是以项目法人的名义或以其“代表”的身份来行使职权。否则，它就成了从属于项目法人的一方。这样既失去了独立地位，也失去了公正地处理监理业务和协调双方之间纠纷的合法资格。与此相对应，监理单位及其个人不得参与承包单位的工程承包盈利分配，否则，它实际上就变成了承包单位的合伙经营者，也失去了自己的独立性和公正性。

（四）智力密集性

科学性是建设监理单位区别于其他一般性服务机构的很重要的特征，也是其赖以生存的重要条件。监理服务的科学性来源于监理单位的监理人员的高素质和精湛的业务水平，这就决定了监理单位在建制上应该是智力密集型的，监理单位只有拥有和依靠相当数量的、有较高的学历和长期从事工程建设工作的丰富经验，通晓相关的技术、经济、管理和法律的监理人员，才能够为项目法人提供高水平的技术服务，才能在建设市场的竞争中生存和发展。

三、监理企业的分类

从不同角度，监理企业可以划分为下列几类。

（一）按经济性质分类

1. 全民所有制监理企业

这类监理企业成立较早，一般是在公司法颁布实施之前批准成立的，其人员从已有的全民所有制企事业单位中分离出来，由原来企事业单位或原有企事业单位的上级主管部门负责组建。这类监理企业在其开展监理经营活动的初期，往往还依附于原来企事业单位，由原来企事业单位给予经济上和物质上等多方面的支持，甚至人力方面的支持。当然，这是一种暂时的现象，随着建设监理事业的发展，全民所有制单位会发展成为真正具有独立法人资格的企业法人，同时，会像其他全民所有制企事业单位一样，在企事业单位改建为现代企业的过程中，改制为新型的企业。

2. 集体所有制监理企业

法律规定允许成立集体所有制的监理单位，但实际上，几年来申请设立这类经济性质的监理企业很少。

3. 私有制监理企业

我国以公有制监理企业为主体，而国外，私有监理企业比较普遍，属于无限责任经营，一旦发生监理事故，企业要赔偿直接和间接损失，风险较大。

（二）按照组建方式分类

1. 股份公司

股份公司又分为有限责任公司和股份有限公司。

（1）有限责任公司。这是为了适应建设现代企业制度的需要，规范公司的组织模式，提倡组建的主要公司类别之一，有限责任公司的股东以其出资额为限，对公司承担责任，公司以其全部资产对公司的债务承担责任。公司股东按其投入公司资本额的多少，享有大小不同的资产受益权、重大决策参与权和对管理者的选择权。公司则享有由股东投资形成的全部法人财产权，依法享有民事权，并承担民事责任。

（2）股份有限公司。在市场经济体制下，组建公司的形式往往以股份有限公司居多，股份有限公司的全部资本分为等额股份，股东以其所持股份为限对公司承担经济责任。同时，以其所持股份的多少享有相应份额的资产受益权、重大决策参与权和选择管理者的权利。公司则以其全部资产对公司的债务承担责任。另外，与有限公司一样，股份有限公司享有由股东投资形成的全部法人财产权，依法享有民事权利，承担民事责任。

股份有限公司是市场经济体制下大量存在的公司组建形式，通过组建或改制，监理企业也将大多数发展为这种类型。

2. 合作监理企业

对于风险较大，或规模较大，或技术复杂的工程项目建设的监理，一家监理企业难以胜任，往往由两家甚至多家监理企业共同合作承担监理业务。

3. 合资监理企业

合资监理企业是按各方投入资金多少或按约定人合资章程的规定对合资监理企业承担一定的责任，享受相应的权力。类型有国内企业合资的监理企业，中外合资的监理企业，依法享有民事权力，承担民事责任。

第四节　监理企业的设立

一、监理企业的申请和审批

申请综合资质、专业甲级资质的，应当向企业工商注册所在地的省、自治区、直辖市人民政府建设主管部门提出申请。

省、自治区、直辖市人民政府建设主管部门应当自受理申请之日起 20 日内初审完毕，并将初审意见和申请材料报国务院建设主管部门。

国务院建设主管部门应当自省、自治区、直辖市人民政府建设主管部门受理申请材料之日起60日内完成审查,公示审查意见,公示时间为10日。其中,涉及铁路、交通、水利、通信、民航等专业工程监理资质的,由国务院建设主管部门送国务院有关部门审核。国务院有关部门应当在20日内审核完毕,并将审核意见报国务院建设主管部门。国务院建设主管部门根据初审意见审批。

专业乙级、丙级资质和事务所资质由企业所在地省、自治区、直辖市人民政府建设主管部门审批。

专业乙级、丙级资质和事务所资质许可延续的实施程序由省、自治区、直辖市人民政府建设主管部门依法确定。

省、自治区、直辖市人民政府建设主管部门应当自作出决定之日起10日内,将准予资质许可的决定报国务院建设主管部门备案。

工程监理企业资质证书分为正本和副本,每套资质证书包括一本正本,四本副本。正、副本具有同等法律效力。

工程监理企业资质证书的有效期为5年。

工程监理企业资质证书由国务院建设主管部门统一印制并发放。

新设立的工程监理企业申请资质,应当先到工商行政管理部门登记注册并取得法人营业执照后,才能到建设行政主管部门办理资质申请手续。

申请工程监理企业资质,应当提交以下材料:

(1)工程监理企业资质申请表(一式三份)及相应电子文档。

(2)企业法人、合伙企业营业执照。

(3)企业章程或合伙人协议。

(4)企业法定代表人、企业负责人和技术负责人的身份证明、工作简历及任命(聘用)文件。

(5)工程监理企业资质申请表中所列注册监理工程师及其他注册执业人员的注册执业证书。

(6)有关企业质量管理体系、技术和档案等管理制度的证明材料。

(7)有关工程试验检测设备的证明材料。

取得专业资质的企业申请晋升专业资质等级或者取得专业甲级资质的企业申请综合资质的,除前款规定的材料外,还应当提交企业原工程监理企业资质证书正、副本复印件,企业《监理业务手册》及近两年已完成代表工程的监理合同、监理规划、工程竣工验收报告及监理工作总结。

资质有效期届满,工程监理企业需要继续从事工程监理活动的,应当在资质证书有效期届满60日前,向原资质许可机关申请办理延续手续。

对在资质有效期内遵守有关法律、法规、规章、技术标准,信用档案中无不良记录,且专业技术人员满足资质标准要求的企业,经资质许可机关同意,有效期延续5年。

二、监理企业的变更和审批

工程监理企业在资质证书有效期内名称、地址、注册资本、法定代表人等发生变更的,应当在工商行政管理部门办理变更手续后30日内办理资质证书变更手续。

涉及综合资质、专业甲级资质证书中企业名称变更的，由国务院建设主管部门负责办理，并自受理申请之日起3日内办理变更手续。

专业乙级及以下的资质证书变更手续，由省、自治区、直辖市人民政府建设主管部门负责办理。省、自治区、直辖市人民政府建设主管部门应当自受理申请之日起3日内办理变更手续，并在办理资质证书变更手续后15日内将变更结果报国务院建设主管部门备案。

申请资质证书变更，应当提交以下材料：

(1)资质证书变更的申请报告。

(2)企业法人营业执照副本原件。

(3)工程监理企业资质证书正、副本原件。

工程监理企业改制的，除前款规定材料外，还应当提交企业职工代表大会或股东大会关于企业改制或股权变更的决议、企业上级主管部门关于企业申请改制的批复文件。

工程监理企业不得有下列行为：

(1)与建设单位串通投标或者与其他工程监理企业串通投标，以行贿手段谋取中标。

(2)与建设单位或者施工单位串通弄虚作假、降低工程质量。

(3)将不合格的建设工程、建筑材料、建筑构配件和设备按照合格签字。

(4)超越本企业资质等级或以其他企业名义承揽监理业务。

(5)允许其他单位或个人以本企业的名义承揽工程。

(6)将承揽的监理业务转包。

(7)在监理过程中实施商业贿赂。

(8)涂改、伪造、出借、转让工程监理企业资质证书。

(9)其他违反法律法规的行为。

工程监理企业合并的，合并后存续或者新设立的工程监理企业可以承继合并前各方中较高的资质等级，但应当符合相应的资质等级条件。

工程监理企业分立的，分立后企业的资质等级，根据实际达到的资质条件，按照本规定的审批程序核定。

企业需增补工程监理企业资质证书的(含增加、更换、遗失补办)，应当持资质证书增补申请及电子文档等材料向资质许可机关申请办理。遗失资质证书的，在申请补办前应当在公众媒体刊登遗失声明。资质许可机关应当自受理申请之日起3日内予以办理。

第五节　监理企业资质管理

一、建设监理企业的资质等级标准

工程监理企业资质分为综合资质、专业资质和事务所资质。其中，专业资质按照工程性质和技术特点划分为若干工程类别(见表2-1)。

综合资质、事务所资质不分级别。专业资质分为甲级、乙级；其中，房屋建筑、水利水电、公路和市政公用专业资质可设立丙级。

表 2-1　专业工程类别和等级表（除一、五类外，均有删减）

序号	工程类别		一级	二级	三级
一	房屋建筑工程	一般公共建筑	28 层以上；36 m 跨度以上（轻钢结构除外）；单项工程建筑面积 3 万 m^2 以上	14～28 层；24～36 m 跨度（轻钢结构除外）；单项工程建筑面积 1 万～3 万 m^2	14 层以下；24 m 跨度以下（轻钢结构除外），单项工程建筑面积 1 万 m^2 以下
		高耸构筑工程	高度 120 m 以上	高度 70～120 m	高度 70 m 以下
		住宅工程	小区建筑面积 12 万 m^2 以上；单项工程 28 层以上	建筑面积 6 万～12 万 m^2；单项工程 14～28 层	建筑面积 6 万 m^2 以下；单项工程 14 层以下
二	冶炼工程	钢铁冶炼、连铸工程	年产 100 万 t 以上；单座高炉炉容 1 250 m^3 以上；单座公称容量转炉 100 t 以上；电炉 50 t 以上；连铸年产 100 万 t 以上或板坯连铸单机 1 450 mm以上	年产 100 万 t 以下；单座高炉炉容 1 250 m^3 以下；单座公称容量转炉 100 t 以下；电炉 50 t 以下；连铸年产 100 万 t 以下或板坯连铸单机 1 450 mm 以下	
三	矿山工程	煤矿工程	年产 120 万 t 以上的井工矿工程；年产 120 万 t 以上的洗选煤工程；深度 800 m 以上的立井井筒工程；年产 400 万 t 以上的露天矿山工程	年产 120 万 t 以下的井工矿工程；年产 120 万 t 以下的洗选煤工程；深度 800 m 以下的立井井筒工程；年产 400 万 t 以下的露天矿山工程	
四	化工石油工程	油田工程	原油处理能力 150 万 t/a 以上、天然气处理能力 150 万 m^3/d 以上、产能 50 万 t 以上及配套设施	原油处理能力 150 万 t/a 以下、天然气处理能力 150 万 m^3/d 以下、产能 50 万 t 以下及配套设施	
五	水利水电工程	水库工程	总库容 1 亿 m^3 以上	总库容 1 千万～1 亿 m^3	总库容 1 千万 m^3 以下
		水力发电站工程	总装机容量 300 MW 以上	总装机容量 50～300 MW	总装机容量 50 MW 以下
		其他水利工程	引调水堤防等级 1 级；灌溉排涝流量 5 m^3/s 以上；河道整治面积 30 万亩❶以上；城市防洪城市人口 50 万人以上；围垦面积 5 万亩以上；水土保持综合治理面积 1 000 km^2 以上	引调水堤防等级 2、3 级；灌溉排涝流量 0.5～5 m^3/s；河道整治面积 3 万～30 万亩；城市防洪城市人口 20 万～50 万人；围垦面积 0.5 万～5 万亩；水土保持综合治理面积 100～1 000 km^2	引调水堤防等级 4、5 级；灌排流量 0.5m^3/s以下；河道整治面积 3 万亩以下；城市防洪城市人口 20 万人以下；围垦面积0.5万亩以下；水土保持综合治理面积 100 km^2 以下

❶1 亩 = 1/15 hm^2。

续表 2-1

序号	工程类别		一级	二级	三级
六	电力工程	火电站工程	单机容量 30 万 kW 以上	单机容量 30 万 kW 以下	
		输变电工程	330 kV 以上	330 kV 以下	
七	农林工程	林场总体工程	面积 35 万 hm^2 以上	面积 35 万 hm^2 以下	
		林产工业工程	总投资 5 000 万元以上	总投资 5 000 万元以下	
		农业综合开发工程	总投资 3 000 万元以上	总投资 3 000 万元以下	
		设施农业工程	设施园艺工程 1 hm^2 以上；农产品加工等其他工程总投资 1 500 万元以上	设施园艺工程 1 hm^2 以下；农产品加工等其他工程总投资 1 500 万元以下	
八	铁路工程	铁路综合工程	新建、改建一级干线；单线铁路 40 km 以上；双线 30 km 以上及枢纽	单线铁路 40 km 以下；双线 30 km 以下；二级干线及站线；专用线、专用铁路	
		铁路桥梁工程	桥长 500 m 以上	桥长 500 m 以下	
		铁路隧道工程	单线 3 000 m 以上；双线 1 500 m 以上	单线 3 000 m 以下；双线 1 500 m 以下	
九	公路工程	公路工程	高速公路	高速公路路基工程及一级公路	一级公路路基工程及二级以下各级公路
		公路桥梁工程	独立大桥工程；特大桥总长 1 000 m 以上或单跨跨径 150 m 以上	大桥、中桥桥梁总长 30 ~ 1 000 m 或单跨跨径 20 ~ 150 m	小桥总长 30 m 以下或单跨跨径 20 m 以下；涵洞工程
		公路隧道工程	隧道长度 1 000 m 以上	隧道长度 500 ~ 1 000 m	隧道长度 500 m 以下
十	港口与航道工程	港口工程	集装箱、件杂、多用途等沿海港口工程 20 000 t 级以上；散货、原油沿海港口工程 30 000 t 级以上；1 000 t级以上内河港口工程	集装箱、件杂、多用途等沿海港口工程 20 000 t 级以下；散货、原油沿海港口工程 30 000 t 级以下；1 000 t级以下内河港口工程	
		通航建筑与整治工程	1 000 t 级以上	1 000 t 级以下	
		防波堤、导流堤水工工程	最大水深 6 m 以上	最大水深 6 m 以下	

续表 2-1

序号	工程类别		一级	二级	三级
十一	航天航空工程	民用机场工程	飞行区指标为4E及以上及其配套工程	飞行区指标为4D及以下及其配套工程	
		航空飞行器	航空飞行器(综合)工程总投资1亿元以上;航空飞行器(单项)工程总投资3 000万元以上	航空飞行器(综合)工程总投资1亿元以下;航空飞行器(单项)工程总投资3 000万元以下	
十二	通信工程	有线、无线传输通信工程,卫星、综合布线	省际通信、信息网络工程	省内通信、信息网络工程	
十三	市政公用工程	城市道路工程	城市快速路、主干路,城市互通式立交桥及单孔跨径100 m以上的桥梁;长度1 000 m以上的隧道工程	城市次干路工程,城市分离式立交桥及单孔跨径100 m以下的桥梁;长度1 000 m以下的隧道工程	城市支路工程、过街天桥及地下通道工程
		给水排水工程	10万t/d以上的给水厂;5万t/d以上的污水处理工程;3 m^3/s以上的给水、污水泵站;15 m^3/s以上的雨泵站;直径2.5 m以上的给排水管道	2万~10万t/d的给水厂;1万~5万t/d的污水处理工程;1~3 m^3/s的给水、污水泵站;5~15 m^3/s的雨泵站;直径1~2.5 m的给水管道;直径1.5~2.5 m的排水管道	2万t/d以下的给水厂;1万t/d以下的污水处理工程;1 m^3/s以下的给水、污水泵站;5 m^3/s以下的雨泵站;直径1 m以下的给水管道;直径1.5 m以下的排水管道
		风景园林工程	总投资3 000万元以上	总投资1 000万~3 000万元	总投资1 000万元以下
十四	机电安装工程	机械工程	总投资5 000万元以上	总投资5 000万元以下	
		电子工程	总投资1亿元以上;含有净化级别6级以上的工程	总投资1亿元以下;含有净化级别6级以下的工程	

说明:①表中的"以上"含本数,"以下"不含本数。

②未列入本表中的其他专业工程,由国务院有关部门按照有关规定在相应的工程类别中划分等级。

③房屋建筑工程包括结合城市建设与民用建筑修建的附建人防工程。

工程监理企业的资质等级标准如下。

(一)综合资质标准

(1)具有独立法人资格且注册资本不少于600万元。

(2)企业技术负责人应为注册监理工程师,并具有15年以上从事工程建设工作的经历或者具有工程类高级职称。

(3)具有5个以上工程类别的专业甲级工程监理资质。

（4）注册监理工程师不少于60人，注册造价工程师不少于5人，一级注册建造师、一级注册建筑师、一级注册结构工程师或者其他勘察设计注册工程师合计不少于15人。

（5）企业具有完善的组织结构和质量管理体系，有健全的技术、档案等管理制度。

（6）企业具有必要的工程试验检测设备。

（7）申请工程监理资质之日前一年内，没有违犯监理企业规定禁止的行为，没有因本企业监理责任造成重大质量事故，没有因本企业监理责任发生三级以上工程建设重大安全事故或者发生两起以上四级工程建设安全事故。

（二）专业资质标准

1. 专业甲级

（1）具有独立法人资格且注册资本不少于300万元。

（2）企业技术负责人应为注册监理工程师，并具有15年以上从事工程建设工作的经历或者具有工程类高级职称。

（3）注册监理工程师、注册造价工程师、一级注册建造师、一级注册建筑师、一级注册结构工程师或者其他勘察设计注册工程师合计不少于25人；其中，相应专业注册监理工程师不少于专业资质注册监理工程师人数配备表（见表2-2）中要求配备的人数。

表2-2　专业资质注册监理工程师人数配备表　（单位：人）

序号	工程类别	甲级	乙级	丙级
1	房屋建筑工程	15	10	5
2	冶炼工程	15	10	—
3	矿山工程	20	12	—
4	化工石油工程	15	10	—
5	水利水电工程	20	12	5
6	电力工程	15	10	—
7	农林工程	15	10	—
8	铁路工程	23	14	—
9	公路工程	20	12	5
10	港口与航道工程	20	12	—
11	航天与航空工程	20	12	—
12	通信工程	20	12	—
13	市政公用工程	15	10	5
14	机电工程	15	10	—

注：表中各专业资质注册监理工程师人数配备是指企业取得本专业工程类别注册的注册监理工程师人数。

（4）企业近2年内独立监理过3个以上相应专业的二级工程项目，但是，具有甲级设计资质或一级及以上施工总承包资质的企业申请本专业工程类别甲级资质的除外。

（5）企业具有完善的组织结构和质量管理体系，有健全的技术、档案等管理制度。

（6）企业具有必要的工程试验检测设备。

（7）申请工程监理资质之日前一年内，没有违犯监理企业规定禁止的行为，没有因本企业监理责任造成重大质量事故，没有因本企业监理责任发生三级以上工程建设重大安全事故或者发生两起以上四级工程建设安全事故。

2. 专业乙级

(1)具有独立法人资格且注册资本不少于100万元。

(2)企业技术负责人应为注册监理工程师,并具有10年以上从事工程建设工作的经历。

(3)注册监理工程师、注册造价工程师、一级注册建造师、一级注册建筑师、一级注册结构工程师或者其他勘察设计注册工程师合计不少于15人。其中,相应专业注册监理工程师不少于专业资质注册监理工程师人数配备表(见表2-2)中要求配备的人数。

(4)有较完善的组织结构和质量管理体系,有技术、档案等管理制度。

(5)有必要的工程试验检测设备。

(6)申请工程监理资质之日前一年内:没有违犯监理企业规定禁止的行为,没有因本企业监理责任造成重大质量事故,没有因本企业监理责任发生三级以上工程建设重大安全事故或者发生两起以上四级工程建设安全事故。

3. 专业丙级

(1)具有独立法人资格且注册资本不少于50万元。

(2)企业技术负责人应为注册监理工程师,并具有8年以上从事工程建设工作经历。

(3)相应专业的注册监理工程师不少于专业资质注册监理工程师人数配备表(见表2-2)中要求配备的人数。

(4)有必要的质量管理体系和规章制度。

(5)有必要的工程试验检测设备。

(三)事务所资质标准

(1)取得合伙企业营业执照,具有书面合作协议书。

(2)合伙人中有3名以上注册监理工程师,合伙人均有5年以上从事建设工程监理的工作经历。

(3)有固定的工作场所。

(4)有必要的质量管理体系和规章制度。

(5)有必要的工程试验检测设备。

二、监理企业的业务范围

监理企业的业务主要是为业主提供监理服务,其监理服务范围应在企业营业执照规定的范围和监理企业资质等级规定的业务范围内开展工作。我国现行有关规定是:甲级工程监理企业可以监理工程类别中一、二、三等工程;乙级工程监理企业可以监理工程类别中二、三等工程;丙级工程监理企业只可监理工程类别中三等工程。

监理单位获得监理业务的途径有两条:一是通过投标竞争获得监理业务,二是由业主直接委托获得监理业务。甲、乙、丙级资质的监理企业经营范围不受国内地域限制。

三、建设工程监理企业的资质管理

为了加强对工程监理企业的资质管理,保障其依法经营,促进建设工程监理事业的健康发展,国家建设行政主管部门对工程监理企业资质制定了相应的管理规定。

（一）工程监理企业资质管理机构及其职责

根据我国现阶段管理体制，我国工程监理企业的资质管理确定的原则是“分级管理、统分结合”，按中央和地方两个层次进行管理。国务院建设行政主管部门负责全国工程监理资质的归口管理工作，涉及交通、水利、铁道、信息产业、电力、人防等专业工程监理资质的，由国务院交通、水利、铁道、信息产业、电力、人防等有关部门配合国务院建设行政主管部门实施资质管理工作。省、自治区、直辖市人民政府建设行政主管部门负责本行政区城内工程监理企业资质的归口管理工作，省、自治区、直辖市人民政府交通、水利、通信、电力、人防等有关部门配合同级建设行政主管部门实施相关资质类别工程监理企业资质的管理工作。

1. 国务院建设行政主管部门管理工程监理企业资质的主要职责

（1）制定有关全国工程监理企业资质的管理办法。

（2）审批全国甲级工程监理企业的资质，其中涉及交通、水利、铁道、信息产业、电力、人防等专业工程监理资质，由国务院有关部门初审，国务院建设行政主管部门根据初审意见审批。

（3）审批全国甲级工程监理企业资质的变更与终止。

2. 省、自治区、直辖市人民政府建设行政主管部门管理工程监理企业资质的主要职责

（1）制定本行政区域内乙级和丙级工程监理企业资质的管理办法和实施年检。

（2）审批本行政区域内乙级、丙级工程监理企业的资质，其中交通、水利、通信、电力、人防等方面的工程监理企业资质，应征得同级有关部门初审同意后审批。

（3）审批本行政区域内乙级、丙级工程监理企业资质的变更与终止。

（4）受国务院建设行政主管部门委托负责本行政区域内甲级工程监理企业资质的年检。

（二）工程监理企业资质管理内容

对工程监理企业资质管理，主要是指对工程监理企业的设立、定级、升级、降级、变更、终止等资质审查或批准以及年检工作等。

1. 资质审批制度

对于工程监理企业符合相应资质等级标准，并且未发生下列违法违规行为的，建设行政主管部门在接到资质申请资料并进行审核后，颁发相应的资质证书：

（1）与建设单位或者工程监理企业之间相互串通投标，或者以行贿等不正当手段谋取中标的。

（2）与建设单位或者施工单位串通，弄虚作假，降低工程质量的。

（3）将不合格的建设工程、建筑材料、建筑构配件和设备按照合格签字的。

（4）超越本企业资质等级承揽监理业务的。

（5）允许其他单位或个人以本单位的名义承揽工程的。

（6）转让工程监理业务的。

（7）因监理责任发生过三级以上工程建设重大质量事故或发生过两起以上四级工程建设质量事故的。

（8）其他违反法规的行为。

工程监理企业资质证书分为正本和副本，具有同等法律效力，任何单位和个人不得涂改、伪造、出借、转让工程监理企业资质证书，不得非法扣压、没收工程监理企业资质证书。

2. 资质年检制度

对工程监理企业实行资质年检制度，是建设行政主管部门对工程监理企业实行动态管理的方式和手段。

工程监理企业的资质年检一般由资质审批部门负责，甲级工程监理企业的资质年检由国务院建设行政主管部门委托各省、自治区、直辖市人民政府建设行政主管部门办理，涉及交通、水利、铁道、信息产业、电力、人防等方面的企业资质年检，由国务院建设行政主管部门会同有关部门办理；乙级工程监理企业的资质年检直接由各省、自治区、直辖市建设行政主管部门办理。随着我国政治经济体制改革的深化，市场经济体制的建立健全，监理企业资质年检管理将逐步由建设监理协会等管理。

1）资质年检程序

工程监理企业资质年检一般在下年第一季度进行，年检内容包括检查工程监理企业资质条件是否符合资质等级标准，是否存在质量、市场行为等方面的违法、违规行为。

（1）工程监理企业在规定的时间内向建设行政主管部门提交工程监理企业资质年检表、工程监理企业资质证书、监理业务手册以及工程监理人员变化情况和其他有关资料，并交验企业法人营业执照。

（2）建设行政主管部门会同有关部门在收到工程监理企业年检资料40日内，对工程监理企业资质年检做出结论，并记录在工程监理企业资质证书副本的年检记录栏内。

2）年检结论

年检结论分为合格、基本合格、不合格三种。

工程监理企业资质条件符合资质等级标准，并且在过去一年内未发生上述资质审批制度（1）~（8）行为之一的，年检结论为合格。

工程监理企业只有连续两年年检合格，才能晋升上一资质等级。

年检结论为基本合格的条件：工程监理企业资质条件中监理工程师注册人员数量、经营规模未达到资质等级标准但不低于资质等级的80%，其他各项均达到标准要求，并且在过去一年内未发生上述资质审批制度（1）~（8）行为之一的。

工程监理企业有下列行为之一的，资质年检结论为不合格：

（1）资质条件中监理工程师注册人员数量、经营规模的任何一项未达到资质等级标准的80%，或其他任何一项未达到资质等级标准。

（2）有上述资质审批制度（1）~（8）行为之一的。

对于已经按照法律、法规的规定给予降低资质等级处罚的行为，年检中不再重复追究。

对于资质年检不合格或者连续两年基本合格的工程监理企业，建设行政主管部门应当重新核定其资质等级，新核定的资质等级应当低于原资质等级，达不到最低资质等级标准的，取消其资质。降级的工程监理企业，经过一年以上时间的整改，经建设行政主管部门核查确认，达到规定的资质标准，并且在此期间未发生上述资质审批制度（1）~（8）行为之一的，可以重新申请原资质等级。

工程监理企业在规定时间内没有参加资质年检，其资质证书将自行失效，而且一年内不得重新申请资质。

在工程监理企业资质年检后，资质审批部门应当在工程监理企业资质证书副本的相应栏目内注明年检结论和有效期限。

资质审批部门应当在工程监理企业资质年检结束后30日内，在公众媒体上公布年检结果，包括年检合格、不合格企业和未按规定参加年检的企业名称。甲级工程监理企业的年检结果还将在中国建设工程信息网上公布。

3）违规处理

工程监理企业在开展监理业务时，出现违规现象，建设行政主管部门将根据情节轻重依据有关法律、法规给予处罚。违规行为主要表现在以下几个方面：

（1）以欺骗手段取得工程监理企业资质证书。

（2）超越本企业资质等级承揽监理业务。

（3）未取得工程监理企业资质证书而承揽监理业务。

（4）转让监理业务。

（5）挂靠监理业务。

（6）与建设单位或者施工单位串通，弄虚作假，降低工程质量。

（7）将不合格的建设工程、建筑材料、建筑构配件和设备按照合格签字。

（8）工程监理企业与被监理工程的施工承包单位以及建筑材料、建筑构配件和设备供应单位有隶属关系或者其他利害关系，并承担该项建设工程的监理业务。

根据我国《工程建设质量管理条例》规定：

（1）禁止工程监理单位超越本单位资质等级许可的范围或者以其他工程监理单位的名义承担工程监理业务，禁止工程监理单位允许其他单位或者个人以本单位的名义承担工程监理业务。

工程监理企业超越本单位资质等级承揽工程的，责令停止违法行为，并处合同规定的监理酬金1倍以上2倍以下的罚款。

未取得资质证书承揽工程的，予以取缔，依照上述规定处以罚款；有违法所得的，予以没收。

以欺骗手段取得资质证书承揽工程的，吊销资质证书，并依照上述规定处以处罚；有违法所得的，予以没收。

（2）工程监理企业不得转让工程监理业务。工程监理企业转让工程监理业务的，责令改正，没收违法所得，处合同约定的监理酬金25%以上50%以下的罚款；可以责令停业整顿，降低资质等级；情节严重的，吊销资质证书。

（3）工程监理企业与被监理工程的施工承包企业以及建筑材料、建筑构配件和设备供应单位有隶属关系或者其他利害关系的，不得承担该项建设工程的监理业务。

工程监理企业与被监理工程的施工承包企业以及建筑材料、建筑构配件和设备供应单位有隶属关系或者其他利害关系承担该项建设工程的监理业务的，责令改正，处5万元以上10万元以下的罚款，降低资质等级或者吊销资质证书；有违法所得的，予以没收。

（4）工程监理企业应当依照法律、法规以及有关技术标准、设计文件和建设工程承包合同，代表建设单位对施工质量实施监理，并对施工质量承担监理责任。

（5）未经监理工程师签字，建筑材料、建筑构配件和设备不得在工程上使用或者安装，施工单位不得进行下一道工序的施工。

工程监理企业有下列行为之一的,责令改正,处50万元以上100万元以下的罚款,降低资质等级或者吊销资质证书;有违法所得的,予以没收;造成损失的,承担连带赔偿责任。

(1)与建设单位或者施工企业串通,弄虚作假、降低工程质量的。

(2)将不合格的建设工程、建筑材料、建筑构配件和设备按照合格签字的。

违反上述规定给予企业处罚的,对监理企业直接负责的主管人员和其他直接责任人员处企业罚款数额的5%以上10%以下的罚款。

对违反国家规定,降低工程质量标准,造成重大安全事故的,对直接责任人员处5年以下有期徒刑或者拘役,并处罚金;后果严重的处5年以上10年以下有期徒刑,并处罚金。

第六节　监理企业的经营管理

一、监理企业的经营活动

(一)获取监理业务的方式

监理企业必须参加市场竞争才能在建筑市场中开展经营活动,通过竞争承揽监理业务,在竞争中求生存求发展。监理企业能否取得监理业务是开展经营活动的前提和关键。

监理企业承揽监理业务的方式有两种,一是通过投标竞争取得监理业务,二是接受建设单位的直接委托而取得监理业务。我国有关建设法规规定:建设单位一般应通过招标方式择优选择监理企业。所以,采用招标方式选用监理企业是监理业务发展的方向,只有特定条件下,建设单位才可以不招标而直接把监理业务委托给一个监理企业。无论采用哪一种方式取得监理业务,前提都是监理企业的资质、能力、社会信誉得到建设单位的认可。

(二)监理企业投标

监理企业要编制高水平技术服务的监理大纲,尤其是行之有效切实可行的监理对策,这是建设单位在进行监理招标时评定标书优劣的重要依据。当然,监理费用的报价也要合理。

监理对策的内容主要有:监理工作的指导思想,主要管理措施、技术措施,监理力量投入,对建设方提出的一些建议等。

(三)承揽业务应注意的问题

承揽业务应注意以下问题:

(1)严格遵守国家法律法规要求,遵守行业职业道德。

(2)严格按批准的监理业务范围承接监理任务,承接超出资质范围以外的监理任务时,应获得资质管理部门的批准。

(3)承接监理业务总量要量力而行,不允许与建设单位签订监理合同后又把监理业务转包其他监理企业。对于监理风险较大的监理项目,如建设期较长,或可能遭到自然灾害,或战争社会动乱影响的可能性大,或工程量庞大技术复杂难度大的项目,监理企业可考虑与几家监理企业组成联合体共同承担风险,还可以向保险公司投保。

二、监理企业经营准则

监理企业从事监理经营活动,应遵守的基本准则是诚信、守法、公正、科学。

（一）诚信

诚信即诚实守信用，这是监理企业信誉的核心。监理企业在生产经营过程中不应损害他人利益和社会公共利益，应维护市场道德秩序，在合同履行过程中履行自己应尽的职责、义务，建立一套完整的、行之有效的、服务于企业、服务于社会的企业管理制度并贯彻执行，取信于业主、取信于市场。

监理企业向社会提供的是技术服务，这是一种无形资产，是通过建筑产品的质量来体现的，监理企业要利用自已的智能优势最大限度地把工程项目的质量、进度、投资目标控制好，满足建设单位的正当要求，赢得市场的信任。因此，诚信是监理企业经营活动的基本准则之一。

（二）守法

守法就是监理企业法人依法经营。它是监理企业经营活动最起码的行为准则，依法经营的含意有以下几个方面：

（1）监理企业应遵守国家关于企业法人生产经营的法律、法规规定，遵守国家有关工程建设监理的法律、法规、规范、标准的规定。

（2）监理企业不得伪造、涂改、出租、出借、出卖监理企业资质等级证书。

（3）监理企业在开展业务过程中应严格履行合同，在合同规定的范围和业主委托授权范围内开展工作。

（4）监理企业在异地承接监理业务，应遵守当地人民政府的监理法规和有关规定，主动向当地建设行政部门登记备案，接受管理和监督。

（5）监理企业应在建设监理资质管理部门审查并确认的经营业务范围内开展监理经营活动。它包括三个方面，一是监理业务的性质，如建筑学、以建筑结构专业为主的监理企业，只能监理一般工业与民用建筑项目，不能从事高速公路、铁路工程项目监理业务；二是监理企业资质等级，按照资质管理部门批准的监理资质等级来承接监理业务，例如，甲级监理企业可以承担一级工程、二级工程、三级工程项目的监理业务，乙级监理企业不能承担一级工程项目监理业务，只能承担二级、三级工程项目监理业务；三是监理企业可以根据监理企业的能力和申请，核定开展一些特定的技术咨询服务项目，并将其纳入经营业务范围，经营范围以外的业务不能承接，否则视为违法经营。

（三）公正

公正是指工程监理企业在监理活动中既要维护业主的利益，为业主提供服务，又不能损害承包商的合法利益，并能依据合同公平公正地处理业主与承包商之间的合同争议，监理企业不能因为受聘于业主就偏向建设单位，也不能偏向施工企业。公正性是监理行业的必然要求，是社会公认的执业准则，也是监理企业和监理工程师的基本职业道德准则。

（四）科学

监理企业在经营活动中，采用科学的方法，运用科学的手段，进行科学的策划，制定行之有效的监理细则，为建设项目的建设单位提供高水平的技术服务，保证监理工作有科学性、准确性，还要进行科学的总结。通过总结经验，监理企业才能为以后的经营提供更科学完善的监理技术服务，为监理企业的持续发展提供条件。

三、监理企业与建设各方的关系

建筑市场中,建设单位、承包商、监理构成三方。实行建设项目法人负责制、建设监理制和招标承包制是我国建筑市场的重大体制改革。处理好体制之间的关系对监理企业非常重要。

(一)监理企业和建设单位之间的关系

监理企业和建设单位都是建筑市场的主体之一,它们是平等的关系,是委托和被委托的合同关系,也是相互依存相互促进的关系。这种关系是监理工作的前提。

1. 监理企业与建设单位是经济合同关系

监理企业和建设单位之间,在市场经济条件下是经济合同关系,当委托关系确立后,双方应订立建设工程委托监理合同。合同一经签订,意味着双方的交易关系形成,建设方是买方,监理方是卖方,建设方出的是资金,监理方出的是智力劳动。既然是合同关系,双方的经济利益和责任义务必然体现在委托监理合同中。

由于在建筑市场中,建设单位和承包商也是买方和卖方,作为买方的建设单位,想少花钱买到好的产品,而作为卖方的承包商总想把产品卖个好价钱,获得较高的利润。监理企业在建设单位和承包商双方中处于特殊地位,从产品的角度,监理的作用是中介服务,既有责任让建设单位买到物美价廉的建筑产品,又有责任维护承包商的合法权益。因此,监理企业在建筑市场的交易中起着等价交换、公平交易的平衡作用,体现出经济关系和合同制约关系。

2. 监理企业与建设单位是授权与被授权关系

监理企业接受建设单位委托后,建设单位将授予监理企业一定的权力。不同的建设单位对监理企业的授权也不一样。权力和责任分配一般为:建设单位掌握工程建设的决策权,如建设规模、设计标准、使用功能的决定权;工程设计、设备供应和承包商的选择权;工程设计、设备供应和施工合同的签订权;工程变更的审批权等。授予监理企业的权力有:

(1)工程建设重大问题的建议权。

(2)工程建设组织与协调的主持权。

(3)工程材料和施工质量的确认权和否决权。

(4)施工进度和施工工期的确认权和否决权。

(5)工程款支付与工程结算的确认权和否决权。

监理企业按建设单位授予的权限开展工作,从而在工程建设实施中处于重要地位,应该强调一点,监理企业不是建设单位的代理人,而是以自身的名义独立开展工作。因此,在工程项目建设实施过程中,如果出现失误,将独立承担民事责任。

3. 监理企业与建设单位是平等的关系

监理企业与建设单位是平等的关系,这种平等体现在两个方面:其一是监理企业和建设单位都是市场经济中的独立企业法人,只是它们的经营性质、业务范围有所不同,没有主仆之分,更不是雇佣关系。监理企业根据授权开展工作,这种授权是通过双方经过平等协商以合同形式事先约定好的。其二是监理企业和建设单位都是建筑市场上的主体,只是分工不同。它们是以工程项目为载体而协同工作的,双方按约定的条款,行使各自的权力和义务,获取相应的利益。监理企业只按照委托的要求开展工作,对建设单位负责,不接受建设单位领导。建设单位对监理企业经营和内部事务没有支配权和管理权。

(二)监理企业和项目承包商之间的关系

承包商是工程项目的规划、勘测、设计、施工等企事业单位和工程设备、工程构件、配件加工制造企业的全称。在工程建设过程中，监理企业和承包商之间没有合同关系，但是，同一个工程项目将二者纳入其中，形成不可分割的联系，主要表现在以下几个方面。

1. 监理企业和承包商是平等的关系

监理企业和承包商的相同点是：都是建筑市场的主体，在性质上，都是属于出卖产品的卖方，都必须在工程建设的法规、规程、规范、标准的制约下开展工作，两者之间不存在领导和被领导的关系。不同的是业务范围不同，具体责任不同。

2. 监理和承包商是监理和被监理的关系

监理企业和承包商之间没有签订任何经济合同，但双方和建设单位签订了委托监理合同和承包合同。监理企业依据建设单位的授权，有监督和管理承包商履行工程建设承包合同的权力及义务，我国建设法规也赋予监理企业在执行这些法规时给予监督和管理。在实施建设监理制后，承包商将不再与工程建设单位打交道，而主要与监理企业进行业务往来。而工程建设单位不再直接与承包商打交道，而是要通过监理企业来监督承包商全面履行合同规定行为。

小　结

监理工程师是指在工程建设监理工作岗位上工作，并参加全国工程建设监理工程师资格统一考试合格，获得工程建设监理工程师资格证书，并经注册的工程建设监理人员。监理企业是指取得监理资格等级证书、具有法人资格从事工程建设监理的单位，如监理公司、监理事务所、监理中心以及兼承监理业务的设计、施工、科研、咨询等单位。

监理工程师的管理主要有注册、执业、权利义务、法律责任、继续教育等工作。对工程监理企业资质管理，主要是指对工程监理企业的设立、定级、升级、降级、变更、终止等资质审查或批准以及年检工作等。监理企业从事监理经营活动，应遵守的基本准则是诚信、守法、公正、科学。

思考题

1. 什么是监理工程师？

2. 试述监理工程师应具备的基本素质和职业道德要求。

3. 总监理工程师应具备什么素质？

4. 监理工程师报考条件和部分科目免试条件是什么？

5. 监理工程师初始注册和变更注册的条件及需提交的材料是什么？

6. 试述监理工程师的权力和义务。

7. 注册监理工程师在执业活动中哪些行为是违法的？

8. 我国监理工程师的资格及注册与国外的区别是什么？

9. 什么是监理企业？监理企业有哪些特征？

10. 监理企业的类别有哪些？主要标准是什么？

11. 试述设立和变更监理企业的基本条件及应准备哪些材料。

12. 试述监理企业的经营与经营准则。

第三章　建设工程项目监理组织

【能力目标】

学完本章应会:组织活动的基本原理、组织机构设置原则、建设工程监理的实施程序和原则、工程监理的组织协调方法。

【教学目标】

通过本章学习,掌握建立监理组织机构的步骤及项目监理机构的组织形式;熟悉建设工程承发包模式与监理模式及人员配备;了解建设工程监理模式组织构成要素、工程监理的组织协调方法。

第一节　组织的基本原理

工程项目组织的基本原理就是组织论,它是关于组织应当采取何种组织结构才能提高效率的观点、见解和方法的集合。组织论主要研究系统的组织结构模式和组织分工,以及工作流程组织,它是人类长期实践的总结,是管理学的重要内容。

一般认为,现代的组织理论研究分为两个相互联系的分支学科,一是组织结构学,它主要侧重于组织静态研究,目的是建立一种精干、高效、合理的组织结构;二是组织行为学,它侧重于组织动态的研究,目的是建立良好的组织关系。本节主要介绍组织结构学的内容。

一、组织与组织构成因素

(一)组织

"组织"一词,其含义比较宽泛,在组织结构学中,即表示结构性组织,是为了使系统达到特定目标而使全体参与者经分工协作及设置不同层次的权力和责任制度构成的一种组合体,如项目组织、企业组织等。组织包含三方面的意思:

(1) 目标是组织存在的前提。

(2) 组织以分工协作为特点。

(3) 组织具有一定层次的权力和责任制度。

工程项目组织是指为完成特定的工程项目任务而建立起来的,从事工程项目具体工作的组织。该组织是在工程项目寿命期内临时组建的,是暂时的,只是为完成特定的目的而成立的。工程项目是由目标产生工作任务,由工作任务决定承担者,由承担者形成组织。

(二) 组织构成因素

一般来说,组织由管理层次、管理跨度、管理部门、管理职能四大因素构成,呈上小下大的形式,四大因素密切相关、相互制约。

1. 管理层次

管理层次是指从组织的最高管理者到最基层的实际工作人员的等级层次的数量。管理层次可以分为三个层次，即决策层、协调层和执行层、操作层，三个层次的职能要求不同，表示不同的职责和权限，由上到下权责递减，人数却递增。组织必须形成一定的管理层次，否则其运行将陷于无序状态，管理层次也不能过多，否则会造成资源和人力的巨大浪费。

2. 管理跨度

管理跨度是指一个主管直接管理下属人员的数量。在组织中，某级管理人员的管理跨度大小直接取决于这一级管理人员所要协调的工作量，跨度大，处理人与人之间关系的数量随之增大。跨度太大时，领导者和下属接触频率会太高。跨度(N)与工作接触关系数(C)的关系公式是：

$$C = N(2^{N-1} + N - 1) \tag{3-1}$$

这就是邱格纳斯公式，当 $N = 10$ 时，$C = 5\ 210$，故跨度太大时，领导与下属常有应接不暇之感。因此，在组织结构设计时，必须强调跨度适当。跨度的大小又和分层多少有关，一般来说，管理层次增多，跨度会小；反之，层次少，跨度会大。

3. 管理部门

按照类别对专业化分工的工作进行分组，以便对工作进行协调，即为部门化。部门可以根据职能来划分，可以根据产品类型来划分，可以根据地区来划分，也可以根据顾客类型来划分。组织中各部门的合理划分对发挥组织效能非常重要，如果划分不合理，就会造成控制、协调困难，从而浪费人力、物力、财力。

4. 管理职能

组织机构设计确定的各部门的职能，在纵向要使指令传递、信息反馈及时，在横向要使各部门相互联系、协调一致。

二、组织结构设计

组织结构就是指在组织内部构成和各部分间所确定的较为稳定的相互关系与联系方式。简单的说，就是指对工作如何进行分工、分组和协调合作。组织结构设计是对组织活动和组织结构的设计过程，目的是提高组织活动的效能，是管理者在建立系统有效关系中的一种科学的、有意识的过程，既要考虑外部因素，又要考虑内部因素。组织结构设计通常要考虑下列七项基本原则。

(一)专业分工与协作统一

强调工作专业化其实质就是要求每一个人专门从事工作活动的一部分，而不是全部。通过重复性的工作使员工的技能得到提高，从而提高组织的运行效率；在组织机构中还要强调协作统一，就是明确组织机构内部各部门之间和各部门内部的协调关系与配合方法。

(二)集权与分权统一

在任何组织中，都不存在绝对的集权和分权。在项目监理机构设计中，所谓集权，就是总监理工程师掌握所有监理大权，各专业监理工程师只是其命令的执行者；所谓分权，是在总监理工程师的授权下，各专业监理工程师在各自管理的范围内有足够的决策权，总监理工程师主要起协调作用。高度的集权造成盲目和武断，过分的分权则会导致失控、不协调。从本质上来说，这是一个决策权应该放在哪一级的问题。

项目监理机构是采取集权形式还是采取分权形式，要根据建设工程的特点，监理工作的重要性，总监理工程师的能力、精力，以及各专业监理工程师的工作经验、工作能力、工作态度等因素进行综合考虑。

（三）管理跨度与管理层次相统一

在组织结构设计的过程中，管理跨度和管理层次成反比关系。在组织机构中当人数一定时，如果跨度大，层次则可适当减少；反之，如果跨度缩小，则层次就会增多。所以，在组织设计的过程中，一定要全面通盘考虑各种影响因素，科学确定管理跨度和管理层次。

（四）权责一致

在项目监理机构中应明确划分职责、权利范围，做到责任和权利相一致。从组织结构的规律来看，一定的人总是在一定的岗位上担任一定的职务，这样就产生了与岗位职务相适应的权利和责任，只有做到了有职、有权、有责，才能使组织机构正常运行。由此可见，组织的权责是相对于岗位职务来说的，不同的岗位职务应有不同的权责。权责不一致对组织的效能影响是很大的。权大于责容易产生瞎指挥、滥用权力的官僚主义；责大于权就会影响管理人员的积极性、主动性和创造性，使组织缺乏活力。

（五）才职相称

通过考察个人的学历与经历或其他途径，了解其知识、才能、气质、经验，进行比较，使每个人具有的和可能具有的才能与其职务上的要求相适应，做到才职相称，才得其用。

（六）经济效率原则

项目监理机构设计必须将经济性和高效性放在重要地位。组织结构中的每个部门、每个人为了一个统一的目标，应组合成最适宜的结构形式，实行最有效的内部协调，使事情办得简洁而正确，减少重复和扯皮。

（七）弹性原则

组织机构既要有相对的稳定性，不要总是轻易变动，又要随组织内部和外部条件的变化，根据长远目标作出相应的调整与变化，使组织机构具有一定的适应性。

三、组织机构活动基本原理

（一）要素有用性原理

一个组织系统中的基本要素有人力、财力、物力、信息、时间等，这些要素都是必要的，但每个要素的作用大小是不一样的，而且会随着时间、场合的变化而变化。所以在组织活动过程中应根据各要素在不同情况下的不同作用进行合理安排、组合和使用，做到人尽其才、财尽其利、物尽其用，尽最大可能提高各要素的利用率。

一切要素都有用，这是要素的共性，然而要素除了有共性外，还有个性。比如同样是工程师，由于专业、知识、经验、能力不同，所起的作用就不相同。所以，管理者要具体分析各个要素的特殊性，以便充分发挥每一要素的作用。

（二）动态相关性原理

组织系统内部各要素之间既相互联系，又相互制约；既相互依存，又相互排斥。这种相互作用的因子叫做相关因子，充分发挥相关因子的作用，是提高组织管理效率的有效途径。事物在组合过程当中，由于相关因子的作用，可以发生质变，一加一可以等于二，也可以大于二，还可以小于二，整体效应不等于各局部效应的简单相加，这就是动态相关性原理。组织管理者的重要任务就在于使组织机构活动的整体效应大于各局部效应之和，否则，组织就没有存在的意义了。

（三）主观能动性原理

人是生产力中最活跃的因素，因为人是有生命的、有感情的、有创造力的。人会制造工具，会使用工具劳动并在劳动中改造世界，同时也改造自己。组织管理者应该充分发挥人的主观能动性，只有当主观能动性发挥出来时才会取得最佳效果。

（四）规律效应性原理

规律是客观事物内部的、本质的、必然的联系。一个成功的管理者应懂得只有努力揭示和掌握管理过程中的客观规律，按规律办事，才能取得好的效应。

第二节　建设工程承发包模式与监理模式

工程建设项目投资大，建设周期长，参与项目的单位众多，社会性强，因此工程项目实施模式具有复杂性。工程项目的实施组织方式是通过研究工程项目的承发包模式，确定工程的合同结构，合同结构的确定也就决定了工程项目的管理组织，决定了参与工程项目各方的项目管理的工作内容和任务。

建筑市场的市场体系主要由三方面构成，即以发包人为主体的发包体系，以设计、施工、供货方为主体的承建体系，以及以工程咨询、评估、监理方为主体的咨询体系。市场主体三方的关系不同就会形成不同的工程项目组织系统，构成不同的项目实施组织形式，对工程管理的方式和内容产生不同的影响。

同时，建设工程监理委托模式的选择与建设工程组织管理模式密切相关，监理委托模式对建设工程的规划、控制、协调起着重要作用。

一、平行承发包模式

（一）平行承发包模式特点

所谓平行承发包，是指业主将建设工程的设计、施工以及材料设备采购的任务经过分解分别发包给若干个设计单位、施工单位和材料设备供应单位，并分别与各方签订合同。各设计单位之间的关系是平行的，各施工单位之间的关系、各材料设备供应单位之间的关系也是平行的，如图 3-1 所示。

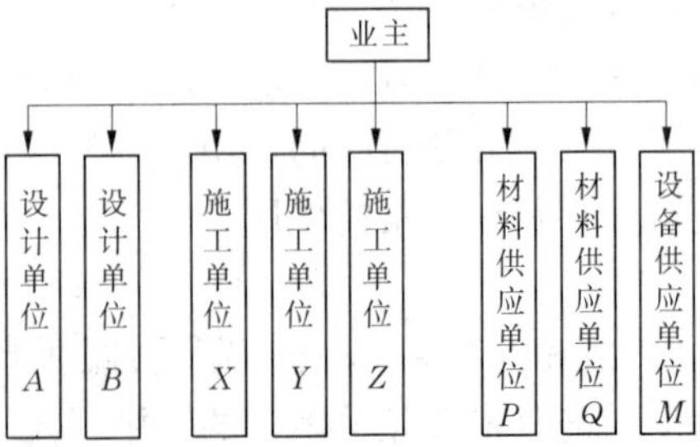

图 3-1　平行承发包模式

采用这种平行承发包模式首先应合理地进行工程建设任务的分解，然后进行分类综合，确定每个合同的发包内容，以便选择适当的承建单位。

进行任务分解与确定合同数量、内容时应考虑以下因素：

(1)工程情况。建设工程的性质、规模、结构等是决定合同数量和内容的重要因素。规模大、范围广、专业多的建设工程往往比规模小、范围窄、专业单一的建设工程合同数量要多。建设工程实施时间的长短、计划的安排也对合同数量有影响。例如，对分期建设的2个单项工程，就可以考虑分成2个合同分别发包。

(2)市场情况。首先，由于各类承建单位的专业性质、规模大小在不同市场的分布状况不同，建设工程的分解发包应力求使其与市场结构相适应。其次，合同任务和内容要对市场具有吸引力。中小合同对中小型承建单位有吸引力，又不妨碍大型承建单位参与竞争。另外，还应按市场惯例做法、市场范围和有关规定来决定合同内容及大小。

(3)贷款协议要求。对两个以上贷款人的情况，可能贷款人对贷款使用范围、承包人资格等有不同要求，因此需要在确定合同结构时予以考虑。

(二)平行承发包模式的优缺点

1. 优点

(1)有利于缩短工期。由于设计和施工任务经过分解分别发包，设计阶段与施工阶段有可能形成搭接关系，从而缩短整个建设工程工期。

(2)有利于质量控制。整个工程经过分解分别发包给各承建单位，合同约束与相互制约使每一部分能够较好地实现质量要求。如主体工程与装修工程分别由两个施工单位承包，当主体工程不合格时，装修单位是不会同意在不合格的主体工程上进行装修的，这相当于有了他人控制，比自己控制更有约束力。

(3)有利于业主选择承建单位。在大多数国家的建筑市场中，专业性强、规模小的承建单位一般占较大的比例。平行承发包模式的合同内容比较单一，合同价值小、风险小，使这些承建单位有可能参与竞争。因此，无论大型承建单位还是中小型承建单位都有机会竞争。业主可以在很大范围内选择承建单位，为提高择优性创造了条件。

2. 缺点

(1)合同数量多，会造成合同管理困难。合同关系复杂，使建设工程系统内结合部位数量增加，组织协调工作量大。因此，应加强合同管理的力度，加强各承建单位之间的横向协调工作，沟通各种渠道，使工程有条不紊地进行。

(2)投资控制难度大。这主要表现在：一是总合同价不易确定，影响投资控制实施；二是工程招标任务量大，需控制多项合同价格，增加了投资控制难度；三是在施工过程中设计变更和修改较多，导致投资增加。

(三)平行承发包模式条件下的监理委托模式

与建设工程平行承发包模式相适应的监理委托模式有以下两种主要形式。

1. 业主委托一家监理单位监理

这种监理委托模式是指业主只委托一家监理单位为其提供监理服务，如图3-2所示。这种委托模式要求被委托的监理单位应该具有较强的合同管理能力与组织协调能力，并能做好全面规划工作。监理单位的项目监理机构可以组建多个监理分支机构对各承建单位分别实施监理。在具体的监理过程中，项目总监理工程师应重点做好总体协调工作，加强横向联系，保证建设工程监理工作有效运行。

2. 业主委托多家监理单位监理

这种监理委托模式是指业主委托多家监理单位为其提供监理服务，如图 3-3 所示。

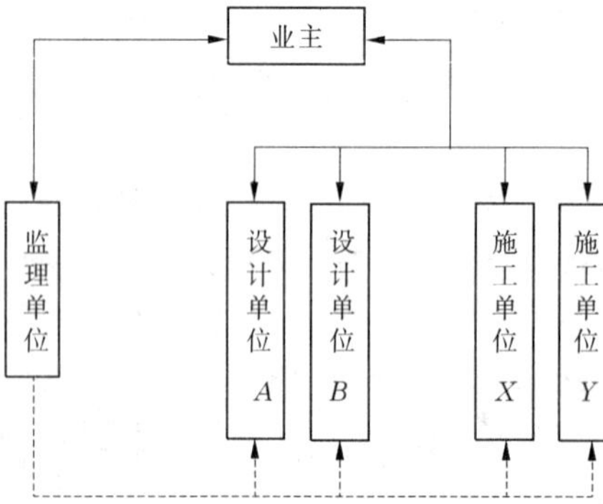

图 3-2 业主委托一家监理单位进行监理的模式

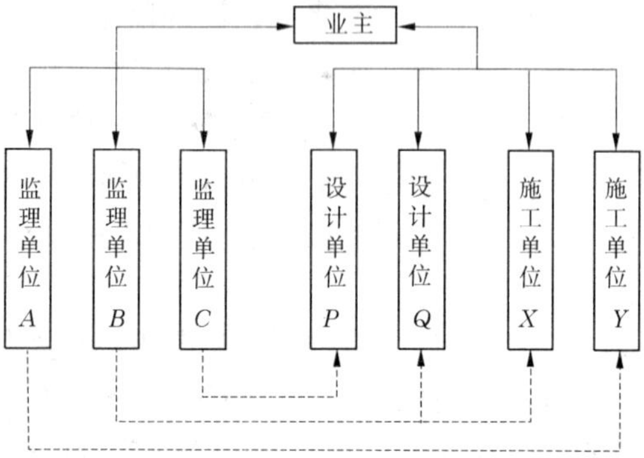

图 3-3 业主委托多家监理单位进行监理的模式

采用这种委托模式，业主分别委托几家监理单位针对不同的承建单位实施监理。由于业主分别与多个监理单位签订委托监理合同，所以各监理单位之间的相互协作与配合需要业主进行协调。采用这种监理委托模式，监理单位的监理对象相对单一，便于管理。但整个工程的建设监理工作被肢解，各监理单位各负其责，缺少一个对建设工程进行总体规划与协调控制的监理单位。

为了克服上述不足，在某些大、中型项目的监理实践中，业主首先委托一个“总监理工程师单位”总体负责建设工程的总规划和协调控制，再由业主和“总监理工程师单位”共同选择几家监理单位分别承担不同合同段的监理任务。在监理工作中，由“总监理工程师单位”负责协调、管理各监理单位的工作，大大减轻了业主的管理压力，形成如图 3-4 所示的模式。

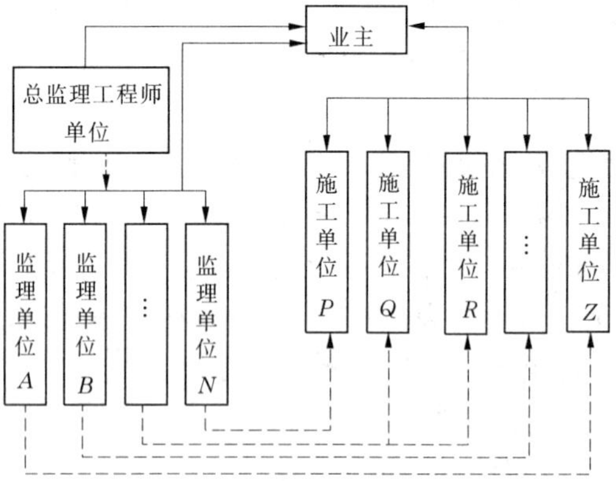

图 3-4 业主委托“总监理工程师单位”进行监理的模式

二、设计或施工总分包模式

（一）设计或施工总分包模式特点

所谓设计或施工总分包，是指业主将全部设计或施工任务发包给一个设计单位或一个施工单位作为总包单位，总包单位可以将其部分任务再分包给其他承包单位，形成一个设计总包合同或一个施工总包合同以及若干个分包合同的结构模式。图3-5是设计和施工均采用总分包模式的合同结构图。

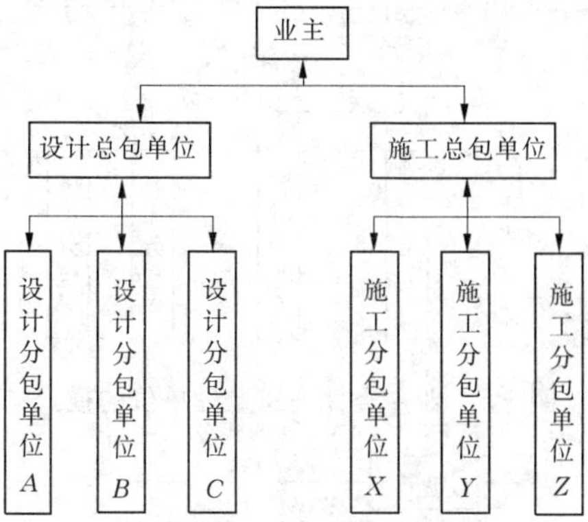

图3-5　设计和施工总分包模式

(二)设计或施工总分包模式的优缺点

1. 优点

(1)有利于建设工程的组织管理。由于业主只与一个设计总包单位或一个施工总包单位签订合同，工程合同数量比平行承发包模式要少很多，有利于业主的合同管理，也使业主协调工作量减少，可发挥监理工程师与总包单位多层次协调的积极性。

(2)有利于投资控制。总包合同价格可以较早确定，并且监理单位也易于控制。

(3)有利于质量控制。在质量方面，既有分包单位的自控，又有总包单位的监督，还有工程监理单位的检查认可，对质量控制有利。

(4)有利于工期控制。总包单位具有控制的积极性，分包单位之间也有相互制约的作用，有利于总体进度的协调控制，也有利于监理工程师控制进度。

2. 缺点

(1)建设周期较长。在设计和施工均采用总分包模式时，由于设计图纸全部完成后才能进行施工总包的招标，不仅不能将设计阶段与施工阶段搭接，而且施工招标需要的时间也较长。

(2)总包报价可能较高。对于规模较大的建设工程来说，通常只有大型承建单位才具有总包的资格和能力，竞争相对不甚激烈；另一方面，对于分包出去的工程内容，总包单位都要在分包报价的基础上加收管理费向业主报价。

(三)设计或施工总分包模式条件下的监理委托模式

(1)业主委托一家监理单位提供实施阶段全过程的监理服务(如图3-6所示)。

这样监理单位可以对设计阶段和施工阶段的工程投资、进度、质量控制统筹考虑，合理进行总体规划协调，更可使监理工程师掌握设计思路与设计意图，有利于施工阶段的监理工作。

(2)分别按照设计阶段和施工阶段委托监理单位(如图3-7所示)。

对设计或施工总分包模式，虽然总承包单位对承包合同承担乙方的最终责任，但分包单位的资质、能力直接影响着工程质量、进度等目标的实现，所以在这种模式条件下，监理

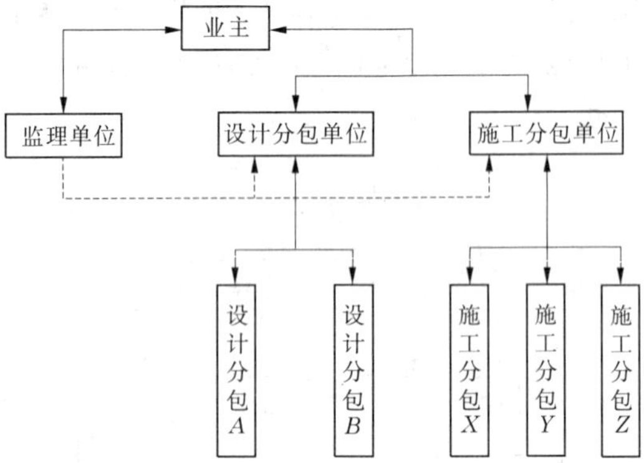

图 3-6　业主委托一家监理单位的模式

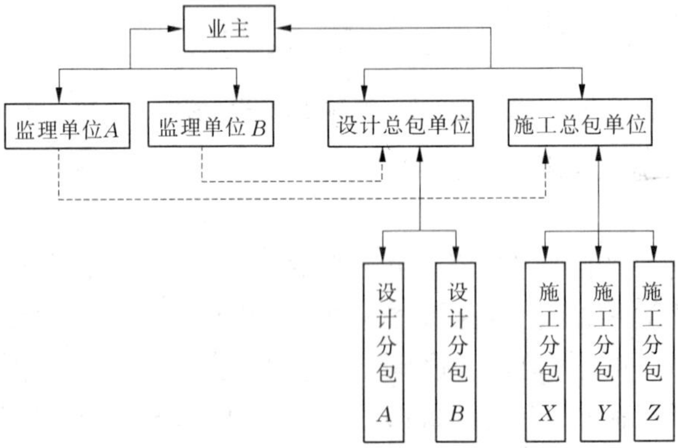

图 3-7　按照阶段划分的监理委托模式

工程师必须做好对分包单位资质的审查、确认工作。

三、项目总承包模式

(一)项目总承包模式的特点

所谓项目总承包模式是指业主将工程设计、施工、材料和设备采购等工作全部发包给一家承包公司,由其进行实质性设计、施工和采购工作,最后向业主交出一个已达到动用条件的工程。按这种模式发包的工程也称“交钥匙工程”,这种模式如图 3-8 所示。

(二)项目总承包模式的优缺点

1. 优点

(1)合同关系简单,组织协调工作量小。业主只与项目总承包单位签订一个合同,合同关系大大简化。监理工程师主要与项目总承包单位进行协调。许多协调工作量转移到项目总承包单位内部及其与分包单位之间,这就使建设工程监理单位的协调量大为减少。

(2)缩短建设周期。由于设计与施工由一个单位统筹安排,使两个阶段能够有机地融合,一般都能做到设计阶段与施工阶段相互搭接,因此对进度目标控制有利。

(3)有利于投资控制。通过设计与施工的统筹考虑可以提高项目的经济性,从价值工程或全寿命费用的角度可以取得明显的经济效果,但这并不意味着项目总承包的价格低。

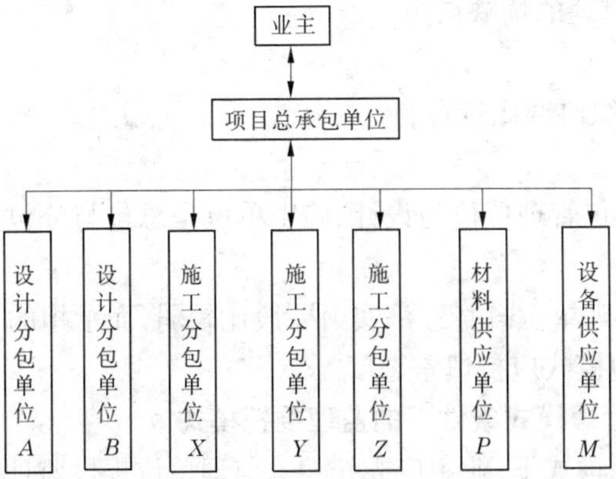

图 3-8　项目总承包模式

2. 缺点

(1) 招标发包工作难度大。合同条款不易准确确定,容易造成较多的合同争议。因此,虽然合同量最少,但是合同管理的难度一般较大。

(2) 业主择优选择承包方范围小。由于承包范围大、介入项目时间早、工程信息未知数多,因此承包方要承担较大的风险,而有此能力的承包单位数量相对较少,这往往导致竞争性降低,合同价格较高。

(3) 质量控制难度大。其原因一是质量标准和功能要求不易做到全面、具体、准确,质量控制标准制约性受到影响;二是"他人控制"机制薄弱。

(三) 项目总承包模式条件下的监理委托模式

在项目总承包模式下,业主和总承包单位签订的是总承包合同,业主应委托一家监理单位提供监理服务,如图 3-9 所示。在这种模式条件下,监理工作时间跨度大,监理工程师应具备较全面的知识,重点做好合同管理工作。

四、项目总承包管理模式

项目总承包管理模式是指业主将工程建设任务发包给专门从事项目组织管理的单位,再由它分包给若干设计、施工和材料设备供应单位,并在实施中进行管理。项目总承包管理模式如图 3-10 所示。

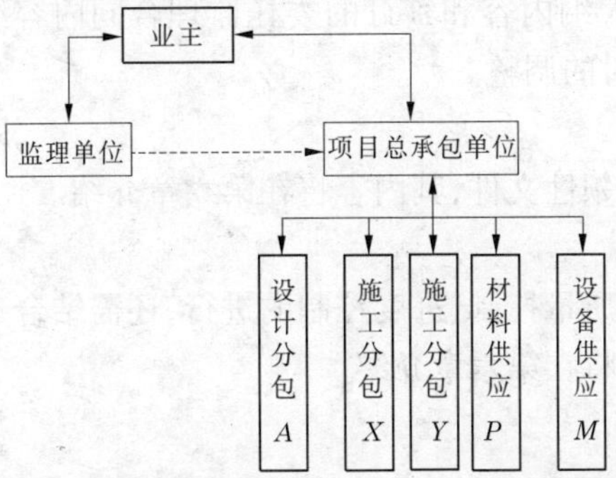

图 3-9　项目总承包模式条件下的监理委托模式

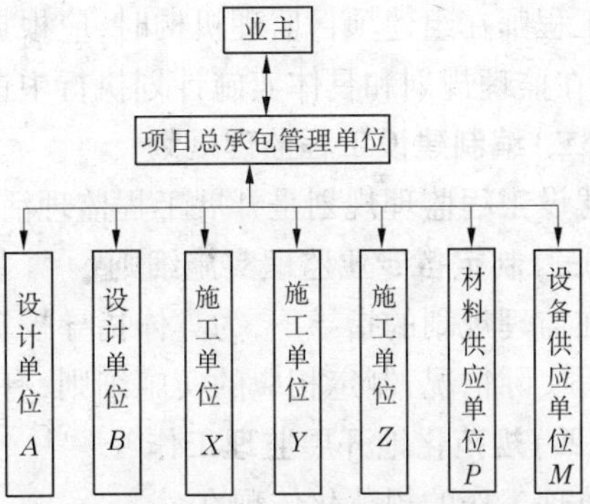

图 3-10　项目总承包管理模式

（一）项目总承包管理的优缺点

1. 优点

合同关系简单、组织协调比较有利。

2. 缺点

（1）由于项目总承包管理单位与设计、施工单位是总包与分包关系，后者才是项目实施的基本力量。

（2）项目总承包管理单位自身经济实力一般比较弱，而承担的风险相对较大，因此建设工程采用这种承发包模式应持慎重态度。

（二）项目总承包管理模式条件下的监理委托模式

在项目总承包管理模式下，业主应委托一家监理单位提供监理服务，这样可明确管理责任，便于监理工程师对项目总承包管理合同和项目总承包管理单位进行分包等活动的监理。但由于项目总承包管理单位与设计、施工单位是总包与分包关系，后者才是项目实施的基本力量，所以监理工程师对分包的确认工作就成了十分关键的问题。

第三节　建设工程监理实施程序和原则

一、建设工程监理实施程序

（一）确定项目总监理工程师，成立项目监理机构

监理单位应根据建设工程的规模、性质、业主对监理的要求，委派称职的人员担任项目总监理工程师，代表监理单位全面负责该工程的监理工作。

一般情况下，监理单位在承接工程监理任务时，在参与工程监理的投标、拟定监理方案（大纲）以及与业主商签委托监理合同时，即应选派称职的人员主持该项工作。在监理任务确定并签订委托监理合同后，该主持人即可作为项目总监理工程师。这样，项目的总监理工程师在承接任务阶段即已介入，从而更能了解业主的建设意图和对监理工作的要求，并与后续工作能更好的衔接。总监理工程师是一个建设工程监理工作的总负责人，他对内向监理单位负责，对外向业主负责。

监理机构的人员构成是监理投标书中的重要内容，是业主在评标过程中认可的。总监理工程师在组建项目监理机构时，应根据监理大纲内容和签订的委托监理合同内容组建，并在监理规划和具体实施计划执行中进行及时的调整。

（二）编制建设工程监理规划

建设工程监理规划是开展工程监理活动的纲领性文件，其内容将在第六章介绍。

（三）制定各专业监理实施细则

在监理规划的指导下，为具体指导投资控制、质量控制、进度控制的进行，还需结合建设工程实际情况，制定相应的实施细则，有关内容将在第六章介绍。

（四）规范化地开展监理工作

监理工作的规范化体现在：

（1）工作的时序性。这是指监理的各项工作都应按一定的逻辑顺序先后展开，从而使监理工作能有效地达到目标而不致造成工作状态的无序和混乱。

(2)职责分工的严密性。建设工程监理工作是由不同专业、不同层次的专家群体共同来完成的,他们之间严密的职责分工是协调进行监理工作的前提和实现监理目标的重要保证。

(3)工作目标的确定性。在职责分工的基础上,每一项监理工作的具体目标都应是确定的,完成的时间也应有时限规定,从而能通过报表资料对监理工作及其效果进行检查和考核。

(五)参与验收,签署建设工程监理意见

建设工程施工完成以后,监理单位应在正式验交前组织竣工预验收。在预验收中发现的问题,应及时与施工单位沟通,提出整改要求。监理单位应参加业主组织的工程竣工验收,签署监理单位意见。

(六)向业主提交建设工程监理档案资料

建设工程监理工作完成后,监理单位向业主提交的监理档案资料应在委托监理合同文件中约定。不管在合同中是否作出明确规定,监理单位提交的资料应符合有关规范规定的要求,一般应包括设计变更、工程变更资料,监理指令性文件,各种签证资料等档案资料。

(七)监理工作总结

监理工作完成后,项目监理机构应及时从两方面进行监理工作总结。其一,是向业主提交的监理工作总结,其主要内容包括:委托监理合同履行情况概述,监理组织机构、监理人员和投入的监理设施,监理任务或监理目标完成情况的评价,工程实施过程中存在的问题和处理情况,由业主提供的供监理活动使用的办公用房、车辆、试验设施等的清单,必要的工程图片,表明监理工作终结的说明等。其二,是向监理单位提交的监理工作总结,其主要内容包括:①监理工作的经验,可以是采用某种监理技术、方法的经验,也可以是采用某种经济措施、组织措施的经验,以及委托监理合同执行方面的经验或如何处理好与业主、承包单位关系的经验等;②监理工作中存在的问题及改进的建议。

二、建设工程监理实施原则

监理单位受业主委托对建设工程实施监理时,应遵守以下基本原则。

(一)公正、独立、自主的原则

监理工程师在建设工程监理中必须尊重科学、尊重事实,组织各方协同配合,维护有关各方的合法权益。为此,必须坚持公正、独立、自主的原则。业主与承建单位虽然都是独立运行的经济主体,但他们追求的经济目标有差异,监理工程师应在按合同约定的权、责、利关系的基础上,协调双方的一致性。只有按合同的约定建成工程,业主才能实现投资的目的,承建单位也才能实现自己生产的产品的价值,取得工程款和实现盈利。

(二)权责一致的原则

监理工程师承担的职责应与业主授予的权限相一致。监理工程师的监理职权,依赖于业主的授权。这种权力的授予,除体现在业主与监理单位之间签订的委托监理合同之中,还应作为业主与承建单位之间建设工程合同的合同条件。因此,监理工程师在明确业主提出的监理目标和监理工作内容要求后,应与业主协商,明确相应的授权,达成共识后明确反映在委托监理合同中及建设工程合同中。据此,监理工程师才能开展监理活动。

总监理工程师代表监理单位全面履行建设工程委托监理合同,承担合同中确定的监理方向业主方所承担的义务和责任。因此,在委托监理合同实施中,监理单位应给总监理工程师充分授权,体现权责一致的原则。

(三)总监理工程师负责制的原则

总监理工程师是工程监理全部工作的负责人。要建立和健全总监理工程师负责制,就要明确权、责、利关系,健全项目监理机构,具有科学的运行制度、现代化的管理手段,形成以总监理工程师为首的高效能的决策指挥体系。

总监理工程师负责制的内涵包括:

(1)总监理工程师是工程监理的责任主体。责任是总监理工程师负责制的核心,它构成了对总监理工程师的工作压力与动力,也是确定总监理工程师权力和利益的依据。所以总监理工程师应是向业主和监理单位所负责任的承担者。

(2)总监理工程师是工程监理的权力主体。根据总监理工程师承担责任的要求,总监理工程师全面领导建设工程的监理工作,包括组建项目监理机构,主持编制建设工程监理规划,组织实施监理活动,对监理工作总结、监督、评价。

(四)严格监理、热情服务的原则

严格监理,就是各级监理人员严格按照国家政策、法规、规范、标准和合同控制建设工程的目标,依照既定的程序和制度,认真履行职责,对承建单位进行严格监理。

监理工程师还应为业主提供热情的服务,“应运用合理的技能,谨慎而勤奋地工作”。由于业主一般不熟悉建设工程管理与技术业务,监理工程师应按照委托监理合同的要求多方位、多层次地为业主提供良好的服务,维护业主的正当权益。但是,不能因此而一味地向各承建单位转嫁风险,从而损害承建单位的正当经济利益。

(五)综合效益的原则

建设工程监理活动既要考虑业主的经济效益,也必须考虑与社会效益和环境效益的有机统一。建设工程监理活动虽经业主的委托和授权才得以进行,但监理工程师应首先严格遵守国家的建设管理法律、法规、标准等,以高度负责的态度和责任感,既对业主负责,谋求最大的经济效益,又要对国家和社会负责,取得最佳的综合效益。只有在符合宏观经济效益、社会效益和环境效益的条件下,业主投资项目的微观经济效益才能得以实现。

第四节　项目监理机构设置

一、建立项目监理机构的步骤

根据组织设计的方法,建立项目监理机构的步骤如下。

(一)确定项目监理机构目标

建设工程监理目标是项目监理机构建立的前提,项目监理机构的建立应根据委托监理合同中确定的监理目标,制定总目标并明确划分监理机构的分解目标。

（二）确定监理工作内容

根据监理目标和委托监理合同中规定的监理任务，明确列出监理工作内容，并进行分类归并及组合。监理工作的归并及组合应便于监理目标控制，并综合考虑监理工程的组织管理模式、工程结构特点、合同工期要求、工程复杂程度、工程管理及技术特点，还应考虑监理单位自身组织管理水平、监理人员数量、技术业务特点等。

（三）项目监理机构的组织结构设计

1. 选择组织结构形式

由于建设工程规模、性质、建设阶段等的不同，设计项目监理机构的组织结构时应选择适宜的组织结构形式以适应监理工作的需要。组织结构形式选择的基本原则是：有利于工程合同管理，有利于监理目标控制，有利于决策指挥，有利于信息沟通。

2. 合理确定管理层次和管理跨度

项目监理机构中一般应有三个层次：①决策层。由总监理工程师和其他助手组成，主要根据建设工程委托监理合同的要求和监理活动内容进行科学化、程序化决策与管理。②中间控制层（协调层和执行层）。由各专业监理工程师组成，具体负责监理规划的落实、监理目标控制及合同实施的管理。③作业层（操作层）。主要由监理员、检查员等组成，具体负责监理活动的操作实施。项目监理机构中管理跨度的确定应考虑监理人员的素质、管理活动的复杂性和相似性、监理业务的标准化程度、各项规章制度的建立健全情况、建设工程的集中或分散情况等，按监理工作实际需要确定。

3. 划分项目监理机构部门

项目监理机构中合理划分各职能部门，应依据监理机构目标、监理机构可利用的人力和物力资源以及合同结构情况，将投资控制、进度控制、质量控制、合同管理、组织协调等监理工作内容按不同的职能活动或子项分解形成相应的职能管理部门或子项目管理部门。

4. 制定岗位职责和考核标准

岗位职务及职责的确定，要有明确的目的性，不可因人设事。根据责权一致的原则，应进行适当的授权，以承担相应的职责；并应确定考核标准，对监理人员的工作进行定期考核，包括考核内容、考核标准及考核时间。表 3-1 和表 3-2 分别为项目总监理工程师和专业监理工程师岗位职责考核标准。

5. 安排监理人员

根据监理工作的任务，确定监理人员的合理分工，包括专业监理工程师和监理员，必要时可配备总监理工程师代表。监理人员的安排除应考虑个人素质外，还应考虑人员总体构成的合理性与协调性。

我国《建设工程监理规范》规定，项目总监理工程师应由具有 3 年以上同类工程监理工作经验的人员担任；总监理工程师代表应由具有 2 年以上同类工程监理工作经验的人员担任；专业监理工程师应由具有 1 年以上同类工程监理工作经验的人员担任，并且项目监理机构的监理人员应专业配套、数量满足建设工程监理工作的需要。

（四）制定工作流程和信息流程

为使监理工作科学、有序进行，应按监理工作的客观规律制定工作流程和信息流程，规范化地开展监理工作。

表 3-1　项目总监理工程师岗位职责标准

项目	职责内容	考核要求	
		标准	时间
工作目标	投资控制	符合投资控制计划目标	每月(季)末
	进度控制	符合合同工期及总进度控制计划目标	每月(季)末
	质量控制	符合质量控制计划目标	工程各阶段末
基本职责	根据监理合同,建立和有效管理项目监理机构	1. 监理组织机构科学合理 2. 监理机构有效运行	每月(季)末
	主持编写与组织实施监理规划;审批监理实施细则	1. 对工程监理工作系统策划 2. 监理实施细则符合监理规划要求,具有可操作性	编写和审核完成后
	审查分包单位资质	符合合同要求	规定时限内
	监督和指导专业监理工程师对投资、进度、质量进行监理;审核、签发有关文件资料;处理有关事项	1. 监理工作处于正常工作状态 2. 工程处于受控状态	每月(季)末
	做好监理过程中有关各方的协调工作	工程处于受控状态	每月(季)末
	主持整理建设工程的监理资料	及时、准确、完整	按合同约定

表 3-2　专业监理工程师岗位职责标准

项目	职责内容	考核要求	
		标准	时间
工作目标	投资控制	符合投资控制分解目标	每周(月)末
	进度控制	符合合同工期及总进度控制分解目标	每周(月)末
	质量控制	符合质量控制分解目标	工程各阶段末
基本职责	熟悉工程情况,制定本专业监理工作计划和监理实施细则	反映专业特点,具有可操作性	实施前 1 个月
	具体负责本专业的监理工作	1. 监理工作处于正常工作状态 2. 工程处于受控状态	每周(月)末
	做好监理机构内各部门之间的监理任务的衔接、配合工作	监理工作各负其责,相互配合	每周(月)末
	处理与本专业有关的问题;对投资、进度、质量有重大影响的监理问题应及时报告总监	1. 工程处于受控状态 2. 及时、真实	每周(月)末
	负责与本专业有关的签证、通知、备忘录,及时向总监理工程师提交报告、报表资料等	及时、真实、准确	每周(月)末
	管理本专业建设工程的监理资料	及时、准确、完整	每周(月)末

二、建设工程项目监理组织形式

项目监理机构的组织形式是指项目监理机构具体采用的管理组织结构,常用的项目监理机构组织形式有直线制、职能制、直线职能制和矩阵制。

(一)直线制监理组织形式

这种组织形式的特点是项目监理机构中任何一个下级只接受唯一上级的命令。各级部门主管人员对所属部门的问题负责,项目监理机构中不再另设投资控制、进度控制、质量控制及合同管理等职能部门。

这种组织形式的主要优点是组织机构简单,权力集中,命令统一,职责分明,决策迅速,隶属关系明确;缺点是实行没有职能机构的"个人管理",要求总监理工程师通晓各种业务和多种知识技能,成为"全能"式人物。

在实际运用中,直线制监理组织形式有以下三种具体形式:

(1)按子项目分解的直线制监理组织形式,如图 3-11 所示。

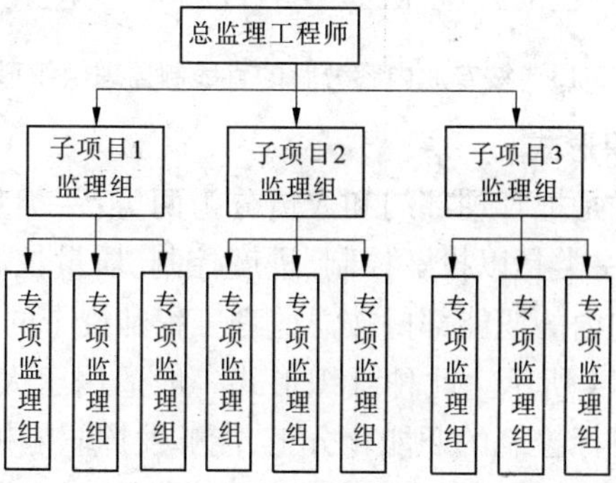

图 3-11　按子项目分解的直线制监理组织形式

按子项目分解的直线制监理组织形式适用于能划分为若干相对独立的子项目的大、中型建设工程。

(2)按建设阶段分解的直线制监理组织形式。按建设阶段分解的直线制监理组织形式如图 3-12 所示。建设单位委托工程监理企业对建设工程实施全过程监理,项目监理机

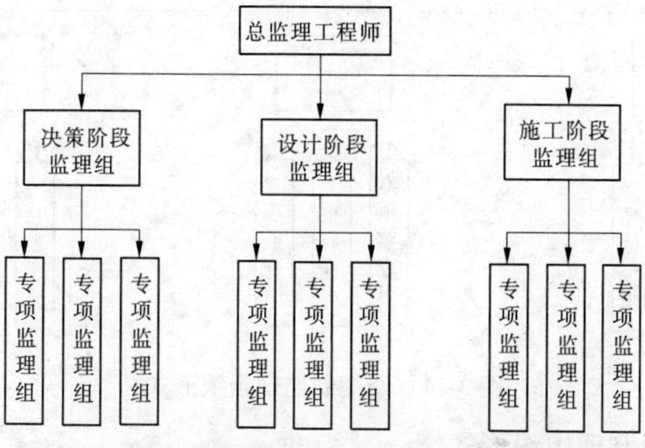

图 3-12　按建设阶段分解的直线制监理组织形式

构可采用此种组织形式。

(3)按专业内容分解的直线制监理组织形式。按专业内容分解的直线制监理组织形式如图 3-13 所示,适于小型建设工程。

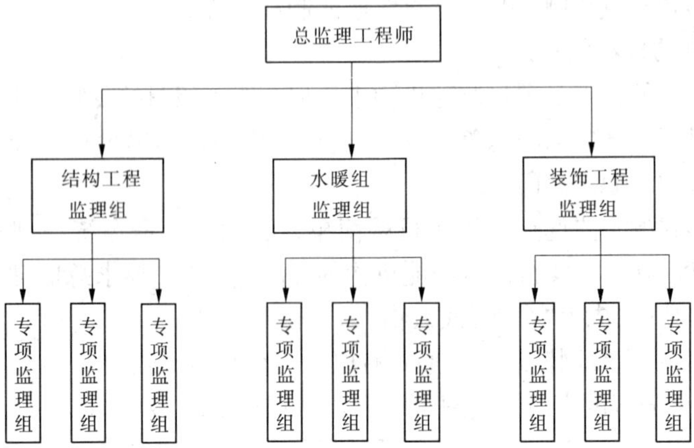

图 3-13　按专业内容分解的直线制监理组织形式

(二)职能制监理组织形式

职能制监理组织形式是把管理部门和人员分为两类:一类是以子项目监理为对象的直线指挥部门和人员,另一类是以投资控制、进度控制、质量控制及合同管理为对象的职能部门和人员。监理机构内的职能部门按总监理工程师授予的权力和监理职责有权对指挥部门发布指令,如图 3-14 所示。此种组织形式一般适用于大、中型建设工程。其主要优点是加强了项目监理目标控制的职能化分工,能够发挥职能机构的专业管理作用,提高管理效率,减轻总监理工程师的负担。但由于直线指挥部门人员受职能部门多头指令,如果这些指令相互矛盾,将使直线指挥部门人员在监理工作中无所适从。

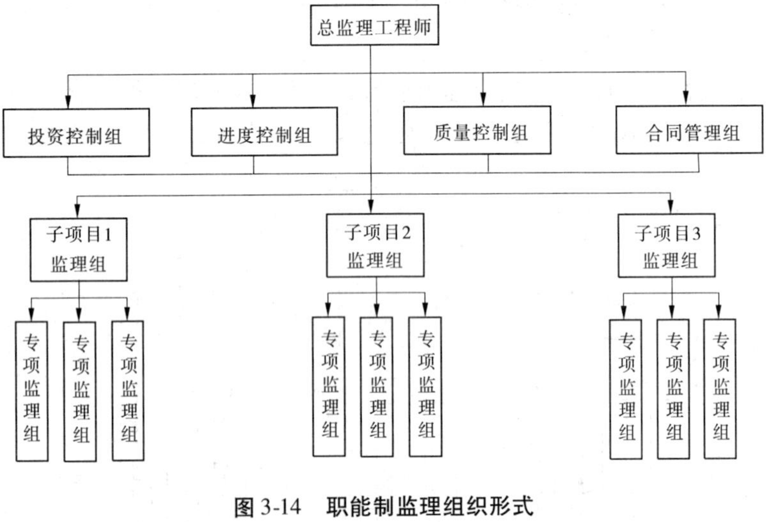

图 3-14　职能制监理组织形式

(三)直线职能制监理组织形式

直线职能制监理组织形式是吸收了直线制监理组织形式和职能制监理组织形式的优

点而形成的一种组织形式。直线指挥部门拥有对下级实行指挥和发布命令的权力,并对该部门的工作全面负责;职能部门是直线指挥人员的参谋,他们只能对指挥部门进行业务指导,而不能对指挥部门直接进行指挥和发布命令。具体情况如图3-15所示。

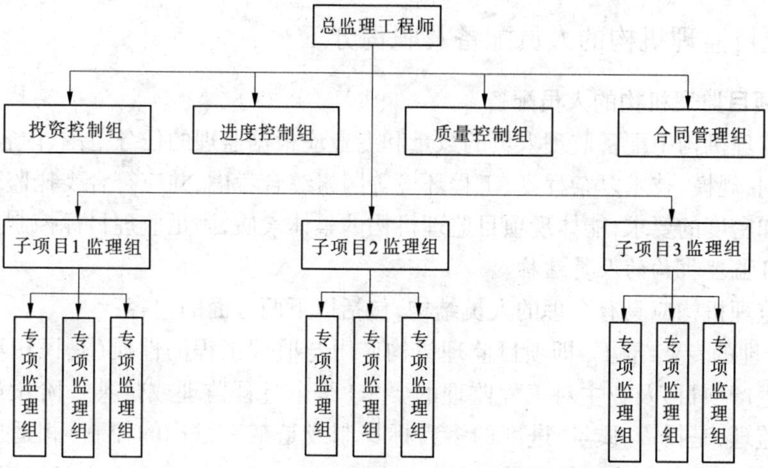

图3-15　直线职能制监理组织形式

这种形式一方面保持了直线制组织实行直线领导、统一指挥、职责清楚的优点,另一方面保持了职能制组织目标管理专业化的优点;其缺点是职能部门与指挥部门易产生矛盾信息传递路线长,不利于互通情报。

(四)矩阵制监理组织形式

矩阵制监理组织形式是由纵横两套管理系统组成的矩阵性组织结构,一套是纵向的职能系统,另一套是横向的子项目系统,如图3-16所示。这种组织形式的纵、横两套管理系统在监理工作中是相互融合关系。图中虚线所绘的交叉点上,表示了两者协同以共同解决问题。如子项目1的质量验收是由子项目1监理组和质量控制组共同进行的。

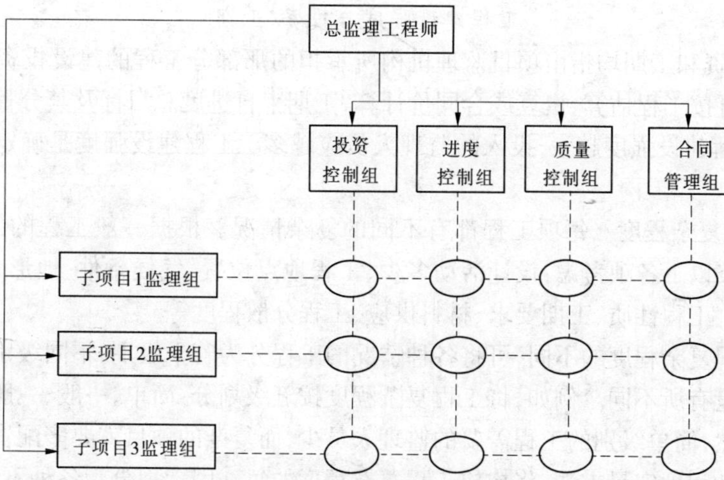

图3-16　矩阵制监理组织形式

这种形式的优点是加强了各职能部门的横向联系，具有较大的机动性和适应性，把上下左右集权与分权实行最优的结合，有利于解决复杂难题，有利于监理人员业务能力的培养。缺点是纵横向协调工作量大，处理不当会造成扯皮现象，产生矛盾。

三、项目监理机构的人员配备及职责分工

（一）项目监理机构的人员配备

项目监理机构中配备监理人员的数量和专业应根据监理的任务范围、内容、期限以及工程的类别、规模、技术复杂程度、工程环境等因素综合考虑，并应符合委托监理合同中对监理深度和密度的要求，能体现项目监理机构的整体素质，满足监理目标控制的要求。

1. 项目监理机构的人员结构

项目监理机构应具有合理的人员结构，包括以下两方面的内容：

（1）合理的专业结构。即项目监理机构应由与监理工程的性质（是民用项目或是专业性强的生产项目）及业主对工程监理的要求（是全过程监理或是某一阶段如设计或施工阶段的监理，是投资、质量、进度的多目标控制或是某一目标的控制）相适应的各专业人员组成，也就是各专业人员要配套。

（2）合理的技术职务、职称结构。为了提高管理效率和经济性，项目监理机构的监理人员应根据建设工程的特点和建设工程监理工作的需要确定其技术职称、职务结构。合理的技术职称结构表现在高级职称、中级职称和初级职称有与监理工作要求相称的比例。一般来说，决策阶段、设计阶段的监理，具有高级职称及中级职称的人员在整个监理人员构成中应占绝大多数。施工阶段的监理，可有较多的初级职称人员从事实际操作，如旁站、填记日志、现场检查、计量等。

2. 项目监理机构监理人员数量的确定

影响项目监理机构监理人员数量的主要因素有：

（1）工程建设强度。是指单位时间内投入的工程建设资金的数量。即

$$工程建设强度 = 投资/工期$$

其中，投资和工期均指由项目监理机构所承担的那部分工程的建设投资和工期。一般投资费用可按工程估算、概算或合同价计算，工期来自进度总目标及其分目标。

显然，工程建设强度越大，投入的监理人员应越多。工程建设强度是确定人数的重要因素。

（2）工程复杂程度。每项工程都有不同的复杂情况。根据一般工程的情况，可将工程复杂程度按以下各项考虑：设计活动多少、工程地点位置、气候条件、地形条件、工程地质、施工方法、工程性质、工期要求、材料供应、工程分散程度等。

根据工程复杂程度的不同，可将各种情况的工程分为若干级别，不同级别的工程需要配备人员数量有所不同。例如，将工程复杂程度按五级划分：简单、一般、一般复杂、复杂、很复杂。显然，简单级别的工程需要的监理人员少，而复杂的项目就要多配置监理人员。

工程复杂程度定量方法：将构成工程复杂程度的每一因素划分为各种不同情况，根据工程实际情况予以评分，累积平均后看分值大小以确定它的复杂程度等级。如按 10 分制计评，则平均分值 1～3 分者为简单工程，平均分值为 3～5 分、5～7 分、7～9 分者依次为

一般工程、一般复杂工程、复杂工程,9 分以上为很复杂工程。

(3)监理单位的业务水平。每个监理单位的业务水平和对某类工程的熟悉程度不完全相同,在监理人员素质、管理水平和监理的设备手段等方面也存在差异,这都会直接影响到监理效率的高低。高水平的监理单位可以投入较少的监理人力完成一个建设工程的监理工作,而一个经验不多或管理水平不高的监理单位则需投入较多的监理人力。因此,各监理单位应当根据自己的实际情况确定监理人员需要量。

(4)项目监理机构的组织结构和任务职能分工。项目监理机构的组织结构情况关系到具体的监理人员配备,务必使项目监理机构任务职能分工的要求得到满足。必要时,还需根据项目监理机构的职能分工对监理人员的配备做进一步的调整。

3. 确定监理人员的方法

例如某工程由两个子项目组成,合同总价为 2 000 万美元,其中子项目 1 的合同价为 800 万美元,子项目 2 的合同价为 1 200 万美元,合同工期 15 个月。

(1)确定工程建设强度:工程建设强度 $=\frac{2\ 000}{15}\times 12 = 1\ 600$(万美元/年)

(2)确定工程复杂程度:按照构成工程复杂程度的 10 个因素,根据示例工程的实际情况,分别按 10 分制评分。具体情况如表 3-3 所示。

表 3-3　工程复杂程度等级评定

项次	影响复杂程度的因素	子项目 1	子项目 2
1	设计活动	6	7
2	工程位置	8	5
3	气候条件	6	6
4	地形条件	6	6
5	工程地质	5	7
6	施工方法	4	5
7	工期要求	4	6
8	工程性质	5	8
9	材料供应	6	6
10	工程分散程度	5	4
平均分值		5.5	6.0

根据计算结果本工程为一般复杂工程等级。

(3)确定监理人员数量:根据工程复杂程度和工程建设强度,参照工程建设强度定额(或称做监理人员密度系数)(如表 3-4 所示为不同工程复杂程度每年完成 100 美元工程所需监理人数的定额标准),确定监理人员数量。

表 3-4　监理人员需要量定额　　(单位:人·年/百万美元)

工程复杂程度	监理工程师	监理员	行政、文秘人员
简单工程	0.20	0.75	0.10
一般工程	0.25	1.00	0.10
一般复杂工程	0.35	1.10	0.25
复杂工程	0.50	1.50	0.35
很复杂工程	>0.50	>1.50	>0.35

各类监理人员数量 = 各类人员密度系数 × 工程建设强度，因此

监理工程师数量：$0.35 \times 16 = 5.6$，实际按 6 人考虑。

监理员数量：$1.1 \times 16 = 17.6$，实际按 18 人考虑。

行政文秘人员数量：$0.25 \times 16 = 4$，实际按 4 人考虑。

(4)根据实际情况确定监理人员数量。由表 3-4 知，监理工程师为 0.35，监理员为 1.10，行政文秘人员为 0.25。另外，根据工程项目监理的实际需要，监理组织结构如图 3-17 所示。

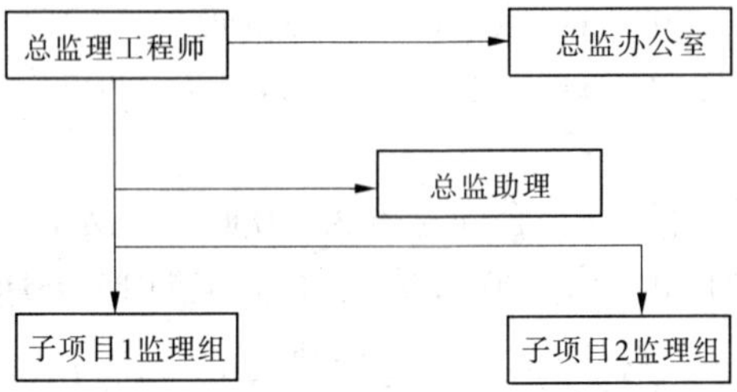

图 3-17　示例中的监理组织结构示意

根据监理组织结构情况决定每个机构各类监理人员如下。

监理总部（含总监、总监助理和总监办公室）：监理工程师 2 人，监理员 2 人，行政文秘人员 2 人。

子项目 1 监理组：监理工程师 2 人，监理员 8 人，行政文秘人员 1 人。

子项目 2 监理组：监理工程师 2 人，监理员 8 人，行政文秘人员 1 人。

以上人员数量为估算，实际工作中，可以以此为基础，根据监理机构设置和工程项目具体情况加以调整。

（二）项目监理机构各类人员的基本职责

项目监理组织机构各类人员的基本职责参见第二章相关内容，本章不再赘述。

第五节　建设工程监理的组织协调

一、建设工程监理组织协调概述

（一）组织协调的概念

协调就是联结、联合、调和所有的活动及力量，使各方配合得适当，其目的是促使各方协同一致，以实现预定目标。协调工作应贯穿于整个建设工程实施及其管理过程中。

建设工程系统就是一个由人员、物质、信息等构成的人为组织系统。用系统方法分析，建设工程的协调一般有三大类：一是“人员/人员界面”；二是“系统/系统界面”；三是“系统/环境界面”。

(1)人员/人员界面。建设工程组织是由各类人员组成的工作班子，由于每个人的性格、习惯、能力、岗位、任务、作用的不同，即使只有两个人在一起工作，也有潜在的人员矛盾或危机。这种人与人之间的间隔，就是所谓的“人员/人员界面”。

(2)系统/系统界面。建设工程系统是由若干个子项目组成的完整体系，子项目即子系统。由于子系统的功能、目标的不同，容易产生各自为政的趋势和相互推诿的现象。这种子系统和子系统之间的间隔，就是所谓的"系统/系统界面"。

(3)系统/环境界面。建设工程系统是一个典型的开放系统。它具有环境适应性，能主动从外部世界取得必要的能量、物质和信息。在取得的过程中，不可能没有障碍和阻力。这种系统与环境之间的间隔，就是所谓的"系统/环境界面"。

项目监理机构的协调管理就是在"人员/人员界面"、"系统/系统界面"、"系统/环境界面"之间，对所有的活动及力量进行联结、联合、调和的工作。

(二)组织协调的范围和层次

从系统方法的角度看，项目监理机构协调的范围分为系统内部的协调和系统外部的协调，系统外部的协调又分为近外层协调和远外层协调。近外层和远外层的主要区别是：建设工程与近外层关联单位一般有合同关系，如与业主、设计单位、总包单位、分包单位等的关系；与远外层关联单位一般没有合同关系，但受法律、法规和社会公德等的约束，如与政府、项目周边社区组织、环保、交通、绿化、文物、消防、公安等单位的关系。

二、项目监理机构组织协调的工作内容

(一)项目监理机构内部的协调

1. 人际关系的协调

项目监理机构是由人组成的工作体系，工作效率很大程度上取决于人际关系的协调程度，总监理工程师应首先抓好人际关系的协调，激励项目监理机构成员。

(1)人员安排要量才录用。

(2)工作分工要职责分明。

(3)工作成绩评价要实事求是。

(4)矛盾调解要恰到好处。

2. 组织关系的协调

(1)在目标分解的基础上设置组织机构。

(2)明确规定每个部门的目标、职责和权限，形成制度。

(3)事先约定各个部门在工作中的相互关系。

(4)建立信息沟通制度，如采用工作例会、业务碰头会、发会议纪要、工作流程图或信息传递卡等方式来沟通信息。

(5)及时消除工作中的矛盾或冲突。

3. 需求关系的协调

(1)对监理设备、材料的平衡。

(2)对监理人员的平衡。

(二)与业主的协调

监理实践证明，监理目标的顺利实现和与业主协调的好坏有很大的关系。

(1)监理工程师首先要理解建设工程总目标、理解业主的意图。对于未能参加项目决策过程的监理工程师，必须了解项目构思的基础、起因、出发点，否则可能对监理目标及

完成任务有不完整的理解，会给他的工作造成很大的困难。

(2)利用工作之便做好监理宣传工作，增进业主对监理工作的理解，特别是对建设工程管理各方职责及监理程序的理解；主动帮助业主处理建设工程中的事务性工作，以自己规范化、标准化、制度化的工作去影响和促进双方工作的协调一致。

(3)尊重业主，让业主一起投入建设工程全过程。尽管有预定的目标，但建设工程实施必须执行业主的指令，使业主满意。对业主提出的某些不适当的要求，只要不属于原则问题，都可先执行，然后利用适当时机、采取适当方式加以说明或解释；对于原则性问题，可采取书面报告等方式说明原委，尽量避免发生误解，以使建设工程顺利实施。

(三)与承包商的协调

监理工程师依据委托监理合同对工程项目实施建设监理，对承包单位的工程行为进行监督管理。在监督管理过程中，为了保证工程的顺利进行，协调工作是必不可少的。

施工阶段的协调工作，包括解决进度、质量、中间计量与支付的签证、合同纠纷等一系列问题。

(1)与承包商项目经理关系的协调。从承包商项目经理及其工地工程师的角度来说，他们最希望监理工程师是公正、通情达理并容易理解别人的；希望从监理工程师处得到明确而不是含糊的指示，并且能够对他们所询问的问题给予及时的答复；希望监理工程师的指示能够在他们工作之前发出。作为监理工程师来说，应该非常清楚：一个既懂得坚持原则，又善于理解承包商项目经理的意见，工作方法灵活，随时可能提出或愿意接受变通办法的监理工程师肯定是受欢迎的。

(2)进度问题的协调。由于影响进度的因素错综复杂，因而进度问题的协调工作也十分复杂。实践证明，有两项协调工作很有效：一是业主和承包商双方共同商定一级网络计划，并由双方主要负责人签字，作为工程施工合同的附件；二是建立严格、公正的奖惩制度。如果施工单位工期提前，应给予一定的奖励，如果因施工单位原因造成工期拖延，则应给予一定的惩罚。

(3)质量问题的协调。在质量控制方面应实行监理工程师质量签字认可制度。对没有出厂证明、不符合使用要求的原材料、设备和构件，不准使用；对工序交接实行报验签证；对不合格的工程部位不予验收签字，也不予计算工程量，不予支付工程款。在建设工程实施过程中，设计变更或工程内容的增减是经常出现的，有些是合同签订时无法预料和明确规定的。对于这种变更，监理工程师要认真研究，合理计算价格，与有关方面充分协商，达成一致意见，并实行监理工程师签证制度。

(4)对承包商违约行为的处理。在施工过程中，监理工程师对承包商的某些违约行为进行处理是一件很慎重而又难免的事情。当发现承包商采用一种不适当的方法进行施工，或是用了不符合合同规定的材料时，监理工程师除了立即制止外，可能还要采取相应的处理措施。遇到这种情况，监理工程师应该考虑的是自己的处理意见是否是监理权限以内的，根据合同要求，自己应该怎么做等。在发现质量缺陷并需要采取措施时，监理工程师必须立即通知承包商。监理工程师要有时间期限的概念，否则承包商有权认为监理工程师对已完成的工程内容是满意或认可的。

(5)合同争议的协调。对于工程中的合同争议，监理工程师应首先采用协商解决的方式,协商不成时才由当事人向合同管理机关申请调解。只有当对方严重违约而使自己的利益受到重大损失且不能得到补偿时才采用仲裁或诉讼手段。

(6)对分包单位的管理。主要是对分包单位明确合同管理范围,分层次管理。将总包合同作为一个独立的合同单元进行投资、进度、质量控制和合同管理,不直接和分包合同发生关系。对分包合同中的工程质量、进度进行直接跟踪监控,通过总包商进行调控、纠偏。分包商在施工中发生的问题,由总包商负责协调处理,必要时,监理工程师帮助协调。当分包合同条款与总包合同发生抵触,以总包合同条款为准。此外,分包合同不能解除总包商对总包合同所承担的任何责任和义务。分包合同发生的索赔问题,一般由总包商负责,涉及总包合同中业主义务和责任时,由总包商通过监理工程师向业主提出索赔,由监理工程师进行协调。

(7)处理好人际关系。在监理过程中,监理工程师处于一种十分特殊的位置。业主希望得到独立、专业的高质量服务,而承包商则希望监理单位能对合同条件有一个公正的解释。因此,监理工程师必须善于处理各种人际关系,既要严格遵守职业道德,礼貌而坚决地拒收任何礼物,以保证行为的公正性,也要利用各种机会增进与各方面人员的友谊与合作,以利于工程的进展。否则,便有可能引起业主或承包商对其可信赖程度的怀疑。

(四)与设计单位的协调

监理单位必须协调与设计单位的工作,以加快工程进度,确保质量,降低消耗。

(1)尊重设计单位的意见。在设计单位向承包商介绍工程概况、设计意图、技术要求、施工难点等时,注意标准过高、设计遗漏、图纸差错等问题,并将其解决在施工之前;施工阶段,严格按图施工;结构工程验收、专业工程验收、竣工验收等工作,邀请设计代表参加;若发生质量事故,认真听取设计单位的处理意见,等等。

(2)施工中发现设计问题,应及时按工作程序向设计单位提出,以免造成大的直接损失。若监理单位掌握比原设计更先进的新技术、新工艺、新材料、新结构、新设备,可主动与设计单位沟通。为使设计单位有修改设计的余地而不影响施工进度,协调各方达成协议,约定一个期限,争取设计单位、承包商的理解和配合。

(3)注意信息传递的及时性和程序性。监理工作联系单、工程变更单的传递,要按规定的程序进行传递。

(4)要加强沟通。在施工监理的条件下,监理单位与设计单位都是受业主委托进行工作的,两者之间并没有合同关系,所以监理单位主要是和设计单位做好交流工作,协调要靠业主的支持。设计单位应就其设计质量对建设单位负责,因此《建筑法》指出:工程监理人员发现工程设计不符合建筑工程质量标准或者合同约定的质量要求的,应当报告建设单位要求设计单位改正。

(五)与政府部门及其他单位的协调

一个建设工程的开展还存在政府部门及其他单位的影响,如金融组织、社会团体、新闻媒介等,它们对建设工程起着一定的控制、监督、支持、帮助作用。这些关系若协调不好,建设工程实施也可能严重受阻。

1.与政府部门的协调

(1)工程质量监督站是由政府授权的工程质量监督的实施机构,对委托监理的工程,质量监督站主要是核查勘察设计单位、施工单位和监理单位的资质，监督这些单位的质量行为和工程质量。监理单位在进行工程质量控制和质量问题处理时，要做好与工程质量监督站的交流和协调。

(2)重大质量、安全事故，在承包商采取急救、补救措施的同时，应敦促承包商立即向政府有关部门报告情况，接受检查和处理。

(3)建设工程合同应送公证机关公证，并报政府建设管理部门备案；协助业主的征地、拆迁、移民等工作要争取政府有关部门支持和协作；现场消防设施的配置，宜请消防部门检查认可；要敦促承包商在施工中注意防止环境污染，坚持做到文明施工。

2. 协调与社会团体的关系

一些大中型建设工程建成后，不仅会给业主带来效益，还会给该地区的经济发展带来好处，同时给当地人民生活带来方便，因此必然会引起社会各界关注。业主和监理单位应把握机会，争取社会各界对建设工程的关心和支持。这是一种争取良好社会环境的协调。

三、建设工程监理组织协调的方法

组织协调工作涉及面广，受主观和客观因素影响较大。为保证监理工作顺利进行，要求监理工程师知识面宽，有较强的工作能力，能够灵活处理问题。监理工程师组织协调方法可采用会议协调法、交谈协调法、书面协调法、访问协调法。

(一)会议协调法

会议协调法是建设工程监理中最常用的一种协调方法，实践中常用的会议协调法包括第一次工地会议、监理例会、专业性监理会议等。

1. 第一次工地会议

第一次工地会议是建设工程尚未全面展开前，履约各方相互认识、确定联络方式的会议，也是检查开工前各项准备工作是否就绪并明确监理程序的会议。第一次工地会议应在项目总监理工程师下达开工令前举行，会议由建设单位主持召开，监理单位、总承包单位的授权代表参加，也可邀请分包单位参加，必要时邀请有关设计单位人员参加。

2. 监理例会

(1)监理例会是由总监理工程师主持，按一定程序召开的研究施工中出现的计划、进度、质量及工程款支付等问题的工地会议。

(2)监理例会应当定期召开，宜每周召开两次。

(3)参加人包括：项目总监理工程师(也可为总监理工程师代表)、其他有关监理人员、承包商项目经理、承包单位其他有关人员。需要时，还可邀请其他有关单位代表参加。

(4)会议的主要议题如下：①对上次会议存在问题的解决和纪要的执行情况进行检查；②工程进展情况；③对下月(或下周)的进度预测及其落实措施；④施工质量、加工订货、材料的质量与供应情况；⑤质量改进措施；⑥有关技术问题；⑦索赔及工程款支付情况；⑧需要协调的有关事宜。

(5)会议纪要。会议纪要由项目监理机构起草，经与会各方代表会签，然后分发给有关单位。会议纪要内容如下：①会议地点及时间；②出席者姓名、职务及他们代表的单位；③会议中发言者的姓名及所发表的主要内容；④决定事项；⑤诸事项分别由何人何时执行。

3. 专业性监理会议

除定期召开工地监理例会外，还应根据需要组织召开一些专业性协调会议，例如加工订货会、业主直接分包的工程内容承包单位与总包单位之间的协调会、专业性较强的分包单位进场协调会等，均由监理工程师主持会议。

（二）交谈协调法

在实践中，并不是所有问题都需要开会来解决，有时可采用"交谈"这一方法。交谈包括面对面的交谈和电话交谈两种形式。

无论是内部协调还是外部协调，这种方法使用频率都是相当高的。其作用在于：

（1）保持信息畅通。由于交谈本身没有合同效力及其方便性和及时性，所以建设工程参与各方之间及监理机构内部都愿意采用这一方法进行。

（2）寻求协作和帮助。在寻求别人帮助和协作时，往往要及时了解对方的反应和意见，以便采取相应的对策。另外，相对于书面寻求协作，人们更难于拒绝面对面的请求。因此，采用交谈方式请求协作和帮助比采用书面方法实现的可能性要大。

（3）及时发布工程指令。在实践中，监理工程师一般都采用交谈方式先发布口头指令，这样，一方面可以使对方及时地执行指令，另一方面可以和对方进行交流，了解对方是否正确理解了指令。随后，再以书面形式加以确认。

（三）书面协调法

当会议或者交谈不方便或不需要时，或者需要精确地表达自己的意见时，就会用到书面协调的方法。书面协调方法的特点是具有合同效力，一般常用于以下几方面：

（1）不需双方直接交流的书面报告、报表、指令和通知等。

（2）需要以书面形式向各方提供详细信息和情况通报的报告、信函和备忘录等。

（3）事后对会议记录、交谈内容或口头指令的书面确认。

（四）访问协调法

访问协调法主要用于外部协调中，有走访和邀访两种形式。走访是指监理工程师在建设工程施工前或施工过程中，对与工程施工有关的各政府部门、公共事业机构、新闻媒介或工程毗邻单位等进行访问，向他们解释工程的情况，了解他们的意见。邀访是指监理工程师邀请上述各单位（包括业主）代表到施工现场对工程进行指导性巡视，了解现场工作。因为在多数情况下，这些有关方面并不了解工程，不清楚现场的实际情况，如果进行一些不恰当的干预，会对工程产生不利影响。这个时候，采用访问法可能是一个相当有效的协调方法。

（五）情况介绍法

情况介绍法通常是与其他协调方法紧密结合在一起的，它可能是在一次会议前，或是一次交谈前，或是一次走访或邀访前向对方进行的情况介绍。形式上主要是口头的，有时也伴有书面的。介绍往往作为其他协调的引导，目的是使别人首先了解情况。因此，监理工程师应重视任何场合下的每一次介绍，要使别人能够理解你介绍的内容、问题和困难、你想得到的协助等。

总之，组织协调是一种管理艺术和技巧，监理工程师尤其是总监理工程师需要掌握领导科学、心理学、行为科学方面的知识和技能，如激励、交际、表扬和批评的艺术、开会的艺术、谈话的艺术、谈判的技巧等。只有这样，监理工程师才能进行有效的协调。

小　结

本章主要介绍内容：组织由管理层次、管理跨度、管理部门、管理职能四大因素构成，呈上小下大的形式，四大因素密切相关、相互制约。工程建设监理的实施程序是：确定项目总监理工程师；成立项目监理机构；编制建设工程监理规划；制定各专业监理实施细则；规范化地开展监理工作；参与验收，签署建设工程监理意见；向业主提交建设工程监理档案资料、监理工作总结。工程建设监理的实施原则：公正、独立、自主的原则；权责一致的原则；总监理工程师负责制的原则；严格监理、热情服务的原则；综合效益的原则。常用的项目监理机构组织形式有直线制、职能制、直线职能制和矩阵制。

建立项目监理机构的步骤：确定项目监理机构目标、确定监理工作内容、项目监理机构的组织结构设计、制定工作流程和信息流程。项目监理机构的人员配备：项目监理机构的人员结构、项目监理机构监理人员数量的确定、确定监理人员的方法。建设工程的协调一般有三大类：一是“人员/人员界面”；二是“系统/系统界面”；三是“系统/环境界面”。监理工程师组织协调方法可采用会议协调法、交谈协调法、书面协调法、访问协调法。根据工程建设承发包模式选择监理模式。

思考题

1. 组织的构成要素有哪些？
2. 建设工程监理实施的程序是什么？
3. 建设工程监理实施的基本原则有哪些？
4. 简述建立项目监理机构的步骤。
5. 项目监理机构中的人员如何配备？
6. 建设工程监理组织协调的常用方法有哪些？
7. 简述不同监理模式的优缺点。

第四章　建设工程监理的目标控制

【能力目标】

学完本章应会:建设工程施工阶段的投资控制、进度控制、质量控制中的内容、程序、措施。

【教学目标】

掌握建设工程施工阶段的投资控制、进度控制、质量控制中的内容、程序、措施等;熟悉建设工程三大目标之间的关系,建设工程施工阶段的特点及目标控制任务;了解建设工程监理三大目标控制的含义。

第一节　目标控制及建设工程目标系统

一、目标控制

控制是建设工程监理的重要管理活动,通常是指管理人员按计划标准来衡量所取得的成果,纠正所发生的偏差,使目标和计划得以实现的管理活动。工程项目管理是在一定的约束条件下,为达到项目目标而对项目实施的计划、组织、指挥、协调和控制的过程,是以目标控制为核心的管理活动。管理开始于确定目标和制订计划,目标控制是指管理人员在不断变化的动态环境中,为保证计划目标的实现而进行的一系列检查和调整活动。合理的目标、科学的计划是实现目标控制的前提,组织设置、人员配备和有效的领导是实现目标控制的基础。项目计划一旦付诸实施或运行在执行过程中,必须进行控制,检查计划的实施情况。当发现计划实施偏离目标时,应及时分析偏离的原因,确定应采取的纠正措施。在纠正偏差的过程中,继续实施情况检查,形成反复循环的动态控制过程,直至工程项目目标实现为止。

(一)控制流程及其基本环节

1.控制流程

不同的控制系统都有区别于其他系统的特点,但同时又都存在许多共性。建设工程目标控制的流程可以图4-1表示。

由于建设工程的建设周期长,在工程实施过程中所受到的风险因素多,因而实际状况偏离目标和计划的情况是经常发生的,往往出现投资增加、工期拖延、工程质量和功能未达到预定要求等问题。这就需要在工程实施过程中,通过对目标、过程和活动的跟踪,全面、及时、准确地掌握有关信息。如果偏离了目标和计划,就需要采取纠正措施,或改变投入,或修改计划,使工程能在新的计划状态下进行。而任何控制措施都不可能一劳永逸,原有的矛盾和问题解决了,还会出现新的矛盾和问题,需要不断地进行控制,这就是动态控制原理。

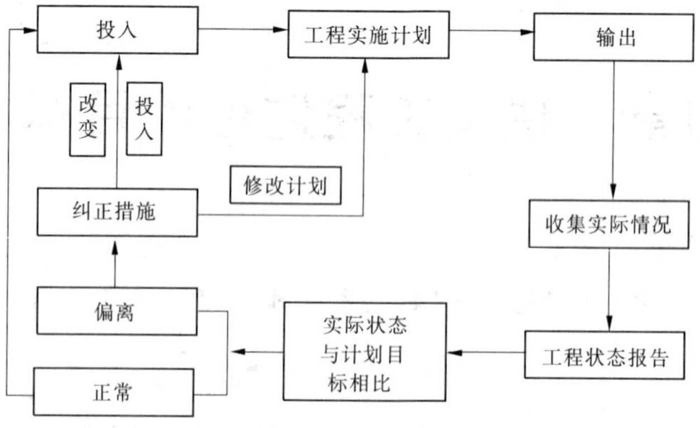

图 4-1　建设工程目标控制流程

上述控制流程是一个不断循环的过程,直至工程建成交付使用,因而建设工程的目标控制是一个有限循环过程。

动态控制的概念还可以从另一个角度来理解。由于系统所处的外部环境是不断变化的,相应地就要求控制工作也要不断变化。因而,目标控制也可能包含着对已采取的目标控制措施的调整或控制。

2. 控制流程的基本环节

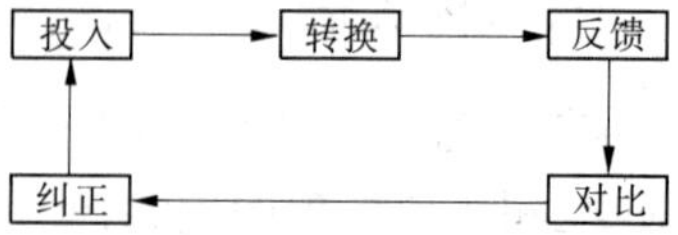

图 4-2　控制流程的基本环节

图 4-1 所示的控制流程可以进一步抽象为投入、转换、反馈、对比、纠正 5 个基本环节,如图 4-2 所示。对于每个控制循环来说,如果缺少某一环节或某一环节出现问题,就会导致循环障碍、降低控制的有效性,就不能发挥循环控制的整体作用。因此,必须明确控制流程各个基本环节的有关内容并做好相应的控制工作。

(1)投入。控制流程的每一循环始于投入。对于建设工程的目标控制流程来说,投入首先涉及的是传统的生产要素,包括人力(管理人员、技术人员、工人)、建筑材料、工程设备、施工机具、资金等,此外还包括施工方法、信息等。

(2)转换。所谓转换是指由投入到产出的转换过程,如建设工程的建造过程、设备购置等活动。转换过程通常表现为劳动力(管理人员、技术人员、工人)运用劳动资料(如施工机具等)将劳动对象(如建筑材料、工程设备等)转变为预定的产出品(如设计图纸、分项工程、分部工程、单位工程、单项工程),最终输出完整的建设工程。在转换过程中,计划的运行往往受到来自外部环境和内部系统的多因素干扰,从而造成实际状况偏离预定的目标和计划。

(3)反馈。即使是一项制定得相当完善的计划,其运行结果也未必与计划一致。所以控制部门和控制人员需要全面、及时、准确地了解计划的执行情况及其结果,而这就需要通过反馈信息来实现。

反馈信息包括工程实际情况、环境变化等信息,如投资、进度、质量的实际状况,现场条件,合同履行的条件,经济、法律环境变化等。为了使信息反馈能够有效地配合控制的各项工作,使整个控制过程流畅地进行,需要设计信息反馈系统,预先确定反馈信息的内容、形式、来源、传递等,使每个控制部门和人员都能及时获得他们需要的信息。

信息反馈方式可以分为正式和非正式两种。正式信息反馈是指书面的工程状况报告之类的信息,它是控制过程中应当采用的主要反馈方式;非正式信息反馈主要指口头方式,如口头指令,口头反映的工程实施情况,对非正式信息反馈也应当予以足够的重视。

(4)对比。对比是将目标的实际值与计划值进行比较,以确定是否发生偏离。目标的实际值来源于反馈信息。在对比工作中,要注意以下几点。

①明确目标实际值与计划值的内涵。目标的实际值与计划值是两个相对的概念。随着建设工程实施过程的进展,其实施计划和目标一般都将逐渐深化、细化,往往还要做适当的调整。从目标形成的时间来看,在前者为计划值,在后者为实际值。以投资目标为例,有投资估算、设计概算、施工图预算、标底、合同价、结算价等表现形式,其中,投资估算相对于其他的投资值都是目标值;施工图预算相对于投资估算、设计概算为实际值,而相对于标底、合同价、结算价则为计划值;结算价则相对于其他的投资值均为实际值(注意不要将投资的实际值与实际投资两个概念相混淆)。

②合理选择比较的对象。在实际工作中,最为常见的是相邻两种目标值之间的比较。在许多建设工程中,我国业主往往以批准的设计概算作为投资控制的总目标,这时,合同价与设计概算、结算价与设计概算的比较也是必要的。

③建立目标实际值与计划值之间的对应关系。建设工程的各项目标都要进行适当的分解。通常,目标的计划值分解较粗,目标的实际值分解较细。例如,建设工程初期制定的总进度计划中的工作可能只达到单位工程,而施工进度计划中的工作却达到分项工程;投资目标的分解也有类似问题。因此,为了保证能够切实地进行目标实际值与计划值的比较,并通过比较发现问题,必须建立目标实际值与计划值之间的对应关系。这就要求目标的分解深度、细度可以不同,但分解的原则、方法必须相同,从而可以在较粗的层次上进行目标实际值与计划值的比较。

④确定衡量目标偏离的标准。要正确判断某一目标是否发生偏差,就要预先确定衡量目标偏离的标准。例如,某建设工程的某项工作的实际进度比计划要求拖延了一段时间,如果这项工作是关键工作,或者虽然不是关键工作,但该项工作拖延的时间超过了它的总时差,则应当判断为发生偏差,即实际进度偏离计划进度。反之,如果该项工作不是关键工作,且其拖延的时间未超过总时差,则虽然该项工作本身偏离计划进度,但从整个工程的角度来看,实际进度并未偏离计划进度。

(5)纠正。对于目标实际值偏离计划值的情况,应采取措施加以纠正(或称为纠偏)。根据偏差的具体情况,可以分为以下三种情况进行纠偏。

①直接纠偏。所谓直接纠偏,是指在轻度偏离的情况下,不改变原定目标的计划值,基本不改变原定的实施计划,在下一个控制周期内,使目标的实际值控制在计划范围内。例如,某建设工程某月的实际进度比计划进度拖延了两天,则在下个月中适当增加人力、施工机械的投入,即可使实际进度恢复到计划状态。

②不改变总目标的计划值,调整后期实施计划。这是在中度偏离情况下所采取的对策。由于目标实际值偏离计划值的情况已经比较严重,不可能通过直接纠偏在下一个控制周期内恢复到计划状态,因而必须调整后期实施计划。

③重新确定目标的计划值，并据此重新制定实施计划。这是在重度偏离情况下所采取的对策。由于目标实际值偏离计划值的情况已经很严重，不可能通过调整后期实施计划来保证原定目标计划值的实现，因而必须重新确定目标的计划值。

需要特别说明的是，只要目标的实际值与计划值有差异，就发生了偏差。但是，对于建设工程目标控制来说，纠偏一般是针对正偏差（实际值大于计划值）而言，如投资增加、工期拖延。而如果出现负偏差，如投资节约、工期提前，并不会采取“纠偏”措施故意增加投资、放慢进度，使投资和进度恢复到计划状态。不过，对于负偏差的情况，要仔细分析其原因，排除假象。

（二）控制类型

根据划分依据的不同，可将控制分为不同的类型。例如，按照控制措施作用于控制对象的时间，可分为事前控制、事中控制和事后控制；按照控制信息的来源，可分为前馈控制和反馈控制；按照控制过程是否形成闭合回路，可分为开环控制和闭环控制；按照控制措施制定的出发点，可分为主动控制和被动控制。控制类型的划分是人为的（主观的），是根据不同的分析目的而选择的，而控制措施本身是客观的。因此，同一控制措施可以表述为不同的控制类型。

1. 主动控制

所谓主动控制是对将要实施的计划目标进行的控制，是在事先分析各种风险因素及其导致目标偏离的可能性和程度的基础上，主动拟订和采取有针对性的预防措施，从而减少乃至避免目标偏离，实现预定的计划目标的控制方法。主动控制可以解决传统控制过程中存在的时滞影响，尽最大可能改变偏差已成事实的被动局面，使目标控制达到理想的效果。主动控制也可以表述为其他不同的控制类型。

主动控制是一种事前控制，它必须在计划实施之前就采取控制措施，以降低目标偏离的可能性或其后果的严重程度，起到防患于未然的作用。

主动控制是一种前馈控制，它主要是根据已建成的同类工程实施情况的综合分析结果，结合拟建工程的具体情况和特点，将教训上升为经验，用于指导拟建工程的实施，起到避免重蹈覆辙的作用。

主动控制通常是一种开环控制，如图4-3所示。

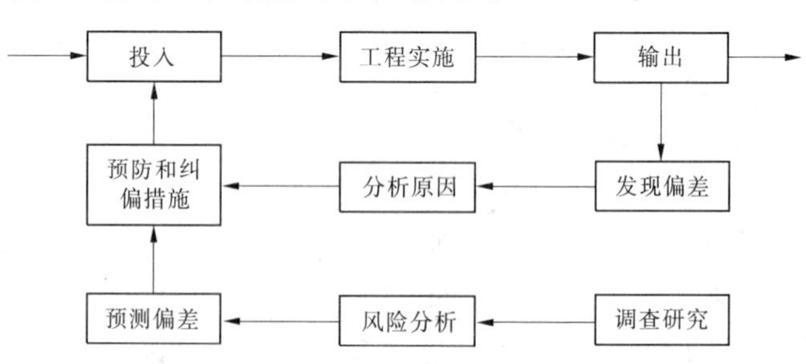

图4-3　主动控制与被动控制相结合

综上所述，主动控制是一种面对未来的控制，它可以解决传统控制过程中存在的时滞影响，尽最大可能避免偏差已经成为现实的被动局面，降低偏差发生的概率及其严重程度，从而使目标得到有效控制。

2. 被动控制

被动控制是当控制目标按计划目标运行时，管理人员对实施的控制目标进行跟踪，对目标实施过程中的信息进行收集、加工和整理，使控制人员从中发现问题，找出目标控制的偏差，寻求解决问题的方法，制定纠正偏差的方案，使计划目标出现的偏差得以及时纠正，工程实施恢复到原来的计划状态，或虽不能恢复到原来的计划状态但可以减少偏差的严重程度。被动控制也是一种积极的控制，是经常采用的一种重要的控制方法。

被动控制也可以表述为其他的控制类型。

被动控制是一种事中控制和事后控制。它是在计划实施过程中对已经出现的偏差采取控制措施。它虽然不能降低目标偏离的可能性，但可以降低目标偏离的严重程度，并将偏差控制在尽可能小的范围内。

被动控制是一种反馈控制。它是根据本工程实施情况（即反馈信息）的综合分析结果进行的控制，其控制效果在很大程度上取决于反馈信息的全面性、及时性和可靠性。

被动控制是一种闭环控制，如图 4-4 所示。闭环控制即循环控制，也就是说，被动控制表现为一个循环过程：发现偏差，分析产生偏差的原因，研究制定纠偏措施并预计纠偏措施的成效，落实并实施纠偏措施，产生实际成效，收集实际实施情况，对实施的实际效果进行评价，将实际效果与预期效果进行比较，发现偏差，……直至整个工程建成。

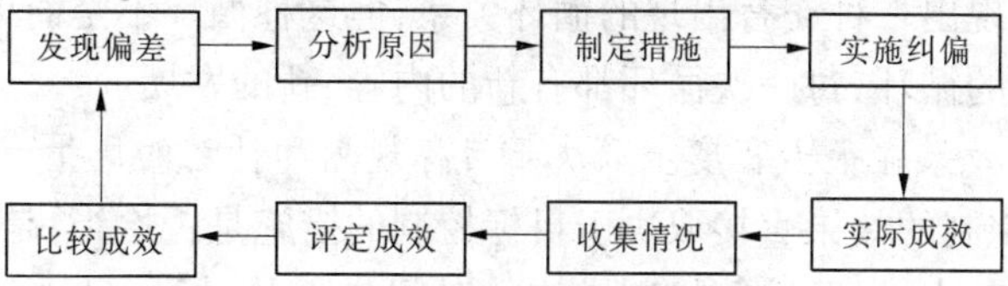

图 4-4　被动控制的闭合回路

综上所述，被动控制是一种面对现实的控制。虽然目标偏离已经成为客观事实，但是通过被动控制措施，仍然可能使工程实施恢复到计划状态，至少可以减少偏差的严重程度。不可否认，被动控制仍然是一种有效的控制，也是十分重要而且经常运用的控制方式。因此，对被动控制应当予以足够的重视，并努力提高其控制效果。

3. 主动控制与被动控制的关系

由以上分析可知，在建设工程实施过程中，如果仅仅采取被动控制措施，出现偏差是不可避免的，而且偏差可能有累积效应，即虽然采取了纠偏措施，但偏差可能越来越大，从而难以实现预定的目标。另一方面，仅仅采取主动控制措施却是不现实的，或者说是不可能的。因为建设工程实施过程中有相当多的风险因素是不可预见甚至是无法防范的，如政治、社会、自然等因素。而且采取主动控制措施往往要付出一定的代价，即耗费一定的资金和时间。对于那些发生概率小且发生后损失亦较小的风险因素，采取主动控制措施有时可能是不经济的。这表明，是否采取主动控制措施以及究竟采取什么主动控制措施，应在对风险因素进行定量分析的基础上，通过技术经济分析和比较来决定。因此，对于建设工程目标控制来说，主动控制和被动控制两者缺一不可，都是实现建设工程目标所必须采取的控制方式，应将主动控制与被动控制紧密结合起来。对项目管理人员而言，主动控制与被动控制的紧密结合是实现目标控制的有效方法，是实现目标控制的保障，如图 4-3

所示。

(三)目标控制的前提工作

为了进行有效的目标控制,必须做好两项重要的前提工作:一是目标规划和计划,二是目标控制的组织。

1. 目标规划和计划

如果没有目标,就无所谓控制;而如果没有计划,就无法实施控制。因此,要进行目标控制,首先必须对目标进行合理的规划并制订相应的计划。目标规划和计划越明确、越具体、越全面,目标控制的效果就越好。

1)目标规划和计划与目标控制的关系

对于建设工程项目,从可行性研究、方案设计、初步设计、施工图设计,一直到施工,根据工程建设所处的不同阶段,其工程内容、功能要求、外界条件等都可能发生变化。因此,在不同的工程建设时期,需要根据实际情况进行相应的目标规划,这也表明目标规划和计划与目标控制的动态性相一致。建设工程的实施要根据目标规划和计划进行控制,力求使之符合目标规划和计划的要求;同时,工程实施过程中的反馈信息可能表明目标和计划出现偏差,这都要求目标规划在新的条件和情况下不断深入、细化,并可能对前一阶段的目标规划作出必要的修正或调整,真正成为目标控制的依据。由此可见,目标规划和计划与目标控制之间表现出一种交替出现的循环关系,但这种循环不是简单的重复,而是在新的基础上不断前进的循环,每一次循环都有新的内容、新的发展。

2)目标控制的效果在很大程度上取决于目标规划和计划的质量

应当说,目标控制的效果直接取决于目标控制的措施是否恰当,是否将主动控制与被动控制有机地结合起来,以及采取控制措施的时间是否及时等。目标控制的效果在很大程度上取决于目标规划和计划的质量。如果目标规划和计划制订得不合理,甚至根本不可能实现,则不仅难以客观地评价目标控制的效果,而且可能使目标控制人员丧失信心,难以发挥他们在目标控制工作方面的主动性、积极性和创造性,从而严重降低目标控制的效果。因此,为了提高并客观评价目标控制的效果,需要提高目标规划和计划的质量。

计划是对实现总目标的方法、措施和过程的组织与安排,是建设工程实施的依据和指南。通过计划可以分析目标规划所确定的投资、进度、质量总目标是否平衡、能否实现,可以按分解后的目标落实责任体系,调动和组织各方面人员为实现建设工程总目标共同工作。

制订计划首先要保证计划的可行性,即保证计划的技术、资源、经济和财务的可行性,保证建设工程的实施能够有足够的时间、空间、人力、物力和财力。为此,首先必须了解并认真分析拟建建设工程自身的客观规律性,在充分考虑工程规模、技术复杂程度、质量水平、主要工作的逻辑关系等因素的前提下制订计划,切不可不合理地缩短工期和降低投资。其次,要充分考虑各种风险因素对计划实施的影响,要留有一定的余地。

在确保计划可行的基础上,还应根据一定的方法和原则力求使计划优化。对计划的优化实际上是作多方案的技术经济分析和比较。当然,限于时间和人们对客观规律认识的局限性,最终制订的计划只是相对意义上最优的计划,而不可能是绝对意义上最优的计划。计划制订得越明确、越完善,目标控制的效果就越好。

2. 组织

由于建设工程目标控制的所有活动以及计划的实施都是由目标控制人员来实现的，因此如果没有明确的控制机构和人员，目标控制就无法进行；或者虽然有了明确的控制机构和人员，但其任务和职能分工不明确，目标控制就不能有效地进行。这表明，合理而有效的组织是目标控制的重要保障。目标控制的组织机构和任务分工越明确、越完善，目标控制的效果就越好。

为了有效地进行目标控制，需要做好以下几方面的组织工作：①设置目标控制机构；②配备合适的目标控制人员；③落实目标控制机构和人员的任务和职能分工；④合理组织目标控制的工作流程和信息流程。

二、建设工程三大目标之间的关系

任何建设工程都有投资、进度、质量三大目标，这三大目标构成了建设工程的目标系统。为了有效地进行目标控制，必须正确认识和处理投资、进度、质量三大目标之间的关系，并且合理确定和分解这三大目标。

建设工程投资、进度（或工期）、质量三大目标两两之间存在既对立又统一的关系。对此，首先要弄清在什么情况下表现为对立的关系，在什么情况下表现为统一的关系。从建设工程业主的角度出发，往往希望该工程的投资少、工期短（或进度快）、质量好。如果采取某种措施可以同时实现其中两个要求（如既投资少又工期短），则该两个目标之间就是统一的关系；反之，如果只能实现其中一个要求（如工期短），而另一个要求不能实现（如质量差），则该两个目标（即工期和质量）之间就是对立的关系。

（一）建设工程三大目标之间的对立关系

建设工程三大目标之间的对立关系比较直观，易于理解。一般来说，如果对建设工程的功能和质量要求较高，就需要采用较好的工程设备和建筑材料，就需要投入较多的资金；同时，还需要精工细作，严格管理，不仅增加人力的投入（人工费相应增加），而且需要较长的建设时间。如果要加快进度，缩短工期，则需要加班加点或适当增加施工机械和人力，这将直接导致施工效率下降，单位产品的费用上升，从而使整个工程的总投资增加；另一方面，加快进度往往会打乱原有的计划，使建设工程实施的各个环节之间产生脱节现象，增加控制和协调的难度，不仅可能“欲速则不达”，而且会对工程质量带来不利影响或留下工程质量隐患。如果要降低投资，就需要考虑降低功能和质量要求，采用较差或普通的工程设备和建筑材料；同时，只能按费用最低的原则安排进度计划，整个工程需要的建设时间就较长。应当说明的是，在这种情况下的工期其实是合理工期，只是相对于加快进度情况下的工期而言，显得工期较长。以上分析表明，建设工程三大目标之间存在对立的关系。因此，不能奢望投资、进度、质量三大目标同时达到“最优”，即既要投资少，又要工期短，还要质量好。在确定建设工程目标时，不能将投资、进度、质量三大目标割裂开来分别孤立地分析和论证，更不能片面强调某一目标而忽略其对其他两个目标的不利影响，而必须将投资、进度、质量三大目标作为一个系统统筹考虑，反复协调和平衡，力求实现整个目标系统最优。

(二)建设工程三大目标之间的统一关系

对于建设工程三大目标之间的统一关系,需要从不同的角度分析和理解。例如,加快进度、缩短工期虽然需要增加一定的投资,但是可以使整个建设工程提前投入使用,从而提早发挥投资效益,还能在一定程度上减少利息支出,如果提早发挥的投资效益超过因加快进度所增加的投资额度,则加快进度从经济角度来说就是可行的。如果提高功能和质量要求,虽然需要增加一次性投资,但是可能降低工程投入使用后的运行费用和维修费用,从全寿命费用分析的角度来讲则是节约投资的;另外,在不少情况下,功能好、质量优的工程(如宾馆、商用办公楼)投入使用后的收益往往较高;此外,从质量控制的角度,如果在实施过程中进行严格的质量控制,保证实现工程预定的功能和质量要求(相对于由于质量控制不严而出现质量问题可认为是"质量好"),则不仅可减少实施过程中的返工费用,而且可以大大减少投入使用后的维修费用。另一方面,严格控制质量还能起到保证进度的作用。如果在工程实施过程中发现质量问题及时进行返工处理,虽然需要耗费时间,但可能只影响局部工作的进度,不影响整个工程的进度;或虽然影响整个工程的进度,但是比不及时返工而酿成重大工程质量事故对整个工程进度的影响要小,也比留下工程质量隐患到使用阶段才发现而不得不停止使用进行修理所造成的时间损失要小。

在确定建设工程目标时,应当对投资、进度、质量三大目标之间的统一关系进行客观的且尽可能定量的分析。在分析时要注意以下几方面问题:

(1)掌握客观规律,充分考虑制约因素。例如,一般来说,加快进度、缩短工期所提前发挥的投资效益都超过加快进度所需要增加的投资,但不能由此而导出工期越短越好的错误结论,因为加快进度、缩短工期会受到技术、环境、场地等因素的制约(当然还要考虑对投资和质量的影响),不可能无限制地缩短工期。

(2)对未来的、可能的收益不宜过于乐观。通常,当前的投入是现实的,其数额也是较为确定的,而未来的收益却是预期的、不很确定的。例如,提高功能和质量要求所需要增加的投资可以很准确地计算出来,但今后的收益却受到市场供求关系的影响,如果届时同类工程(如五星级宾馆、智能化办公楼)供大于求,则预期收益就难以实现。

(3)将目标规划和计划结合起来。如前所述,建设工程所确定的目标要通过计划的实施才能实现。如果建设工程进度计划制定得既可行又优化,使工程进度具有连续性、均衡性,则不但可以缩短工期,而且有可能获得较好的质量且耗费较低的投资。从这个意义上讲,优化的计划是投资、进度、质量三大目标统一的计划。

在对建设工程三大目标对立统一关系进行分析时,同样需要将投资、进度、质量三大目标作为一个系统统筹考虑,同样需要反复协调和平衡,力求实现整个目标系统最优也就是实现投资、进度、质量三大目标的统一。

三、建设工程目标的确定

(一)建设工程目标确定的依据

如前所述,目标规划是一项动态性工作,在建设工程的不同阶段都要进行,因而建设工程的目标并不是一经确定就不再改变的。由于建设工程不同阶段所具备的条件不同,目标确定的依据自然也就不同。一般来说,在施工图设计完成之后,目标规划的依据比较充分，目标规划的结果也比较准确和可靠。但是，对于施工图设计完成以前的各个阶段来说，建设工程数据库具有十分重要的作用，应予以足够的重视。

建设工程的目标规划总是由某个单位编制的，如设计院、监理公司或其他咨询公司。这些单位都应当把自己承担过的建设工程的主要数据存入数据库。若某一地区或城市能建立本地区或本市的建设工程数据库，则可以在大范围内共享数据，增加同类建设工程的数量，从而大大提高目标确定的准确性和合理性。建立建设工程数据库，至少要做好以下几方面工作：

(1)按照一定的标准对建设工程进行分类。通常按使用功能分类较为直观，也易于被人接受和记忆。例如，将建设工程分为道路、桥梁、房屋建筑等，房屋建筑还可进一步分为住宅、学校、医院、宾馆、办公楼、商场等。为了便于计算机辅助管理，当然还需要建立适当的编码体系。

(2)对各类建设工程所可能采用的结构体系进行统一分类。例如，根据结构理论和我国目前常用的结构形式，可将房屋建筑的结构体系分为砖混结构、框架结构、框剪结构、筒体结构等；可将桥梁建筑分为钢箱梁吊桥、钢箱梁斜拉桥、钢筋混凝土斜拉桥、拱桥、中承式桁架桥、下承式桁架桥等。

(3)数据既要有一定的综合性又要能足以反映建设工程的基本情况和特征。例如，除了工程名称、投资总额、总工期、建成年份等共性数据外，房屋建筑的数据还应有建筑面积、层数、柱距、基础形式、主要装修标准和材料等；桥梁建筑的数据还应有长度、跨度、宽度、高度(净高)等。工程内容最好能分解到分部工程，有些内容可能分解到单位工程已能满足需要。投资总额和总工期也应分解到单位工程或分部工程。

建设工程数据库对建设工程目标确定的作用，在很大程度上取决于数据库中与拟建工程相似的同类工程的数量。因此，建立和完善建设工程数据库需要经历较长的时间，在确定数据库的结构之后，数据的积累、分析就成为主要任务，也可能在应用过程中对已确定的数据库结构和内容还要做适当的调整、修正和补充。

(二)建设工程数据库的应用

要确定某一拟建工程的目标，首先，必须大致明确该工程的基本技术要求，如工程类型、结构体系、基础形式、建筑高度、主要设备、主要装饰要求等。然后，在建设工程数据库中检索并选择尽可能相近的建设工程(可能有多个)，将其作为确定该拟建工程目标的参考对象。由于建设工程具有多样性和单件生产的特点，有时很难找到与拟建工程基本相同或相似的同类工程，因此，在应用建设工程数据库时，往往要对其中的数据进行适当的综合处理，必要时可将不同类型工程的不同分部工程加以组合。例如，若拟建造一座多功能综合办公楼，根据其基本的技术要求，可能在建设工程数据库中选择某银行的基础工程、某宾馆的主体结构工程、某办公楼的装饰工程和内部设施作为确定其目标的依据。

同时，要认真分析拟建工程的特点，找出拟建工程与已建类似工程之间的差异，并定量分析这些差异对拟建工程目标的影响，从而确定拟建工程的各项目标。例如，上海市地铁二号线与地铁一号线(将地铁一号线作为建设工程数据库中的已建类似工程，地铁二号线作为拟建工程)总体上非常相似，但通过深入分析发现，地铁二号线的人民广场站是与地铁一号线的交汇点，建在地铁一号线人民广场站的下方，显然在技术上有其特殊要求；另外，地铁二号线需要穿越黄浦江，这一段的区间隧道就与地铁一号线所有的区间隧道都不同，有必要参考其他的越江隧道工程，如延安路隧道工程。而地铁二号线的其他车站和区间隧道工程则可参照地铁一号线的车站和区间隧道工程确定其目标，必要时可能还需要根据车站工程的规模大小和区间隧道工程的长度确定对应关系。在此基础上确定的地铁二号线的总目标就比较合理和可靠。

另外，建设工程数据库中的数据都是历史数据，由于拟建工程与已建工程之间存在"时间差"，因而对建设工程数据库中的有些数据不能直接应用，而必须考虑时间因素和外部条件的变化，采取适当的方式加以调整。例如，对于投资目标，可以采用线性回归分析法或加权移动平均法进行预测分析，还可能需要考虑技术规范的发展对投资的影响；对于工期目标，需要考虑施工技术和方法以及施工机械的发展，还需要考虑法规变化对施工时间的限制，如不允许夜间施工等；对于质量目标，要考虑强制性标准的提高，如城市规划、环保、消防等方面的新规定。

由以上分析可知，建设工程数据库中的数据表面上是静止的，实际上是动态的（不断得到充实）；表面上是孤立的，实际上内部有着非常密切的联系。因此，建设工程数据库的应用并不是一项简单的复制工作。要用好、用活建设工程数据库，关键在于客观分析拟建工程的特点和具体条件，并采用适当的方式加以调整，这样才能充分发挥建设工程数据库对合理确定拟建工程目标的作用。

四、建设工程目标的分解

为了在建设工程实施过程中有效地进行目标控制，仅有总目标还不够，还需要将总目标进行适当的分解。

（一）目标分解的原则

建设工程目标分解应遵循以下几个原则：

（1）能分能合。这要求建设工程的总目标能够自上而下逐层分解，也能够根据需要自下而上逐层综合。这一原则实际上是要求目标分解要有明确的依据并采用适当的方式，避免目标分解的随意性。

（2）按工程部位分解，而不按工种分解。这是因为建设工程的建造过程也是工程实体的形成过程，这样分解比较直观，而且可以将投资、进度、质量三大目标联系起来，也便于对偏差原因进行分析。

（3）区别对待，有粗有细。根据建设工程目标的具体内容、作用和所具备的数据，目标分解的粗细程度应当有所区别。例如，在建设工程的总投资构成中，有些费用数额大，占总投资的比例大，而有些费用则相反。从投资控制工作的要求来看，重点在于前一类费用。因此，对前一类费用应当尽可能分解得细一些、深一些；而对后一类费用则分解得粗一些、浅一些。另外，有些工程内容的组成非常明确、具体（如建筑工程、设备等），所需要的投资和时间也较为明确，可以分解得很细；而有些工程内容则比较笼统，难以详细分解。因此，对不同工程内容目标分解的层次或深度，不必强求一律，要根据目标控制的实际需要和可能来确定。

（4）有可靠的数据来源。目标分解本身不是目的而是手段，是为目标控制服务的。

目标分解的结果是形成不同层次的分目标,这些分目标就成为各级目标控制组织机构和人员进行目标控制的依据。如果数据来源不可靠,分目标就不可靠,就不能作为目标控制的依据。因此,目标分解所达到的深度应当以能够取得可靠的数据为原则,并非越深越好。

(5)目标分解结构与组织分解结构相对应。如前所述,目标控制必须要有组织加以保障,要落实到具体的机构和人员,因而就存在一定的目标控制组织分解结构。只有使目标分解结构与组织分解结构相对应,才能进行有效的目标控制。当然,一般而言,目标分解结构较细、层次较多,而组织分解结构较粗、层次较少,目标分解结构在较粗的层次上应当与组织分解结构一致。

(二)目标分解的方式

建设工程的总目标可以按照不同的方式进行分解。对于建设工程投资、进度、质量三个目标来说,目标分解的方式并不完全相同,其中,进度目标和质量目标的分解方式较为单一,而投资目标的分解方式较多。

按工程内容分解是建设工程目标分解最基本的方式,适用于投资、进度、质量三个目标的分解,但是,三个目标分解的深度不一定完全一致。一般来说,将投资、进度、质量三个目标分解到单项工程和单位工程是比较容易办到的,其结果也是比较合理和可靠的。在施工图设计完成之前,目标分解至少都应当达到这个层次。至于是否分解到分部工程和分项工程,一方面取决于工程进度所处的阶段、资料的详细程度、设计所达到的深度等,另一方面还取决于目标控制工作的需要。

建设工程的投资目标还可以按总投资构成内容和资金使用时间(即进度)分解,详细内容见本章第五节。

第二节　建设工程监理三大目标控制的含义

建设工程投资、进度、质量控制的含义既有区别,又有内在联系和共性。本节将从目标、系统控制、全过程控制和全方位控制四个方面来分别阐述建设工程目标控制含义的具体内容。

一、建设工程投资控制的含义

(一)建设工程投资控制的目标

建设工程投资控制的目标,就是通过有效的投资控制工作和具体的投资控制措施,在满足进度和质量要求的前提下,力求使工程实际投资不超过计划投资。这一目标可用图4-5表示。

“实际投资不超过计划投资”可能表现为以下几种情况:

(1)在投资目标分解的各个层次上,实际投资均不超过计划投资。这是最理想的情况,是投资控制追求的最高目标。

(2)在投资目标分解的较低层次上,实际投资在有些情况下超过计划投资,在大多数情况下不超过计划投资,因而在投资目标分解的较高层次上,实际投资不超过计划投资。

(3)实际总投资未超过计划总投资,在投资目标分解的各个层次上,都出现实际投资超过计划投资的情况,但在大多数情况下实际投资未超过计划投资。

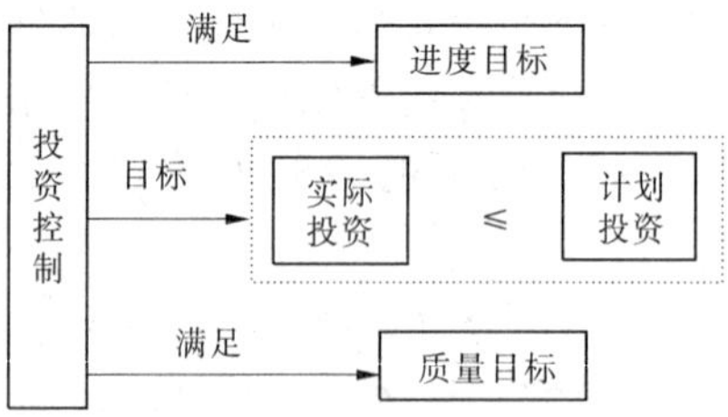

图 4-5　投资控制的含义

后两种情况虽然存在局部的超投资现象,但建设工程的实际总投资未超过计划总投资,因而仍然是令人满意的结果,何况出现这种现象,除了投资控制工作和措施存在一定的问题、有待改进和完善外,还可能是由于投资目标分解不尽合理所造成的,而投资目标分解绝对合理又是很难做到的。

(二)系统控制

从上述建设工程投资控制的目标可知,投资控制是与进度控制和质量控制同时进行的,它是针对整个建设工程目标系统所实施的控制活动的一个组成部分,在实施投资控制的同时需要满足预定的进度目标和质量目标。因此,在投资控制的过程中,要协调好与进度控制和质量控制的关系,做到三大目标控制的有机配合和相互平衡,而不能片面强调投资控制。如前所述,目标规划时对投资、进度、质量三大目标进行了反复协调和平衡,力求实现整个目标系统最优。如果在投资控制的过程中破坏了这种平衡,也就破坏了整个目标系统,即使投资控制的效果看起来较好或很好,但其结果肯定不是目标系统最优。

从这个基本思想出发,当采取某项投资控制措施时,如果某项措施会对进度目标和质量目标产生不利的影响,就要考虑是否还有别的更好的措施,要慎重决策。例如,采用限额设计进行投资控制时,一方面要力争使整个工程总的投资估算额控制在投资限额之内,同时又要保证工程预定的功能、使用要求和质量标准。又如,当发现实际投资已经超过计划投资之后,为了控制投资,不能简单地删减工程内容或降低设计标准,即使不得已而这样做,也要慎重选择被删减或降低设计标准的具体工程内容,力求使减少投资对工程质量的影响减少到最低程度。这种协调工作在投资控制过程中是绝对不可缺少的。

简而言之,系统控制的思想就是要实现目标规划与目标控制之间的统一,实现三大目标控制的统一。

(三)全过程控制

所谓全过程,主要是指建设工程实施的全过程,也可以是工程建设全过程。建设工程的实施阶段包括设计阶段(含设计准备)、招标阶段、施工阶段以及竣工验收和保修阶段。在这几个阶段中都要进行投资控制,但从投资控制的任务来看,主要集中在前三个阶段。

建设工程的实施过程,一方面表现为实物形成过程,即其生产能力和使用功能的形成过程,这是看得见的;另一方面则表现为价值形成过程,即其投资的不断累加过程,这是算得出的。这两种过程对建设工程的实施来说都是很重要的,而从投资控制的角度来看,较为关心的则是后一种过程。

需要特别指出的是,在建设工程实施过程中,累计投资在设计阶段和招标阶段缓慢增加,进入施工阶段后则迅速增加,到施工后期,累计投资的增加又趋于平缓。另一方面,节约投资的可能性(或影响投资的程度)从设计阶段到施工开始前迅速降低,其后的变化就相当平缓了。累计投资和节约投资可能性的上述特征可用图4-6表示。

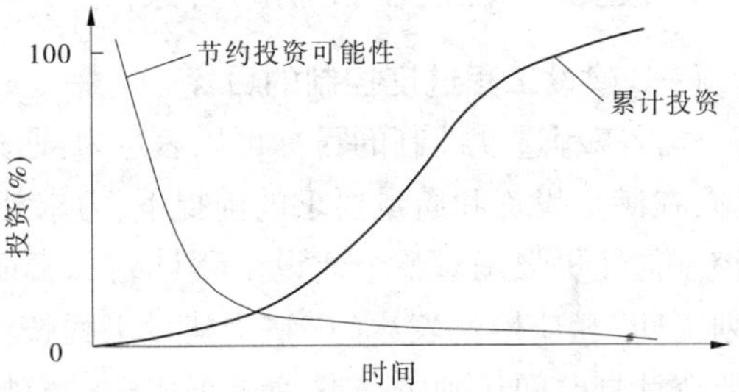

图4-6 累计投资和节约投资可能性线

图4-6表明,虽然建设工程的实际投资主要发生在施工阶段,但节约投资的可能性却主要在施工以前的阶段,尤其是在设计阶段。当然,所谓节约投资的可能性,是以进行有效的投资控制为前提的,如果投资控制的措施不得力,则就变为浪费投资的可能性了。

因此,所谓全过程控制,要求从设计阶段就开始进行投资控制,并将投资控制工作贯穿于建设工程实施的全过程,直至整个工程建成且延续到保修期结束。在明确全过程控制的前提下,还要特别强调早期控制的重要性,越早进行控制,投资控制的效果越好,节约投资的可能性越大。如果能实现工程建设全过程投资控制,效果应当更好。

(四)全方位控制

对投资目标进行全方位控制,包括两种含义:一是对按工程内容分解的各项投资进行控制,即对单项工程、单位工程,乃至分部分项工程的投资进行控制;二是对按总投资构成内容分解的各项费用进行控制,即对建筑安装工程费用、设备和工器具购置费用以及工程建设其他费用等都要进行控制。通常,投资目标的全方位控制主要是指上述第二种含义。因为单项工程和单位工程的投资同时也要按总投资构成内容分解。

在对建设工程投资进行全方位控制时,应注意以下几个问题:

一是要认真分析建设工程及其投资构成的特点,了解各项费用的变化趋势和影响因素。例如,根据我国的统计资料,工程建设其他费用一般不超过总投资的10%。但这是综合资料,对于确定建设工程来说,可能远远超过这个比例,如上海南浦大桥的拆迁费用高达4亿元人民币,约占总投资的一半。又如,一些高档宾馆、智能化办公楼的装饰工程费用或设备购置费用已超过结构工程费用,等等。这些变化非常值得引起投资控制人员重视,而且这些费用相对于结构工程费用而言,有较大的节约投资的“空间”。只要思想重视且方法适当,往往能取得较为满意的投资控制效果。

二是要抓主要矛盾、有所侧重。不同建设工程的各项费用占总投资的比例不同,例如,普通民用建筑工程的建筑工程费用占总投资的大部分,工艺复杂的工业项目以设备购置费用为主,智能化大厦的装饰工程费用和设备购置费用占主导地位,都应分别作为该类建设工程投资控制的重点。

三是要根据各项费用的特点选择适当的控制方式。例如,建筑工程费用可以按照工程内容分解得很细,其计划值一般较为准确,而其实际投资是连续发生的,因而需要经常定期地进行实际投资与计划投资的比较;安装工程费用有时并不独立,或与建筑工程费用合并,或与设备购置费用合并,或兼而有之,需要注意鉴别;设备购置费用有时需要较长的订货周期和一定数额的定金,必须充分考虑利息的支付,等等。

二、建设工程进度控制的含义

（一）建设工程进度控制的目标

建设工程进度控制的目标可以表达为：通过有效的进度控制工作和具体的进度控制措施，在满足投资和质量要求的前提下，力求使工程实际工期不超过计划工期。但是，进度控制往往更强调对整个建设工程计划总工期的控制，因而上述“工程实际工期不超过计划工期”相应地就表达为“整个建设工程按计划的时间动用”。对于工业项目来说，就是要按计划时间达到负荷联动试车成功；而对于民用项目来说，就是要按计划时间交付使用。

由于进度计划的特点，“实际工期不超过计划工期”的表现不能简单照搬投资控制目标中的表述。进度控制的目标能否实现，主要取决于处在关键线路上的工程内容能否按预定的时间完成。当然，同时要不发生非关键线路上的工作延误而成为关键线路的情况。

在大型、复杂建设工程的实施过程中，总会不同程度地发生局部工期延误的情况。这些延误对进度目标的影响应当通过网络计划定量计算。局部工期延误的严重程度与其对进度目标的影响程度之间并无直接的联系，更不存在某种等值或等比例的关系，这是进度控制与投资控制的重要区别，也是在进度控制工作中要加以充分利用的特点。

（二）系统控制

进度控制的系统控制思想与投资控制基本相同，但其具体内容和表现有所不同。

在采取进度控制措施时，要尽可能采取对投资目标和质量目标产生有利影响的进度控制措施，例如，完善的施工组织设计，优化的进度计划等。相对于投资控制和质量控制而言，进度控制措施可能对其他两个目标产生直接的有利作用，这一点显得尤为突出，应当予以足够的重视并加以充分利用，以提高目标控制的总体效果。

当然，采取进度控制措施也可能对投资目标和质量目标产生不利影响。一般来说，局部关键工作发生工期延误但延误程度尚不严重时，通过调整进度计划来保证进度目标是比较容易做到的，例如可以采取加班加点的方式，或适当增加施工机械和人力的投入。这时，就会对投资目标产生不利影响，而且夜间施工或施工速度过快，也可能对质量目标产生不利影响。因此，当采取进度控制措施时，不能仅仅保证进度目标的实现却不顾投资目标和质量目标，而应当综合考虑三大目标。根据工程进展的实际情况和要求以及进度控制措施选择的可能性，有以下三种处理方式：

（1）在保证进度目标的前提下，将对投资目标和质量目标的影响减少到最低程度；

（2）适当调整进度目标（延长计划总工期），不影响或基本不影响投资目标和质量目标；

（3）介于上述两者之间。

（三）全过程控制

关于进度控制的全过程控制，要注意以下三方面问题：

（1）在工程建设的早期就应当编制进度计划。为此，首先要澄清将进度计划狭隘地理解为施工进度计划的模糊认识；其次要纠正工程建设早期由于资料详细程度不够且可变因素很多而无法编制进度计划的错误观念。

业主方整个建设工程的总进度计划包括的内容很多，除了施工，还包括前期工作（如征地、拆迁、施工场地准备等）、勘察、设计、材料和设备采购、动用前准备等。由此可见，业主方的总进度计划对整个建设工程进度控制的作用是何等重要。工程建设早期所编制的业主方总进度计划不可能也没有必要达到承包商施工进度计划的详细程度，但也应达到一定的深度和细度，而且应当掌握“远粗近细”的原则。即对于远期工作，如工程施工、设备采购等，在进度计划中显得比较粗略，可能只反映到分部工程，甚至只反映到单位工程或单项工程；而对于近期工作，如征地、拆迁、勘察设计等，在进度计划中就显得比较具体。而所谓“远”和“近”是相对概念，随着工程的进展，最初的远期工作就变成了近期工作，进度计划也应当相应地深化和细化。

在工程建设早期编制进度计划，是早期控制思想在进度控制中的反映。越早进行控制，进度控制的效果越好。

(2)在编制进度计划时要充分考虑各阶段工作之间的合理搭接。建设工程实施各阶段的工作是相对独立的，但不是截然分开的，在内容上有一定的联系，在时间上有一定的搭接。例如，设计工作与征地、拆迁工作搭接，设备采购和工程施工与设计搭接，装饰工程和安装工程施工与结构工程施工搭接，等等。搭接时间越长，建设工程的总工期就越短。但是，搭接时间与各阶段工作之间的逻辑关系有关，都有其合理的限度。因此，合理确定具体的搭接工作内容和搭接时间，也是进度计划优化的重要内容。

(3)抓好关键线路的进度控制。进度控制的重点对象是关键线路上的各项工作，包括关键线路变化后的各项关键工作，这样可取得事半功倍的效果，由此也可看出工程建设早期编制进度计划的重要性。如果没有进度计划，就不知道哪些工作是关键工作，进度控制工作就没有重点，精力分散，甚至可能对关键工作控制不力，而对非关键工作却全力以赴，结果是事倍功半。当然，对于非关键线路的各项工作，要确保其不要延误而后变为关键工作。

(四)全方位控制

对进度目标进行全方位控制要从以下几个方面考虑：

(1)对整个建设工程所有工程内容的进度都要进行控制。除了单项工程、单位工程，还包括区内道路、绿化、配套工程等的进度。这些工程内容都有相应的进度目标，应尽可能将它们的实际进度控制在进度目标之内。

(2)对整个建设工程所有工作内容的进度都要进行控制。建设工程的各项工作，诸如征地、拆迁、勘察、设计、施工招标、材料和设备采购、施工、动用前准备等，都有进度控制的任务。在这里，要注意与全过程控制的有关内容相区别。在全过程控制的分析中，对这些工作内容侧重从各阶段工作关系和总进度计划编制的角度进行阐述。而在全方位控制的分析中，则是侧重从这些工作本身的进度控制进行阐述，可以说是同一问题的两个方面。实际的进度控制，往往既表现为对工程内容进度的控制，又表现为对工作内容进度的控制。

(3)对影响进度的各种因素都要进行控制。建设工程的实际进度受到很多因素的影响，例如，施工机械数量不足或出现故障；技术人员和工人的素质及能力低下；建设资金缺乏，不能按时到位；材料和设备不能按时、按质、按量供应；施工现场组织管理混乱；多个承包商之间施工进度不够协调；出现异常的工程地质、水文、气候条件；还可能出现政治、社会等风险。要实现有效的进度控制，必须对上述影响进度的各种因素都进行控制，采取措施减少或避免这些因素对进度的影响。

（4）注意各方面工作进度对施工进度的影响。任何建设工程最终都是通过施工建造起来的。从这个意义上讲，施工进度作为一个整体，肯定是在总进度计划中的关键线路上，任何导致施工进度拖延的情况，都将导致总进度的拖延。而施工进度的拖延往往是其他方面工作进度的拖延引起的。因此，要考虑围绕施工进度的需要来安排其他方面的工作进度。例如，根据工程开工时间和进度要求安排拆迁和设计进度计划，必要时可分阶段提供施工场地和施工图纸；又如，根据结构工程和装饰工程施工进度的需要安排材料采购进度计划，根据安装工程进度的需要安排设备采购进度计划，等等。这样说，并不是否认其他工作进度计划的重要性，而恰恰相反，这正说明全方位进度控制的重要性，说明业主方总进度计划的重要性。

（五）进度控制的特殊问题

组织协调与控制是密切相关的，都是为实现建设工程目标服务的。在建设工程三大目标控制中，组织协调对进度控制的作用最为突出且最为直接，有时甚至能取得常规控制措施难以达到的效果。因此，为了有效地进行进度控制，必须做好与有关单位的协调工作。有关组织协调的具体内容见第三章第五节。

三、建设工程质量控制的含义

（一）建设工程质量控制的目标

建设工程质量控制的目标，就是通过有效的质量控制工作和具体的质量控制措施，在满足投资和进度要求的前提下，实现工程预定的质量目标。

这里，有必要明确一下建设工程质量目标的含义。建设工程的质量首先必须符合国家现行的关于工程质量的法律、法规、技术标准和规范等的有关规定，尤其是强制性标准的规定。这实际上也就明确了对设计、施工质量的基本要求。从这个角度讲，同类建设工程的质量目标具有共性，不因其业主、建造地点以及其他建设条件的不同而不同。

建设工程的质量目标又是通过合同加以约定的，其范围更广、内容更具体。任何建设工程都有其特定的功能和使用价值。由于建设工程都是根据业主的要求而兴建的，不同的业主有不同的功能和使用价值要求，即使是同类建设工程，具体的要求也不同。因此，建设工程的功能与使用价值的质量目标是相对于业主的需要而言的，并无固定和统一的标准。从这个角度讲，建设工程的质量目标都具有个性。

因此，建设工程质量控制的目标就是要实现以上两方面的工程质量目标。由于工程共性质量目标一般都有严格、明确的规定，因而质量控制工作的对象和内容都比较明确，也可比较准确、客观地评价质量控制的效果。而工程个性质量目标具有一定的主观性，有时没有明确、统一的标准，因而质量控制工作的对象和内容较难把握，对质量控制效果的评价与评价方法和标准密切相关。因此，在建设工程的质量控制工作中，要注意对工程个性质量目标的控制，最好能预先明确控制效果定量评价的方法和标准。另外，对于合同约定的质量目标，必须保证其不得低于国家强制性质量标准的要求。

（二）系统控制

建设工程质量控制的系统控制应从以下几方面考虑：

（1）避免不断提高质量目标的倾向。建设工程的建设周期较长，随着技术、经济水平的发展，会不断出现新设备、新工艺、新材料、新理念等，在工程建设早期（如可行性研究阶段）所确定的质量目标，到设计阶段和施工阶段有时就显得相对滞后。不少业主往往要求相应地提高质量标准，这样势必要增加投资，而且由于要修改设计、重新制定材料和设备采购计划，甚至将已经施工完毕的部分工程拆毁重建，也会影响进度目标的实现。因此，要避免这种倾向，首先，在工程建设早期确定质量目标时要有一定的前瞻性；其次，对质量目标要有一个理性的认识，不要盲目追求“最新”、“最高”、“最好”等目标；再次，要定量分析提高质量目标后对投资目标和进度目标的影响。在这一前提下，即使确实有必要适当提高质量标准，也要把对投资目标和进度目标的不利影响减少到最低程度。

（2）确保基本质量目标的实现。建设工程的质量目标关系到生命安全、环境保护等社会问题，国家有相应的强制性标准。因此，不论发生什么情况，也不论在投资和进度方面要付出多大的代价，都必须保证建设工程安全可靠、质量合格的目标予以实现。当然，如果投资代价太大而无法承受，可以放弃不建。另外，建设工程都有预定的功能，若无特殊原因，也应确保实现。严格地说，改变功能或删减功能后建成的建设工程与原定功能的建设工程是两个不同的工程，不宜直接比较，有时也难以评价其目标控制的效果。还需要说明的是，有些建设工程质量标准的改变可能直接导致其功能的改变。例如，原定的一条一级公路，由于质量控制不力，只达到二级公路的标准，就不仅是质量标准的降低，而是本质功能的改变。这不仅将大大降低其通车能力，而且将大大降低其社会效益。

（3）尽可能发挥质量控制对投资目标和进度目标的积极作用。这一点已在本章第一节关于三大目标之间统一关系的内容中说明。

（三）全过程控制

建设工程总体质量目标的实现与工程质量的形成过程息息相关，因而必须对工程质量实行全过程控制。

建设工程的每个阶段都对工程质量的形成起着重要的作用，但各阶段关于质量问题的侧重点不同：在设计阶段，主要是解决“做什么”和“如何做”的问题，使建设工程总体质量目标具体化；在施工招标阶段，主要是解决“谁来做”的问题，使工程质量目标的实现落实到承包商；在施工阶段，通过施工组织设计等文件，进一步解决“如何做”的问题，通过具体的施工解决“做出来”的问题，使建设工程形成实体，将工程质量目标物化地体现出来；在竣工验收阶段，主要是解决工程实际质量是否符合预定质量的问题；而在保修阶段，则主要是解决已发现的质量缺陷问题。因此，应当根据建设工程各阶段质量控制的特点和重点，确定各阶段质量控制的目标和任务，以便实现全过程质量控制。

在建设工程的各个阶段中，设计阶段和施工阶段的持续时间较长，这两个阶段工作的“过程性”也尤为突出。例如，设计工作分为方案设计、初步设计、技术设计、施工图设计，设计过程就表现为设计内容不断深化和细化的过程。如果等施工图设计完成后才进行审查，一旦发现问题，造成的后果就很严重。因此，必须对设计质量进行全过程控制，也就是将对设计质量的控制落实到设计工作的过程中。又如，房屋建筑的施工阶段一般又分为基础工程、上部结构工程、安装工程和装饰工程等几个阶段，各阶段的工程内容和质量要求有明显区别，相应地对质量控制工作的具体要求也有所不同。因此，对施工质量也必须进行全过程控制，要把对施工质量的控制落实到施工各阶段的过程中。

还要说明的是，建设工程建成后，不可能像某些工业产品那样，可以拆卸或解体来检查内在的质量。这表明，建设工程竣工检验时难以发现工程内在的、隐蔽的质量缺陷，因而必须加强施工过程中的质量检验。而且，在建设工程施工过程中，由于工序交接多、中间产品多、隐蔽工程多，若不及时检查，就可能将已经出现的质量问题被下道工序掩盖，将不合格产品误认为合格产品，从而留下质量隐患。这都说明了对建设工程质量进行全过程控制的必要性和重要性。

（四）全方位控制

对建设工程质量进行全方位控制应从以下几方面着手：

（1）对建设工程所有工程内容的质量进行控制。建设工程是一个整体，其总体质量是各个组成部分质量的综合体现，也取决于具体工程内容的质量。如果某项工程内容的质量不合格，即使其余工程内容的质量都很好，也可能导致整个建设工程的质量不合格。因此，对建设工程质量的控制必须落实到每一项工程内容，只有确实实现了各项工程内容的质量目标，才能保证实现整个建设工程的质量目标。

（2）对建设工程质量目标的所有内容进行控制。建设工程的质量目标包括许多具体的内容，例如，从外在质量、工程实体质量、功能和使用价值质量等方面可分为美观性、与环境协调性、安全性、可靠性、适用性、灵活性、可维修性等目标，还可以分为更具体的目标。这些具体质量目标之间有时也存在对立统一的关系，在质量控制工作中要注意加以妥善处理。这些具体质量目标是否实现或实现的程度如何，又涉及评价方法和标准。此外，对功能和使用价值质量目标要予以足够的重视，因为该质量目标的确很重要，而且其控制对象和方法与对工程实体质量的控制不同。为此，要特别注意对设计质量的控制，要尽可能做多方案的比较。

（3）对影响建设工程质量目标的所有因素进行控制。影响建设工程质量目标的因素很多，可以从不同的角度加以归纳和分类。例如，可以将这些影响因素分为人、机械、材料、方法和环境五个方面。质量控制的全方位控制，就是要对这五方面因素都进行控制。

（五）质量控制的特殊问题

质量控制还有两个特殊问题要加以说明。第一个问题是对建设工程质量实行三重控制。由于建设工程质量的特殊性，需要对其从三方面加以控制：

（1）实施者自身的质量控制，这是从产品生产者角度进行的质量控制。

（2）政府对工程质量的监督，这是从社会公众角度进行的质量控制。

（3）监理单位的质量控制，这是从业主角度或者说是从产品需求者角度进行的质量控制。对于建设工程质量，加强政府的质量监督和监理单位的质量控制是非常必要的，但决不能因此而淡化或弱化实施者自身的质量控制。

第二个问题是工程质量事故处理。工程质量事故在建设工程实施过程中具有多发性特点。诸如基础不均匀沉降、混凝土强度不足、屋面渗漏、建筑物倒塌乃至一个建设工程整体报废等都有可能发生。如果说拖延的工期、超额的投资还可能在以后的实施过程中挽回的话，那么工程质量一旦不合格，就成了既定事实。不合格的工程，决不会随着时间的推移而自然变成合格工程。因此，对于不合格工程必须及时返工或返修，达到合格后才能进入下一道工序，才能交付使用。否则，拖延的时间越长，所造成的损失越严重。

由于工程质量事故具有多发性特点，因此应当对工程质量事故予以高度重视，从设计、施工以及材料和设备供应等多方面入手，进行全过程、全方位的质量控制，特别要尽可能做到主动控制、事前控制。在实施建设监理的工程上，减少一般性工程质量事故，杜绝工程质量重大事故，应当说是最基本的要求。为此，不仅监理单位要加强对工程质量事故的预控和处理，而且要加强工程实施者自身的质量控制，把减少和杜绝工程质量事故的具体措施落实到工程实施过程之中，落实到每一道工序之中。

第三节　建设工程项目施工阶段特点及目标控制任务

一、施工阶段的特点

(一)施工阶段是以执行计划为主的阶段

进入施工阶段，建设工程目标规划和计划的制定工作基本完成，余下的主要工作是伴随着控制而进行的计划调整和完善。因此，施工阶段是以执行计划为主的阶段。就具体的施工工作来说，基本要求是“按图施工”，这也可以理解为是执行计划的一种表现，因为施工图纸是设计阶段完成的，是用于指导施工的主要技术文件。这表明，在施工阶段，创造性劳动较少。但是对于大型、复杂的建设工程来说，其施工组织设计(包括施工方案)对创造性劳动的要求相当高，某些特殊的工程构造也需要创造性的施工劳动才能完成。

(二)施工阶段是实现建设工程价值和使用价值的主要阶段

设计过程也创造价值，但在建设工程总价值中所占的比例很小，建设工程的价值主要是在施工过程中形成的。在施工过程中，各种建筑材料、构配件的价值，固定资产的折旧价值随着其自身的消耗而不断转移到建设工程中去，构成其总价值中的转移价值；另一方面，劳动者通过活劳动为自己和社会创造出新的价值，构成建设工程总价值中的活劳动价值或新增价值。

施工是形成建设工程实体、实现建设工程使用价值的过程。设计所完成的建设工程只是阶段产品，而且只是“纸上产品”，而不是实物产品，只是为施工提供了施工图纸并确定了施工的具体对象。施工就是根据设计图纸和有关设计文件的规定，将施工对象由设想变为现实，由“纸上产品”变为实际的、可供使用的建设工程的物质生产活动。虽然建设工程的使用价值从根本上说是由设计决定的，但是如果没有正确的施工，就不能完全按设计要求实现其使用价值。对于某些特殊的建设工程来说，能否解决施工中的特殊技术问题，能否科学地组织施工，往往成为其设计所预期的使用价值能否实现的关键。

(三)施工阶段是资金投入量最大的阶段

显然，建设工程价值的形成过程，也是其资金不断投入的过程。既然施工阶段是实现建设工程价值的主要阶段，自然也是资金投入量最大的阶段。

由于建设工程的投资主要是在施工阶段“花”出去的，因而要合理确定资金筹措的方式、渠道、数额、时间等问题,在满足工程资金需要的前提下,尽可能减少资金占用的数量和时间,从而降低资金成本。另外,在施工阶段,业主经常面对大量资金的支出,往往特别关心甚至直接参与投资控制工作,对投资控制的效果也有直接、深切的感受。因此,在实践中往往把施工阶段作为投资控制的重要阶段。

需要指出的是,虽然施工阶段影响投资的程度只有10%左右,但其绝对数额还是相当可观的。而且,这时对投资的影响基本上是从投资数额上理解,而较少考虑价值工程和全寿命费用,因而是非常现实和直接的。应当看到,在施工阶段,在保证施工质量、保证实现设计所规定的功能和使用价值的前提下,仍然存在通过优化的施工方案来降低物化劳动和活劳动消耗从而降低建设工程投资的可能性。何况,10%这一比例是平均数,对具体的建设工程来说,在施工阶段降低投资的幅度有可能大大超过这一比例。

(四)施工阶段需要协调的内容多

在施工阶段,既涉及直接参与工程建设的单位,还涉及不直接参与工程建设的单位,需要协调的内容很多。例如,设计与施工的协调,材料和设备供应与施工的协调,结构施工与安装和装修施工的协调,总包商与分包商的协调,等等;还可能需要协调与政府有关管理部门、工程毗邻单位之间的关系。实践中常常由于这些单位和工作之间的关系不协调而使建设工程的施工不能顺利进行,不仅直接影响施工进度,而且影响投资目标和质量目标的实现。因此,在施工阶段与这些不同单位之间的协调显得特别重要。

(五)施工质量对建设工程总体质量起保证作用

虽然设计质量对建设工程的总体质量有决定性影响,但是,建设工程毕竟是通过施工将其"做出来"的。毫无疑问,设计质量能否真正实现,或其实现程度如何,取决于施工质量的好坏。而且,设计质量在许多方面是内在的、较为抽象的,其中的设计思想和理念需要用户细心去品味;而施工质量大多是外在的(包括隐蔽工程在被隐蔽之前)、具体的,给用户以最直接的感受。施工质量低劣,不仅不能真正实现设计所规定的功能,有些应有的具体功能可能完全没有实现,而且可能增加使用阶段的维修难度和费用,缩短建设工程的使用寿命,直接影响建设工程的投资效益和社会效益。由此可见,施工质量不仅对设计质量的实现起到保证作用,也对整个建设工程的总体质量起到保证作用。

此外,施工阶段还有一些其他特点,其中较为主要的表现在以下两方面:

(1)持续时间长、风险因素多。施工阶段是建设工程实施各阶段中持续时间最长的阶段,在此期间出现的风险因素也最多。

(2)合同关系复杂、合同争议多。施工阶段涉及的合同种类多、数量大,从业主的角度来看,合同关系相当复杂,极易导致合同争议。其中,施工合同与其他合同联系最为密切,其履行时间最长、本身涉及的问题最多,最易产生合同争议和索赔。

二、建设工程目标控制的任务

(一)投资控制的任务

施工阶段建设工程投资控制的主要任务是通过工程付款控制、工程变更费用控制、预防并处理好费用索赔、挖掘节约投资潜力来努力实现实际发生的费用不超过计划投资。

为完成施工阶段投资控制的任务,监理工程师应做好以下工作:制定本阶段资金使用计划，并严格进行付款控制，做到不多付、不少付、不重复付；严格控制工程变更，力求减少变更费用；研究确定预防费用索赔的措施，以避免、减少对方的索赔数额；及时处理费用索赔，并协助业主进行反索赔；根据有关合同的要求，协助做好应由业主方完成的，与工程进展密切相关的各项工作，如按期提交合格施工现场，按质、按量、按期提供材料和设备等工作；做好工程计量工作；审核施工单位提交的工程结算书等。

（二）进度控制的任务

施工阶段建设工程进度控制的主要任务是通过完善建设工程控制性进度计划、审查施工单位施工进度计划、做好各项动态控制工作、协调各单位关系、预防并处理好工期索赔，以求实际施工进度达到计划施工进度的要求。

为完成施工阶段进度控制任务，监理工程师应当做好以下工作：根据施工招标和施工准备阶段的工程信息，进一步完善建设工程控制性进度计划，并据此进行施工阶段进度控制；审查施工单位施工进度计划，确认其可行性并满足建设工程控制性进度计划要求；制定业主方材料和设备供应进度计划并进行控制，使其满足施工要求；审查施工单位进度控制报告，督促施工单位做好施工进度控制；对施工进度进行跟踪，掌握施工动态；研究制定预防工期索赔的措施，做好处理工期索赔工作；在施工过程中，做好对人力、材料、机具、设备等的投入控制工作以及转换控制工作、信息反馈工作、对比和纠正工作，使进度控制定期连续进行；开好进度协调会议，及时协调有关各方关系，使工程施工顺利进行。

（三）质量控制的任务

施工阶段建设工程质量控制的主要任务是通过对施工投入、施工和安装过程、产出品进行全过程控制，以及对参加施工的单位和人员的资质、材料和设备、施工机械和机具、施工方案和方法、施工环境实施全面控制，以期按标准达到预定的施工质量目标。

为完成施工阶段质量控制任务，监理工程师应当做好以下工作：协助业主做好施工现场准备工作，为施工单位提交质量合格的施工现场；确认施工单位资质；审查确认施工分包单位；做好材料和设备检查工作，确认其质量；检查施工机械和机具，保证施工质量；审查施工组织设计；检查并协助搞好各项生产环境、劳动环境、管理环境条件；进行施工工艺过程质量控制工作；检查工序质量，严格工序交接检查制度；做好各项隐蔽工程的检查工作；做好工程变更方案的比选，保证工程质量；进行质量监督，行使质量监督权；认真做好质量见证工作；行使质量否决权，协助做好付款控制；组织质量协调会；做好中间质量验收准备工作；做好竣工验收工作；审核竣工图等。

三、建设工程目标控制的措施

为了取得目标控制的理想成果，应当从多方面采取措施实施控制，通常可以将这些措施归纳为组织措施、技术措施、经济措施、合同措施等四方面。这四方面措施在建设工程实施的各个阶段的具体运用不完全相同。以下分别对这四方面措施作一概要性的阐述。

所谓组织措施，是指从目标控制的组织管理方面采取的措施，如落实目标控制的组织机构和人员，明确各级目标控制人员的任务和职能分工、权力和责任、改善目标控制的工作流程等。组织措施是其他各类措施的前提和保障，而且一般不需要增加什么费用，运用得当可以收到良好的效果。尤其是对由于业主原因所导致的目标偏差，这类措施可能成为首选措施,故应予以足够的重视。

技术措施不仅对解决建设工程实施过程中的技术问题是不可缺少的,而且对纠正目标偏差亦有相当重要的作用。任何一个技术方案都有基本确定的经济效果,不同的技术方案就有着不同的经济效果。因此,运用技术措施纠偏的关键,一是要能提出多个不同的技术方案,二是要对不同的技术方案进行技术经济分析。在实践中,要避免仅从技术角度选定技术方案而忽视对其经济效果的分析论证。

经济措施是最易被人接受和采用的措施。需要注意的是,经济措施决不仅仅是审核工程量及相应的付款和结算报告,还需要从一些全局性、总体性的问题上加以考虑,往往可以取得事半功倍的效果。另外,不要仅仅局限在已发生的费用上。通过偏差原因分析和未完工程投资预测,可发现一些现有和潜在的问题将引起未完工程投资的增加,对这些问题应以主动控制为出发点,及时采取预防措施。由此可见,经济措施的运用决不仅仅是财务人员的事情。

由于投资控制、进度控制和质量控制均要以合同为依据,因此合同措施就显得尤为重要。对于合同措施要从广义上理解,除了拟订合同条款、参加合同谈判、处理合同执行过程中的问题、防止和处理索赔等措施,还要协助业主确定对目标控制有利的建设工程组织管理模式和合同结构,分析不同合同之间的相互联系和影响,对每一个合同做总体和具体分析等。这些合同措施对目标控制更具有全局性的影响,其作用也就更大。另外,在采取合同措施时要特别注意合同中所规定的业主和监理工程师的义务和责任。

第四节　建设工程施工阶段的质量控制

目前,我国的监理工作主要是施工阶段的监理,而且施工阶段的质量控制也是工程项目质量控制的重点。监理工程师对工程施工的质量控制。就是按合同赋予的权利,围绕影响工程质量的各种因素,对工程项目的施工进行有效的监督和管理。

一、施工质量控制的系统过程

施工阶段是使工程设计意图最终实现并形成工程实体的阶段,所以施工阶段的质量控制是一个由对投入的资源和条件的质量控制,进而对生产过程及各环节质量进行控制,直到完成对工程产出品的质量检验与控制为止的全过程的系统控制过程。这个系统过程可以按施工阶段工程实体质量形成过程的时间阶段划分,也可以根据施工层次划分。

(一)按工程实体质量形成过程的时间阶段划分

按工程实体质量形成过程的时间阶段划分,施工阶段的质量控制可以分为以下三个时间阶段:施工准备控制、施工过程控制、竣工验收控制。上述三个阶段的质量控制系统过程及其主要内容如图 4-7 所示。

(二)按工程项目施工层次划分的系统控制过程

任何一个大中型工程建设项目可以划分为若干层次。例如,建筑工程项目按照国家标准可以划分为单位工程、分部工程、分项工程、检验批等层次,各组成部分之间的关系是具有一定施工先后顺序的逻辑关系。显然,施工工序的质量控制是最基本的质量控制,它

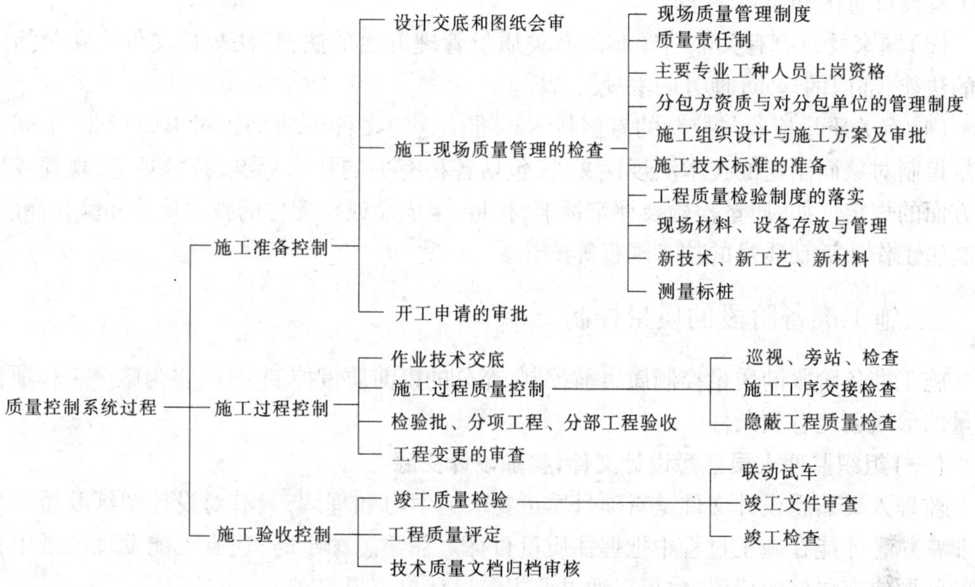

图 4-7 施工阶段质量控制系统过程

决定了有关检验批的质量,而检验批的质量又决定了分项工程的质量。各层次间的质量控制系统过程如图 4-8 所示。

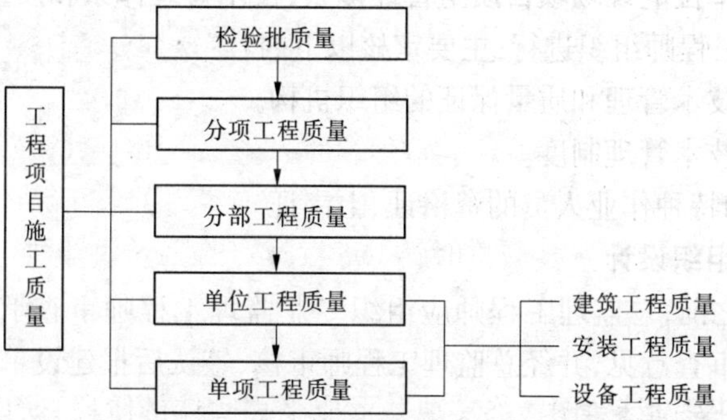

图 4-8 按工程项目施工层次划分的质量控制系统过程

二、施工质量控制的依据

施工阶段监理工程师进行质量控制的依据,一般有以下四类:

(1)工程承包合同文件。工程施工承包合同文件和委托监理合同中分别规定了工程项目参建各方在质量控制方面的权利和义务条款,有关各方必须履行合同中的承诺。监理单位既要履行监理合同的条款,又要监督建设单位、施工单位、设计单位和材料供应单位履行有关的质量控制条款。因此,监理工程师要熟悉这些条款,据以进行质量监督和控制。当发生质量纠纷时,及时采取措施予以解决。

(2)设计文件。经过批准的设计图纸和技术说明书等设计文件是质量控制的重要依据。监理单位应组织设计单位及施工单位进行设计交底及图纸会审工作,以便使相关各方了解设计意图和质量要求。

(3)国家及政府有关部门颁布的有关质量管理方面的法律、法规性文件。它包括国家的法律、部门的规章、地方的法规与规定。

(4)有关质量检验与控制的专门技术标准。这类文件一般是针对不同行业、不同的质量控制对象而制定的技术法规性文件,包括各种有关的技术标准、技术规范、规程或质量方面的规定。如:质量检验及评定标准,材料、半成品或构配件的技术检验和验收标准,控制施工作业活动质量的技术规程等。

三、施工准备阶段的质量控制

施工准备阶段的质量控制属事前控制,充分的事前质量控制工作,将为整个工程项目质量的形成创造有利条件。

(一)组织监理人员熟悉设计文件,参加设计交底

监理人员熟悉设计文件是对项目质量要求的学习和理解,只有对设计图纸及质量要求非常熟悉才能在施工过程中把握住质量目标。在熟悉图纸时,还有可能发现图纸中存在的问题或有更好的建议,也可以通过业主向设计单位提出。

设计交底一般由建设单位主持,参加单位有设计单位、承包单位和监理单位的主要项目负责人及有关人员。设计交底形成会议纪要,会后由承包单位负责整理,总监理工程师签认。

(二)审查承包单位的现场项目质量管理体系、技术管理体系和质量管理体系

审查由总监理工程师组织进行,主要审核以下内容:

(1)质量管理、技术管理和质量保证的组织机构。

(2)质量管理、技术管理制度。

(3)专职人员和特种作业人员的资格证、上岗证。

(三)审定施工组织设计

工程项目开工之前,总监理工程师应组织专业监理工程师审查承包单位编制的《施工组织设计》,提出审查意见,并经总监理工程师审核、签认后报建设单位。

1.施工组织设计的审查程序

(1)在工程项目开工前约定的时间内,承包单位必须完成施工组织设计的编制及内部自审批准工作,填写施工组织设计(方案)报审表报送项目监理机构。

(2)总监理工程师在约定的时间内,组织专业监理工程师审查,提出意见后,由总监理工程师审核签认。需要承包单位修改时,由总监理工程师签发书面意见,退回承包单位修改后再报总监理工程师重新审查。

(3)已审定的施工组织设计由项目监理机构报送建设单位。

(4)承包单位应按审定的施工组织设计文件组织施工。如需对其内容作较大的变更,应在实施前将变更内容书面报送项目监理机构审核。

(5)规模大、结构复杂或属新结构、特种结构的工程,项目监理机构对施工组织设计审查后,还应报送监理单位技术负责人审查,提出审查意见后由总监理工程师签发,必要时与建设单位协商,组织有关专家会审。

(6)规模大、工艺复杂的工程、群体工程或分期出图的工程，经建设单位批准可分阶段报审施工组织设计；技术复杂或采用新技术的分项、分部工程，承包单位还应编制该分项、分部工程的施工方案，报项目监理机构审查。

2. 审核施工组织设计的主要内容

(1)承包单位的审批手续是否齐全。

(2)施工平面布置图是否合理。

(3)施工方法是否可行，质量保证措施是否可靠并具有针对性。

(4)工期安排是否满足建设工程施工合同要求。

(5)进度计划是否保证施工的连续性和均衡性，所需的人力、材料、设备的配置与进度计划是否协调。

(6)质量管理和技术管理体系，质量保证措施是否健全且切实可行；承包单位是否了解并掌握了本工程的特点及难点，施工条件是否分析充分。

(7)安全、环保、消防和文明施工措施是否符合有关规定。

(8)季节施工方案和专项施工方案的可行性、合理性和先进性。

(四)现场施工准备的质量控制

(1)查验承包单位的测量放线。专业监理工程师对承包单位报送的测量放线成果及保护措施进行检查，主要复核控制桩的校核成果、控制桩的保护措施以及平面控制网、高程控制网和临时水准点的测量成果。符合要求时，专业监理工程师对承包单位报送的施工测量成果报验申请予以签认。

(2)工程材料、半成品、构配件报验的控制工程中需要的原材料、半成品、构配件等都将构成工程的组成部分。其质量优劣直接影响到建筑产品的质量，因此事先对其质量进行严格控制很有必要。

①承包单位应按有关规定对主要原材料进行复试，报项目监理部签认，同时应附数量清单、出厂质量证明文件和自检结果作为附件。

②对新材料、新产品要核查鉴定证明和确认文件。

③对进场材料应进行见证抽样复试，必要时可会同建设单位到材料厂家进行实地考察。

④要求承包单位在订货前向监理工程师审报，建立合格供货商名录。对于重要的材料、半成品或构配件，还应提交样品，供试验或鉴定之用。经监理工程师审查同意后方可进行订货。进场后应提供构配件和设备厂家的资质证明及产品合格证明，进口材料和设备商检证明，并按规定进行复试。

⑤监理工程师应参与加工订货厂家的考察、评审，根据合同的约定参与订货合同的拟定和签约工作。

⑥进场的构配件和设备承包单位应进行检验、测试，判断合格后，填写报验单报项目监理部。

⑦监理工程师进行现场检验，签认审查结论。

(3)检查进场的主要施工设备。

①检查施工现场主要设备的规格、型号是否符合施工组织设计的要求。

②审查施工机械设备的数量是否足够。

③对需要定期检定的设备应检查承包单位提供的检定证明，如测量仪器、检测仪器、磅秤等应按规定进行检定。

(4)对分包单位资质的审核及签认。分包工程开工前，承包单位应将分包单位资格报审表和分包单位有关资质资料，报专业监理工程师审查，审核的内容有：

①分包单位营业执照、企业资质证书、特殊专业施工许可证等。

②分包单位的业绩。

③拟分包工程的内容和范围。

④专职管理人员和特种作业人员的资格证、上岗证。

审核符合规定后，由总监理工程师签认。

(5)审查现场开工条件，签发开工报告。监理工程师应审查承包单位报送的工程开工报审表及相关资料，具备开工条件时，由总监理工程师签发，并报建设单位。

四、施工过程的质量控制

施工阶段的监理是建筑工程产品生产全过程的监控，监理工程师要做到全过程监理、全方位控制，重点部位及重点工序应重点控制，尤其应重点控制各工序之间的交接。过程控制中应坚持上道工序被确认质量合格后，才能准许进行下道工序施工的原则，如此循环，每一道合格的工序均被确认。

（一）施工活动前的质量控制

(1)质量控制点的概念。质量控制点是指为了保证施工质量而确定的重点控制对象，包括重要工序、关键部位和薄弱环节。质量控制人员在分析项目的特点之后，把影响工序施工质量的主要因素、对工程质量危害大的环节等事先列出来，并提出相应的措施，以便确定进行预控的关键点。

在国际上质量控制点根据其重要程度分为见证点、停止点和旁站点。

见证点(WitnessPoint，或截留点)监督也称为W点监督。凡是列为见证点的质量控制对象，在规定的关键工序(控制点)施工前，施工单位应提前通知监理人员在约定的时间内到现场进行见证和对其施工实施监督。

停止点(HoldPoint)也称为“待检点”或H点监督，是重要性高于见证点的质量控制点，是指那些施工过程或工序施工质量不易或不能通过其后的检验和试验而充分得到验证的“特殊工序”。凡列为停止点的控制对象，要求必须在规定的控制点到来之前通知监理人员对控制点实施监控，如果监理人员未在约定的时间到现场监督、检查，施工单位应停止进入该H点相应的工序并按合同规定等待监理人员，未经认可不能越过该点继续活动。所有的隐蔽工程验收点都是停止点。

旁站点(StandPoint，或S点)，是指监理人员在房屋建筑工程施工阶段监理中，对关键部位、关键工序的施工质量实施全过程现场跟班的监督活动，如混凝土灌注、回填土等工序。

(2)控制点选择的一般原则。可作为质量控制点的对象涉及面广，它可能是技术要求高、施工难度大的结构部位，也可能是影响质量的关键工序，也可以是施工质量难以保

证的薄弱环节,还可能是新技术、新工艺、新材料的部位,具体包括以下内容:

①施工过程中的关键工序或环节以及隐蔽工程,如预应力张拉工序、钢筋混凝土结构中的钢筋绑扎工序。

②施工中的薄弱环节或质量不稳定的工序、部位或对象,例如地下防水工程、屋面与卫生间防水工程。

③对后续工程施工或安全施工有重大影响的工序,例如原配料质量、模板的支撑与固定等。

④采用新技术、新工艺、新材料的部位或环节。

⑤施工条件困难或技术难度大的工序,例如复杂曲线模板的放样等。一般工程的质量控制点设置位置见表4-1。

表4-1　质量控制点的设置位置

分项工程	质量控制点
测量定位	标准轴线桩、水平桩、龙门板、定位轴线
地基、基础	基坑(槽)尺寸、标高、土质、地基承载力、基础垫层标高,基础位置、尺寸、标高、预留洞孔,预埋件的位置、规格、数量,基础墙皮数杆及标高、杯底弹线
砌体	砌体轴线,皮数杆,砂浆配合比,预留洞孔、预埋件位置,数量,砌块排列
模板	位置、尺寸、标高,预埋件位置,预留洞孔尺寸、位置,模板强度及稳定性,模板内部清理及润湿情况
钢筋混凝土	水泥品种、强度等级,砂石质量,混凝土配合比,外加剂比例,混凝土振捣,钢筋品种、规格、尺寸、接头、预留洞(孔)及预埋件规格数量和尺寸等,预制构件的吊装等
吊装	吊装设备、吊具、索具、地锚
钢结构	翻样图、放大样、胎模与胎架、连接形式的要点(焊接及残余变形)
装修	材料品质、色彩、工艺

(3)作为质量控制点重点控制的对象。影响工程施工质量的因素有许多种,对质量控制点的控制重点包括以下几方面:人的行为;物的状态;关键的操作;技术参数;施工顺序;技术间歇;新工艺、新技术、新材料的应用;易发生质量通病的工序;对工程质量影响重大的施工方法;特殊地基或特种结构。

(二)施工活动过程中的质量控制

(1)抓好承包单位的自检与专检。承包单位是施工质量的直接实施者和责任者,有责任保证施工质量合格。监理工程师的质量检查与验收,是对承包单位作业活动质量的复核与确认,但决不能代替承包单位的自检,而且监理工程师的检查必须是在承包单位自检并确认合格的基础上进行的。

(2)抓好质量跟踪监控。在施工活动过程中,监理工程师应对施工现场有目的地进行巡视检查和旁站,必要时进行平行检查。在巡视过程中发现并及时纠正施工中所发生的质量问题。应对施工过程的关键工序、特殊工序、重点部位和关键控制点进行旁站。对所发现的问题应先口头通知承包单位改正,然后由监理工程师签发《监理通知》,承包单位应将整改结果书面回复,监理工程师进行复查。

(3)技术复核。对于涉及施工作业技术活动基准和依据的技术工作,都应该严格进行专人负责的复核性检查,以避免基准失误给整个工程质量带来难以补救的或全局性的危害。如工程的定位、轴线、标高、预留孔洞的位置和尺寸、预埋件、管线的坡度、混凝土配合比等。技术复核是承包单位应履行的工作职责,其复核结果应报送监理工程师复验确认后,才能进行后续项目的施工。

(4)见证取样。为确保工程质量,建设部规定,在市政工程及房屋建筑工程项目中,对工程材料、承重结构的混凝土试块,承重墙体的砂浆试块、结构工程的受力钢筋(包括接头)实行见证取样。

(5)工程变更控制。施工过程中,由于勘察设计的原因或外界自然条件的变化,或施工工艺方面的限制,或建设单位要求的改变,都会引起工程变更。工程变更的要求可能来自建设单位、设计单位或施工承包单位。变更以后往往会引起质量、工期、造价的变化,也可能导致索赔。所以,无论哪一方提出工程变更要求,都应持十分谨慎的态度。在工程施工过程中,无论是建设单位或者施工及设计单位提出的工程变更或图纸修改,都应通过监理工程师审查并经有关方面研究,如确属必要,由总监理工程师发布变更指令,方能生效并予以实施。

(6)见证点控制。施工承包单位在分项工程施工前制订施工计划时,就选定设置质量控制点,并在相应的质量计划中进一步明确哪些是见证点。承包单位应将该施工计划及质量计划提交监理工程师审批。如监理工程师对上述计划及见证点的设置有不同的意见,应书面通知承包单位,要求予以修改,修改后再上报监理工程师审批后执行。

凡是列为见证点的质量控制对象,在规定的关键工序施工前,承包单位应提前通知监理人员在约定的时间内到现场进行见证和对其施工实施监督。

(7)工地例会管理。工地例会是施工过程中参建各方沟通情况、解决分歧、达成共识、做出决定的主要方式,也是监理工程师进行现场质量控制的重要场所。通过工地例会,监理工程师检查分析施工过程的质量状况,指出存在的问题,承包单位提出整改的措施,并作出相应的保证。例会应由总监理工程师主持。会议纪要应由项目监理机构负责起草并经与会各方代表会签。

除了例行的工地例会,针对某些专门质量问题,监理工程师还应组织专题会议,集中解决较重大或普遍存在的问题。

(8)质量记录资料的监控。质量资料是施工承包单位进行工程施工或安装期间,实施质量控制活动的记录,还包括监理工程师对这些质量控制活动的意见及施工承包单位对这些意见的答复,它详细地记录了工程施工阶段质量控制活动的全过程。因此,它不仅在工程施工期间对工程质量的控制有重要作用,而且在工程竣工和投入运行后,对于查询和了解工程建设的质量情况,以及工程维修和管理也能提供大量有用的资料与信息。

质量记录资料包括施工现场质量管理检查记录资料、工程材料质量记录资料、施工过程作业活动质量记录资料。

质量记录资料应在工程施工或安装开始前,由监理工程师和承包单位一起,根据建设单位的要求及工程竣工验收资料组卷归档的有关规定,研究列出各施工对象的质量资料清单。以后,随着工程施工的进展情况,承包单位应不断补充和填写关于材料、构配件及施工作业活动的有关内容,记录新的情况。当每一阶段(如检验批,一个分项或分部工程)施工或安装工作完成后,相应的质量记录资料也应随之完成,并整理组卷。

施工质量记录资料应真实、齐全、完整,相关各方人员的签字齐备、字迹清楚、结论明确,与施工过程的进展同步。在对作业活动效果的验收中,如缺少资料和资料不全,监理工程师应拒绝验收。

(9)停工令、复工令的实施。根据委托监理合同中建设单位对监理工程师的授权,出现下列情况时,总监理工程师有权行使质量控制权,下达停工令,及时进行质量控制。

①施工中出现质量异常情况,经监理提出后,承包单位未采取有效措施,或措施不力。

②隐蔽工程未按规定查验确认合格而擅自封闭。

③已发生质量问题,但迟迟未按监理工程师要求进行处理,或者是已发生质量缺陷或问题,如不停工则质量缺陷或问题将继续发展。

④未经监理工程师审查同意而擅自变更设计或修改图纸进行施工。

⑤未经技术资质审查的人员或不合格人员进入现场施工。

⑥使用的原材料、构配件不合格或未经检查确认,或擅自采用未经审查认可的代用材料。

⑦擅自使用未经项目监理部审查认可的分包单位进场施工。

承包单位经过整改具备恢复施工条件时,向项目监理机构报送复工申请及有关材料,证明造成停工的原因已消失。经监理工程师现场复查,认为已符合继续施工的条件,造成停工的原因确已消失,总监理工程师应及时签署工程复工报审表,指令承包单位继续施工。总监下达停工指令及复工指令,宜事先向建设单位报告。

(三)施工活动结果的质量控制

要保证最终单位工程产品的合格,必须使每道工序及各个中间产品均符合质量要求。施工活动结果在土建工程中一般有:基槽(基坑)验收,隐蔽工程验收,工序交接,检验批、分项工程、分部工程验收,不合格项目处理等。

(1)基槽(基坑)验收。基槽开挖是地基与基础施工中的一个关键工序,对后续工程质量影响较大,一般作为一个检验批进行质量验收。基槽开挖质量验收主要涉及地基承载力的检查确认;地质条件的检查确认;开挖边坡的稳定及支护状况的检查确认。基槽开挖验收要有勘察设计单位的有关人员参加,并请当地或主管质量监督部门参加,经现场检查、测试(或平行检测),确认其地基承载力是否达到设计要求,地质条件是否与设计相符。如相符,则共同签署验收资料,如达不到设计要求或与勘察设计资料不符,则应采取措施进一步处理或变更工程,由原设计单位提出处理方案,经承包单位实施完毕后重新验收。

(2)隐蔽工程验收。隐蔽工程验收是指将被后续工程施工所覆盖的分项、分部工程,在隐蔽前所进行的检查验收。由于其检查对象将要被后续工程所覆盖,给以后的检查整改造成障碍,所以它是质量控制的一个关键过程,必须重点控制,比如:基槽开挖及地基处理;钢筋混凝土中的钢筋工程;埋入结构中的避雷导线;埋入结构中的工艺管线;埋入结构中的电气管线；设备安装的二次灌浆；基础、厕所间、屋顶防水；装修工程中吊顶龙骨及隔墙龙骨；预制构件的焊接；隐蔽的管道工程水压试验或闭水试验等。

隐蔽工程施工完毕，承包单位应先进行自检，自检合格后，填写《报验申请表》，附上相应的或隐蔽工程检查记录及有关材料证明、试验报告、复试报告等，报送项目监理机构。监理工程师收到报验申请后首先对质量证明资料进行审查，并按规定时间与承包单位的专职质检员及相关施工人员一起到现场检查，如符合质量要求，监理工程师在《报验申请表》及隐蔽工程检查记录上签字确认，准予承包单位隐蔽、覆盖，进入下一道工序施工。否则，指令承包单位整改，整改后，自检合格再报监理工程师复验。

(3)工序交接。工序交接是指作业活动中一种作业方式的转换及作业活动效果的中间确认。通过工序交接的检查验收或办理交接手续，保证上道工序合格后进入下道工序，使各工序间和相关专业工程之间形成一个有机整体。

(4)检验批、分项工程、分部工程验收。检验批、分项工程、分部工程完成后，承包单位应先自行检查验收，确认合格后向监理工程师提交验收申请，由监理工程师予以检查、确认。如确认其质量符合要求，则予以确认验收。如有质量问题则指令承包单位进行处理，待质量符合要求后再予以检查验收。对涉及结构安全和使用功能的重要分部工程应进行抽样检测。

(5)单位工程或整个工程项目的竣工验收。一个单位工程或整个工程项目完成后，承包单位应先进行竣工自检，自检合格后，向项目监理机构提交《工程竣工报验单》，总监理工程师组织专业监理工程师进行竣工预验，预验合格后，总监理工程师对承包单位的《工程竣工报验单》予以签认，并上报建设单位，同时提出“工程质量评估报告”。由建设单位组织竣工验收。监理单位参加由建设单位组织的正式竣工验收。

(6)成品保护。承包单位必须负责对已完成部分采取妥善措施予以保护，以免因成品缺乏保护或保护不善而造成操作损坏或污染，影响工程整体质量。根据需要保护的建筑产品的特点不同，常采取的成品保护措施有防护、包裹、覆盖、封闭、合理安排施工顺序。监理工程师应对承包单位所承担的成品保护工作的质量与效果进行经常性的检查。

五、施工阶段质量控制手段

(一)审核技术文件、报告和报表

审核技术文件、报告和报表是对工程质量进行全面监督、检查与控制的重要手段。审核的具体内容包括以下几方面：

(1)审查进入施工现场的分包单位的资质证明文件，控制分包单位的质量。

(2)审批施工承包单位的开工申请书，检查、核实与控制其施工准备工作质量。

(3)审批承包单位提交的施工方案、质量计划、施工组织设计或施工计划，控制工程施工质量有可靠的技术措施保障。

(4)审批施工承包单位提交的有关材料、半成品和构配件质量证明文件(出厂合格证、质量检验或试验报告等)，确保工程质量有可靠的物质基础。

(5)审核承包单位提交的反映工序施工质量的动态统计资料或管理图表。

(6)审核承包单位提交的有关工序产品质量的证明文件(检验记录及试验报告)、工序交接检查(自检)、隐蔽工程检查、分部分项工程质量检查报告等文件、资料,以确保和控制施工过程的质量。

(7)审批有关工程变更、修改设计图纸等,确保设计及施工图纸的质量。

(8)审核有关应用新技术、新工艺、新材料、新结构等的技术鉴定书,审批其应用申请报告,确保新技术应用的质量。

(9)审批有关工程质量事故或质量问题的处理报告确保质量事故或质量问题处理的质量。

(10)审核与签署现场有关质量技术签证、文件等。

(二)指令文件与一般管理文书

指令文件是监理工程师运用指令控制权的具体形式,是监理工程师对施工承包单位提出指示或命令的书面文件,属要求强制性执行的文件。

一般管理文书,如监理工程师函、备忘录、会议纪要、发布有关信息、通报等,主要是对承包商工作状态和行为提出建议、希望和劝阻等,不属强制性要求执行,仅供承包人自主决策参考。

(三)现场监督和检查

1.现场监督检查的内容

(1)开工前的检查。主要是检查开工前准备工作的质量,能否保证正常施工及工程施工质量。

(2)工序施工中的跟踪监督、检查与控制。主要是监督、检查在工序施工过程中,人员、施工机械设备、材料、施工方法及工艺或操作以及施工环境条件等是否均处于良好的状态,是否符合保证工程质量的要求,若发现有问题及时纠偏和加以控制。

(3)对于重要的和对工程质量有重大影响的工序及工程部位,还应在现场进行施工过程的旁站监督与控制,确保使用材料及工艺过程质量。

2.现场监督检查的方式

(1)旁站与巡视旁站是指在关键部位或关键工序施工过程中由监理人员在现场进行的监督活动。在施工阶段,很多工程的质量问题是由于现场施工或操作不当或不符合规程、标准所致,有些施工操作不符合要求的工程质量,虽然在表面上似乎影响不大,但却隐藏着潜在的质量隐患与危险。例如浇筑混凝土时振捣时间不够或漏振都会影响混凝土的密实度和强度,而只凭抽样检验并不一定能完全反映出实际情况。不符合规程或标准要求的违章施工或违章操作,只有通过监理人员的现场旁站监督与检查,才能发现问题与得到控制。旁站的部位或工序要根据工程特点,承包单位内部质量管理水平及技术操作水平决定。一般而言,混凝土灌注、预应力张拉过程及压浆、基础工程中的软基处理、复合地基施工(如搅拌桩、悬喷桩、粉喷桩)、路面工程的沥青拌和料摊铺、沉井过程、桩基的打桩过程、防水施工、隧道衬砌施工中超挖部分的回填、边坡喷锚打锚杆等要实施旁站。

巡视是指监理人员对正在施工的部位或工序现场进行的定期或不定期的监督活动,巡视是一种“面”上的活动,它不限于某一部位或过程,而旁站则是“点”的活动,它是针对某一部位或工序。

(2)平行检验。平行检验是监理工程师利用一定的检查或检测手段在承包单位自检的基础上,按照一定的比例独立进行检查或检测的活动。它是监理工程师质量控制的一种重要手段,是监理工程师对施工质量进行验收,做出自己独立判断的重要依据之一。

(四)规定质量监控工作程序

规定双方必须遵守的质量监控工作程序,按规定的程序进行工作,这也是进行质量监控的必要手段。如未经监理工程师签署质量验收单并予以质量确认,不得进行下道工序;工程材料未经监理工程师批准不得在工程中使用等;规定交桩复验工作程序,设备、半成品、构配件材料进场检验工作程序,隐蔽工程验收、工序交接验收工作程序,检验批、分项工程、分部工程质量验收工作程序等。通过程序化管理,使监理工程师的质量控制工作进一步落实,做到科学、规范的管理和控制。

(五)利用支付手段

这是国际上较通用的一种重要的控制手段,也是建设单位或合同中赋予监理工程师的支付控制权。所谓支付控制权就是对施工承包单位支付任何工程款项,均需由总监理工程师审核签认支付证明书,没有总监理工程师签署的支付证明书,建设单位不得向承包单位支付工程款。如果承包单位的工程质量达不到要求的标准,监理工程师有权拒绝签署支付证明书,停止对承包单位支付部分或全部工程款,由此造成的损失由承包单位负责。因此这是十分有效的控制和约束手段。

第五节　建设工程施工阶段的投资控制

决策阶段、设计阶段和招标阶段的投资控制工作,使工程建设在达到预定功能要求的前提下,其投资预算数也达到最优程度,这个最优程度预算数的实现,还取决于工程建设施工阶段投资控制工作。

施工阶段的投资控制,必须在施工前明确施工阶段的投资控制目标,对施工组织设计或施工方案进行审查,做好技术经济分析工作;在施工过程中,严格按程序进行计量、结算和办理支付,控制工程变更,合理计算索赔费用。监理工程师在施工阶段进行投资控制的任务是把计划投资额作为投资控制的目标值,在工程施工过程中定期地进行投资实际值与目标值的比较,找出偏差及其产生的原因,采取有效措施加以控制,以保证投资控制目标的实现。

一、编制资金使用计划,确定投资控制目标

根据资金控制目标和要求不同,资金目标分解可以分为按投资构成分解、按项目分解、按时间进度分解三种类型。

(一)按投资构成分解的资金使用计划

项目总投资可以分解成建筑安装工程费用、设备工(器)具购置费以及其他费用等。建筑安装工程费用按成本构成可分解为人工费、材料费、施工机械使用费、措施费和间接费等。由于建筑工程和安装工程在性质上存在较大差异,费用的计算方法和标准也不尽

相同，所以在实际操作中往往将建筑工程费用和安装工程费用分解开。在按项目成本构成分解时，可以根据以往的经验和建立的数据库来确定适当的比例，必要时也可以作一些适当的调整。按投资的构成来分解的方法比较适合于有大量经验数据的工程项目。

（二）按项目分解编制资金使用计划

根据建设项目的组成，首先将总投资分解到各单项工程，再分解到单位工程，最后分解到分部分项工程。分部分项工程的支出预算既包括材料费、人工费、机械费，也包括承包企业的间接费、利润等，是分部分项工程的综合单价与工程量的乘积。按单价合同签订的招标项目，可根据签订合同时提供的工程量清单所定的单价确定。其他形式的承包合同，可利用招标编制标底时所计算的材料费、人工费、机械费及考虑分摊的间接费、利润等确定综合单价，同时核实工程量，准确确定支出预算。在完成工程项目费用目标分解之后，就要编制工程分项的费用支出计划，得到详细的费用计划表，其内容一般包括工程分项编码、工程内容、计量单位、工程数量、计划综合单价、分项合价。

（三）按时间进度编制资金使用计划

建设项目的投资总是分阶段、分期支出的，资金应用是否合理与资金时间安排有密切关系。合理地制订资金筹措计划，可以减少资金占用和利息支付，编制按时间进度分解的资金使用计划是很有必要的。

通过对施工对象的分析和施工现场的考察，制订出科学合理的施工进度计划，在此基础上编制按时间进度划分的投资支出预算。其步骤如下：

（1）编制施工进度计划。

（2）根据单位时间内完成的工程量计算出这一时间内的预算支出，在时标网络图上按时间编制投资支出计划。

（3）计算工期内各时点的预算支出累计额，绘制时间投资累计曲线（S 形曲线）。对时间投资累计曲线，根据施工进度计划的最早可能开始时间和最迟必须开始时间来绘制，则可得两条时间投资累计曲线，俗称“香蕉”形曲线。一般而言，按最迟必须开始时间安排施工，对建设资金贷款利息节约有利，但同时也降低了项目按期竣工的保证率，故监理工程师必须合理地确定投资支出预算，达到既节省投资支出，又能控制项目工期的目的。

二、工程计量

监理工程师必须对已完的工程进行计量，经过监理工程师计量所确定的数量是向承包商支付任何款项的凭证。

（一）计量程序

按照建设部颁布的《建设工程施工合同）（GF—1999—0201）第二十五条规定，工程计量的一般程序是：承包方完成的工程分项获得质量验收合格证书以后，向监理工程师提交已完工程的报告，监理工程师接到报告后 7 天内按设计图纸核实已完工程数量（简称计量），并在计量 24 小时前通知承包方，承包方必须为监理工程师进行计量提供便利条件，并派人参加予以确认。承包方在收到通知后不参加计量，计量结果有效，作为工程价款支付的依据。

（二）计量的范围

监理工程师进行工程计量的范围一般有三个方面：

（1）工程量清单的全部项目。

（2）合同文件中规定的项目。

（3）工程变更项目。

（三）工程计量的原则

（1）计量的项目必须是合同中规定的项目。

（2）计量项目应确属完工或正在施工项目的已完成部分。

（3）计量项目的申报资料和验收手续齐全。

（4）计量结果必须得到监理工程师和承包商双方的确认。

（5）计量方法必须与工程量清单编制时采用的方法一致。

（6）监理工程师的公正计量结果在计量中具有权威性。

（四）工程计量的依据

（1）质量合格证书。对承包方已完成的工程并不全部进行计量，而只是质量达到合同标准的已完工程才予以计量。所以，工程计量必须与质量监理紧密配合，经过监理工程师检验，工程质量达到合同规定的标准后，由监理工程师签发中间交工证书（质量合格证书）后，才予以计量。

（2）工程量清单说明和技术规范。

（3）修订的工程量清单及工程变更指令。

（4）监理工程师批准的施工图。

（5）索赔审批文件。

（五）工程计量的方法

（1）均摊法。对清单中某些项目的合同价款，按合同工期平均计量。

（2）凭据法。按照承包方提供的凭据进行计量。

（3）断面法。主要用于取土坑或填筑路堤土方的计量。

（4）图纸法。在清单中采取按照设计图纸所示的尺寸进行计量。

（5）分解计量法。将项目的工序或部位分解为若干子项，对完成的各子项进行计量。

三、工程支付

工程支付的一般形式：

（1）预付款。在工程开工以前业主按合同规定向承包商支付预付款，通常是材料预付款。

（2）工程进度款。工程进度款的主要结算方式有按月结算、分段结算、竣工后一次结算和结算双方约定的其他方式。

①按月结算。这是我国现行工程项目工程价款结算中常用的一种方式。实行旬末或月中预支，将已完分部分项工程视为阶段成果，月终按实际完成的工程量结算，竣工后清算。跨年度竣工的工程，在年终进行工程盘点，办理年度结算。

②分段结算。当年开工、当年不能竣工的单项工程或单位工程按照工程形象进度，划

分不同阶段进行结算。分段结算通常按月进度结算工程款。分段的划分标准,由各部门、自治区、直辖市自行规定。

③竣工后一次结算。建设项目或单项工程全部建筑安装工程建设期在一年内,或者工程承包合同价值在100万元以下的,可实行工程价款每月月中预支、竣工后一次结算的方式。

④双方约定的其他结算方式。项目承发包双方的材料往来,可按双方约定的方式结算。由承包单位自行采购材料的,业主可以在双方签订工程承包合同后,按年度工作量的一定比例向承包单位预付备料款;由承包单位包工包料的,业主将主管部门分配的材料指标交承包单位,由承包单位购货付款,并收取备料款;由业主供应材料的,其材料可按材料预算价格转给承包单位,材料价款在结算工程款时陆续抵扣。这部分材料,承包单位不应收取备料款。

施工期间的结算款,一般不应超过承包工程价值的95%,其余尾款待工程竣工验收后清算。

一般是每月结算一次。承包商每月末向监理工程师提交该月的付款申请,其中包括完成的工程量等计价资料。监理工程师收到申请以后,在限定时间内进行审核、计量、签字。但支付工程价款要按合同规定的具体办法扣除预付款和保留金。

(3)工程结算。工程完工后要进行工程结算工作。当竣工报告已由业主批准,该项目已被验收,即应支付项目的总价款。

(4)保留金。保留金即业主从承包商应得到的工程进度款中扣留的金额,目的是促使承包商抓紧工程收尾工作,尽快完成合同任务,做好工程维护工作。一般合同规定保留金额约为应付金额的5%~10%,但其累计总额不应超过合同价的5%。随着项目的竣工和维修期满,业主应退还相应的保留金,当项目业主向承包商颁发竣工证书时,退还该项保留金的50%。到颁发维修期满证书时退还剩余的50%。合同宣告终止。

(5)浮动价格支付。一般建设项目大多采用固定价格计价,风险由承包商承担。但是在项目规模较大、工期较长时,由于物价、工资等的变动,业主为了避免承包商因冒风险而提高报价,常常采用浮动价格结算工程款合同,此时在合同中应注明其浮动条件。

四、工程变更处理

(一)工程变更的控制

工程变更是指在项目施工过程中,由于种种原因发生了事先没有预料到的情况,使得工程施工的实际条件与规划条件出现较大差异,需要采取一定措施作相应处理。工程变更常常涉及额外费用损失的承担责任问题,因此进行项目成本控制必须能够识别各种各样的工程变更情况,并且了解发生变更后的相应处理对策,最大限度地减少由于变更带来的损失。

工程变更主要有以下几种情况:施工条件变更、工程内容变更或停工、延长工期或者缩短工期、物价变动、天灾或其他不可抗拒因素。

当工程变更超过合同规定的限度时,常常会对项目的施工成本产生很大的影响,如不进行相应的处理,就会影响企业在该项目上的经济效益。工程变更处理就是要明确各方的责任和经济负担。

在处理工程变更问题时，要根据变更的内容和原因，明确承担责任者；如果承包合同有明确规定，则按承包合同执行；如果合同未作规定，则应查明原因，根据相应仲裁或法律程序判明责任和损失的承担者。通常由于建设单位原因造成的工程变更，损失由建设单位负担；由于客观条件影响造成的工程变更，在合同规定的范围内，按合同规定处理，否则由双方协商解决；如属于不可预见费用的支付范畴，则由承包单位解决。

另外，还要准确统计已造成的损失和预测变更后可能带来的损失。经双方协商同意的工程变更，必须作好记录，并形成书面材料，由双方代表签字后生效。这些材料将成为工程款结算的合同依据。

（二）工程变更计价

我国现行工程变更价款的确定方法，由监理工程师签发工程变更令。进行设计的变更导致的经济支出和承包方损失，由业主承担，延误的工期相应顺延。因此监理工程师作为建设单位的委托人必须用合同确定变更价款，控制投资支出。若变更是由于承包方的违约所致，此时引起的费用必须由承包方承担。

变更价格由承包方提出，报监理工程师批准后调整合同价款和竣工日期。监理工程师审核承包方所提出的变更价款是否合理可从以下原则考虑：

（1）合同中有适用于变更工程的价格，按合同已有的价格计算变更合同价款。

（2）合同中只有类似于变更情况的价格，可以此作为基础，确定变更价格，变更合同价款。

（3）合同中没有类似和适用的价格，由承包方提出适当的变更价格，由监理工程师批准执行，这一批准的变更价格，应与承包方达成一致，否则应通过工程造价管理部门裁定。

五、索赔费用计算

索赔指当事人在合同的实施过程中，合同一方因对方不履行或未能正确履行合同所规定的义务而受到损失，向对方提出赔偿要求。对施工组织来说，一般只要不是组织自身责任，而由于外界干扰造成工期延长和成本增加，都有可能提出索赔。不仅承包人可以向发包人索赔，同样发包人也可以向承包人索赔，且索赔是一种未经对方确认的单方行为。

所以对于监理工程师，应十分熟悉该工程项目的工程范围以及施工成本的各个组成部分，对施工项目的各项主要开支心中有数。

承包人可索赔的费用内容一般可以包括以下几个方面。

（一）人工费

人工费包括生产工人基本工资、工资性质的津贴、加班费、奖金等。对于索赔费用中人工费部分而言，是指完成合同之外的额外工作所花费的人工费；由于非承包商责任的工效降低所增加的人工费用；法定的人工费增长以及非承包商责任造成的工程延误导致的人员窝工和工资上涨费等。

（二）材料费

材料费的索赔包括：由于索赔事件材料实际用量超过计划用量而增加的材费；由于客观原因材料价格大幅度上涨；由于非承包商责任造成工程延误导致的材料价格上涨和超

期储存费用。

（三）施工机械使用费

施工机械使用费的索赔包括：

（1）由于完成额外工作增加的机械使用费。

（2）非承包商责任工效降低增加的机械使用费。

（3）由于业主或监理工程师原因导致机械停工的窝工费。台班窝工费的计算，如系租赁设备，一般按实际台班租金加上每台班分摊的机械调进调出费用计算；如系承包商自有设备，一般按台班折旧费计算，而不能按台班费计算，因为台班费中包括了设备使用费。

（四）分包费用

分包费用索赔指的是分包商的索赔费，一般也包括人工、材料、机械使用费的索赔。分包商的索赔应如数列入总承包商的索赔款总额以内。

（五）工地管理费

索赔款中的工地管理费是指承包商完成额外工程、索赔事项工作以及工期延长期间的工地管理费，包括管理人员工资、办公费等。但如果对部分工人窝工损失索赔时，因其他工程仍然进行，可能不索赔工地管理费。

（六）利息

利息的索赔通常发生于下列情况：拖期付款的利息；由于工程变更和工程延误增加投资的利息；索赔款的利息；错误扣款的利息。

利息的具体利率主要有这样几种规定：按当时的银行贷款利率；按当时的银行透支利率；按合同双方协议的利率。

（七）总部管理费

索赔款中的总部管理费主要指的是工程延误期间所增加的管理费。

（八）利润

一般来说，由于工程范围的变更和施工条件变化引起的索赔，承包商是可以列入利润的。

六、施工阶段投资控制的措施

建设项目的投资主要发生在施工阶段，而施工阶段投资控制所受的自然条件、社会环境条件等主、客观因素影响又是最突出的。如果在施工阶段监理工程师不严格进行投资控制工作，将会造成较大的投资损失以及出现整个建设项目投资失控现象。

在施工阶段，监理工程师应从组织、技术、经济、合同等多方面采取措施控制投资。

（一）组织措施

组织措施是指从投资控制的组织管理方面采取的措施，包括：

（1）在项目监理组织机构中落实投资控制的人员、任务分工和职能分工、权利和责任。

（2）编制施工阶段投资控制工作计划和详细的工作流程图。

（二）技术措施

从投资控制的要求来看，技术措施并不都是因为发生了技术问题才加以考虑，也可能

因为出现了较大的投资偏差而加以应用。不同的技术措施会有不同的经济效果:

(1)对设计变更进行技术经济比较,严格控制设计变更。

(2)继续寻找建设设计方案,挖掘节约投资的可能性。

(3)审核施工承包单位编制的施工组织设计,对主要施工方案进行技术经济分析比较。

(三)经济措施

(1)编制资金使用计划,确定、分解投资控制目标。

(2)进行工程计量。

(3)复核工程付款账单,签发付款证书。

(4)对工程实施过程中的投资支出作出分析与预测,定期或不定期地向建设单位提交项目投资控制存在问题的报告。

(5)在工程实施过程中,进行投资跟踪控制,定期地进行投资实际值与计划值的比较,若发现偏差,分析产生偏差的原因,采取纠偏措施。

(四)合同措施

合同措施在投资控制工作中主要指索赔管理。在施工过程中,索赔事件的发生是难免的,监理工程师在发生索赔事件后,要认真审查有关索赔依据是否符合合同规定,索赔计算是否合理等。

(1)做好建设项目实施阶段质量、进度等控制工作,掌握工程项目实施情况,为正确处理可能发生的索赔事件提供依据,参与处理索赔事宜。

(2)参与合同管理工作,协助建设单位合同变更管理,并充分考虑合同变更对投资的影响。

第六节 建设工程施工阶段的进度控制

建设项目在施工过程中,需要消耗大量的人力和物力,施工阶段的进度控制是整个工程项目进度控制的重点。

一、施工阶段进度控制目标的确定

确定施工进度目标时必须全面地分析与工程项目进度有关的各种因素,制定一个科学、合理的进度控制目标。为了有效地控制施工进度,首先要将施工进度总目标从不同角度进行层层分解,形成施工进度控制目标体系,从而作为实施进度控制的依据。

确定施工进度控制目标的主要依据有:建设工程总进度目标对施工工期的要求;工期定额、类似工程项目的实际进度;工程难易程度和工程条件的落实情况等。

建设工程施工阶段进度控制目标体系如图 4-9 所示。

(一)按项目组成分解,确定各单位工程开工及动用日期

各单位工程的进度目标在工程项目建设总进度计划及建设工程年度计划中都要有体现。在施工阶段应进一步明确各单位工程的开工和交工投入使用日期,以确保施工总进度目标的实现。

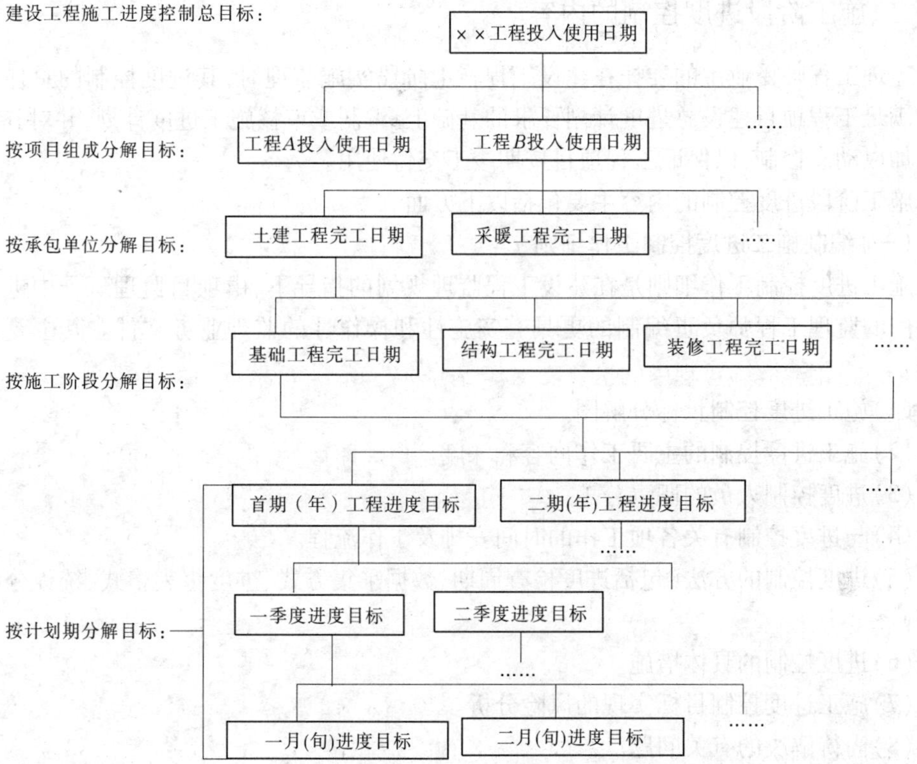

图 4-9　建设工程施工阶段进度控制目标体系

(二)按承包单位分解,明确分工条件和承包责任

在一个单位工程中有多个承包单位参加施工时,应按承包单位将单位工程的进度目标分解,确定出各分包单位的进度目标,列入分包合同,以便落实分包责任,并根据各专业工程交叉施工方案和前后衔接条件,明确不同承包单位工作面交接的条件和时间。

(三)按施工阶段分解,划定进度控制分界点

根据工程项目的特点,应将其施工分成几个阶段,如土建工程可分为基础、结构和内外装修阶段。每一阶段的起止时间都有明确的标志。特别是不同单位承包的不同施工段之间,更要明确划定时间分界点,以此作为形象进度的控制标志,从而使单位工程投入使用目标具体化。

(四)按计划期分解,组织综合施工

将工程项目的施工进度控制目标按年度、季度、月(或旬)进行分解,并用实物工程量、货币工作量及形象进度表示,将更有利于监理工程师明确对各承包单位的进度要求。同时可以据此监督其实施,检查其完成情况。计划期愈短,进度目标愈细,进度跟踪就愈及时,发生进度偏差时也就更能有效地采取措施予以纠正。这样,就形成一个有计划、有步骤协调施工,长期目标对短期目标自上而下逐级控制,短期目标对长期目标自下而上逐级保证,逐步趋近进度总目标的局面,最终达到工程项目按期交付使用的目的。

二、施工阶段进度控制的内容

监理工程师受业主的委托在建设工程施工阶段实施监理时，其进度控制的总任务就是在满足工程项目建设总进度计划要求的基础上，编制或审核施工进度计划，并对其执行情况加以动态控制，以保证工程项目按期竣工交付使用。

施工阶段进度控制的内容主要包括以下方面。

（一）编制施工进度控制工作细则

施工进度控制工作细则是在建设工程监理规划的指导下，由项目监理班子中进度控制部门的监理工程师负责编制的更具有实施性和操作性的监理业务文件。其主要内容包括：

（1）施工进度控制目标分解图。

（2）施工进度控制的主要工作内容和深度。

（3）进度控制人员的职责分工。

（4）与进度控制有关各项工作的时间安排及工作流程。

（5）进度控制的方法（包括进度检查周期、数据采集方式、进度报表格式、统计分析方法等）。

（6）进度控制的具体措施。

（7）施工进度控制目标实现的风险分析。

（8）尚待解决的有关问题。

（二）编制或审核施工进度计划

为了保证建设工程的施工任务按期完成，监理工程师必须审核承包单位提交的施工进度计划。对于大型建设工程，由于单位工程较多、施工工期长，且采取分期分批发包又没有一个负责全部工程的总承包单位时，就需要监理工程师编制施工总进度计划；或者当建设工程由若干个承包单位平行承包时，监理工程师也有必要编制施工总进度计划。施工总进度计划应确定：分期分批的项目组成；各批工程项目的开工、竣工顺序及时间安排；全场性准备工程，特别是首批准备工程的内容与进度安排等。

当建设工程有总承包单位时，监理工程师只需对总承包单位提交的施工总进度计划进行审核即可。而对于单位工程施工进度计划，监理工程师只负责审核而不需要编制。

施工进度计划审核的内容主要有：

（1）进度安排是否符合工程项目建设总进度计划中总目标和分目标的要求，是否符合施工合同中开工、竣工日期的规定。

（2）施工总进度计划中的项目是否有遗漏，分期施工是否满足分批投入使用的需要和配套设施投入使用的要求。

（3）施工顺序的安排是否符合施工工艺的要求。

（4）劳动力、材料、构配件、设备及施工机具、水、电等生产要素的供应计划是否能保证施工进度计划的实现，供应是否均衡、需要高峰期是否有足够能力实现计划供应。

（5）总包、分包单位分别编制的各项单位工程施工进度计划之间是否相协调，专业分工与计划衔接是否明确合理。

(6)对于业主负责提供的施工条件(包括资金、施工图纸、施工场地、采购、供应的物资等),在施工进度计划中安排得是否明确、合理,是否有造成因业主违约而导致工程延期和费用索赔的可能存在。

如果监理工程师在审查施工进度计划的过程中发现问题,应及时向承包单位提出书面修改意见(也称整改通知书),其中重大问题应及时向业主汇报。

应当说明,编制和实施施工进度计划是承包单位的责任。承包单位之所以将施工进度计划提交给监理工程师审查,是为了听取监理工程师的建设性意见。因此,监理工程师对施工进度计划的审查或批准,并不解除承包单位对施工进度计划的任何责任和义务。此外,对监理工程师来讲,其审查施工进度计划的主要目的是防止承包单位计划不当。监理工程师不得具体支配施工中所需要劳动力、设备和材料等安排。

(三)按年、季、月编制工程综合计划

在按计划期编制的进度计划中,监理工程师应着重解决各承包单位施工进度计划之间、施工进度计划与资源(包括资金、设备、机具、材料及劳动力)保障计划之间及外部协作条件的延伸性计划之间的综合平衡与相互衔接问题,并根据上期计划的完成情况对本期计划做必要的调整,从而作为承包单位近期执行的指令性计划。

(四)下达工程开工令

监理工程师应根据承包单位和业主双方关于工程开工的准备情况,选择合适的时机发布工程开工令。工程开工令的发布,要尽可能及时,因为从发布工程开工令之日算起,加上合同工期后即为工程竣工日期。如果开工令发布拖延,就等于推迟了竣工时间,甚至可能引起承包单位的索赔。

(五)协助承包单位实施进度计划

监理工程师要随时了解施工进度计划执行过程中所存在的问题,并帮助承包单位予以解决,特别是承包单位无力解决的内外关系协调问题。

(六)监督施工进度计划的实施

这是建设工程施工进度控制的经常性工作。监理工程师不仅要及时检查承包单位报送的施工进度报表和分析资料,还要进行必要的现场实地检查,核实所报送已完项目的时间及工程量,杜绝虚报现象。

(七)组织现场协调会

监理工程师应每月、每周定期组织不同级别的现场协调会议,以解决工程过程中存在的相互协调配合问题。

在平行、交叉施工单位多,工序交接频繁且工期紧迫的情况下,现场协调会甚至需要每日召开。在会上通报和检查当天的工程进度,确定薄弱环节,部署当天的赶工任务,以便为次日正常施工创造条件。

对于某些未曾预料的突发变故或问题,监理工程师还可以通过发布紧急协调指令,督促有关单位采取应急措施维护施工的正常秩序。

(八)签发工程进度款支付凭证

监理工程师应对承包单位申报的已完分项工程量进行核实,在质量监理人员检查验收后,签发工程进度款支付凭证。

（九）审批工程延期

造成工程进度拖延的原因有两个方面：一是由于承包单位自身的原因，一是由于承包单位以外的原因。前者所造成的进度拖延称为工程延误，而后者所造成的进度拖延称为工程延期。

（1）工程延误。当出现工程延误时，监理工程师有权要求承包单位采取有效措施加快施工进度。如果经过一段时间后，实际进度没有明显改进，仍然拖后于计划进度，而且明显影响工程按期竣工，监理工程师应要求承包单位修改进度计划，并提交给监理工程师重新确认。

（2）工程延期。如果由于承包单位以外的原因造成工期拖延，承包单位有权提出延长工期的申请。监理工程师应根据合同规定，审批工程延期时间。经监理工程师核实批准的工程延期时间，应纳入合同工期，作为合同工期的一部分。即新的合同工期应等于原定的合同工期加上监理工程师批准延期时间。

监理工程师对施工进度的拖延是否批准为工程延期，对承包单位和业主都十分重要。如果承包单位得到监理工程师批准的工程延期，不仅可以不赔偿由于工期延长而支付的误期损失费，而且可能还要由业主承担由于工期延长所增加的费用。因此，监理工程师应按照合同的有关规定，公正地区分工程延误和工程延期，并合理地批准工程延期时间。

（十）向业主提供进度报告

监理工程师应随时整理进度资料，并做好工程记录，定期向业主提交工程进度报告。

（十一）督促承包单位整理技术资料

监理工程师要根据工程进展情况，督促承包单位及时整理有关技术资料。

（十二）签署工程竣工报验单、提交质量评估报告

当单位工程达到竣工验收条件后，承包单位在自行预验的基础上提交工程竣工报验单，申请竣工验收。监理工程师在对竣工资料及工程实体进行全面检查、验收合格后，总监理工程师签署工程竣工报验单，监理单位的技术负责人审核，再向业主提出质量评估报告。

（十三）整理工程进度资料

在工程完工后，监理工程师应将工程进度资料收集起来，进行归类、编目和建档，以便为今后其他类似工程项目的进度控制提供参考。

（十四）工程移交

监理工程师应督促承包单位办理工程移交手续，颁发工程移交证书。在工程移交后的保修期内，还要处理验收后质量问题的原因及责任等争议问题，并督促责任单位及时修理。当保修期结束且再无争议时，建设工程进度控制的任务即告完成。

三、工程索赔的处理及应用

（一）工期索赔

在建设工程施工过程中，其工期的延长分为工程延误和工程延期两种。虽然它们都使工程拖期，但由于性质不同，业主与承包单位所承担的责任也就不同。如果工期的延长是由于承包商的原因或承担责任的拖延，属于工程延误，则由此造成的一切损失由承包单

位承担,承担单位需承担赶工的全部额外费用。同时,业主还有权对承包单位施行误期违约罚款。而如果工期的延长是非承包商应承担的责任,应属于工程延期,则承包单位不仅有权要求延长工期,而且可能还有权向业主提出赔偿费用的要求,以弥补由此造成的额外损失,即可以进行工期索赔。因此,监理工程师是否将施工过程中工期的延长批准为工程延期,是否给予工期索赔或工期与费用同时索赔对业主和承包单位都十分重要。

1. 工程延期的可能因素

(1)不可抗力。不可抗力指合同当事人不能预见、不能避免并且不能克服的客观情况,如异常恶劣的气候、地震、洪水、爆炸、空中飞行物坠落等。

(2)监理工程师发出工程变更指令导致工程量增加。

(3)因业主的要求使工程延期,或业主应承担的工作如场地、资料等提供延期以及业主提供的材料、设备有问题。

(4)不利的自然条件如地质条件的变化。

(5)文物及地下障碍物。

(6)合同所涉及的任何可能造成工程延期的原因,如延期交图、设计变更、工程暂停、对合格工程的剥离(或破坏)检查等。

2. 工程延期索赔成立的条件

(1)合同条件。工程延期成立必须符合合同条件。导致工程拖延的原因确实属于非承包商责任,否则不能认为是工程延期,这是工程延期成立的一条根本原则。

(2)影响工期。发生工程延期的事件,还要考虑是否造成实际损失,是否影响工期。当这些工程延期事件处在施工进度计划的关键线路上时,必将影响工期。当这些工程延期事件发生在非关键线路上,且延长的时间并未超过其总时差时,即使符合合同条件,也不能批准工程延期成立;若延长的时间超过总时差,则必将影响工期,应批准工程延期成立,工程延期的时间根据某项拖延时间与其总时差的差值考虑。

(3)及时性原则。发生工程延期事件后,承包商应对延期事件发生后的各类有关细节进行记录,并按合同约定及时向监理工程师提交工程延期申请及相关资料,以便为合理确定工程延期时间提供可靠依据。

(二)工期费用综合索赔

在施工管理过程中,承包商不仅可以利用进度计划进行工期索赔,而且可以利用进度计划进行费用索赔及要求业主给予提前竣工奖励等补偿。

四、施工进度计划的控制措施

施工进度计划的控制措施包括组织措施、经济措施、技术措施和合同措施,其中最重要的是组织措施,最有效的是经济措施。

(一)组织措施

组织措施包括以下内容:

(1)系统的目标决定了系统的组织,组织是目标能否实现的决定性因素,因此首先建立项目的进度控制目标体系。

(2)充分重视健全项目管理的组织体系,在项目组织结构中应有专门的工作部门和符合进度控制岗位资格的专人负责进度控制工作。进度控制的主要工作环节包括进度目标的分析和论证、编制进度计划、定期跟踪进度计划的执行情况、采取纠偏措施，以及调整进度计划，这些工作任务和相应的管理职能应在项目管理组织设计的任务分工表和管理职能分工表中标示并落实。

(3)建立进度报告、进度信息沟通网络、进度计划审核、进度计划实施中的检查分析、图纸审查、工程变更和设计变更管理等制度。

(4)编制项目进度控制的工作流程，如确定项目进度计划系统的组成，确定各类进度计划的编制程序、审批程序和计划调整程序等。

(5)进度控制工作包含了大量的组织和协调工作，而会议是组织和协调的重要手段，建立进度协调会议制度，应进行有关进度控制会议的组织设计，明确会议的类型，各类会议的主持人及参加单位和人员，各类会议的召开时间、地点，各类会议文件的整理、分发和确认等。

(二)经济措施

常见的经济措施包括：

(1)为确保进度目标的实现，应编制与进度计划相适应的资源需求计划(资源进度计划)，包括资金需求计划和其他资源(人力和物力资源)需求计划，以反映工程实施的各时段所需要的资源。通过资源需求的分析，可发现所编制的进度计划实现的可能性，若资源条件不具备，则应调整进度计划；同时考虑可能的资金总供应量、资金来源(自有资金和外来资金)以及资金供应的时间。

(2)及时办理工程预付款及工程进度款支付手续。

(3)在工程预算中应考虑加快工程进度所需要的资金，其中包括为实现进度目标将要采取的经济激励措施所需要的费用，如对应急赶工给予优厚的赶工费用及对工期提前给予奖励等。

(4)对工程延误收取误期损失赔偿金。

(三)技术措施

技术措施包括：

(1)不同的设计理念、设计技术路线、设计方案会对工程进度产生不同的影响。在设计工作的前期，特别是在设计方案评审和选用时，应对设计技术与工程进度的关系作分析比较。

(2)采用技术先进和经济合理的施工方案，改进施工工艺、施工技术和施工方法，选用更先进的施工机械。

(四)合同措施

(1)承发包模式的选择直接关系到工程实施的组织和协调。为了实现进度目标，应选择合理的合同结构，以避免过多的合同交界面而影响工程的进展。

(2)加强合同管理和索赔管理，协调合同工期与进度计划的关系，保证合同中进度目标的实现；同时严格控制合同变更，尽量减少由于合同变更引起的工程拖延。

(3)为实现进度目标，不但应进行进度控制，还应注意分析影响工程进度的风险，并在分析的基础上采取风险管理措施，以降低进度失控的风险率。

小　结

本章主要介绍建设工程目标系统中三大目标之间既对立又统一的关系；建设工程监理三大目标控制的含义，从建设目标、系统控制、全过程控制和全方位控制四个方面来分别阐述建设工程目标控制含义的具体内容；建设工程项目施工阶段特点及目标控制任务；建设工程目标控制的措施为组织措施、技术措施、经济措施、合同措施等四个方面，也介绍了围绕目标控制的工程变更、工程索赔与延期的处理。

思考题

1. 建设工程施工阶段目标控制的主要任务是什么？
2. 建设工程目标控制可采取哪些措施？
3. 施工过程的质量控制包括哪些主要内容？
4. 什么是质量控制点？选择质量控制点的原则是什么？
5. 我国现行建筑安装工程价款的主要结算方式有哪几种？
6. 建设工程进度控制的措施有哪些？
7. 监理工程师审批工程延期时应遵循什么原则？

第五章　建设工程合同与风险管理

【能力目标】

学完本章应会：合同签订的原则、内容和管理程序；风险和风险应对措施的含义。

【教学目标】

通过本章学习，掌握建设工程施工合同管理的内容和方法；熟悉建设监理委托合同的签订和管理；了解建设工程合同管理的法律基础和法律制度；建设工程物资采购合同管理；FIDIC 合同条件下的施工管理；建设工程风险识别、风险评价方法。

第一节　建设工程合同管理概述

一、建设工程合同管理法律基础

(一)建设工程合同管理概述

随着社会主义市场经济体制的建立和完善，我国的建筑业也进入了高速、健康发展的新阶段。市场经济是法制经济，法制经济的特征是社会经济行为的规范性和有序性，而市场经济的规范性和有序性是靠健全的合同秩序体现的。建筑业市场更是如此，在项目建设的各个环节，业主与设计单位、施工单位、监理单位、设备材料供应单位之间的经济行为均由合同来约束和规范。合同管理是工程管理的核心，对整个工程项目实施起总的控制和保证作用，必须予以足够的重视。

建设工程合同管理的任务在于发展和完善建筑市场，推进建设领域的改革，提高工程建设管理的水平，避免和克服建筑领域的经济违法和犯罪。

建设工程合同管理的方法有：严格执行建设工程合同管理法律法规，普及相关法律知识，培训合同管理人才，建立合同管理机构，配备合同管理人员，建立合同管理目标制度，推行合同示范文本。

(二)合同法律关系

合同的法律关系是指由合同法律规范所调整的、在民事流转过程中所产生的权利和义务关系。合同的法律关系包括合同法律关系的主体、合同法律关系的客体、合同法律关系内容等三个要素。

合同法律关系主体是参加合同法律关系、享有相应权利、承担相应义务的当事人。合同法律关系主体可以是自然人、法人，也可以是其他组织。

合同法律关系的客体是指参加合同法律关系的主体享有的权利和承担的义务所共指的对象。合同法律关系的客体主要包括物、行为和智力成果。

合同法律关系的内容是指合同约定和法律规定的权利和义务。合同法律关系的内容是合同的具体要求，决定了合同法律关系的性质，是连接合同主体的纽带。

(三)合同担保

担保是指当事人根据法律、法规规定或者双方约定,为促使债务人履行债务,实现债权人的权利的法律制度。担保通常由当事人双方订立担保合同。《担保法》规定的担保方式为保证、抵押、质押、留置和定金。

在工程建设中,保证是最为常用的一种担保方式。保证必须由第三人作为保证人,由于对保证人的信誉要求比较高,建设工程的保证人往往是银行,也可以是信用较高的其他保证人,如担保公司。这种保证应该采用书面形式,在建设工程中习惯把银行出具的保证称为保函,而把其他保证人出具的书面保证称为保证书。

常见的建设工程合同担保有以下形式:施工投标保证、施工合同的履约保证、施工预付款保证。

(四)工程保险

保险是指投保人根据合同约定,向保险人支付保险费,保险人对于合同约定的可能发生的保险事故因其发生所造成的财产损失承担赔偿责任,或者当被保险人死亡、伤残、疾病或者达到合同约定的年龄、期限时承担给付保险金责任的商业保险行为。

保险是一种受法律保护的分散风险、消化损失的法律制度。

保险合同是指投保人与保险人约定保险权利和义务关系的协议。

保险合同分为财产保险合同和人身保险合同。建筑工程一切险和安装工程一切险即为财产保险合同。

建设工程涉及的主要险种:建筑工程一切险(及第三者责任险)、安装工程一切险(及第三者责任险)、机器损坏险、机动车辆险、人身意外伤害险、货物运输险等。

建筑工程保险合同的管理,首先要进行保险决策,保险决策的内容包括两个方面:是否投保和选择保险人;保险合同订立后,当事人双方必须严格地、全面地履行合同的权利和义务;在保险事件发生时,根据保险合同的规定进行索赔。

保险索赔是保险合同管理中最为重要的工作,因为对于投保人而言,保险的根本目的就是在发生保险合同规定的灾难事件时能够得到补偿,而这一目的必须通过索赔才能实现。为此,监理工程师必须配合业主或承包商做好以下工作:

(1)提供必要的、有效的证明作为索赔的依据。

(2)及时提出保险索赔,保证得到足够的补偿。

(3)根据事件的结果准确计算损失的大小。

二、合同法律制度

(一)合同法概述

1.合同法的概念

合同是平等主体的自然人、法人以及其他组织之间设立、变更、终止民事权利和义务关系的协议,是在市场经济条件下规范财产流转关系的基本依据。工程建设项目标的大、履行时间长、协调关系多,合同显得尤为重要。建筑市场的各个主体之间,包括建设单位、勘察设计单位、施工单位、咨询单位、监理单位、材料设备供应单位之间都要依靠合同来确立相互之间的权利和义务关系。

《中华人民共和国合同法》规定了合同订立的基本原则:平等原则、自愿原则、公平原则、诚实信用的原则以及遵守法律法规的原则。

《中华人民共和国合同法》是调整平等主体的自然人、法人以及其他组织之间在设立、变更、终止合同时所发生的社会关系的法律规范的总称。

2. 合同的分类

根据《中华人民共和国合同法》,适用我国的合同,可以分为以下几类:买卖合同,供用电、水、气、热力合同,赠予合同,借款合同,租赁合同,融资租赁合同,承揽合同,建设工程合同,运输合同,技术合同,保管合同,仓储合同,委托合同,行纪合同,居间合同等15种。

(二)合同的订立

1. 合同的形式和内容

1)合同的形式

合同的形式是当事人意思表达一致的外在表现形式。一般认为,合同的形式可以分为书面形式、口头形式和其他形式。

2)合同的内容

合同的内容应当由当事人约定,这是合同自由的重要体现。《合同法》规定了一般合同应当包括的内容,建设工程合同也应当包括这些内容。

(1)当事人的名称或姓名和住所;

(2)标的;

(3)数量;

(4)质量;

(5)价款或者报酬;

(6)履行的期限、地点和方式;

(7)违约责任;

(8)解决争议的方法。

2. 建设工程中的主要合同关系

1)业主的主要合同关系

业主作为工程(或服务)的买方,是工程的所有者,可能是政府、企业、其他投资者,或者是几个企业的组合,或者是政府和企业的组合。业主根据对工程的需求,确定工程项目的整体目标,与业主有关的合同包括咨询(监理)合同、勘察设计合同、供应合同、施工合同、贷款合同等。

2)承包商的主要合同关系

承包商是工程施工的具体实施者,是工程承包合同的执行者,承包商通过投标接受业主的委托,签订工程承包合同,承包商要完成承包合同的责任,包括工程量所确定的工程范围的施工、竣工和保修,为完成这些工程提供劳动力、施工设备、材料,有时也包括技术设计。承包商主要的合同关系包括分包合同、供应合同、运输合同、加工合同、租赁合同、劳务供应合同、保险合同等。

本书主要介绍监理合同、施工合同、物资采购合同的管理工作。

（三）合同的效力

1. 合同生效

合同生效是指合同双方对当事人的法律约束力的开始。合同生效应该具备的条件包括：

（1）当事人具有相应的民事权利能力和民事行为能力。

（2）意思表示真实。

（3）不违反法律或者社会公共利益。

依法成立的合同，自成立时生效。具体的讲，口头合同自受要约人承诺时生效；书面合同自当事人双方签字或盖章时生效；法律规定应采取书面形式的合同，当事人虽然未采用书面形式但已经履行全部或主要义务的，可以视为合同有效。

当事人可以对合同生效约定附条件或约定附期限。附条件的合同，包括附生效条件的合同和附解除条件的合同两类。附生效条件的合同，自条件成就时生效；附解除条件的合同，自条件成就时失效。

2. 无效合同

无效合同是指当事人违反了法律、法规规定的条件而订立的，国家不承认其效力，不给予法律保护的合同。无效合同从订立之时就没有法律效力，不论合同履行到什么阶段，合同被确认无效后，这种无效的确认要追溯到合同订立之时。

合同无效的情形如下：

（1）一方以欺诈、胁迫的手段订立，损害国家利益的合同。

（2）恶意串通，损害国家、集体或第三人利益的合同。

（3）以合法的形式掩盖非法目的的合同。

（4）损害社会公众利益的合同。

（5）违反法律、行政法规的强制性规定的合同。

无效合同的确认权归人民法院或者仲裁机构，合同当事人或其他任何机构均无权认定合同无效。

合同被确认无效后，合同规定的权利、义务即为无效。履行中的合同应当终止履行，尚未履行的合同不得继续履行。对因履行无效合同而产生的财产后果根据具体的情况采取返还财产、赔偿损失或追缴财产、收归国有等处理措施。

3. 可变更或可撤销的合同

可变更或可撤销的合同是指欠缺生效条件，但一方当事人可依照自己的意思使合同的内容变更或者使合同的效力消灭的合同。有下列情形之一的，当事人一方有权请求人民法院或者仲裁机构变更或者撤销其合同：

（1）因重大误解而订立的合同。

（2）在订立合同时显失公平的合同。

（3）以欺诈、胁迫等手段或者乘人之危，使对方在违背真实意思的情况下订立的合同。

4. 当事人名称或者法定代表人变更对合同效力产生的影响

当事人或者法定代表人变更不会对合同的效力产生影响。因此，合同生效后，当事人不得以姓名、名称的变更或者法定代表人、负责人、承办人的变动而不履行合同义务。

5. 当事人合并或分立后对合同效力的影响

在现实的市场经济活动中，经常由于资产的优化或重组而产生法人的合并或分立，但不影响合同的效力。按照《合同法》的规定，订立合同后当事人与其他法人或组织合并，合同的权利或义务由合并后的新的法人或组织继承，合同仍然有效。

（四）合同的履行、变更和转让

1. 合同的履行

合同的履行是指合同各方当事人按照合同的规定，全面履行各自的义务，实现各自的权利，使各方的目的得以实现的过程。

合同履行的原则如下：

（1）全面履行的原则。当事人应按照合同约定全面履行自己的义务，即按合同约定的标的、价款、数量、质量、地点、期限、方式等全面履行各自的义务。

（2）诚实信用的原则。当事人应当遵循诚实、信用的原则，根据合同的性质、目的和交易习惯履行通知、协助和保密的义务。

2. 合同的变更

合同的变更是指当事人对已经发生效力，但尚未履行或尚未完全履行的合同，进行修改或者补充所达成的协议。《合同法》规定，当事人协商一致可以变更合同。

合同变更后原合同债消灭，产生新的合同债。因此，合同变更后，当事人不得再按原合同履行，而必须按变更后的合同履行。

3. 合同的转让

合同的转让是指合同的一方将合同的权利、义务全部或者部分转让给第三人的法律行为。合同的权利、义务的转让，除另有约定外，原合同的当事人之间及转让人与受让人之间应当采取书面形式。合同的转让包括债权转让和债务承担两种情况。

债权转让是指合同的债权人通过协议将其债权全部或部分转让给第三人的行为；债务承担是指债务人将合同的义务全部或者部分转让给第三人的情况。

（五）合同的终止

合同的终止是指当事人之间根据合同确定的权利和义务在客观上不复存在，据此合同不再对双方具有约束力。

按照《合同法》，有下列情形之一的，合同权利、义务终止：

（1）债务已经按照约定履行；

（2）合同解除；

（3）债务相互抵消；

（4）债务人依法将标的物提存；

（5）债权人免除债务；

（6）债权、债务同归一人；

（7）法律规定或者当事人约定终止的情形。

（六）违约责任

违约责任是指当事人任何一方不履行合同义务或者履行合同义务不符合约定而应当

承担的法律责任。

违约行为的表现形式包括不履行和不适当履行。

不履行是指当事人不能履行或者拒绝履行合同义务,不能履行合同的当事人一般也应承担违约责任。

不适当履行包括不履行以外的其他所有违约情况。

当事人一方不履行合同义务或者履行合同义务不符合约定的,应当承担继续履行、采取补救措施或者赔偿损失等违约责任。当事人双方都违反合同的,应各自承担相应的责任。

因不可抗力不能履行合同的,根据不可抗力的影响,部分或全部免除责任。

(七)合同争议的解决

合同争议也称合同纠纷,是指合同当事人对合同规定的权利和义务产生了不同的理解。合同争议的解决方式有和解、调解、仲裁、诉讼。

合同发生纠纷时,当事人应首先考虑通过和解解决纠纷。当通过和解不能达成协议时,可以在经济合同管理机关或有关机关、团体的主持下,通过对当事人的说服、教育,使双方能够相互做出让步,平息争端,自愿达成协议解决纠纷。

和解和调解的结果没有强制执行的法律效力,要靠当事人自觉履行。

仲裁也称"公断",是指当事人在争议发生前或发生后达成协议,自愿将争议交给第三者作出裁决,并负有自动履行义务的一种解决争议的方式。

诉讼是指合同的当事人依法请求人民法院行使审判权,审理双方之间发生的合同争议,做出由国家法律强制保证实现其合法权益的合同纠纷解决方式。

第二节　建设工程委托监理合同的管理

一、工程建设监理合同概述

(一)工程建设监理合同的概念

工程建设监理合同是我国实行建设监理制后出现的一种新型的技术性委托服务合同形式。合同当事人双方是委托方——项目法人和被委托方——监理单位。通过监理委托合同,项目法人委托监理单位对工程建设合同进行管理,对与项目法人签订工程建设合同的当事人履行合同进行监督、协调和评价,并应用科学的技能为项目的发包、合同的签订与实施等提供规定的技术服务。

监理合同与勘察设计合同、施工承包合同、物资采购合同、运输合同等的最大区别表现在标的的性质上的差异。监理合同的标的是监理单位凭借自己的知识、经验和技能,为所监理的工程建设合同的实施,向项目法人提供服务从而获取报酬。在参与工程建设的过程中,监理单位与勘察、设计、施工、设备供应等单位存在根本的区别,它不直接从事生产活动,不承包项目建设生产任务。

(二)工程建设监理合同的特点

监理合同是指委托人与监理人就委托的工程项目和管理内容签订的明确双方的权

利、义务的协议，是委托合同的一种。

监理合同的特点如下：

（1）监理合同的当事人双方应当是具有民事行为能力、取得法人资格的企事业单位，其他社会组织、个人在法律允许的范围内也可以成为合同当事人。

（2）监理合同委托的工作内容必须符合工程项目建设程序，遵循有关法律、行政法规。

（3）委托监理合同的标的是监理服务，监理工程师凭借自己的知识、经验、技能为业主提供工程监理的服务。

（三）签订工程建设监理合同的必要性

建设监理的委托与被委托关系是项目法人与监理单位之间建立的一种法律权利义务关系。因此，在事前通过书面形式明确规定是十分必要的。

第一，通过合同明确规定合同双方的权利和义务，是合同双方履行合同的基本依据和条件。如监理的范围和内容、工作条件、双方的权利和职责、服务期限、监理酬金及其支付等。合同当事人必须全面履行合同，如果任何一方不履行或不完全履行合同义务，都应承担违约责任。尤其是监理委托合同中必须明确项目法人授予监理单位的权限，这是监理单位开展工作的重要依据。责与权在监理工作中是一致的，监理单位不行使合同赋予的权利，可能会大大影响监理工作的顺利开展；但任何权力的超越都有可能给项目法人造成不能忽视的利益损失。

第二，依法成立的监理合同对合同当事人具有法律约束力，任何一方不得擅自变更或解除合同。

第三，在履行合同过程中发生的任何影响合同变更的事件和风险事件，都应依据合同规定的原则进行处理。

第四，合同是一种具有法律效力的文书，合同当事人在履行合同过程中发生的任何争议，不论采取协商、调解还是仲裁或诉讼方式，都应以合同规定为依据。

第五，明确规定项目法人与监理单位之间的合同关系，增强合同当事人的合同意识，有利于培养和维护良性的监理市场秩序，适应社会主义市场经济的发展。

二、业主方的监理合同管理

（一）签订前的管理

在业主具备了与监理单位签订监理合同条件的情况下，业主方主要是针对监理单位的资格、资信和履约能力进行预审。预审的主要内容如下：

（1）必须有经建设主管部门审查并签发的、具有承担建设监理合同内规定的建设工程资格的资质等级证书。

（2）必须是经过工商行政管理机关审查注册、取得营业执照、具有独立法人资格的正式企业。

（3）具有对拟委托的建设工程监理的实际能力，包括监理人员的素质、主要检测设备的情况。

（4）财务情况，包括资金情况和近几年的经营效益。

(5)社会信誉,包括已承接的监理任务的完成情况、承担类似业务的监理业绩、经验及合同的履行情况。

业主只有经过上述几个方面的预审,对监理单位有了充分了解后,签订的监理合同才有可靠的保障。对监理单位的资格预审,可以通过招标预审进行,也可通过社会调查进行。

(二)谈判签订的管理

在谈判前,业主提出监理合同的各项条款,招标工程应将合同的主要条款包括在招标文件内作为要约。不论是直接委托还是招标中标,业主和监理方都要对监理合同的主要条款和应负责人具体谈判,如业主对工程的工期、质量的具体要求必须具体提出。在使用《示范文本》时,要依据"标准条件"结合"专用条件"逐条加以谈判,对"标准条件"的哪些条款要进行修改,哪些条款不采用,还应补充哪些条款,以及"标准条件"内需要在"专用条件"内加以具体规定的,如拟委托监理的工程范围、业主为监理单位提供的外部条件的具体内容、业主提供的工程资料及具体时间等,都要提出具体的要求或建议。在谈判时,合同内容要具体,责任要明确,对谈判内容双方达成一致意见的,要有准确的文字记载。作为业主,切忌以手中有工程的委托权,而以不平等的原则对待监理方。

经过谈判后,双方对监理合同内容取得完全一致意见后,即可正式签订监理合同文件。经双方签字、盖章后,监理合同即正式签订完毕。

(三)业主的履约管理

业主在合同履行中主要从以下几个方面进行管理。

(1)严格按照监理合同的规定履行应尽义务。监理合同内规定的应由业主方负责的工作是使合同最终实现的基础,如外部关系的协调,为监理工作提供外部条件,为监理单位提供获取本工程使用的原材料、构配件、机械设备等生产厂家名录等都是监理方做好工作的先决条件,业主方必须严格按照监理合同的规定,履行应尽的义务,才有权要求监理方履行合同。

(2)按照监理合同的规定行使权利,即业主有权行使对设计、施工单位工程的发包权;对工程规模、设计标准的认定权及设计变更的审批权;对监理方履行合同的监督管理权。

(3)业主的档案管理。在全部工程项目竣工后,业主应将全部合同文件,包括完整的工程竣工资料加以系统整理,按照国家《档案法》及有关规定,建档保管。为了保证监理合同档案的完整性,业主对合同文件及履行中与监理单位之间进行的签证、记录协议、补充合同备忘录、函件、电报、电传等都应系统的妥善保管,认真整理。

三、监理单位的监理合同管理

(一)合同签订前的管理

监理单位在决定是否参加某项业务的竞争并与之签订合同前,要对工程业主进行了解并对工程合同的可行性进行调查了解,其内容如下。

(1)对业主的考察了解主要是看其是否具有签订合同的合法资格。工程项目业主应具备的合法资格是:依法成立,具有法人资格,能够独立参加民事活动并直接承担民事权利和民事义务。

在签订合同中应注意，作为法人的业主，要由法定代表人或经法定代表人授权委托的代理人签订合同，委托代理人签订经济合同应有合法的手续。私人业主签订监理合同也要有上述类似的合法资格。

(2)具有与签订合同相当的财产和经费，这是履行合同的基础和承担经济责任的前提。

(3)监理合同的标的要符合国家政策，不违反国家的法律法令及有关规定。同时，监理单位还应从自身情况出发，考虑竞争该项目的可行性。

通常在下列情况下，应放弃对项目的竞争：

(1)本单位主营和兼营能力之外的项目。

(2)工程规模、技术要求超出本单位资质等级的项目。

(3)本单位监理任务饱满，而准备竞争的监理项目盈利水平较低或风险较大。

(二)合同谈判签订的管理

合同是影响利润最主要的因素，而合同谈判和签订是获取尽可能多利润的最好机会。对监理单位来说，这个阶段合同管理的基本任务如下：

(1)进行合同文本审查。

(2)进行合同风险分析。

(3)为报价、合同谈判和合同签订提供决策信息。

监理单位在获得业主的招标文件或与业主草签协议之后，应立即对工程所需费用进行预算，提出一个报价，同时对招标文件中的合同文本进行分析、审查。

在合同签订中，监理单位应利用法令赋予的平等权利进行对等谈判，在充分讨论、磋商的基础上，对业主提出的要约作出是否能够全部承诺的明确答复。

在签订合同的过程中，监理单位应积极地争取主动，对业主提出的合同文本，双方应对每个条款都进行具体的商讨，对重大问题不能客气和让步，应针锋相对，切不可在观念上把自己放在被动的位置上。在目前的情况下，监理单位在签订合同时，常常会犯这样的错误：①由于竞争激烈，担心监理工程被别家拿走，而接受业主苛刻的合同条件；②初到一个地方，急于打开局面，在承接工程中不讲价钱而草率签订合同等。应该认识到，合同法和其他经济法规赋予合同双方以平等的法律地位和权利，这个地位和权利要靠企业自己争取。如果合同一方自动放弃这个权利，盲目、草率地签订合同，不仅会使自己处于不利的地位，还会影响其他兄弟单位正常的利益，这种做法是不可取的。经过谈判，双方就监理合同的各项条款达成一致，即可正式签订合同文件。

(三)履行中的管理

由于监理合同管理贯穿于监理单位经营管理的各个环节，因而履行监理合同必须涉及监理单位各项管理工作。监理合同一经生效，监理单位就要按合同规定行使权利，履行应尽义务。具体履行内容、程序如下：

(1)确定项目总监理工程师，成立项目监理组织。

(2)进一步熟悉情况，收集有关资料，为开展建设监理工作做准备。

(3)制定工程项目监理规划。

(4)制定各专业监理工作计划或实施细则。

(5)根据制定的监理工作计划和运行制度规范化地开展监理工作。

(6)监理工作总结归档。

四、建设工程项目监理费

建设工程项目监理费是指业主依据委托监理合同支付给工程监理企业的监理报酬。它是构成工程概(预)算的一部分,在工程概(预)算中单独列支。

(一)工程项目监理费的构成

建设工程监理费由监理直接成本、监理间接成本、税金和利润构成。

(1)直接成本。直接成本是指监理企业履行委托监理合同时所发生的成本,主要包括如下内容:

①监理人员和监理辅助人员的工资、奖金、津贴、补助、附加工资等。

②用于监理工作的常规检测工器具、计算机等办公设施的购置费和其他仪器、机械的租赁费。

③用于监理人员和监理辅助人员的其他专项开支,包括办公费、通信费、差旅费、书报费、文印费、会议费、劳保费、保险费、医疗费、休假探亲费等。

④其他费用。

(2)间接成本。间接成本是指全部业务经营开支及非工程监理的特定开支,具体包括如下内容:

①管理人员、行政人员以及后勤人员的工资、奖金、补助和津贴。

②经营性业务开支,包括为招揽监理业务而发生的广告费、宣传费、有关合同的公证费等。

③办公费,包括办公用品、报刊、会议、文印、上下班交通费等。

④业务培训费,图书、资料购置费。

⑤公用设施使用费,包括办公使用的水、电、气、环卫、保安等费用。

⑥附加费,包括劳动统筹、医疗统筹、福利基金、工会经费、人身保险、住房公积金、特殊补助等。

⑦其他费用。

(3)税金。税金是指按照国家规定,工程监理企业应缴纳的各种税金总额,如营业税、所得税、印花税等。

(4)利润。利润是指工程监理企业的监理活动收入扣除直接成本、间接成本和各种税金之后的余额。

(二)监理费的计算方法

监理费的计算方法主要有以下几种。

(1)按建设工程投资的百分比计算法。这种方法是按照工程规模的大小和所委托的监理工作的繁简,以建设工程投资的一定百分比来计算。该法比较简便,业主和监理企业都容易接受,也是国家制定监理费标准的主要形式。采用该法的关键是确定计算监理费的基数。新建、改建、扩建工程以及大型的技术改造工程所编制的工程概(预)算就是初始计算监理费的基数。工程结算时,再按实际工程投资进行调资。当然,作为计算监理费基数的工程概(预)算仅限于委托监理的工程部分。

(2)按工资加一定比例的其他费用计算法。这种方法是以项目监理机构人员的实际工资为基数乘上一个系数而计算出来的。该系数包括了应有的间接成本和税金、利润等。除了监理人员的工资,其他各项直接费用等均由业主另行支付。一般情况下,很少采用这种方法,因为在核定监理人员数量和监理人员的实际工资方面,业主与工程监理企业之间难以取得完全一致的意见。

(3)按时计算法。这种方法是根据委托监理合同约定的服务时间(计算时间的单位为小时,也可以是工作日或月),按照单位时间监理服务费来计算监理费的总额。单位时间的监理服务费一般是以工程监理企业员工的基本工资为基础,加上一定的管理费和利润(税前利润)。采用这种方法时,监理人员的差旅费、工作函电费、资料费以及试验和检验费、交通费等均由业主另行支付。

这种计算方法主要适用于临时性的、短期的监理业务,或者不宜按工程概(预)算的百分比等其他方法计算监理费的监理业务。由于这种方法在一定程度上限制了工程监理企业潜在效益的增加,因而单位时间内监理费的标准比工程监理企业内部实际的标准要高得多。

(4)固定价格计算法。这种方法是指在明确监理工作内容的基础上,业主与监理企业协商一致确定的固定监理费,或工程监理企业投标中以固定价格报价并中标而形成的监理合同价格。当工作量有所增减时,一般也不调整监理费。这种方法适用于监理内容比较明确的中小型工程监理费的计算,业主和工程监理企业都不会承担较大的风险。如住宅工程的监理费,可以按单位建筑面积的监理费乘以建筑面积确定监理总价。

五、建设工程委托监理合同的违约责任及其他

(一)双方的违约责任

合同履行过程中,由于当事人一方的过错,造成合同不能履行或者不能完全履行时,由有过错的一方承担违约责任;如属双方的过错,应根据实际情况,由双方分别承担各自应负的违约责任。为保证监理合同规定的各项权利义务的顺利实现,在《委托监理合同示范文本》中制定了约束双方行为的条款。这些规定归纳起来有如下几点。

(1)在合同责任期内,如果乙方未按合同中要求的职责勤恳认真的服务,或甲方违背了他对乙方的责任时,均应向对方承担赔偿责任。

(2)任何一方对另一方负有责任时的赔偿原则如下:

①甲方违约应承担违约责任,赔偿给乙方造成的经济损失。

②因乙方过失造成经济损失时,应向甲方进行赔偿,累计赔偿总额不应超出监理酬金总额(除去税金)。

③当一方向另一方的索赔要求不成立时,提出索赔的一方应补偿由此所导致的对方各种费用的支出。

由于建设工程监理以乙方向甲方提供技术服务为特性,在服务过程中,乙方主要凭借自身的知识、技术和管理经验向甲方提供咨询、服务,替甲方管理工程。同时,在工程项目

的建设过程中,会受到多方面因素的限制。鉴于上述情况,在乙方责任方面作了如下规定:

监理工作的责任期即监理合同的有效期。乙方在责任期内,如果因过失而造成了经济损失,要负监理失职的责任。在监理过程中,当完成全部议定监理任务时,因工程进展的推迟或延误而超过议定的日期,双方应进一步商定相应延长的责任期,乙方不对责任期以外发生的任何事件所引起的损失或损害负责,也不对第三方违反合同规定的质量要求和完工(交图、交货)时限承担责任。

(二)协调双方关系条款

委托监理合同中对合同履行期间甲乙双方的有关联系、工作程序都作了严格周密的规定,便于双方协调有序地履行合同。

这些条款集中在"合同生效、变更与终止","监理酬金","其他"和"争议的解决"几节中,主要内容如下:

(1)生效。自合同签字之日起生效。

(2)开始和完成。在专用条件中订明监理准备工作开始和完成的时间。如果合同履行过程中双方商定延期时间时,完成时间相应顺延。

(3)变更。任何一方申请并经双方书面同意时,可对合同进行变更。如果甲方要求,乙方可提出更改监理工作的建议,这类建议的工作和移交应看做一次附加的工作。

(4)延误。如果由于甲方或第三方的原因使监理工作受到阻碍或延误,以致增加了工程量或持续时间,则乙方应将此情况与可能产生的影响及时通知甲方。增加的工作量应视为附加的工作,完成监理业务的时间应相应延长,并得到附加工作酬金。

(5)情况的改变。如果在监理合同签订后,出现了不应由乙方负责的情况,而致使他不能全部或部分执行监理任务时,乙方应立即通知甲方。在这种情况下,如果不得不暂停执行某些监理任务,则该项服务的完成期限应予以延长,直到这种情况不再持续。当恢复监理工作时,还应增加不超过 42 天的合理时间,用于恢复执行监理业务,并按双方约定的数量支付监理酬金。

(6)合同的暂停或终止。乙方向甲方办理完成竣工验收或工程移交手续,承建商和甲方已签订工程保修合同,乙方收到监理酬金尾款、甲方结清监理酬金后,本合同即告终止。

当事人一方要求变更或解除合同时,应当在 56 日前通知对方,因变更或解除合同使一方遭受损失的,除依法可以免除责任外,应由责任方负责赔偿。

变更或解除合同的通知或协议必须采取书面形式,协议未达成之前,原合同仍然有效。如果甲方认为乙方无正当理由而又未履行监理义务时,可向乙方发出指明其未履行义务的通知。若甲方在 21 日内没收到答复,可在第一个通知发出后 35 日内发出终止监理合同的通知,合同即行终止。乙方在应当获得监理酬金之日起 30 日内仍未收到支付单据,而甲方又未对乙方提出任何书面解释,或暂停监理业务期限已超过半年时,乙方可向甲方发出终止合同的通知。如果 14 日内未得到甲方答复,可进一步发出终止合同的通知。如果第二份通知发出后 42 日内仍未得到甲方答复,乙方可终止合同,也可自行暂停履行部分或全部监理业务。

合同协议的终止并不影响各方应有的权利和应承担的责任。

当甲方在议定的支付期限内未予支付监理酬金时，自规定之日起向乙方补偿应支付的酬金和利息。利息按规定支付期限最后一日银行贷款利息率乘以拖欠酬金时间计算。

如果甲方对乙方提交的支付通知书中酬金或部分酬金项目提出异议，应在收到支付通知书24小时内向乙方发出表示异议的通知，但不得拖延其他无异议酬金项目的支付。

(三)争议的解决

对于因违反或终止合同而引起的损失或损害的赔偿，甲方与乙方应协商解决。如协商未能达成一致，可提交主管部门协调；如仍不能达成一致，根据双方约定，提交仲裁机关仲裁或向人民法院起诉。

第三节　建设工程施工合同管理

一、建设工程施工合同概述

(一)建设工程施工合同的概念和特点

建设工程施工合同是发包人与承包人就完成具体工程项目的建设施工、设备安装、设备调试、工程保修等内容，确定双方权利和义务的协议。

建设工程施工合同有以下特点。

1. 合同标的的特殊性

施工合同的标的是各类建筑产品，该产品在建造过程中往往受到自然条件、地质水文条件、社会条件、人为条件等因素的影响，因此决定了每个施工合同的标的具有单件性的特点。

2. 合同履行期限的长期性

建筑施工结构复杂，体积庞大，建筑材料类型繁多，一般情况下工期较长。在合同履行期间，双方履行义务会受到不可抗力、履行过程中政策法律的变化、市场价格浮动等影响，这必然会导致合同履行管理难度的增加。

3. 合同内容的复杂性

施工合同履行过程中除合同主体双方外，还涉及设计单位、材料设备供应单位、监理单位等，需要与合同相关单位进行协调，以便合同的正常履行。

(二)建设工程施工合同范本简介

建设工程合同范本由以下几方面组成。

1. 协议书

合同协议书是施工合同的总纲性法律文件，经过双方当事人签字盖章后合同即生效。标准化的协议书格式文字量不大，需要结合承包工程的特点填写约定的内容，包括工程概况、工程承包范围、合同工期、质量标准、合同价款、合同生效时间，并明确对双方有约束力的合同文件。

2. 通用条款

通用条款是在广泛总结国内合同实施中成功经验和失败教训的基础上，参考 FIDIC

《土木工程施工合同条件》相关内容编制的规范承发包双方履行合同义务的标准化条款。通用条款包括：词语定义及合同文件，双方一般权利义务，施工组织设计和工期，质量与检验，安全施工，合同价款与支付，材料设备的供应，工程变更，竣工验收与结算，违约、索赔和争议，其他，共11部分，47个条款。通用条款在使用时不能做任何改动，应原文照搬。

3. 专用条款

由于具体实施工程项目的工作内容各不相同，施工现场和外部环境条件各异，因此必须有反映招标工程具体特点和要求的专用合同条款的约定。合同范本中的专用条款部分只为当事人提供了编制具体合同时应包括的内容的指南，具体内容由当事人根据发包工程的实际要求细化。

具体工程项目编制专用条款的原则是：结合项目特点，针对通用条款的内容进行补充或修正，达到相同序号的通用条款和专用条款共同组成某一方面问题内容完备的约定。

4. 附件

范本中为使用者提供了“承包人承揽工程项目一览表”、“发包人供应材料设备一览表”和“房屋建筑工程质量保修书”三个标准化附件，如果具体项目的实施为包工包料，则可以不使用发包人供应材料设备表。

（三）合同管理涉及的有关各方

1. 合同当事人

合同当事人包括发包人和承包人。

发包人是指在协议书中约定，具有工程发包主体资格和支付工程价款能力的当事人以及取得当事人资格的合法继承人。

承包人是指在协议书中约定，被发包人接受并具有工程施工承包主体资格的当事人以及取得该当事人资格的合法继承人。

2. 工程师

施工合同示范文本定义的工程师包括监理单位委派的总监理工程师或发包人指定的履行合同的负责人两种情况。

二、建设工程施工合同的订立

（一）工期和合同价格

1. 工期

在合同协议书中应明确注明开工日期、竣工日期和合同工期总日历天数。如果是招标选择的承包人，工期总日历天数应为投标书中承包人承诺的天数，不一定是招标文件要求的天数。因为招标文件通常规定本招标工程最长允许完工时间，而承包人为了竞争，申报的投标工期往往少于招标文件规定的最长期限，此项因素也是评标的一项重要指标。因此，合同工期应为中标通知书中注明的接受承包人投标提出的工期。

2. 合同价款

1）合同约定的合同价款

在合同协议书中要注明合同价款。虽然中标通知书中写明了投标书中的报价即为合同价款，但考虑到某些工程可能不是通过招标选择承包人，因此标准化合同协议书内仍然要求填写合同价格。非招标工程的合同价款，由当事人双方协商后，填写在合同协议书中。

2）费用和追加合同价款

在合同的许多条款内涉及“费用”和“追加合同价款”两个专用术语。

费用是指不包括在合同价之内的，应当由发包人或承包人承担的经济支出。

追加合同价款是指合同履行中发生的需要增加合同价款的情况，经发包人确认后，按照计算合同价款的方式，给承包人增加的合同价款。

3）合同的计价方式

通用条款中规定有三类可供选择的计价方式：固定价格合同，可调价格合同，成本加酬金合同。具体合同采用哪种计价方式，需在专用条款中说明。

具体工程承包计价方式不一定是单一的计价方式，只要在合同中明确约定具体工作内容采用的计价方式，也可以采用组合计价方式。

4）工程预付款的约定

施工合同中的支付程序中是否有工程预付款，取决于工程的性质、承包工程量的大小以及发包人在招标文件中的规定。预付款是发包人为了帮助承包人解决施工前期资金紧张的困难，提前支付的一笔款项。在专用条款中应约定预付款总额、一次或分阶段支付的时间以及每次付款的比例、扣回的时间以及每次扣回的方法、是否需要承包人提供预付款保函等相关内容。

5）支付工程进度款的约定

在专用条款内约定工程进度款的支付时间和支付方式，工程进度款支付可以采用按月计量支付、按里程碑完成工程进度分阶段支付或完成工程后一次性支付等方式。对合同内不同的工程部位或工作内容可以采用不同的支付方式，只要在专用条款中具体明确即可。

（二）对双方有约束力的合同文件

1. 合同文件的组成

在协议书和通用条款中规定，对合同当事人双方有约束力的合同文件包括签订合同时已形成的文件和履行合同过程中构成对双方有约束力的文件两部分。

1）订立合同时已形成的文件

订立合同时已形成的文件包括：

（1）施工合同协议书；

（2）中标通知书；

（3）投标书以及附件；

（4）施工合同专用条款；

（5）施工合同通用条款；

（6）标准、规范以及有关技术文件、图纸、工程量清单；

（7）工程报价单或预算书。

2）合同履行过程中形成的文件

合同履行过程中，双方有关工程洽商、变更等书面协议或文件也构成对双方有约束力的合同文件,视为协议书的组成部分。

2. 对合同文件中矛盾或歧义的解释

1) 合同文件的优先解释次序

通用条款规定,上述合同文件应能够相互解释,相互说明。当合同文件中出现含糊不清或不一致时,上面文件的序号就是合同的优先解释顺序。由于履行合同时双方达成一致的洽商、变更等书面协议发生的时间在后,且经过当事人签署,因此作为协议书的组成部分,排序放在第一位。如果双方不同意这种次序安排,可以在专用条款中约定本合同文件的组成和解释次序。

2) 合同文件出现矛盾或歧义的处理程序

按照通用条款的规定,当合同文件内容含糊不清或不一致时,在不影响工程正常进行的情况下,由发包人和承包人协商解决。双方也可以提请负责监理的工程师作出解释。双方在协商不成或不同意监理工程师的解释时,按合同约定解决争议的方式处理。

(三)标准和规范

标准和规范是检验承包人施工应遵循的准则以及判断工程质量是否满足要求的标准。国家规范中的标准是强制性标准,合同约定的标准不得低于强制性标准,但发包人从建筑产品的功能要求出发,可以对工程或部分部位提出更高的要求。在专用条款内必须明确本工程及主要部位应达到的质量要求,以及施工过程中需要进行质量检测和试验的时间、试验内容、试验地点和方式等具体约定。

对于采用新技术、新工艺施工的部分,如果国内没有相应的标准、规范,在合同内也应约定对质量的检验方式、检验内容以及应达到的指标要求,否则无从判定施工质量是否合格。

(四)发包人和承包人的工作

1. 发包人的义务

通用条款规定以下工作属于发包人应完成的工作:

(1) 办理土地征用、拆迁补偿、平整场地等工作,使施工场地具备施工条件,并在开工后继续解决以上事项的遗留问题。专用条款内需要约定施工场地具备施工条件的要求以及完成时间,以便使承包人能够及时接收使用的施工现场,按计划开始施工。

(2) 将施工所需的水、电、电讯线路从施工场地的外部接至专用条款约定的地点,并保证施工期间的需要。专用条款内需要约定“三通”的时间、地点和供应要求。某些偏僻地域的工程或大型工程,可能要求承包人自己从水源地或自己用柴油机发电解决施工用水、电,则也应在专用条件内明确,说明通用条款的此项规定本合同不采用。

(3) 开通施工场地与城乡公共道路的通道,以及专用条款约定的施工场地内的主要交通干道,保证施工期间的畅通,满足施工运输的需要。专用条款内需要约定移交给承包人交通通道或设施的开通时间和应满足的要求。

(4) 向承包人提供施工场地的工程地质和地下管线资料,保证数据真实、位置准确。专用条款内需要约定向承包人提供工程地质和地下管线资料的时间。

(5) 办理施工许可证和临时用地、停水、停电、中断道路交通、爆破作业以及可能损坏道路、管线、电力、通信等设施法律、法规规定的申请批准手续以及其他施工所需的证件。

专用条款内需要约定发包人提供施工所需的证件、批件的名称和时间，以便承包人合理进行施工组织。

(6)确定水准点与坐标控制点，以书面形式交给承包人，并进行现场交验。专用条款内需要分项明确约定放线依据资料的交验要求，以便合同履行过程中合理地区分放线错误的责任归属。

(7)组织承包人和设计单位进行图纸会审和设计交底。专用条款约定具体的时间、地点。

(8)协调处理施工现场周围地下管线和邻近建筑物、构筑物、古树名木的保护工作，并承担有关费用。专用条款内需约定具体的范围和内容。

(9)发包人应做的其他工作，双方在专用条款中约定。专用条款内需要根据项目的特点和具体情况约定相关内容。

虽然通用条款内规定上述工作内容属于发包人的义务，但发包人可以将上述部分工作委托承包方办理，具体内容可以在专用条款中约定，其费用由发包人承担。属于合同约定的发包义务，如果出现不按合同约定完成，导致工期延误或给承包人造成损失，发包人应赔偿承包人有关损失，延误的工期应顺延。

2. 承包人的义务

通用条款规定，承包人应履行以下义务：

(1)根据发包人的委托，在其设计资质允许的范围内，完成施工图设计或工程配套的设计，经工程师确认后使用，发生的设计费用由发包人承担。属于设计、施工总承包合同或承包工作范围包括部分施工图设计任务，则由专用条款内约定承担设计任务单位的设计资质等级及设计文件的提交时间和文件要求。

(2)向工程师提供年、季、月进度计划及相应进度统计报表。专用条款内需要约定应提供计划、报表的具体名称和时间。

(3)按工程需要提供和维修非夜间施工使用的照明、围栏设施，并负责安全保卫。专用条款内需要约定具体的工作位置和要求。

(4)按专用条款约定的数量和要求，向发包人提供在施工现场办公和生活的房屋及设施，发生的费用由发包人承担。专用条款内需要约定设施名称、要求和完成时间。

(5)遵守有关部门对施工场地交通、施工噪音以及环保和安全等方面的管理规定，按管理规定办理有关手续，并以书面形式通知发包人。发包人承担由此发生的费用，因承包人责任造成的罚款除外。专用条款内需要约定承包人办理的有关内容。

(6)已竣工工程未交付发包人前，承包人按专用条款约定负责已完工程的成品保护工作，保护期间发生破坏，承包人自行修复。要求承包人采取特殊措施保护的单位工程的部位和相应追加合同价款，在专用条款内约定。

(7)按专用条款约定好施工现场地下管线和邻近建筑物、构筑物、古树名木的保护工作。专用条款内约定需要保护的范围和费用。

(8)保证施工场地清洁符合环境卫生管理的有关规定。交工前清理现场达到专用条款约定的要求，承担因自身原因违反有关规定造成的损失和罚款。专用条款内需要根据施工管理规定和当地的环保法规约定施工现场的具体要求。

(9)承包人应做的其他工作,双方在专用条款内约定。

承包人不履行上述各项义务,造成发包人损失的,应对发包人的损失给予赔偿。

(五)材料和设备的供应

目前很多工程采用包工部分包料承包合同,主材经常采用由发包人提供的方式。在专用条款中应明确约定发包人提供材料和设备的合同责任。施工合同范本附件提供了标准化的表格形式,见表5-1。

表5-1　发包人供应材料设备一览表

序号	材料设备品种	规格型号	单位	数量	单价	质量等级	供应时间	送达地点	备注

(六)担保和保险

合同是否有履约担保不是合同有效的必要条件,按照合同具体约定来执行。如果合同约定有履约担保和预付款担保,则需要在专用条款内明确说明担保的种类、担保方式、有效期、担保金额以及担保书的格式。担保合同将作为施工合同条件。

工程保险是转移工程风险的重要手段,如果合同约定有保险的话,在专用条款内应约定投保的险种、保险的内容、办理保险的责任以及保险金额。

(七)解决合同争议的方式

发生合同争议时,应按如下程序解决:双方协商,和解解决;达不成一致时请第三方调解解决;调解不成,则需通过仲裁或诉讼最终解决。因此,在专用条款内需要明确约定双方共同接受的调解人,以及最终解决合同争议时采用仲裁还是诉讼的方式,仲裁委员会或法院的名称。

三、施工准备阶段的合同管理

(一)施工图纸

1.发包人的图纸

我国目前的建设工程项目通常由发包人委托设计单位负责,在工程准备阶段应完成施工图设计文件的审查。施工图纸经过工程师审核签认后,在合同约定的日期前发放给承包人,以保证承包人及时编制施工进度计划和组织施工。施工图纸可以一次提供,也可以各单位工程开始施工前分阶段提供,只要符合专用条款的约定,不影响承包人按时开工即可。

发包人应免费按专用条款约定的图纸份数提供给承包人。承包人要求增加图纸套数时,发包人应代为复制,但复制费用由承包人承担。发放承包人的图纸中,应在施工现场保留一套完整图纸供工程师及有关人员进行工程检查时使用。

2. 承包人负责设计的图纸

承包人享有专利权的施工技术，若具有设计资质和能力，可以由其完成部分施工图的设计，或由其委托设计分包人完成。在承包工作范围内，包括部分由承包人负责设计的图纸，则应在合同约定的时间内将按规定的审查程序批准的设计文件提交工程师审核，经过工程师签字后才可以使用。但工程师对承包人设计的认可，不能解除承包人的设计责任。

（二）施工进度计划

就合同工程的施工组织而言，招标阶段承包人在投标书内提交的施工方案或施工组织设计的深度相对较浅，签订合同后通过对现场的进一步考察和工程交底，对工程的施工有了更深入的了解，因此承包人应当在专用条款约定的日期，将施工组织设计和施工进度计划提交工程师。群体工程中采取分阶段进行施工的单项工程，承包人则应按照发包人提供图纸及有关资料的时间，按单项工程编制进度计划，分别向工程师提交。

工程师接到承包人提交的进度计划后，应当予以确认或提出修改意见，时间限制则由双方在专用条款中约定。如果工程师逾期不确认也不提出书面意见，则视为已经同意。工程师对进度计划和对承包人施工进度的认可，不免除承包人对施工组织设计和工程进度计划本身的缺陷所应承担的责任。进度计划经工程师予以认可的主要目的，是为发包人和工程师依据计划进行协调和对施工进度进行控制提供依据。

（三）双方做好施工前的准备工作

开工前，合同双方还应当做好其他各项准备工作。如发包人应当按照专用条款的规定使施工现场具备施工条件，开通施工现场公共道路；承包人应当做好施工人员和设备的调配工作。

对工程师而言，特别需要做好水准点与坐标控制点的交验，按时提供标准、规范。为了能够按时向承包人提供设计图纸，工程师可能还需要做好设计单位的协调工作，按照专用条款的约定组织图纸会审和设计交底。

（四）开工

承包人应在专用条款约定的时间按时开工，以便保证在合理工期内能及时竣工。但在特殊情况下，工程的准备工作不具备开工条件，则应按合同的约定区分延期开工的责任。

1. 承包人要求的延期开工

如果是承包人要求的延期开工，则工程师有权批准是否同意延期开工。承包人不能按时开工，应在不迟于协议约定的开工期前 7 天，以书面形式向工程师提出延期开工的理由和要求。工程师在接到开工申请后的 48 小时内未予答复，如同意承包人的要求，工期相应顺延。如果工程师不同意延期要求，工期不予顺延。如果承包人未在规定时间内提出延期开工要求，工期也不予顺延。

2. 因发包人原因造成的延期开工

因发包人的原因使施工现场不具备施工的条件，影响了承包人不能按照协议书约定的日期开工时，工程师应以书面形式通知承包人推迟开工日期。发包人应当赔偿承包人因此造成的损失，相应顺延工期。

（五）工程的分包

施工合同范本的通用条件规定，未经发包人同意，承包人不得将承包工程的任何部分分包；工程分包不能解除承包人的任何责任和义务。

发包人通过复杂的招标程序选择了综合能力最强的投标人，要求其来完成工程的施工，因此合同管理过程中对工程分包要进行严格控制。承包人出于自身能力考虑，可能将部分自己没有实施资质的特殊专业工程分包，也可将部分较简单的工作内容分包。包括在承包人投标书内的分包计划，发包人通过接受投标书已表示了认可，如果施工合同履行过程中承包人又提出分包要求，则需要经过发包人的书面同意。发包人控制工程分包的基本原则是：主体工程的施工任务不允许分包，主要工程量必须由承包人完成。

经过发包人同意的分包工程，承包人选择的分包人需要提请工程师同意。工程师主要审查分包人是否具备实施分包工程的资质和能力，未经工程师同意的分包不得进入现场参与施工。虽然对分包的工程部位而言涉及两个合同，即发包人与承包人签订的施工合同和承包人与分包人签订的分包合同，但工程分包不能解除承包人对发包人应承担在该工程部位施工的合同。同样，为了保证分包合同的顺利履行，发包人未经承包人同意，不得以任何形式向分包人支付各种工程款项，分包人完成施工任务的报酬只能依据分包合同由承包人支付。

（六）预付款的支付

合同约定有工程预付款的，发包人应按规定的时间和数额支付预付款。为了保证承包人如期开始施工前的准备工作和施工开始，预付时间应不迟于约定的开工日期前 7 天。发包人不按约定预付，承包人在约定预付时间 7 天后向发包人发出要求预付的通知。发包人收到通知后仍不能按要求预付，承包人可在发出通知后 7 天停止施工，发包人应从约定应付之日起向承包人支付应付款的贷款利息，并承担违约责任。

四、施工过程的合同管理

（一）对材料和设备的质量控制

为了保证工程项目达到投资建设的预期目的，确保工程质量至关重要。对工程质量进行严格控制，应从使用的材料质量控制开始。

1. 材料和设备的到货检验

工程项目使用的建筑材料和设备按照专用条款约定的采购供应责任，可以由承包人负责，也可以由发包人提供全部或部分材料和设备。

1）发包人供应的材料和设备

发包人应按照专用条款的材料和设备供应一览表，按时、按质、按量将采购的材料和设备运抵施工现场，与承包人共同进行到货清点。

（1）发包人供应材料和设备的现场接收。发包人应当向承包人提供所供应材料和设备的产品合格证明，并对这些材料和设备的质量负责。发包人在其所供应的材料和设备到货前 24 小时，应以书面形式通知承包人，由承包人派人与发包人共同清点。清点的工作主要包括：外观检查；对照发货单证进行数量清点（检斤、检尺）；大宗建筑材料进行必要的抽样检验（物理、化学试验）等。

(2)材料和设备接收后移交承包人保管。发包人供应的材料和设备经双方共同清点接收后,由承包人妥善保管,发包人支付相应的保管费用。因承包人的原因发生损坏丢失,由承包人负责赔偿。发包人不按规定通知承包人验收,发生的损失由发包人负责。

(3)发包人供应的材料和设备与约定不符时的处理。发包人供应的材料和设备与约定不符时,应当由发包人承担有关责任。视具体情况不同,按照以下原则处理:

①材料和设备单价与合同约定不符时,由发包人承担所有差价。

②材料和设备种类、规格、型号、数量、质量等级与合同约定不符时,承包人可以拒绝接受保管,由发包人运出施工场地并重新采购。

③发包人供应材料的规格、型号与合同约定不符时,承包人可以代为调剂串换,发包方承担相应的费用。

④到货地点与合同约定不符时,发包人负责运至合同约定的地点。

⑤供应数量少于合同约定的数量时,发包人将数量补齐;多于合同约定的数量时,发包人负责将多出部分运出施工场地。

⑥到货时间早于合同约定时间,发包人承担因此发生的保管费用;到货时间迟于合同约定的供应时间,由发包人承担相应的追加合同价款。发生延误,相应顺延工期,发包人承担由此给承包人造成的损失。

2)承包人采购的材料和设备

承包人负责采购的材料和设备,应按照合同专用条款约定及设计要求和有关标准采购,并提供产品合格证明,对材料和设备质量负责。

承包人在材料和设备到货前 24 小时应通知工程师共同进行到货清点。

承包人采购的材料和设备与设计或标准要求不符时,承包人应在工程师要求的时间内运出施工现场,重新采购符合要求的产品,承担由此发生的费用,延误工期的不予顺延。

2. 材料和设备的使用前检验

为了防止材料和设备在现场储存时间过长或保管不善而导致质量的降低,应在用于永久工程施工前进行必要的检查试验。按照材料和设备的供应义务,对合同责任作了如下区分。

1)发包人供应的材料和设备

发包人供应的材料和设备进入施工现场后需要在使用前检验或者试验的,由承包人负责检查试验,费用由发包人负责。按照合同对质量责任的约定,此次检查试验通过后,仍不能解除发包人供应的材料和设备存在的质量缺陷责任。即材料和设备检验通过之后,如果又发现材料和设备有质量问题,发包人仍应承担重新采购及拆除重建的追加合同价款,并相应顺延由此延误的工期。

2)承包人负责采购的材料和设备

(1)采购的材料和设备在使用前,承包人应按工程师的要求进行检验和试验,不合格的不得使用,检验和试验费用由承包人承担。

(2)工程师发现承包人采购并使用不符合设计或标准要求的材料及设备时,应要求承包人负责修复、拆除或重新采购,并承担发生的费用,由此延误的工期不予顺延。

(3)承包人需要使用代用材料时,应经工程师认可后才能使用,由此增减合同的价款，双方以书面形式议定。

(4)由承包人采购的材料及设备，发包人不得指定生产厂或供应商。

(二)对施工质量的监督管理

工程师在施工过程中应采用巡视、旁站、平行检验等方式监督检查承包人的施工工艺和产品质量，对建筑产品的生产过程进行严格的控制。

1. 工程质量标准

1)工程师对质量标准的控制

承包人施工的工程质量应当达到约定的标准。发包人对部分或者全部工程质量有特殊要求时，应支付由此增加的追加合同价款，对工期有影响的应给予相应的顺延。

工程师依据合同约定的质量标准对承包人的工程质量进行检查，达到或超过约定标准的，给予质量认可；达不到要求时，则拒绝认可。

2)不符合质量要求的处理

不论何时，工程师一经发现质量达不到约定标准的工程部分，均可要求承包人返工。承包人应当按照工程师的要求返工，直到符合约定的标准。因承包人的原因达不到约定标准，由承包人承担返工费用，工期不顺延。因发包人的原因达不到约定标准，责任由双方分别承担。

如果双方对工程质量有争议，由专用条款约定的工程质量监督部门鉴定，所需的费用及因此造成的损失，由责任方承担。双方均有责任的，由双方根据其责任分别承担。

2. 施工过程中的检查和返工

承包人应认真按照标准、规范和设计要求以及工程师依据合同发出的施工指令，随时接受工程师及其委派人员的检查，并为检验提供便利条件。工程质量达不到约定标准的部分，工程师一经发现，可以要求承包人拆除和重新施工，承包人应按工程师及其委派人员的要求拆除和重新施工，承担由于自身原因导致拆除和重新施工的费用，工期不予顺延。

经过工程师检查和检验合格后，又发现因承包人原因出现的质量问题，仍由承包人承担责任，赔偿发包人的直接损失，工期不应顺延。

工程师的检查和检验原则上不应影响施工的正常进行。如果实际影响了施工的正常进行，其后果责任由检验结果的质量是否合格来区分。检查及检验不合格时，影响正常施工的费用由承包人承担，除此之外，均由发包人承担，相应顺延工期。

因工程师指令失误和其他非承包商原因发生的追加合同价款，由发包人承担。

3. 使用专利技术及特殊施工工艺

如果发包人要求承包人使用专利技术或特殊施工工艺，应负责办理相应的申报手续，承担申报、试验、使用费用。

若承包人提出使用专利技术或特殊施工工艺，应首先取得工程师的认可，然后由承包人负责承担申报、试验、使用费用。

不论哪一方要求使用他人的专利技术，一旦发生擅自使用侵犯他人专利权的情况，由责任者依法承担相应的责任。

（三）隐蔽工程与重新检验

由于隐蔽工程在施工中一旦完成隐蔽，将很难再对其进行质量检查，因此必须在隐蔽前进行检查验收。对于中间验收，应在专用条款中约定，对需要进行中间验收的单项工程和部位及时进行检查、试验，不影响后续工程的施工。发包人应为检验和试验提供便利条件。

1. 检验程序

1）承包人自检

工程具备隐蔽条件或满足专用条款约定的中间验收部位，承包人自行检查，并在隐蔽或中间验收前48小时，以书面形式通知工程师验收。通知包括隐蔽和中间验收的内容、验收时间和地点。承包人准备验收记录。

2）共同检验

工程师接到承包人的请求验收通知后，应在通知约定的时间与承包人共同进行检查或试验。检查结果表明质量验收合格，经工程师在验收记录上签字后，承包人可进行工程隐蔽或继续施工。验收不合格，承包人在工程师限定的时间内修改后重新验收。

如果工程师不能按时进行验收，应在承包人通知的验收时间前24小时，以书面形式向承包人提出延期验收要求，但延期不能超过48小时。

若工程师未能按以上时间提出延期要求，又未按时参加验收，承包人可自行组织验收，并将检查、试验记录送交工程师。本次检验视为工程师在场的情况下进行的验收，工程师应承认验收记录的结果。

经工程师验收，工程质量符合标准、规范和设计图纸等要求，验收24小时后，工程师不在验收记录上签字，视为工程师已经认可了验收记录，承包人可进行隐蔽或继续施工。

2. 重新检验

无论工程师是否参加了验收，当其对某部分的工程质量有怀疑时，均可要求承包人对已经隐蔽的工程进行重新检验。承包人接到通知后，应按要求进行剥离或开孔，并在检验后覆盖或修复。

重新检验表明质量合格，发包人承担由此发生的全部追加合同价款，赔偿承包人的损失，并相应顺延工期；检验不合格，承包人承担发生的全部费用，工期不予顺延。

（四）施工进度管理

1. 按计划施工

开工后，承包人应按照工程师确定的进度计划组织施工，接受工程师对进度的检查监督。一般情况下，工程师每月均应检查一次承包人进度计划执行情况，由承包人提交一份上月进度计划执行情况和本月的施工方案措施。同时，工程师还应进行必要的现场实地检查。

2. 承包人修改进度计划

在实际施工过程中，由于受到外界环境条件、人为条件、现场情况等的限制，经常出现与承包人开工前编制的施工进度计划有出入的情况，导致实际施工进度与计划进度不符。不管实际进度是超前于计划还是滞后于计划，只要是与计划进度不符，工程师都有权利通知承包人修改、调整进度计划，以便更好地协调管理。承包人应当按照工程师要求修改进度计划并提出相应的措施，经工程师确认后执行。

因承包人自身的原因造成工程实际进度滞后于计划进度时，所有的后果都应由承包人自行承担。工程师不对确认后的改进措施效果负责，这种确认并不是工程师对工程延期的批准，而仅仅是要求承包人在合理的状态下施工。因此，如果修改后的进度计划不能按期完工，承包人仍应承担相应的违约责任。

3. 暂停施工

1）工程师指示的暂停施工

在施工过程中，工程师发出暂停施工指令的原因如下：外部条件的变化，如政策、法规的变化导致的停建、缓建；发包人应承担的责任，如后续施工场地未能及时提供等；协调管理方面的原因，如施工交叉、干扰；承包人原因，如施工质量不合格等。

不论发生上述何种情况工程师都应当书面通知承包人暂停施工，并在发出暂停施工通知后的 48 小时内提出书面处理意见。承包人应当按照工程师的要求停止施工，并妥善保护已完工程。

承包人实施工程师提出的处理意见后，可以提出书面复工要求。工程师在收到复工通知后的 48 小时内给予答复。如果工程师未能在规定的时间内提出处理意见，或收到承包人复工的要求后 48 小时内未予以答复，承包人可以自行复工。

停工责任在发包人时，由发包人承担追加合同价款，赔偿承包人由此造成的损失，相应顺延工期；如果停工责任在承包人，由承包人承担发生的费用，工期不予顺延。如果因工程师未及时给予答复，导致承包人无法复工，由发包人承担违约责任。

2）由于发包人不能按时支付时的暂停施工

施工合同范本通用条款中对以下两种情况给予了承包人暂时停工的权利：一是延误支付预付款，二是拖欠工程进度款。发包人不按时支付预付款，承包人在约定时间 7 天后向发包人发出预付通知，发包人收到通知后仍不能按要求预付，承包人在发出通知后 7 天停止施工。发包人应从约定应付之日起，向承包人支付应付款的贷款利息。发包人不按合同规定及时向承包人支付进度款，且双方又未达成延期付款协议时，导致施工无法进行，承包人可以停止施工，由发包人承担违约责任。

4. 工期延误

1）可以顺延工期的条件

按照施工合同范本通用条件，以下原因造成的工期延误，经工程师确认后工期相应顺延：

（1）发包人不能按专用条款约定提供开工条件。

（2）发包人不能按约定日期支付工程预付款、进度款，致使工程不能正常进行。

（3）工程师未按合同约定提供所需指令、批准等，致使施工不能正常进行。

（4）设计变更和工程量增加。

（5）一周以内非承包商原因停水、停电、停气造成停工累计超过 8 小时。

（6）不可抗力。

（7）专用条款中约定或工程师同意工期顺延的情况。

以上情况属于发包人违约或发包人应当承担的风险。

2)工期顺延确定的程序

发包人在工期可以顺延的情况发生 14 天内,应将延误的工期向工程师提出书面报告。工程师在收到报告后 14 天内予以确认答复,逾期不予答复,视为报告要求已经被批准。

工程师确认工期是否应予顺延,应当首先考察事件实际造成的延误时间,然后依据合同、施工进度计划、工期定额等进行判定。经工程师确认顺延的工期应纳入合同工期,作为合同工期的一部分。如果承包人不同意工程师的确认结果,则按合同规定的争议解决方式处理。

5. 发包人要求提前竣工

施工中如果发包人处于某种考虑要求提前竣工,应与承包人协商。双方达成一致后签订提前竣工协议,作为合同文件的组成部分。提前竣工协议应包括以下内容:提前竣工的时间;发包人为赶工应提供的方便条件;承包人在保证工程质量和安全的前提下,可能采取的赶工措施;提前竣工所需的追加合同价款等。

承包人按照协议修订进度计划和制定相应的措施,工程师同意后执行。发包方为赶工提供必要的方便条件。

(五)设计变更管理

施工合同范本将工程变更分为工程设计变更和其他变更两类。其他变更是指合同履行中发包人要求变更工程质量标准及其他实质性变更。

工程师在合同履行管理中应严格控制变更,施工中承包人未得到工程师的同意,不允许对工程设计随意变更。如果承包人擅自变更设计,发生的费用和因此而导致的发包人的直接损失,应由承包人承担,延误的工期不予顺延。

1. 工程师指示的设计变更

施工合同示范文本通用条款中规定,工程师依据工程项目的需要和施工现场的实际情况,可以就以下方面向承包人发出变更通知:更改工程有关部分的标高、基线、位置尺寸;增减合同约定的工程量;改变有关工程施工时间和顺序;其他有关工程变更需要的附加工作。

2. 设计变更程序

1)发包人要求的设计变更

施工中发包人需要对原工程设计进行变更,应提前 14 天以书面形式向承包人发出变更通知。变更超过原设计标准或批准的建设规模时,发包人应报规划管理部门和其他有关部门重新审查批准,并由原设计单位提供变更相应图纸和说明。

工程师向承包人发出设计变更通知后,承包人按照工程师发出的变更通知及有关要求,进行所需的变更。

因设计变更导致合同价款的增减及造成承包人的损失由发包人承担,延误的工期相应顺延。

2)承包人要求的设计变更

施工中承包人不得因施工方便而要求对原工程设计进行变更。

承包人在施工中提出的合理化建议被发包人采纳,若建议涉及对设计图纸或施工组织设计的变更及对材料、设备的换用,则需经工程师同意。

未经工程师同意,承包人擅自更改或换用,承包人应承担由此发生的费用,并赔偿发包人的有关损失,延误的工期不予顺延。工程师同意采用承包人的合理化建议,所发生的费用和获得收益的分担或分享,由发包人和承包人另行约定。

3. 变更价款的确定

1)确定变更价款的程序

承包人在工程变更确定后14天内,可提出变更设计的追加合同价款要求的报告,经工程师确认后相应调整合同价款。如果承包人在双方确定变更后14天内未向工程师提出变更工程价款的报告,视为该项变更不涉及合同价款的调整。

工程师在收到承包人的变更合同价款报告后14天内,对承包人的要求予以确认或作出其他答复。工程师无正当理由不确认或答复时,自报告送达之日起14天后,视为变更价款已经确认。

工程师确认增加的工程变更价款作为追加合同价款,与工程进度款同期支付。工程师不同意承包人提出的变更价款,按合同约定的争议解决条款处理。

因承包人自身原因导致的工程变更,承包人无权要求追加合同价款。如因承包人原因使实际施工进度滞后于计划进度,某工程部位的施工与其他承包人的施工发生干扰,工程师发布指示改变了其施工时间和顺序导致施工成本的增加或效率的降低,承包人无权要求赔偿。

2)确定变更价款的原则

合同中已有适用于变更工程的价格,按合同已有的价格变更合同价款;合同中只有类似于变更工程的价格,可以参照类似价格变更合同价款;合同中没有适用或类似于变更工程的价格,由承包人提出适当的变更价格,经工程师确认后执行。

(六)工程量的确认

由于签订合同时在工程量清单内开列的工程数量是估计量,实际施工时可能与其有差异,因此发包人支付工程进度款前,应对承包人完成的实际工程量予以确认或核实,按照承包人实际完成永久工程的工程量进行支付。

1. 承包人提交工程量报告

承包人应按专用条款约定的时间,向工程师提交本阶段已完工程的工程量报告,说明本期完成的各项工作内容和工程量。

2. 工程量计量

工程师接到承包人的报告7天内,按设计图纸核实已完工程量,并在现场实际计量前24小时通知承包人共同参加。承包人为计量提供便利条件并派人参加。如果承包人收到通知后不参加计量,工程师自行计量的结果有效,作为工程价款支付的依据。若工程师不按约定的时间通知承包人,致使承包人未能参加计量,工程师单方计量的结果无效。

工程师收到承包商报告7天内未进行计量,从第8天起,承包人报告中开列的工程量即视为已被确认,作为支付工程价款的依据。

3. 工程量的计量原则

工程师对照设计图纸,只对承包人完成的永久工程合格工程量进行计量。因此,属于承包人超出设计图纸范围的工程量不予计量,因承包商原因造成返工的工程量不予计量。

(七)支付管理

1. 允许调整合同价款的情况

1)可以调整合同价款的原因

(1)法律、法规和国家有关政策变化影响到合同价款的变化。

(2)工程造价管理部门公布的价格调整。

(3)一周内非承包商原因造成的停水、停电、停气累计超过 8 小时。

(4)双方约定的其他因素。

2)调整合同价款的管理程序

发生上述事件后,承包人应当在情况发生后 14 天内,将调整的原因、金额以书面的形式通知工程师。

工程师确认调整金额后作为追加合同价款,与工程进度款同期支付。工程师收到承包商通知后 14 天内不予以确认也不提出修改意见的,视为已经同意该项调整。

2. 工程进度款的支付

1)工程进度款的计算

本期应支付的工程进度款包括以下内容:经确认核实的完成工程量对应工程量清单或报价的相应价格计算应支付的工程款;设计变更应调整的合同价款;本期应扣回的工程预付款;根据合同允许调整合同价款原因应补偿承包人的款项和应扣减的款项;经过工程师批准的承包人的索赔款项等。

2)发包人的支付责任

发包人在双方计量确认后 14 天内向承包人支付工程进度款。发包人超过约定的支付时间仍不支付工程进度款,承包人可以向发包人发出支付通知。发包人在收到承包人的通知后仍不能按要求支付,可与承包人协商签订延期支付协议,经承包人同意后可以延期支付。发包人不按合同约定支付工程款,双方又未达成延期付款协议,导致施工无法进行,承包人可以停止施工,由发包人承担违约责任。

延期支付协议中须明确延期支付的时间以及从计量结果确认后第 15 天起计算应付款的贷款利息。

(八)不可抗力

不可抗力发生后,对施工合同的履行会造成较大的影响。工程师应当有较强的风险意识,包括识别可能发生不可抗力风险的因素,督促当事人转移或分散风险,监督承包人采取有效的防范措施,不可抗力事件发生后能够采取有效的手段尽量减少损失。

1. 不可抗力的范围

不可抗力是指合同当事人不能预见、不能避免并且不能克服的客观情况。建设工程施工中的不可抗力包括因战争、动乱、空中飞行物坠落或其他非承包人责任造成的爆炸、火灾以及专用条款约定的风、雨、雪、洪水、地震等自然灾害。对于自然灾害形成的不可抗力,当事人双方订立合同时应在专用条款内予以约定。

2. 不可抗力发生后的合同管理

不可抗力事件发生后,承包人应在力所能及的条件下迅速采取措施,尽量减少损失,并在不可抗力事件结束后48小时内向工程师通报受灾情况，并预计清理和修复的费用。发包人应尽力协助承包人采取措施。

不可抗力事件继续发生，承包人应每隔7天向工程师报告一次受害情况，并于不可抗力事件结束后14天内，向工程师提交清理和修复费用的正式报告及有关资料。

3. 不可抗力合同事件的责任

1）合同约定工期内发生的不可抗力

施工合同范本通用条款规定，因不可抗力事件导致的费用及延误的工期由双方按以下方法分别承担：

（1）工程本身的损害、因工程损害而导致第三方人员伤亡和财产损失以及运至施工场地用于施工的材料和待安装的设备损害，由发包人承担。

（2）承发包双方人员的伤亡分别由各自负责。

（3）承包人机械设备损坏及停工损失，由承包人承担。

（4）停工期间，承包人因工程师要求留在施工现场的必要的管理人员及保卫人员的费用，由发包人承担。

（5）工程所需清理、修复费用，由发包人承担。

（6）延误的工期应顺延。

2）延迟履行合同期间内发生的不可抗力

按照合同法规定的基本原则，因合同一方延迟履行合同后发生不可抗力，不能免除延迟履行方的相应责任。

投保“建筑工程一切险”、“安装工程一切险”和“人身意外伤害险”是转移风险的有效措施。如果工程是发包人负责办理的工程险，在承包人有权获得工期顺延时间内，发包人应在保险合同有效期届满前办理保险的延续手续；若因承包人原因不能按期竣工，承包人也应自费办理保险的延续手续。对于保险公司的赔偿不能全部弥补损失部分，则应由合同约定的责任方承担赔偿义务。

（九）施工环境管理

1. 遵守法规对环境的要求

施工应遵守政府有关主管部门对施工场地、施工噪音以及环境保护和安全生产等的管理规定。承包人按规定办理有关手续，并以书面形式通知发包人，发包人承担由此发生的费用。

2. 保持现场的整洁

承包人应保证施工场地清洁，符合环境卫生管理的有关规定。交工前清理现场，达到专用条款约定的要求。

3. 重视施工安全

1）安全施工

发包人应遵守安全生产的有关规定，严格按照安全标准组织施工，采取必要的安全防护措施，消除事故隐患。因承包人采取安全措施不力造成事故的责任和因此发生的费用，由承包人承担。

发包人应对施工场地的工作人员进行安全教育，并对他们的安全负责。发包人不得要求承包人违反安全管理规定进行施工。因发包人原因导致的安全事故,由发包人承担相应责任及发生的费用。

2)安全防护

承包人在动力设备、输电线路、地下管道、密封防震车间、易燃易爆地段以及临街交通要道附近施工时,施工开始前应向工程师提出安全防护措施,经工程师认可后实施。防护措施费用,由发包人承担。

实施爆破作业,在放射、毒害性环境中施工,以及使用毒害性、腐蚀性物品施工时,承包人应在施工前14天内,以书面形式通知工程师,并提出相应的防护措施,经工程师认可后实施,由发包人承担安全防护措施费用。

五、竣工阶段的合同管理

(一)工程试车

1.竣工前的试车

竣工前的试车分为单机无负荷试车和联动无负荷试车两类。双方约定需要试车的,试车内容应与承包人承包的安装范围相一致。

1)试车的组织

(1)单机无负荷试车。单机无负荷试车所需的环境条件在承包人的设备现场范围内,因此安装工程具备试车条件时,由承包人组织试车。承包人在试车前48小时向工程师发出要求试车的书面通知,通知包括试车内容、时间、地点。承包人准备试车记录,发包人根据承包人的要求为试车提供必要的条件。试车合格,工程师在试车记录上签字。

工程师不能按时参加试车,须在开始试车前24小时以书面形式向承包人提出延期要求,延期不能超过48小时。工程师未能按以上时间提出延期要求,不参加试车,应承认试车记录。

(2)联动无负荷试车。进行联动无负荷试车时,由于需要外部条件的配合,因此由发包人组织试车。发包人在试车前48小时以书面形式通知承包人做好试车准备。通知包括试车内容、时间、地点和对承包人的要求等。承包人按要求做好试车准备工作。试车合格,双方在试车记录上签字。

2)试车中双方的责任

(1)由于设计原因试车达不到验收要求的,发包人应要求设计单位修改设计,承包人按修改后的设计重新安装。发包人承担修改设计、拆除及重新安装的全部费用和追加合同价款,工期相应顺延。

(2)由于设备制造原因试车达不到验收要求,由该设备采购一方负责重新购置或修理,承包人负责拆除或重新安装。设备由承包人采购的,由承包人承担修理或重新购置、拆除及重新安装费用,工期不予顺延;设备由发包人采购的,发包人承担上述各项追加合同价款,工期相应顺延。

(3)由于承包人施工原因造成试车达不到要求的,承包人应按工程师要求重新安装和试车,并承担重新安装和试车的费用,工期不予顺延。

(4)试车费用已包括在合同价款之内或专用条款另有约定外,均由发包人承担。

(5)工程师在试车合格后不在试车记录上签字,试车结束 24 小时后,视为工程师已经认可试车记录,承包人可继续施工或办理竣工手续。

2. 竣工后的试车

投料试车属于竣工验收后的带负荷试车,不属于承包的工作范围,一般情况下承包人不参加此项试车。如果发包人要求在工程竣工验收前进行或需要承包人在试车时予以配合,应征得承包人同意,另行签订补充协议。试车组织和试车工作由发包人承担。

(二)竣工验收

工程竣工验收是合同履行的一个重要阶段,工程未经竣工验收或竣工验收未通过的,发包人不得使用。发包人强行使用时,由此发生的质量问题及其他问题,由发包人承担责任。竣工验收分为分项工程竣工验收和整体工程竣工验收两大类,视施工合同约定的工作范围而定。

1. 竣工验收须满足的条件

(1)完成工程设计和合同约定的各项内容。

(2)施工单位在工程完工后对工程质量进行了检查,确认工程质量符合有关工程建设强制性标准,符合设计文件及合同要求后,提出工程竣工报告。工程竣工报告应经项目经理和施工单位有关负责人审核签字。

(3)对于委托监理的工程项目,监理单位对工程进行了质量评价,具有完整的监理资料,并提出工程质量评价报告。工程质量评价报告应经总监理工程师和监理单位有关负责人审核签字。

(4)勘察、设计单位对勘察、设计文件及施工过程中由设计单位签署的设计变更通知书进行了确认。

(5)有完整的技术档案和施工管理资料。

(6)有工程中使用的主要建筑材料、建筑构配件和设备的合格证及必要的进场试车报告。

(7)有施工单位签署的工程质量保修书。

(8)有公安、消防、环保等部门出具认可的或准许使用的文件。

(9)建设行政主管部门及其委托的工程质量监督机构等有关部门责令整改的问题全部整改完毕。

2. 竣工验收程序

工程具备验收条件,发包人按照国家竣工验收有关规定组织验收工作。

1)承包人申请验收

工程具备竣工验收条件,承包人向发包人申请工程竣工验收,递交竣工验收报告并提供完整的竣工验收资料。实行监理的工程,工程竣工报告必须经总监理工程师签署意见。

2)发包人组织验收组

对符合竣工验收的工程,发包人收到工程竣工报告后 28 天内,组织勘察、设计、施工、监理、质量监督机构和其他有关方面的专家组成验收组,制定验收方案。

3)验收步骤

由发包人组织竣工验收,验收过程主要包括:

(1)发包人、承包人、勘察、设计、监理单位分别向验收组汇报工程合同履约情况和工程建设各个环节执行法律、法规和工程建设强制性标准的情况。

(2)验收组审阅建设、勘察、设计、施工、监理单位提供的工程档案资料。

(3)查验工程实体质量。

(4)验收组通过查验后,对工程施工、设备安装质量和管理环节等方面做出总体评价,形成工程竣工验收意见。参与工程竣工验收的发包人、承包人、勘察、设计、施工、监理等各方不能形成一致意见时,应报当地建设行政主管部门或监督机构进行协调,待意见一致后,重新组织工程竣工验收。

4)验收后的管理

发包人在验收后14天内给予认可或提出修改意见。竣工验收合格的工程移交给发包人运行使用,承包人不再承担工程保管责任。需要修改缺陷的部分,承包人应按要求进行修改,并承担由自身原因造成的修改费用。

发包人收到承包人送交的竣工验收报告后28天内不组织验收,或验收后14天内不提出修改意见,视为竣工验收报告已经被认可。同时,从第29天起,发包人承担工程保管及一切意外责任。

因特殊原因,发包人要求部分单位工程或工程部位甩项竣工的,双方另行签订甩项竣工协议,明确双方责任和工程价款的支付方法。

中间竣工工程的范围和竣工时间,由双方在专用条款内约定,其验收程序与上述规定相同。

3. 竣工验收时间确定

工程竣工验收通过,承包人送交竣工验收报告的日期即为实际的竣工日期。工程按发包人要求修改后通过竣工验收的,实际竣工日期为承包人修改后提请发包人验收的日期。这个日期的重要作用是用于计算承包人的实际施工期限,与合同约定的工期比较,以判别提前竣工还是延期竣工。

合同约定的工期是指协议书中写明的时间与施工过程中遇到合同约定可以顺延工期条件情况后,经过工程师确认应给予承包人顺延的工期之和。

承包人的实际施工期限,是从开工之日起到上述确认为竣工日期之间的日历天数。开工日在正常情况下是指专用条款内约定的日期,也可能是由于发包人或承包人要求延期开工,经工程师确认的日期。

(三)工程保修

承包人应当在工程竣工之前,与发包人签订质量保修书,作为合同附件。质量保修书的主要内容包括:工程质量保修范围和内容;质量保修期;质量保修责任;保修费用和其他约定。

1. 工程质量保修范围和内容

双方按照工程的性质和特点,具体约定保修的相关内容。房屋建筑工程的保修范围包括:地基基础工程,主体结构工程,屋面防水工程,有防水要求的卫生间和外墙面的防渗漏,供热与供冷系统,电气管线,给排水管道,设备安装和装修工程以及双方约定的其他项目。

2. 质量保修期

保修期从竣工验收合格之日起计算。当事人双方应针对不同的工程部位,在保修书中约定具体的保修年限。当事人协商约定的保修期限,不得低于法规规定的标准。国务院颁布的《建设工程质量管理条例》明确规定,在正常使用条件下的最低保修期限为:

(1)基础设施工程、房屋建筑的地基基础工程和主体工程,为设计文件规定的该工程的合理使用年限。

(2)屋面防水工程、有防水要求的卫生间、房间和外墙的防渗漏为5年。

(3)供热与供冷系统为2个采暖期、供冷期。

(4)电气管线、给排水管道、设备安装和装修工程为2年。

3. 质量保修责任

属于保修范围内容的项目,承包人应在接到发包人的保修通知起7天内,派人保修。承包人不在约定的期限内派人保修,发包人可以委托其他人修理。

发生紧急抢救事故时,承包人接到通知后应立即到达事故现场修理。

涉及结构安全的质量问题,应当按照《房屋建筑工程质量保修办法》的规定,立即向当地建设行政主管部门报告,采取相应的安全措施。由原设计单位或具有相应资质等级的设计单位提出保修方案,承包人实施保修。

质量保修完成后,由发包人组织验收。

4. 保修费用

《建设工程质量管理条例》颁布后,由于保修期限较长,为了维护承包人的合法权益,竣工结算时不再扣留质量保修金。保修费用由造成质量缺陷的责任方承担。

(四)竣工结算

1. 竣工结算的程序

(1)承包人递交竣工决算报告。工程竣工验收报告经发包人认可后,承发包双方应当按协议书约定的合同价款及专用条款约定的合同价款调整方式进行工程竣工结算。

工程竣工验收报告经发包人认可后28天,承包人向发包人递交竣工决算报告及完整的结算资料。

(2)发包人的核实和支付。发包人自收到竣工结算报告及结算资料28天内进行核实,给予确认或提出修改意见。发包人认可竣工结算报告后,及时办理竣工结算价款的支付手续。

(3)移交工程。承包人接到竣工结算价款后14天内将竣工工程移交给发包人,施工合同即告终止。

2. 竣工结算的违约责任

1)发包人的违约责任

发包人收到竣工结算报告及结算资料后28天内无正当理由不支付工程竣工结算价款,从第29天起按承包合同同期银行贷款利率支付拖欠工程价款的利息,并承担违约责任。

发包人收到竣工决算报告及结算资料后28天内不支付工程结算价款,承包人可以催告发包人支付结算价款。发包人在收到竣工结算报告及结算资料后56天内仍不支付,承包人可以与发包人协议将该工程折价，也可以由承包人申请人民法院将该工程依法拍卖，承包人就该工程折价或拍卖的价款优先受偿。

2）承包人的违约责任

工程竣工验收报告经发包人认可后28天内，承包人未向发包人递交竣工决算报告及完整的结算资料，造成工程竣工结算不能正常进行，或者工程竣工结算价款不能及时支付时，如果发包人要求交付工程，承包人应当交付；发包人不要求交付工程，承包人仍应承担保管责任。

第四节　建设工程物资采购合同管理

建设工程物资采购合同是指平等主体的自然人、法人、其他组织之间，为实现建设工程的物资买卖，设立、变更、终止相互权利及义务关系的协议。

一、材料采购合同管理

（一）材料采购合同的主要内容

按《合同法》的分类，材料采购合同属于买卖合同，应包括以下内容：

（1）产品名称、商标、型号、生产厂家、订购数量、合同金额、供货时间及每次供应数量。

（2）质量要求的技术标准、供货方对质量的要求和期限。

（3）交（提）货地点、方式。

（4）运输方式及计算方法。

（5）合理损耗及计算方法。

（6）包装标准、包装物的供应与回收。

（7）验收标准、方法及提出异议的期限。

（8）随机备品、配件工具数量及供应办法。

（9）结算方式及期限。

（10）如需提供担保，另立合同担保书作为合同附件。

（11）违约责任。

（12）解决合同争议的方法。

（13）其他约定的事项。

（二）订购产品的交付

1. 产品的交付方式

订购物资或产品的供应方式，可分为采购方到合同约定地点自提货物和供货方负责将货物送达指定地点两大类；而供货方又可细分为将货物负责送达现场或委托运输部门代运两种形式。为了明确货物的运输责任，应在相应条款内写明所采用的交（提）货方式、交（接）货的地点、接货单位（或接货人）的名称。

2. 交货期限

交货期限，是指货物交接的具体时间。供货方送货到现场的交货日期，以采购方接收到货物时在货单上签收的日期为准;供货方负责代运货物,以发货时承运部门签发货单上的戳记日期为准;采购方自提的产品,以供货方通知提货的日期为准。实际交(提)货期早于或迟于合同规定的期限,都视为提前或逾期交(提)货,有关责任方承担相应的责任。

(三)交货检验

交货检验以合同为依据,具体包括交货数量的检验和交货质量的检验。其检验依据如下:

(1)双方签订的采购合同。

(2)供货方提供的发货单、计量单、装箱及其他有关凭证。

(3)合同内约定的质量标准,应写明执行的标准代号、标准名称。

(4)产品合格证、检验单。

(5)图纸、样品或其他技术证明文件。

(6)双方当事人共同封存的样品。

(四)合同的变更或解除

在合同履行的过程中,如需变更合同内容或解除合同,都必须依据《中华人民共和国合同法》的有关规定执行。一方当事人要求变更或解除合同,在未达成新的协议时,原合同依然有效。要求变更或解除合同的一方应及时将自己的意图通知对方,对方也应在接到书面通知后的15天或合同约定的时间内予以答复,逾期不答复的视为默认。

物资采购合同变更的内容可能涉及订购数量的增减、包装标准的改变、交货时间和地点的变更等方面。采购方对合同内约定的订购数量不得少要或不要,否则,要承担中途退货的责任。只有当供货方不能按期交货,或交付的货物存在严重的质量问题而影响工程使用时,采购方认为继续履行合同已成为不必要,才可以拒收货物,甚至解除合同关系。如果采购方要求变更到货地点或接货人,应在合同规定的交货期限届满前40天通知供货人,以便供货人修改发运计划和组织运输工具。迟于上述规定的期限,双方应当立即协商处理。如果供货方不可能变更或变更后会发生额外的费用支出,其后果均应由采购方负责。

(五)支付结算管理

合同内须明确是验单付款还是验货后付款,然后再约定结算方式和结算时间。结算方式可以是现金支付、转账支付或异地托收承付。

采购方拒付货款,应当按照中国人民银行结算办法的拒付规定处理。采购方有权部分或全部拒付货款的情况包括:

(1)交付货物的数量少于合同约定,拒付少交部分的货款。

(2)拒付质量不符合合同要求的部分货物的货款。

(3)供货方交付的货物多于合同规定的数量且采购方不同意接收多于部分的货物,在承付期内可以拒付。

(六)违约责任

当事人任何一方不能正确履行合同义务时,均应以违约金的形式承担违约赔偿责任,双方应通过协商,将具体的比例数写在合同条款内。

供货方的违约责任包括:未能按合同约定交付货物,产品质量存在缺陷以及供货方的运输责任。采购方的违约责任包括:不按合同约定接受货物,逾期付款以及货物交接地点错误等责任。

二、大型设备采购合同

大型设备采购合同是指采购方与供货方为提供工程项目所需的大型、复杂设备而签订的合同。合同条款的主要内容包括合同标的、供货范围、付款、交货和运输、包装与标记、技术服务、质量监造与检验、安装、调试、试运行和验收、保证与索赔、税费、分包与外购、合同的变更、修改、中止和终止、不可抗力、合同争议的解决等。

为了对合同中的某些约定条款涉及内容较多部分作出更详细的说明,还需要编制一些附件作为合同的一个组成部分,通常包括:技术规范、供货范围、技术资料的内容和交付安排、交货进度、监造、检验和性能试验、价格表、技术服务的内容、分包和外购计划、大部件说明等。设备监理的主要内容包括:设备制造前的监理工作、设备制造阶段的监理工作、设备运抵现场的监理工作、施工阶段的监理工作以及设备验收阶段的监理工作。

第五节　FIDIC 合同条件下的施工管理

一、施工合同条件简介

FIDIC 是国际咨询师联合会的法文缩写,该联合会成立于 1913 年,发起者为欧洲三国:比利时、法国、瑞士。总部设在瑞士的洛桑,目前已经拥有 67 个不同国家和地区的咨询工程师专业团体会员组织。中国工程咨询会于 1996 年正式加入 FIDIC 组织。

FIDIC 施工合同包括《土木工程施工合同条件》,简称红皮书,1975 年出版,1978 年第四版,1988 年和 1992 年两次修订重印。《施工合同条件》1999 年第一版,替代红皮书,包括通用条款、专用条款准备指南、招投标格式等内容。

FIDIC 的方法有如下的特点:根据公开招标规则的国际惯例选择承包商;采用 FIDIC 标准合同条件,包括合同体系完整、严密,责任划分较为公正,合同履行过程中建立以工程师为核心的管理模式,合同条件适合于单价合同;由业主委托工程师根据合同条件进行项目的质量控制、投资控制和进度控制。

FIDIC 合同条件的文本构成包括通用条件、专用条件和标准化的文件格式。

通用条件共有 72 条,194 款。内容包括:定义与解释,工程师及工程师代表,转让与分包,合同文件,一般义务,劳务,材料,工程设备和工作艺术,暂停施工,开工和延误,缺陷责任,变更,增添和省略,索赔程序,承包商的设备,临时工程和材料,计量,暂定金额,指定分包商,证书与支付,补救措施,特殊风险,解除履约合同,争议的解决,通知,业主违约,费用和法规变更,货币和汇率共 28 个小节。

条款内容涉及工程项目施工阶段业主和承包商各方面的权利和义务,工程师的权力和职责,各种可能预见事件发生的责任界限,合同正常履行过程中各方应遵循的工作程序,因意外事件而使合同被迫解除时各方应遵守的工作准则。

专用条件是相对于通用条件而言的,是根据准备实施项目的工程专业特点以及工程所在地的政治、经济、法律、自然条件等特点，针对通用条件各条款的规定所作的补充及完善，使条款的内容更加具体。专用条件中的条款号与通用条件要说明的条款号相对应，通用条件和专用条件相同序号的条款共同构成对某一问题的约定责任。如果通用条件内的某一条款内容完备、适用，专用条件内可以不再列出此项条款。

FIDIC 编制的标准化的合同文本，还包括标准化的投标书和协议书的格式文件。

二、施工合同中的部分重要概念

（一）合同文件

合同文件组成包括：合同协议书、中标函、投标函、合同专用条件、合同通用条件、规范、图纸、资料及其他构成合同的文件。

（二）合同担保

在合同条款中规定：承包商签订合同时应提供履约担保，接受预付款时应提供预付款担保。在范本中给出了担保书的格式，分为企业法人提供的保证书和金融机构提供的保函两类格式。保函为不需要承包商确认违约的无条件担保形式。

大型工程建设资金的融资可能包括从某些国际援助机构、开发银行等筹资的资金，这些机构往往要求业主应保证履行给承包商付款的义务，因此在专用条件范本中，增加了业主应向承包商提交支付保函的可选择使用的条款，并附有保函格式。业主提供的支付保函担保金额可以按总价或分项合同价的某一百分比计算，担保期限至缺陷通知期满后6个月，并且为无条件担保，使合同双方的担保义务对等。

通用条款中未明确规定业主必须向承包商提供支付保函，具体工程的合同条件内是否包括此条款，取决于业主是否主动选用或融资机构的强制性规定。

（三）合同履行中涉及的几个期限概念

(1)合同工期。合同工期在合同条件中用竣工时间表示，指所签合同内注明的完成全部工程的时间，加上合同履行过程中因非承包商原因导致的顺延时间之和。如有分部移交的工程，也需要在专用条款中约定。合同约定的工期是指承包商在投标书附录中承诺的竣工时间。合同工期的时间界限作为衡量承包商是否按合同约定的期限履行施工义务的标准。

(2)施工期。施工期是指从合同约定的开工之日起到工程接收证书注明的竣工日止的日历天数。主要用于与合同工期的比较，以判断承包商是提前竣工或是延误竣工。

(3)缺陷通知期。缺陷通知期即保修期，指自工程接收证书中写明的竣工之日开始，至工程师颁发的履约证书为止的日历天数。合同工程的缺陷通知期及分阶段移交工程的缺陷通知期，应在专用条件内具体约定。次要部位工程通常为半年，主要工程及设备多为一年，个别重要的部位也可以约定为一年半。

(4)合同有效期。合同有效期是指自合同签字之日起至承包商提交给业主的结算清单生效日止的时间。颁发履约证书只是表示承包商的施工义务的终止，合同约定的权力并不完全结束，还有管理和结算手续。结算清单生效是指业主已经按工程师签发的最终支付证书中的金额付款，并退还承包商履约保函，结算清单一经生效，承包商在合同内享有的索赔权力也自行终止。

(四)合同价格

《施工合同条件》适用于大型复杂工程采用单价合同的承包方式。为缩短建设周期,通常在初步设计完成后就开始施工招标,在不影响施工进度的前提下陆续发放施工图,因此承包商据以报价的工程量清单中,各项工作的工程量一般为概算工程量。合同履行过程中,承包商实际完成的工程量可能多于或少于清单中的估计量。单价合同的支付原则是,按承包商完成的实际工程量乘以清单中相应的工作内容的单价,结算该部分的工程价款。

(五)指定分包商

指定分包商是指由业主或工程师指定、选定的完成某项特定工作内容并与承包商签订分包合同的特殊分包商。

特殊专项工作的实施要求指定分包商拥有某方面的专业技术或专门的施工设备、独特的施工方法。业主和工程师往往根据所积累的资料、信息,也可能依据以前承包过工程的承包商的信誉、技术能力,通过议标选择承包商。

为了保证工程施工的顺利进行,业主选择指定分包商时,应首先征求承包单位的意见。

(六)解决合同争议的方式

解决合同争议的程序如下:在合同发生争议的情况下,首先提交工程师决定,如果工程师不能作出使合同的双方都满意的决定,则可以提交争端仲裁委员会决定或双方协商解决。

三、风险责任的划分

合同履行过程中可能发生的某些风险是有经验的承包商无法合理预见的,属于业主应承担的风险范围。通用条件将投标截止日期前28天定义为基准日,作为业主与承包商划分合同风险的时间点。

合同规定业主应承担的风险包括:

(1)战争、敌对行动、入侵、外敌行动。

(2)工程所在国发生的叛乱、革命、暴动或军事政变、篡夺政权或内战。

(3)不属于承包商施工原因造成的爆炸、核废料辐射或放射性污染等。

(4)超音速或亚音速飞行物产生的压力波。

(5)暴乱、骚乱或混乱,但不包括承包商及分包商的雇员因执行合同而引起的上述行为。

(6)因业主在合同规定以外使用或占用永久工程的某一区段或某一部分而造成的损失或伤害。

(7)业主提供的设计不当造成的损失。

(8)一个有经验的承包商通常无法预测和防范的任何自然力作用。

前五种风险是业主或承包商无法预测、防范和控制而保险公司又不承保的事件,损害后结果又很严重,业主应对承包商受到的实际损失(包括利润损失)给予补偿。

四、施工阶段的合同管理

施工阶段的合同管理包括:施工进度管理、施工质量管理、工程变更管理、工程进度款的支付管理等。

施工进度管理包括承包商编制施工进度计划以及工程师对施工进度计划的监督管理;施工质量管理包括承包商制定的质量管理体系以及工程师对施工质量的检查和检验;工程变更管理包括工程变更范围的确定、变更程序、变更估价、承包商的变更申请以及工程师对变更估价的批准等;工程进度款的支付管理包括预付款的支付、业主的资金安排、保留金的扣取、物价浮动而引起的合同价格的调整以及工程进度款的支付等。具体可以参照合同条款规定执行。

(一)施工进度管理

工程师对施工进度的监督管理包括以下内容。

1. 月进度报告

承包商每月都应向工程师提交进度报告,说明前一阶段进度情况和施工中存在的问题,以及下一阶段的实施计划和准备采取的相应措施。工程师依据承包商提供的月进度报告对合同的履行进行有效的管理,协调各合同之间的配合。月进度报告应包括以下内容:

(1)设计文件,承包商的文件,采购、制造、货物运达现场的情况,施工、安装和调试的每一阶段,指定分包商实施工程的各阶段进展情况的图表及详细说明。

(2)制造和现场进展状况的照片。

(3)每项永久设备和材料制造商的名称、制造地点、进度百分比,开始制造至承包商检查、检验、运输和到达现场的实际或预定日期。

(4)承包商在现场的施工人员和各类施工设备的数量。

(5)质量保证文件,材料的检验结果及证书。

(6)安全统计。

(7)实际进度与计划进度的对比。

2. 施工进度计划的修订

当工程师发现实际进度与计划进度严重偏离时,随时有权指示承包商编制改进的施工进度计划,并提交工程师认可后执行。

(二)施工质量管理

通用条件规定:承包商应按照合同的要求建立质量管理体系,在每一段工作开始之前,将所有的工作程序和执行文件提交工程师,以供参考。工程师有权审查质量体系,对不完善之处可以提出改进要求。当承包商根据审查后的质量体系进行施工时,并不能免除依据合同承包商应承担的所有职责和义务。

为了保证工程质量,工程师除了按合同规定进行正常的检验外,还可以在认为必要时依据变更程序,指示承包商变更规定检验的位置或细节,进行附加检验或试验,由此而引起的费用视检验结果是否合格划分责任归属后,由责任方承担。

(三)工程变更管理

1. 工程变更的范围

工程变更的范围包括:对合同中任何工作量的改变,任何工作质量或其他特性的改变,工程中任何部分标高、位置和尺寸的改变,删减任何合同原定的工作内容,进行永久性工程所必需的任何附加工作、永久设备、材料供应或其他服务,改变原定的施工顺序或时间安排等。

2. 变更程序

颁发工程接收证书前的任何时间,工程师可以通过发布变更指示或要求承包商递交建议书的方式提出变更。

(1)指示变更。指示的内容应包括变更内容、变更工程量、变更项目的施工技术要求和有关部门的文件图纸、变更处理的原则等。

(2)要求承包商递交建议书后再确定的变更。其程序为:工程师将计划变更事项通知承包商,要求承包商递交变更实施的建议书;承包商尽快给予答复;工程师作出是否同意变更的决定。承包商在等待答复期间,不应延误任何工作。

3. 变更估价

变更估价的原则如下:

(1)在工程量表中有与变更工作相同内容的单价或费率时,以该单价或费率计算变更工程费用。

(2)工程量表中虽列有与变更工作同类的工作及单价或费率,但对具体的变更工作而言已不适用,应在原单价或费率的基础上制定新的合理的单价或费率。

(3)工程量表中没有与变更工作相同或类似的单价或费率,应按合同单价或费率水平一致的原则,制定新的单价或费率,经双方协商同意后执行。

可以调整合同工作单价的情况如下:

(1)工作量的变化超过工程量表中工程量的10%以上。

(2)工程量的变更引起的费用超过了合同价款的0.01%。

(3)变更工程引起的该项工作每单位工程量的费用变动超过了1%。

(四)工程进度款的支付管理

1. 预付款

合同中是否有预付款、预付款金额的多少、支付方式和扣抵方式等要在专用条款中约定。预付款的数额由承包商在投标书内确认。承包商首先将银行出具的履约保函和预付款保函交给业主并通知工程师,工程师在21天内签发“预付款支付证书”,业主按合同约定的数额和外币比例支付预付款。预付款保函金额始终与预付款等额,随着承包商对预付款的偿还逐渐递减保函金额。

2. 用于永久工程的设备和材料款的预付

通用条款规定,为了帮助承包商解决订购大宗主要材料和设备所需的资金占用问题,订购物资经工程师确认合格后,按发票价值的80%作为材料预付款的款额,包括在当月应支付的工程进度款内。双方也可以在专用条款内修订这个百分比。

3. 业主的资金安排

为了保障承包商按时获得工程款的支付，通用条件规定，如果合同内没有约定支付表，当承包商提出要求时，业主应提供资金安排计划。

4. 保留金

保留金是按合同约定从承包商应得的工程进度款中扣减的一笔金额，作为约束承包商严格履行合同义务的措施之一。当承包商有一般违约行为致使业主受到损失时，可以从该项金额内直接扣除损害赔偿。

承包商在投标书附录中按照招标文件提供的要求确认保留金的扣留金额和扣留方法，从首次支付进度款开始，按合同约定的方法扣留保留金。当颁发了工程接收证书之后，按规定的方式返还保留金。

5. 物价浮动对合同价格的调整

对于施工期较长的工程，为了合理分担由于市场物价浮动而带来的风险，一般在合同中约定调价的情况和方法，包括使用的调价公式、可调整的内容等。

6. 基准日后法规变化引起的价格调整

在投标截止日期前28天之后，由于国家、地区、部门的规定、规章发生变化，导致施工费用的变化，工程师应与双方当事人协商后确定调整合同金额的方法。

7. 工程进度款的支付程序

工程进度款的支付程序包括工程量的计量、承包商提供报表、工程师签证、业主支付等环节。

五、施工验收阶段的合同管理

施工验收阶段的合同管理包括竣工检验、颁发工程接收证书、工程移交以及竣工结算。

（一）竣工验收和移交工程

1. 竣工检验

承包商完成工程并准备好竣工报告所需的资料后，应提前21天将某一确定的日期通知工程师，工程师应指示在该日期后14天内的某日进行竣工检验。

2. 颁发工程接收证书

工程通过竣工检验达到了合同规定的“基本竣工”要求后，承包商在其认为可以完成移交工作前14天以书面形式向工程师申请颁发接收证书。

工程师接到承包商申请后的28天内，如果认为已满足竣工条件，即可颁发工程接收证书；若不满意，则应书面通知承包商，指出还需完成哪些工作后才达到基本竣工条件。工程接收证书中包括确认工程达到竣工的具体日期。工程接收证书颁发后，不仅表明承包商对该部分工程的施工义务已经完成，而且对工程的照管责任也转移给了业主。

如果合同约定工程不同区段有不同的竣工日期，每完成一个区段均应按上述程序颁发部分工程的接收证书。

3. 特殊情况下的证书颁发程序

1）业主提前占用工程

业主提前占用工程时，工程师应及时颁发接收证书，并确认业主占用日为竣工日。但承包商仍对该部分工程施工质量缺陷负有责任，工程师颁发接收证书后，应尽快给承包商采取必要措施完成竣工检验的机会。

2）因非承包商原因导致不能进行规定的竣工检验

出现因非承包商原因导致不能进行规定的竣工检验时，工程师应以本该进行竣工检验日签发工程接收证书，将这部分工程移交给业主照管和使用。工程虽已接收，仍应在缺陷通知期内进行补充检验。当竣工检验条件具备后，承包商应在接到竣工检验通知的14天内完成检验工作。由于非承包商的原因导致的缺陷通知期内进行的补检，属于承包商在投标阶段不能预见的情况，该项检查检验比正常检验多支出的费用应由业主承担。

（二）未能通过竣工检验

1.重新检验

如果工程或某区段未能通过竣工检验，承包商对缺陷进行修复和改正，在相同条件下重新进行检验。

2.重复检验仍未能通过

当整个工程或某区段未能通过重新检验时，工程师有权选择以下任何一种处理方法。

（1）指示再进行一次重复的竣工检验。

（2）如果由于该工程缺陷致使业主基本上无法享用该工程或该区段所带来的全部利益，拒收整个工程或区段，业主有权获得赔偿。赔偿的内容包括：业主为整个工程或区段所支付的全部费用；拆除工程、清理现场和将永久设备和材料退还给承包商所发生的费用。

（3）颁发一份接收证书，折价接收该部分工程。

（三）竣工结算

1.承包商报送竣工报表

颁发接收证书后的84天内，承包商应按工程师规定的格式报送竣工报表。报表的内容包括：

（1）到工程接收证书指明的竣工日为止，根据合同完成全部工作的最终价值。

（2）承包商认为应该支付的其他款项。

（3）承包商认为根据合同应支付的估算总额。

2.竣工结算与支付

工程师接到竣工报表后的28天内，应对照竣工书进行工程量核算，对其他支付要求进行审查，然后根据审查结果签署竣工结算的支付证书，业主依据工程师的签证予以支付。

六、缺陷通知期阶段的合同管理

缺陷通知期阶段的合同管理包括承包商应该承担的缺陷通知期内的责任，承包商的义务补救，履约证书的颁发以及最终结算。

（一）工程缺陷责任

1.承包商在缺陷通知期内应承担的义务

工程师在缺陷通知期内可以就以下事项向承包商发布指示：

(1)将不符合合同规定的永久设备或材料从现场移走并替换。

(2)将不符合合同规定的工程拆除并重建。

(3)实施任何因保护工程安全而需要进行的紧急工作。不论事件起因于何故,也不论事件是不可预见的还是其他事件。

2. 承包商的补救义务

承包商应在工程师指示的合理时间内完成上述工作。若承包商未能遵守指示,业主有权雇佣其他人实施并予以付款。如果属于承包商应承担的责任原因,业主有权按照业主索赔程序向承包商追偿。

(二)履约证书

履约证书是承包商已经按合同完成全部施工义务的证明,因此该证书颁发后工程师就无权再指示承包商进行任何施工工作,承包商即可办理最终结算手续。缺陷通知期内工程圆满运行,工程师应在期满后 28 天内,向业主签发解除承包商承担工程缺陷责任的证书,并将副本送给承包商。但此时仅意味着承包商与合同有关的实际义务已经完成,而合同尚未终止,剩余的双方合同义务只限于财务和管理方面的内容。业主应在证书颁发后 14 天内,退还承包商的履约保证书。

缺陷通知期满时,如果工程师认为还存在影响工程运行或使用的较大缺陷,可以延长缺陷通知期,推迟颁发证书,但缺陷通知期的延长不应超过竣工日后的 2 年。

(三)最终结算

最终结算是指颁发履约证书后,对承包商完成全部工作价值的详细结算,以及根据合同条件对应付给承包商的其他费用进行核实,确定合同的最终价格。

颁发履约证书后的 56 天内,承包商应向工程师提交最终报表草案以及工程师要求提交的有关资料。最终报表草案要详细说明根据合同完成的全部工程价值和承包商根据合同认为还应支付的进一步价款。

工程师审核后与承包商协商,对最终报表草案进行适当的补充或修改后形成最终报表。承包商将最终报表交付工程师的同时,还需向业主提交一份“结清单”,进一步证实最终报表的支付总额,作为同意与业主终止合同关系的书面文件。工程师在接到最终报表和结清单附件后的 28 天内签发最终支付证书,业主应在收到证书后的 56 天内支付。只有当业主按照最终支付证书的金额予以支付并退还履约保函后,结清单才生效,承包商的索赔权也即行终止。

第六节 建设工程项目风险管理

一、风险的定义与相关概念

(一)风险的定义

风险被学术界和实务界普遍接受的有两种定义:一种定义就是与出现损失有关的不确定性;二另一种定义是在给定条件下和特定时间内可能发生的结果之间的差异(或实际结果与预期结果之间的差异)。

由上述风险的定义可知,所谓风险要具备两个方面的条件:一是不确定性,二是产生损失后果,否则就不能称为风险。因此,肯定发生损失后果的事件不是风险,没有损失后果的不确定事件也不是风险。

(二)与风险有关的概念

与风险有关的概念有风险因素、风险事件、损失、损失机会。

1. 风险因素

风险因素是能产生或增加损失概率和损失条件的概率或因素,是风险事故发生的潜在原因,是造成损失的内在或间接原因。

根据性质不同,风险因素可分为自然风险因素,道德风险因素和心理风险因素三种类型。

2. 风险事件

风险事件是造成损失的直接或外在的原因,是损失的媒介物,即风险只有通过风险事件的发生才能导致损失。

就某一事件来说,如果它是造成损失的直接原因,那么它就是风险事件;而在其他条件下,如果它是造成损失的间接原因,它便成为风险因素。

3. 损失

在风险管理中,损失是指非故意的、非预期的、非计划的经济价值的减少,通常以货币单位来衡量。我们将损失分为两种形态,即直接损失和间接损失。

4. 损失机会

损失机会通常指损失出现的概率。概率分为客观概率和主观概率两种。客观概率是指某事件在长时期内发生的频率。客观概率确定的方法有三种:演绎法、归纳法和统计法。主观概率是指个人对某事件发生可能性的估计。

(三)建设工程风险及风险管理

在任何建设工程中都存在风险。建设工程作为集经济、技术、管理、组织等各方面于一体的综合性社会活动,在各个方面都存在着不确定性。这些不确定性会造成建设工程实施的失控现象,如工期延长、成本增加、计划修改等,最终导致工程经济效益降低,甚至建设失败。因此,项目管理人员必须充分重视建设工程的风险管理,将其纳入到建设工程管理之中。

1. 建设工程风险的特点

(1)建设工程风险大。建设工程建设周期持续时间长,所涉及的风险因素和风险事件多。对建设工程的风险因素,最常用的是按风险产生的原因进行分类,即将建设工程的风险因素分为政治、社会、经济、自然、技术等因素。这些风险因素都会不同程度地作用于建设工程,产生错综复杂的影响。同时,每一种风险因素又都会产生许多不同的风险事件。这些风险事件虽然不会都发生,但总会有些风险事件发生。总之,建设工程风险因素和风险事件发生的概率均较大,其中,有些风险因素和风险事件的发生概率很大。这些风险因素和风险事件一旦发生,往往造成比较严重的损失后果。

明确这一点,有利于确立风险意识。只有从思想上重视建设工程的风险问题,才有可能对建设工程风险进行主动的预防和控制。

(2)参与工程建设的各方均有风险,但各方的风险不尽相同。工程建设各方所遇到的风险事件有较大的差异,即使是同一风险事件,对建设工程不同参与方的后果有时也迥然不同。例如,同样是通货膨胀风险事件,在可调价格合同条件下,对业主来说是相当大的风险,而对承包商来说则风险很小(其风险主要表现在调价公式是否合理);但是,在固定总价合同条件下,对业主来说就不是风险,而对承包商来说是相当大的风险(其风险大小还与承包商在报价中所考虑的风险费或不可预见费的数额或比例有关)。

明确这一点,有利于准确把握建设工程风险。在对建设工程风险进行具体分析时,首先要明确出发点,即从哪一方的角度进行分析。分析的出发点不同,结果自然也就不同。本章关于建设工程风险的内容主要是从业主的角度进行阐述的。还需指出,对于业主来说,建设工程决策阶段的风险主要表现为投机风险,而在实施阶段的风险主要表现为纯风险。本章仅考虑业主在建设工程实施阶段的风险以及相应的风险管理问题。

2. 建设工程风险管理

1)风险管理过程

风险管理就是一个识别、确定和度量风险并制定、选择和实施风险处理方案的过程。建设工程风险管理在这一点上并无特殊性。风险管理应是一个系统的、完整的过程,一般也是一个循环过程。风险管理过程包括风险识别、风险评价、风险对策决策、实施决策、检查5方面内容。

(1)风险识别。风险识别是风险管理中的首要步骤,是指通过一定的方式,系统而全面地识别出影响建设工程目标实现的风险事件并加以适当归类的过程,必要时还需对风险事件的后果作出定性的估计。

(2)风险评价。风险评价是将建设工程风险事件的发生可能性和损失后果进行定量化的过程。这个过程在系统地识别建设工程风险与合理地作出风险对策决策之间起着重要的桥梁作用。风险评价的结果主要在于确定各种风险事件发生的概率及其对建设工程目标影响的严重程度,如投资增加的数额、工期延误的天数等。

(3)风险对策决策。风险对策决策是确定建设工程风险事件最佳对策组合的过程。一般来说,风险管理中所运用的对策有以下四种:风险回避、损失控制、风险自留和风险转移。这些风险对策的适用对象各不相同,需要根据风险评价的结果,对不同的风险事件选择最适宜的风险对策,从而形成最佳的风险对策组合。

(4)实施决策。对风险对策所作出的决策还需要进一步落实到具体的计划和措施中。例如,制订预防计划、灾难计划、应急计划等;又如,在决定购买工程保险时,要选择保险公司,确定恰当的保险范围、免赔额、保险费等。这些都是实施风险对策决策的重要内容。

(5)检查。在建设工程实施过程中,要对各项风险对策的执行情况不断地进行检查,并评价各项风险对策的执行效果;在工程实施条件发生变化时,要确定是否需要提出不同的风险处理方案。除此之外,还需要检查是否有被遗漏的工程风险或者发现新的工程风险,也就是进入新一轮的风险识别,开始新一轮的风险管理过程。

2)风险管理的目标

风险管理是一项有目的的管理活动,只有目标明确,才能起到有效的作用。否则,风险管理就会流于形式,没有实际意义,也无法评价其效果。

风险管理目标的确定一般要满足以下几个基本要求。

(1)风险管理目标与风险管理主体(如企业或建设工程的业主)总体目标的一致性。

(2)目标的现实性,即确定目标要充分考虑其实现的客观可能性。

(3)目标的明确性,以便于正确选择和实施各种方案,并对其效果进行客观的评价。

(4)目标的层次性,从总体目标出发,根据目标的重要程度,区分风险管理目标的主次,以利于提高风险管理的综合效果。

风险管理的具体目标还需要与风险事件的发生联系起来。就建设工程而言,在风险事件发生前,风险管理的首要目标是使潜在损失最小,这一目标要通过最佳的风险对策组合来实现。其次,减少忧虑及相应的忧虑价值。忧虑价值是比较难以定量化的,但由于对风险的忧虑,分散和耗用建设工程决策者的精力和时间,却是不争的事实。再次,满足外部的附加义务,例如,政府明令禁止的某些行为、法律规定的强制性保险等。在风险事件发生后,风险管理的首要目标是使实际损失减少到最低程度。要实现这一目标,不仅取决于风险对策的最佳组合,而且取决于具体的风险对策计划和措施。最后,保证建设工程实施的正常进行,按原定计划建成工程。同时,在必要时还要承担社会责任。

从风险管理目标与风险管理主体总体目标一致性的角度,建设工程风险管理的目标通常更具体地表述为如下。

(1)实际投资不超过计划投资。

(2)实际工期不超过计划工期。

(3)实际质量满足预期的质量要求。

(4)建设过程安全。

因此,从风险管理目标的角度分析,建设工程风险可分为投资风险、进度风险、质量风险和安全风险。

3)建设工程项目管理与风险管理的关系

风险管理是项目管理理论体系的一个部分。但是,在项目管理理论体系中,风险管理并不是与投资控制、进度控制、质量控制、合同管理、信息管理、组织协调并列的一个独立的部分,而是将以上六方面与风险有关的内容综合而成的一个独立的部分。

建设工程项目管理的目标即目标控制的目标,与风险管理的目标是一致的,这一点如前所述。从某种意义上讲,可以认为风险管理是为目标控制服务的。

二、建设工程风险识别

(一)风险识别的特点和原则

1.风险识别的特点

(1)个别性。任何风险都有其与其他风险的不同之处,没有两个风险是完全一致的。不同类型建设工程的风险不同自不必说,而同一建设工程如果建造地点不同,其风险也不同;即使是建造地点确定的建设工程,如果由不同的承包商承建,其风险也不同。因此,虽然不同建设工程风险有不少共同之处,但一定存在着不同之处,在风险识别时尤其要注意这些不同之处,突出风险识别的个别性。

(2)主观性。风险识别都是由人来完成的,由于人的专业知识水平(包括风险管理方面的知识)、实践经验等方面的差异,同一风险由不同的人识别的结果就会有较大的差异。风险本身客观存在,但风险识别是主观行为。在风险识别时,要尽可能减少主观性对风险识别结果的影响。要做到这一点,关键在于提高风险识别的水平。

(3)复杂性。建设工程所涉及的风险因素和风险事件均很多,而且关系复杂、相互影响,这给风险识别带来很强的复杂性。因此,建设工程风险识别对风险管理人员要求很高,并且需要准确、详细的依据,尤其是定量的资料和数据。

(4)不确定性。这一特点可以说是主观性和复杂性的结果。在实践中,可能因为风险意识的结果与实际不符而造成损失,这往往是由于风险意识结论错误导致风险对策决策错误而造成的。由风险的定义可知,风险识别本身也是风险,因而避免和减少风险识别的风险也是风险管理的内容。

2. 风险识别的原则

(1)由粗及细,由细及粗。由粗及细是指对风险因素进行全面分析,并通过多种途径对工程风险进行分解,逐渐细化,以获得对工程风险的广泛认识,从而得到工程初始风险清单。而由细及粗是指从工程初始风险清单的众多风险中,根据同类建设工程的经验以及对拟建建设工程具体情况的分析和风险调查,确定那些对建设工程目标实现有较大影响的工程风险作为主要风险,即作为风险评价以及风险对策决策的主要对象。

(2)严格界定风险内涵并考虑风险因素之间的相关性。对各种风险的内涵要严格加以界定,不要出现重复和交叉现象。另外,还要尽可能考虑各种风险因素之间的相关性,如主次关系、因果关系、互斥关系、正相关关系、负相关关系等。应当说,在风险识别阶段考虑风险因素之间的相关性有一定的难度,但至少要做到严格界定风险内涵。

(3)先怀疑,后排除。对于所遇到的问题都要考虑其是否存在不确定性,不要轻易否定或排除某些风险,要通过认真的分析进行确认或排除。

(4)排除与确认并重。对于肯定可以排除和肯定可以确认的风险应尽早予以排除和确认。对于一时既不能排除又不能确认的风险再作进一步的分析,予以排除或确认。最后,对于肯定不能排除但又不能肯定予以确认的风险按确认考虑。

(5)必要时,可做试验论证。对于某些按常规方式难以判定其是否存在,也难以确定其对建设工程目标影响程度的风险,尤其是技术方面的风险,必要时可做试验论证,如抗震试验、风洞试验等。这样做的结论可靠,但要以付出费用为代价。

(二)风险识别的过程

建设工程自身及其外部环境的复杂性,给人们全面、系统地识别工程风险带来了许多具体的困难,同时也要求明确建设工程风险识别的过程。

由于建设工程风险识别的方法与风险管理理论中提出的一般的风险识别方法有所不同,因而其风险识别的过程也有所不同。建设工程的风险识别往往是通过对试验数据的分析、风险调查、专家咨询以及试验论证等方式,在对建设工程风险进行多维分解的过程中,认识工程风险,建立工程风险清单。

建设工程风险识别的过程如图 5-1 所示。

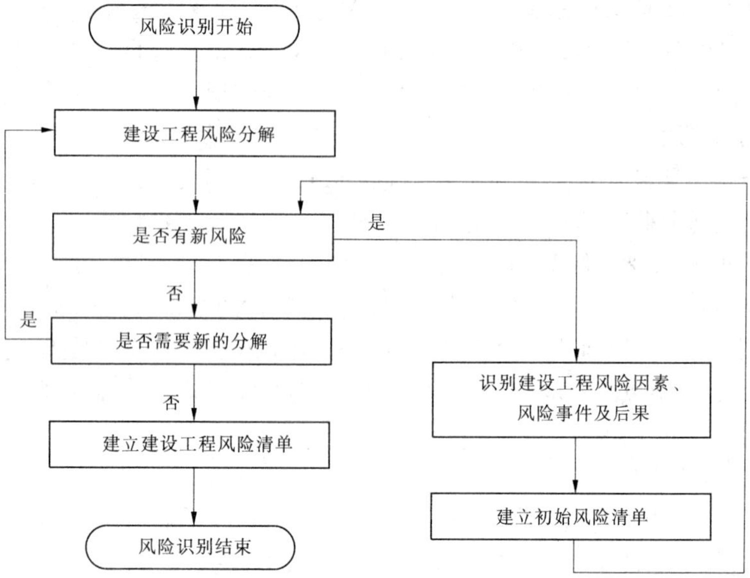

图 5-1　建设工程风险识别过程

(三)建设工程风险的分解

建设工程风险的分解是根据工程风险的相互关系将其分解成若干个子系统,其分解的程度要足以使人们较容易地识别出建设工程的风险,使风险识别具有较好的准确性、完整性和系统性。

根据建设工程的特点,建设工程风险的分解可以按以下途径进行。

(1)目标维。即按建设工程目标进行分解,也就是考虑影响建设工程投资、进度、质量和安全目标实现的各种风险。

(2)时间维。即按建设工程实施的各个阶段进行分解,也就是考虑建设工程实施不同阶段的不同风险。

(3)结构维。即按建设工程组成内容进行分解,也就是考虑不同单项工程、单位工程的不同风险。

(4)因素维。即按建设工程风险因素的分类分解,如政治、社会、经济、自然、技术等方面的风险。

在风险分析过程中,有时并不仅是采用一种方法就能达到目的,而需要几种方法组合。例如,常用的组合分解方式是由时间维、目标维和因素维三方面从总体上进行建设工程风险的分解,如图 5-2 所示。

(四)风险识别的方法

除了采用风险管理理论中所提出的风险识别的基本方法,对建设工程风险的识别,还可以根据其自身特点,采用相应的方法。综合起来,建设工程风险识别的方法有:专家调查法、财务报表法、流程图法、初始清单法、经验数据法和风险调查法。以下对风险识别的一般方法仅作简单介绍,而对建设工程风险识别的具体方法作较详细的说明。

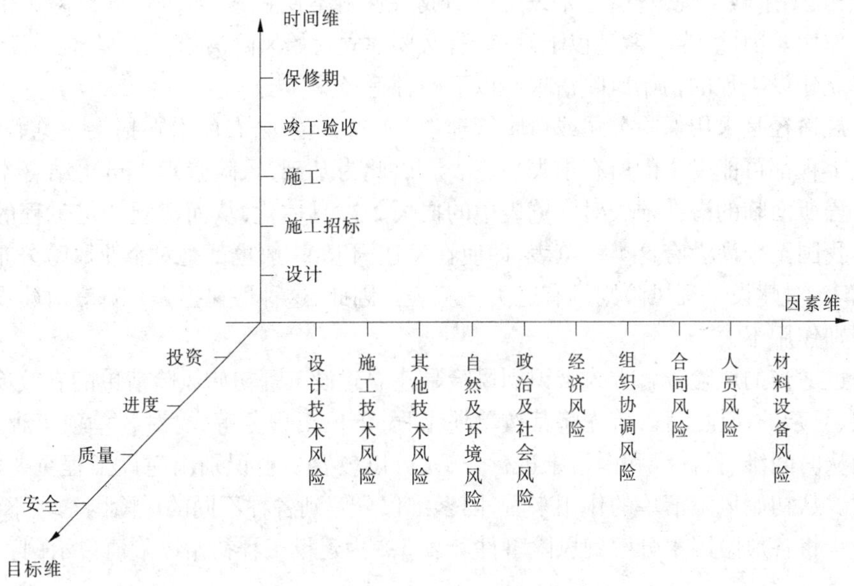

图 5-2　建设工程风险三维分解图

1. *专家调查法*

专家调查法有两种方式:一种是召集有关专家开会,让专家各抒己见,充分发表意见,起到集思广益的作用;另一种是采用问卷式调查,各专家不知道其他专家的意见。采用专家调查法时,所提出的问题应具有指导性和代表性,并具有一定的深度,还应尽可能具体些。专家所涉及的面应尽可能广泛些,有一定的代表性。对专家发表的意见,要由风险管理人员加以归纳分类、整理分析,有时可能要排除个别专家的个别意见。

2. *财务报表法*

财务报表有助于确定一个特定企业或建设工程可能遭受哪些损失以及在何种情况下遭受这些损失。通过分析资产负债表、现金流量表、营业报表及有关补充资料,可以识别企业当前的所有资产、责任及人身损失风险。将这些报表与财务预测、预算结合起来,可以发现企业或建设工程未来的风险。

3. *流程图法*

将一项特定的生产或经营活动按步骤或阶段顺序以若干个模块形式组成一个流程图系列,在每个模块中都标出各种潜在的风险因素或风险事件,从而给决策者一个清晰的总体印象。一般来说,对流程图中各步骤或阶段的划分比较容易,关键在于找出各步骤或各阶段不同的风险因素或风险事件。

这种方法实际上是将图 5-2 中的时间维与因素维相结合。由于建设工程实施的各个阶段是确定的,因而关键在于对各阶段风险因素或风险事件的识别。

由于流程图的篇幅限制,采用这种方法所得到的风险识别结果较粗。

4. *初始清单法*

如果对每一个建设工程风险的识别都从头做起,至少有以下三方面缺陷:一是耗费时间和精力多,风险识别工作的效率低;二是由于风险识别的主观性,可能导致风险识别的随意性,其结果缺乏规范性;三是风险识别成果资料不便积累,对今后的风险识别工作缺乏指导作用。因此,为了避免以上缺陷,有必要建立初始风险清单。

建立建设工程的初始风险清单有以下两种途径。

常规途径是采用保险公司或风险管理学会(或协会)公布的潜在损失一览表,即任何企业或工程都可能发生的所有损失一览表。以此为基础,风险管理人员再结合本企业或某项工程所面临的潜在损失对一览表中的损失予以具体化,从而建立特定工程的风险一览表。我国至今尚没有这类一览表,即使在发达国家,一般也都是对企业风险公布潜在损失一览表,对建设工程风险则没有这类一览表。因此,这种潜在损失一览表对建设工程风险的识别作用不大。

通过适当的风险分解方式来识别风险是建立建设工程初始风险清单的有效途径。对于大型、复杂的建设工程,首先将其按单项工程、单位工程分解,再对各单项工程、单位工程分别从时间维、目标维和因素维进行分解,可以较容易地识别出建设工程主要的、常见的风险。从初始风险清单的作用来看,因素维仅分解到各种不同的风险因素是不够的,还应进一步将各风险因素分解到风险事件。表 5-2 为建设工程初始风险清单示例。

表 5-2　建设工程初始风险清单示例

风险	风险因素	典型风险事件
技术风险	设计	设计内容不全、设计缺陷、错误和遗漏,应用规范不恰当,未考虑地质条件,未考虑施工可能性等
	施工	施工工艺落后,施工技术和方案不合理,施工安全措施不当,应用新技术新方案失败,未考虑场地情况等
	其他	工艺设计未达到先进性指标,工艺流程不合理,未考虑操作安全性等
非技术风险	自然与环境	洪水、地震、火灾、台风、雷电等不可抗拒自然力,不明的水文气象条件,复杂的工程地质条件,恶劣的气候,施工对环境的影响等
	政治法律	法律及规章的变化、战争和骚乱、罢工、经济制裁或禁运等
	经济	通货膨胀或紧缩,汇率变动,市场动荡,社会各种摊派和征费的变化,资金不到位,资金短缺等
	组织协调	业主和上级主管部门的协调,业主和设计方、施工方以及监理方的协调,业主内部的组织协调等
	合同	合同条款遗漏、表达有误,合同类型选择不当,承发包模式选择不当,索赔管理不力,合同纠纷等
	人员	业主人员、设计人员、监理人员、一般工人、技术员、管理人员的素质(能力、效率、责任心、品德)不高
	材料设备	原材料、半成品、成品或设备供货不足或拖延,数量差错或质量规格问题,特殊材料和新材料的使用问题,过度损耗和浪费,施工设备供应不足、类型不配套、故障、安装失误、选型不当等

初始风险清单只是为便于人们较全面地认识风险的存在，而不至于遗漏重要的工程风险，但并不是风险识别的最终结论。在初始风险清单建立后，还需要结合特定建设工程的具体情况进一步识别风险，从而对初始风险清单做一些必要的补充和修正。为此，需要参照同类建设工程风险的经验数据（若无现成的资料，则要多方收集）或针对具体建设工程的特点进行风险调查。

5. 经验数据法

经验数据法也称为统计资料法，即根据已建各类建设工程与风险有关的统计资料来识别拟建建设工程的风险。不同的风险管理主体都应有自己关于建设工程风险的经验数据或统计资料。在工程建设领域，可能有工程风险经验数据或统计资料的风险管理主体包括咨询公司（含设计单位）、承包商以及长期有工程项目的业主（如房地产开发商）。由于这些不同的风险管理主体的角度不同、数据或资料来源不同，其各自的初始风险清单一般有些差异。但是，建设工程风险本身是客观事实，有客观的规律性，当经验数据或统计资料足够时，这种差异性就会大大减小。并且，风险识别只是对建设工程风险的初步认识，还是一种定性分析，因此这种基于经验数据或统计资料的初始风险清单可以满足对建设工程风险识别的需要。

例如，根据建设工程的经验数据或统计资料可以得知，减少投资风险的关键在设计阶段，尤其是初步设计以前的阶段，因此应把方案设计和初步设计阶段的投资风险当做重点进行详细的风险分析；设计阶段和施工阶段的质量风险最大，需要对这两个阶段的质量风险做进一步的分析；施工阶段存在较大的进度风险，需要做重点分析。由于施工活动是由一个个分部分项工程按一定的逻辑关系组织实施的，因此进一步分析各分部分项工程对施工进度或工期的影响，更有利于风险管理人员识别建设工程进度风险。图 5-3 所示的是某风险管理主体根据房屋建筑工程各主要分部分项工程对工期影响的统计资料绘制的。

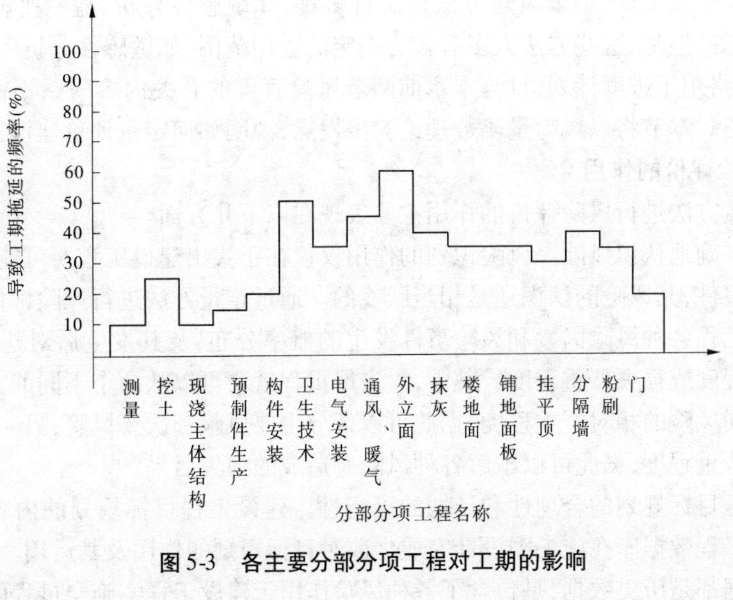

图 5-3　各主要分部分项工程对工期的影响

6. 风险调查法

由风险识别的个别性可知，两个不同的建设工程不可能有完全一致的工程风险。因此，在建设工程风险识别的过程中，花费人力、物力、财力进行风险调查是必不可少的，这既是一项非常重要的工作，也是建设工程风险识别的重要方法。

风险调查应当从分析具体建设工程的特点入手，一方面对通过其他方法已识别出的风险（如初始风险清单所列出的风险）进行鉴别和确认；另一方面，通过风险调查有可能发现此前尚未识别出的重要的工程风险。通常，风险调查可以从组织、技术、自然及环境、经济、合同等方面分析拟建建设工程的特点以及相应的潜在风险。风险调查并不是一次的。由于风险管理是一个系统的、完整的循环过程，因而风险调查也应该在建设工程实施过程中不断地进行，这样才能了解不断变化的条件对工程风险状态的影响。当然，随着工程实施的进展，不确定性因素越来越少，风险调查的内容亦将相应的减少，风险调查的重点有可能不同。

对于建设工程的风险识别来说，仅仅采用一种风险识别方法是远远不够的，一般都应综合采用两种或多种风险识别方法，才能取得较为满意的结果。而且，不论采用何种风险识别方法组合，都必须包含风险调查法。从某种意义上讲，前 5 种风险识别方法的主要作用在于建立初始风险清单，而风险调查法的作用则在于建立最终的风险清单。

三、建设工程风险评价

系统而全面地识别建设工程风险只是风险管理的第一步，对认识到的工程风险还要作进一步的分析，也就是风险评价。风险评价可以采用定性和定量两大类方法。定性风险评价方法有专家打分法、层次分析法等，其作用在于区分出不同风险的相对严重程度以及根据预先确定的可接受的风险水平（有文献称为“风险度”）作出相应的决策。由于从方法上讲，专家打分法和层次分析法有广泛的适用性，并不是风险评价专用的，所以本节不予介绍。从广义上讲，定量风险方法也有许多种，如敏感性分析、盈亏平衡分析、决策树、随机网络等，但是，这些方法大多有较为确定的适用范围，如敏感性分析用于项目财务评价，随机网络用于进度计划，且与本章前两节风险管理的有关内容联系不密切，所以本节也不予介绍。本节将以风险量函数理论为出发点，说明如何定量评价建设工程风险。

（一）风险评价的作用

通过定量方法进行风险评价的作用主要表现在以下几方面。

一是更准确地认识风险。风险识别的作用仅仅在于找出建设工程所可能面临的风险因素和风险事件，其风险的认识还是相当肤浅的。通过定量方法进行风险评价，可以定量地确定建设工程各种风险因素和风险事件发生的概率分布，及其发生后对建设工程目标影响的严重程度或损失严重程度。其中，损失严重程度又可以从两个不同的方面来反映：一方面是不同风险的相对严重程度，据此可以区分主要风险和次要风险；另一方面是各种风险的绝对严重程度，据此可以了解各种风险所造成的损失后果。

二是保证目标规划的合理性和计划的可行性。建设工程目标规划的内容中，主要是突出了建设工程数据库在施工图设计完成之前对目标规划的作用及其运用。建设工程数据库中的数据都是历史数据，是包含了各种风险作用于建设工程实施全过程的实际结果。

但是,建设工程数据库中通常没有具体反映工程风险的信息,充其量只有关于重大工程风险的简单说明。也就是说,建设工程数据库只能反映各种风险综合作用的后果,而不能反映各种风险各自作用的后果。由于建设工程风险的个别性,只有对特定建设工程的风险进行定量评价,才能正确地反映各种风险对建设工程目标的不同影响,才能使目标规划的结果更加合理、可靠,使在此基础上制订的计划具有现实的可行性。

三是合理地选择风险对策,形成最佳风险对策组合。如前所述,不同风险对策的适用对象各不相同。风险对策的适用性需从效果和代价两个方面考虑。风险对策的效果表现在降低风险发生概率和(或)降低损失严重程度的幅度,有些风险对策(如损失控制)在这一点上较难准确地量度。风险对策一般都要付出一定的代价,如采取损失控制时的措施费、投保工程险时的保险费等,这些代价一般都可准确地量度。而定量风险评价的结果是各种风险的发生概率及其损失严重程度。因此,在选择风险对策时,应将不同风险对策的适用性与不同风险的后果结合起来考虑,对不同的风险选择适宜的风险对策,从而形成最佳的风险对策组合。

(二)风险量函数

在定量评价建设工程风险时,首要的工作是将各种风险的发生概率及其潜在损失定量化,这一工作也称为风险衡量。

为此,需要引入风险量的概念。所谓风险量,是指各种风险的量化结果,其数值大小取决于各种风险的发生概率及其潜在损失。如果以 R 表示风险量,p 表示风险的发生概率,q 表示潜在的损失,则 R 可以表示为 p 和 q 的函数,即

$$R = f(p,q) \tag{5-1}$$

式(5-1)反映的是风险量的基本原理,具有一定的通用性,其应用前提是能通过适当的方式建立关于 p 和 q 的连续性函数。但是,这一点不是很容易做到的。在风险管理理论和方法中,多数情况下是以离散形式来定量表示风险的发生概率及其损失,因而风险量 R 相应地表示为

$$R = \sum p_i q_i \tag{5-2}$$

式中,$i = 1,2,\cdots,n$,表示风险事件的数量。

与风险量有关的另一个概念是等风险量曲线,就是由风险量相同的风险事件所形成的曲线,如图5-4所示。在图5-4中,R_1、R_2、R_3 为3条不同的等风险量曲线。不同等风险量曲线所表示的风险量大小与其风险坐标原点的距离成正比,即距原点越近,风险量越小;反之,则风险量越大。因此,$R_1 < R_2 < R_3$。

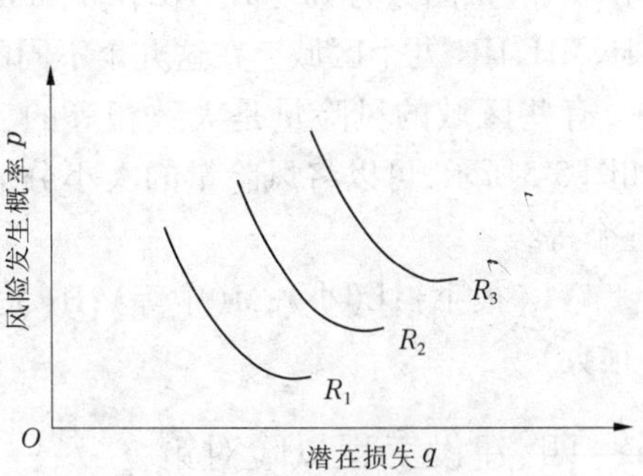

图5-4 等风险量曲线

(三)风险损失的衡量

风险损失的衡量就是定量确定风险损失值的大小。建设工程风险损失包括投资风险、进度风险、质量风险及安全风险。

由以上四方面风险的内容可知,投资增加可以直接用货币来衡量;进度的拖延则属于

时间范畴,同时也会导致经济损失;而质量事故和安全事故既会产生经济影响又可能导致工期延误和第三方责任,显得更加复杂。而第三方责任除了法律责任,一般都是以经济赔偿的形式来实现的。因此,这四方面的风险最终都可以归纳为经济损失。

(四)风险概率的衡量

衡量建设工程风险概率有两种方法:相对比较法和概率分布法。一般而言,相对比较法主要是依据主观概率,而概率分布法的结果则接近于客观概率。

1. 相对比较法

相对比较法由美国风险管理专家 Richard Prouty 提出,表示如下。

(1)几乎是零:这种风险事件可认为不会发生。

(2)很小的:这种风险事件虽有可能发生,但现在没有发生并且将来发生的可能性也不大。

(3)中等的:即这种风险事件偶尔会发生,并且能预期将来有时会发生。

(4)一定的:即这种风险事件一直在有规律的发生,并且能够预期未来也是有规律的发生。在这种情况下,可以认为风险事件发生的概率较大。

在采用相对比较法时,建设工程风险导致的损失也将相应划分成重大损失、中等损失和轻度损失,从而在风险坐标上对建设工程的风险进行定位,反映风险量的大小。

2. 概率分布法

概率分布法可以较为全面地衡量建设工程风险。因为通过潜在损失的概率分布,有助于确定在一定情况下哪种风险对策或对策组合最佳。

(五)风险评价

在风险衡量过程中,建设工程风险被量化为关于风险发生概率和损失严重性的函数,但在选择对策之前,还需要对建设工程风险量作出相对比较,以确定建设工程风险的相对严重性。

等风险量曲线(见图 5-4)指出,在风险坐标图上,离原点位置越近则风险量越小。据此,可以将风险发生概率 p 和潜在损失 q 分别分为 L(小)、M(中)、H(大)三个区间,从而将等风险量图分为 LL、ML、HL、LM、MM、HM、LH、MH、HH 九个区域。在这九个不同的区域中,有些区域的风险量是大致相等的,例如,如图 5-5所示,可以将风险量的大小分成以下五个等级。

VL(很小);L(小);M(中等);H(大);VH(很大)。

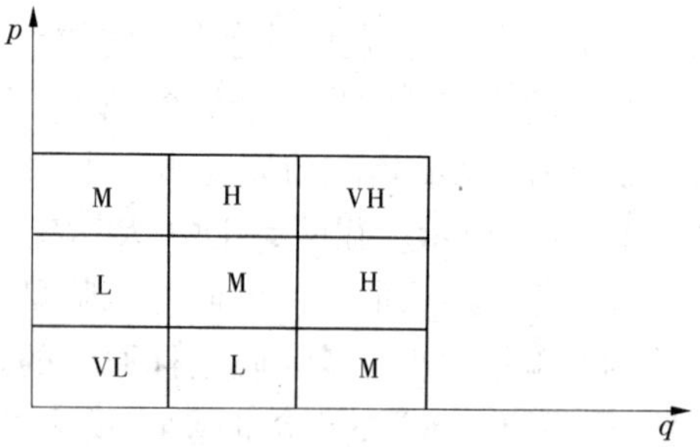

图 5-5 风险等级图

四、建设工程风险对策

风险对策也称为风险防范手段或风险管理技术。建筑工程风险对策主要有:风险回避、损失控制及风险自留及风险转移。

(一)风险回避

风险回避就是以一定的方式中断风险源,使其不发生或不再发展,从而避免可能产生的潜在损失。例如,某建设工程的可行性研究报告表明,虽然从净现值、内部收益率指标看是可行的,但敏感性分析的结论是对投资额、产品价格、经营成本均很敏感,这意味着该建设工程的不确定性很大,亦即风险很大,因而决定不投资建造该建设工程。

采用风险回避这一对策时,有时需要做出一些牺牲,但较之承担风险,这些牺牲比风险真正发生时可能造成的损失要小得多。

在采用风险回避对策时需要注意以下问题。

首先,回避一种风险可能产生另一种新的风险。

其次,回避风险的同时也失去了从风险中获益的可能性。

再次,回避风险可能不实际或不可能。这一点与建设工程风险的定义或分解有关。建设工程风险定义的范围越广或分解得越粗,回避风险就越不可能。例如,如果将建设工程的风险仅分解到风险因素这个层次,那么任何建设工程都必然会发生经济风险、自然风险和技术风险,根本无法回避。又如,从承包商的角度来看,投标总是有风险的,但决不会为了回避投标风险而不参加任何建设工程的投标。由此可以得出结论:不可能回避所有的风险。正因为如此,才需要其他不同的风险对策。

总之,虽然风险回避是一种必要的,有时甚至是最佳的风险对策,但应该承认这是一种消极的风险对策。如果处处回避、事事回避,其结果只能是停止发展,直至停止生存。因此,应当勇敢地面对风险,这就需要适当运用风险回避以外的其他风险对策。

(二)损失控制

1. 损失控制的概念

损失控制是一种主动、积极的风险对策。损失控制可分为预防损失和减少损失两方面的工作。预防损失措施的主要作用在于降低或消除(通常只能做到减少)损失发生的概率,而减少损失措施的作用在于降低损失的严重性或遏制损失的进一步发展,使损失最小化。一般来说,损失控制方案都应当是预防损失措施和减少损失措施的有机结合。

2. 制定损失控制措施的依据和代价

制定损失控制措施必须以定量风险评价的结果为依据,才能确保损失控制措施具有针对性,取得预期的控制结果。风险评价时特别要注意间接损失和隐蔽损失。制定损失控制措施还必须考虑其付出的代价,包括费用和时间两方面的代价。

3. 损失控制计划系统

在采用损失控制这一风险对策时,所制定的损失控制措施应当形成一个周密的、完整的损失控制计划系统。就施工阶段而言,该计划系统一般应由预防计划(有文献称为安全计划)、灾难计划和应急计划三部分组成。

1)预防计划

预防计划的目的在于有针对性地预防损失的发生,其主要作用是降低其发生的概率,在许多情况下也能在一定程度上降低损失的严重性。在损失控制计划系统中,预防计划的内容最广泛,具体措施最多,包括组织措施、管理措施、合同措施、技术措施。

组织措施的首要任务是明确各部门和人员在损失控制方面的职责分工,以使各方人员都能为实施预防计划而有效的配合,还需要建立相应的工作制度和会议制度,必要时,还应对有关人员(尤其是现场工人)进行安全培训等。

采取管理措施,即可采取风险分隔措施,将不同的风险单位间隔开来,将风险局限在尽可能小的范围内,以避免在某一风险发生时,产生连锁反应或互相牵连,如在施工现场将易发生火灾的木工加工厂尽可能设在远离现场办公用房的位置;也可采取风险分散措施,通过增加风险单位以减轻总体风险的压力,达到共同分摊总体风险的目的,如在涉外工程结算中采用多种货币组合的方式付款,从而分散汇率风险。

合同措施除要保证整个建设工程总体合同结构合理、不同合同之间不出现矛盾外,还要注意合同具体条款的严密性,并做出与特定风险相应的规定,如要求承包商加强履约保证和预付款保证等。

技术措施是在建设工程施工过程中常用的预防损失措施,如地基加固、周围建筑物防护、材料检测等。与其他几方面措施相比,技术措施的显著特征是必须付出费用和时间两方面的代价,应当慎重比较后再进行选择。

2)灾难计划

灾难计划是一组事先编制好的、目的明确的工作程序和具体措施,为现场人员提供明确的行动指南,使其在各种严重的、恶性的紧急事件发生后,不至于惊慌失措,也不需要临时讨论研究应对措施,可以做到从容不迫、及时、妥善的处理,从而减少人员伤亡以及财产和经济损失。

灾难计划是针对严重风险事件制定的,其内容应满足以下要求:

(1)安全撤离现场人员。

(2)救援及处理伤亡人员。

(3)控制事故的进一步发展,最大限度地减少资产和环境损害。

(4)保证受影响区域的安全尽快恢复正常。

(5)灾难计划在严重风险事件发生或即将发生时付诸实施。

3)应急计划

应急计划是在风险损失基本确定后的处理计划,其宗旨是使因严重风险事件而中断的工程实施过程尽快全面恢复,并减少进一步的损失,使其影响程度减至最小。应急计划不仅要制定所要采取的相应措施,而且要规定不同工作部门相应的职责。

应急计划应包括的内容有:调整整个建设工程的施工进度计划,并要求各承包商相应调整各自的施工进度计划;调整材料、设备的采购计划,并及时与材料、设备供应商联系,必要时可能要签订补充协议;准备保险索赔依据,确定保险索赔的额度,起草保险索赔报告;全面审查可使用的资金情况,必要时需调整筹资计划,等等。

三种损失控制计划之间的关系如图5-6所示。

(三)风险自留

顾名思义,风险自留就是将风险留给自己承担,是从企业内部财务的角度应对风险。风险自留与其他风险对策的根本区别在于,它不改变建设工程风险的客观性质,即既不改变工程风险的发生概率,也不改变工程风险潜在损失的严重性。

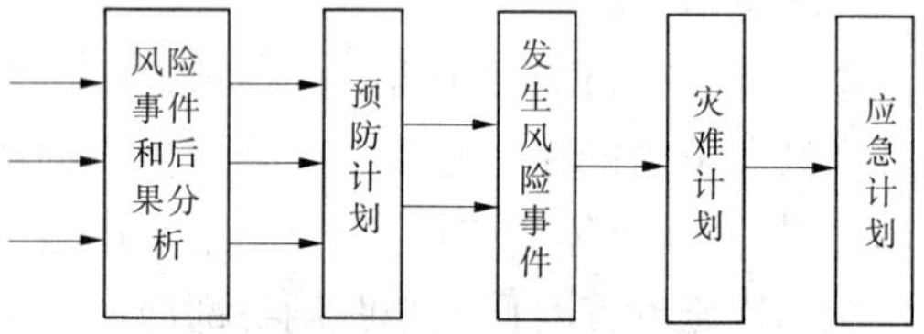

图5-6　三种损失控制计划之间的关系

1. 风险自留的类型

风险自留可分为非计划性风险自留和计划性风险自留两种类型。

1）非计划性风险自留

由于风险管理人员没有意识到建设工程某些风险的存在，或者不曾有意识地采取有效措施，以致风险发生后只好由自己承担。这样的风险自留就是非计划性的和被动的。导致非计划性风险自留的主要原因有以下几种。

（1）缺乏风险意识。这往往是由于建设资金来源与建设工程业主的直接利益无关所造成的，这是我国过去和现在许多由政府提供建设资金的建设工程不自觉地采用非计划性风险自留的主要原因。此外，也可能是由于缺乏风险管理理论的基本知识而造成的。

（2）风险识别失误。由于所采用的风险识别方法过于简单和一般化，没有针对建设工程风险的特点，或者缺乏建设工程风险的经验数据或统计资料，或者没有针对特定建设工程进行风险调查等，都可能导致风险识别失误，从而使风险管理人员未能意识到建设工程某些风险的存在，而这些风险一旦发生就成为自留风险。

（3）风险评价失误。在风险识别正确的情况下，风险评价的方法不当可能导致风险评价结论错误，如仅采用定性风险评价方法。即使是采用定量风险评价方法，也可能由于风险衡量的结果出现严重误差而导致风险评价失误，结果将不该忽略的风险忽略了。

（4）风险决策延误。在风险识别和风险评价均正确的情况下，可能由于迟迟没有做出相应的风险对策决策，而某些风险已经发生，使得根据风险评价结果本不会做出风险自留选择的那些风险成为自留风险。

（5）风险决策实施延误。风险决策实施延误包括两种情况：一种是主观原因，即行动迟缓，对已做出的风险迟迟不付诸实施或实施工作进展缓慢；另一种是客观原因，某些风险对策的实施需要时间，如损失控制的技术措施需要较长时间才能完成，保险合同的谈判也需要较长时间等，而在这些风险对策实施尚未完成之前却已发生了相应的风险，成为事实上的自留风险。

事实上，对于大型、复杂的建设工程来说，风险管理人员几乎不可能识别出所有的工程风险。从这个意义上讲，非计划性风险自留有时是无可厚非的，因而也是一种适用的风险处理策略。但是，风险管理人员应当尽量减少风险识别和风险评价的失误，要及时做出风险对策决策，并及时实施决策，从而避免被迫承担重大和较大的工程风险。总之，虽然非计划性风险自留不可能不用，但应尽可能少用。

2）计划性风险自留

计划性风险自留是主动的、有意识的、有计划的选择，是风险管理人员在经过正确的风险识别和风险评价后做出的风险对策决策，是整个建设工程风险对策计划的一个组成部分。也就是说，风险自留绝不可能单独运用，而应与其他风险对策结合使用。在实行风险自留时，应保证重大和较大的建设工程风险已经进行了工程保险或实施了损失控制计划。

计划性风险自留的计划性主要体现在风险自留水平和损失支付方式两方面。所谓风险自留水平，是指选择哪些风险事件作为风险自留的对象。确定风险自留水平可以从风险量数值大小的角度考虑，一般应选择风险量小或较小的风险事件作为风险自留的对象。

计划性风险自留还应从费用、期望损失、机会成本、服务质量和税收等方面与工程保险比较后才能得出结论。损失支付方式的含义比较明确，即在风险事件发生后，对所造成的损失通过什么方式或渠道来支付。

2. 损失支付方式

计划性风险自留应预先制定损失支付计划，常见的损失支付方式有以下几种。

（1）从现金净收入中支出。采用这种方式时，在财务上并不对自留风险作特别的安排，在损失发生后从现金净收入中支出，或将损失费用记入当期成本。实际上，非计划性风险自留通常都是采用这种方式。因此，这种方式不能体现计划性风险自留的"计划性"。

（2）建立非基金储备。这种方式是设立了一定数量的备用金，但其用途并不是专门针对自留的风险，其他原因引起的额外费用也在其中支出。例如，本属于损失控制对策范围内的风险实际损失费用，甚至一些不属于风险管理范畴的额外费用。

（3）自我保险。这种方式是设立一项专项基金（亦称为自我基金），专门用于自留风险所造成的损失。该基金的设立不是一次性的，而是每期支出，相当于定期支付保险费，因而称为自我保险。这种方式若用于建设工程风险自留，需做适当的变通，如将自我基金（或风险费）在施工开工前一次性设立。

（4）母公司保险。这种方式只适用于存在总公司与子公司关系的集团公司，往往是在难以投保或自保较为有利的情况下运用。从子公司的角度来看，与一般的投保无异，收支较为稳定，税负可能得益（是否按保险处理，取决于该国的规定）；从母公司的角度，可采用适当的方式进行资金运作，使这笔基金增值，也可再以母公司的名义向保险公司投保。对于建设工程风险自留来说，这种方式可用于特大型建设工程（有众多的单项工程的单位工程），或长期有较多建设工程的业主，如房地产开发（集团）公司。

3. 风险自留的适用条件

计划性风险自留至少要符合以下条件之一才应予以考虑。

（1）别无选择。有些风险既不能回避，又不可能预防，且没有转移的可能性，只能自留，这是一种无奈的选择。

（2）期望损失不严重。风险管理人员对期望损失的估计低于保险公司的估计，而且根据自己多年的经验和有关资料，风险管理人员确信自己的估计正确。

（3）损失可准确预测。在此，仅考虑风险的客观性。这一点实际上是要求建设工程有较多的单项工程和单位工程，满足概率分布的基本条件。

（4）企业有短期内承受最大潜在损失的能力。由于风险的不确定性，可能在短期内发生最大的潜在损失。这时，即使设立了自我基金或向母公司保险，已有的专项基金仍不足以弥补损失，需要企业从现金收入中支付。如果企业没有这种能力，可能因此而被摧毁。对于建设工程的业主来说，与此相应的要具有短期内筹措大笔资金的能力。

（5）投资机会很好（或机会成本很大）。如果市场投资前景很好，则保险费的机会成本就显得很大，不如采取风险自留，将保险费作为投资，以取得较多的投资回报。即使今后自留风险事件发生，也足以弥补其造成的损失。

（6）内部服务优良。如果保险公司所能提供的多数服务完全可以由风险管理人员在内部完成，且由于他们直接参与工程的建设和管理活动，从而使服务更方便、质量在某些方面也更高。在这种情况下,风险自留是合理的选择。

(四)风险转移

风险转移是建设工程风险管理中非常重要而且广泛应用的一项对策,分为非保险转移和保险转移两种形式。

根据风险管理的基本理论,建设工程的风险应由有关各方分担,而风险分担的原则是:任何一种风险都应由最适宜承担该风险或最有能力进行损失控制的一方承担。符合这一原则的风险转移是合理的,可以取得双赢或多赢的结果。例如,项目决策风险应由业主承担,设计风险应由设计方承担,而施工技术风险应由承包商承担,等等。否则,风险转移就可能付出较高的代价。

1.非保险转移

非保险转移又称为合同转移,因为这种风险转移一般是通过签订合同的方式将工程风险转移给非保险人的对方当事人。建设工程风险最常见的非保险转移有以下三种情况:

(1)业主将合同责任和风险转移给对方当事人。在这种情况下,被转移者多数是承包商。例如,在合同条款中规定,业主对场地条件不承担责任;又如,采用固定总价合同将涨价风险转移给承包商等。

(2)承包商进行合同转让或工程分包。承包商中标承接某工程后,可能由于资源安排出现困难而将合同转让给其他承包商,以避免由于自己无力按合同规定时间建成工程而遭受违约罚款;或将该工程中专业技术要求很强而自己缺乏相应技术的工程内容分包给专业分包商,从而更好地保证工程质量。

(3)第三方担保。合同当事人的一方要求另一方为其履约行为提供第三方担保。担保方所承担的风险仅限于合同责任,即由于委托方不履行或不适当履行合同以及违约所产生的责任。第三方担保的主要表现是业主要求承包商提供履约保证和预付款保证(在投标阶段还有投标保证)。从国际承包市场的发展来看,20 世纪末出现了要求业主向承包商提供付款保证的新趋向,但尚未得到广泛应用。我国施工合同(示范文本)也有发包人和承包人互相提供履约担保的规定。

与其他的风险对策相比,非保险转移的优点主要体现在:一是可以转移某些不可保的潜在损失,如物价上涨、法规变化、设计变更等引起的投资增加;二是被转移者往往能较好地进行损失控制,如承包商相对于业主能更好地把握施工技术风险,专业分包商相对于总包商能更好地完成专业性强的工程内容。

非保险转移的媒介是合同,这就可能因为双方当事人对合同条款的理解发生分歧而导致转移失败。另外,在某些情况下,可能因被转移者无力承担实际发生的重大损失而导致仍然由转移者来承担损失。例如,在采用固定总价合同的条件下,如果承包商报价中所考虑的涨价风险费很低,而实际的通货膨胀率很高,从而导致承包商亏损破产,最终只得由业主自己来承担涨价造成的损失。还需指出的是,非保险转移一般都要付出一定的代价,有时转移代价可能超过实际发生的损失,从而对转移者不利。仍以固定总价合同为例,在这种情况下,如果实际涨价所造成的损失小于承包商报价中的涨价风险费,这两者的差额就成为承包商的额外利润，业主则因此遭受损失。

2. 保险转移

保险转移通常直接称为保险，对于建设工程风险来说，则为工程保险。通过购买保险，建设工程业主或承包商作为投保人将本应由自己承担的工程风险（包括第三方责任）转移给保险公司，从而使自己免受风险损失。保险这种风险转移形式之所以能得到越来越广泛的运用，原因在于其符合风险分担的基本原则，即保险人较投保人更适宜承担有关的风险。

对于投保人来说，某些风险的不确定性很大（即风险很大），但是对于保险人来说，这种风险的发生则趋近于客观概率，不确定性降低，即风险降低。

在进行工程保险的情况下，建设工程在发生重大损失后可以从保险公司及时得到赔偿，使建设工程实施能不断的、稳定的进行，从而最终保证建设工程的进度和质量，也不致因重大损失而增加投资。通过保险还可以使决策者和风险管理人员对建设工程风险的担忧减少，从而可以集中精力研究和处理建设工程实施中的其他问题，提高目标控制的效果。而且，保险公司可向业主和承包商提供较为全面的风险管理服务，从而提高整个建设工程风险管理的水平。

保险这一风险对策的缺点首先表现在机会成本增加，这一点已如前所述。其次，工程保险合同的内容较为复杂，保险费没有统一固定的费率，需根据特定建设工程的类型、建设地点的自然条件（包括气候、地质、水文等条件）、保险范围、免赔额的大小等加以综合考虑，因而保险合同谈判常常耗费较多的时间和精力。在进行工程保险后，投保人可能产生心理麻痹而疏于损失控制计划，以致增加实际损失和未投保损失。

在做出进行工程保险这一决策之后，还需考虑与保险有关的几个基本问题：一是保险的安排方式，即究竟是由承包商安排保险计划还是由业主安排保险计划；二是选择保险类别和保险人，一般是通过多家比选后确定，也可委托保险经纪人或保险咨询公司代为选择；三是可能要进行保险合同谈判，这项工作最好委托保险经纪人或保险咨询公司完成，但免赔额的数额或比例要由投保人自己确定。

需要说明的是，工程保险并不能转移建设工程的所有风险，一方面是因为存在不可保风险，另一方面则是因为有些风险不宜保险。因此，对于建设工程风险，应将工程保险与风险回避、损失控制和风险自留结合起来运用。对于不可保风险，必须采取损失控制措施。即使对于可保风险，也应当采取一定的损失控制措施，这有利于改变风险性质，达到降低风险量的目的，从而改善工程保险条件，节省保险费。

（五）风险对策决策过程

风险管理人员在选择风险对策时，要根据建设工程的自身特点，从系统的观点出发，从整体上考虑风险管理的思路和步骤，从而制定一个与建设工程总体目标相一致的风险管理原则。这种原则需要指出风险管理各基本对策之间的联系，为风险管理人员进行风险对策决策提供参考。

图 5-7 描述了风险对策决策过程以及这些风险对策之间的选择关系。

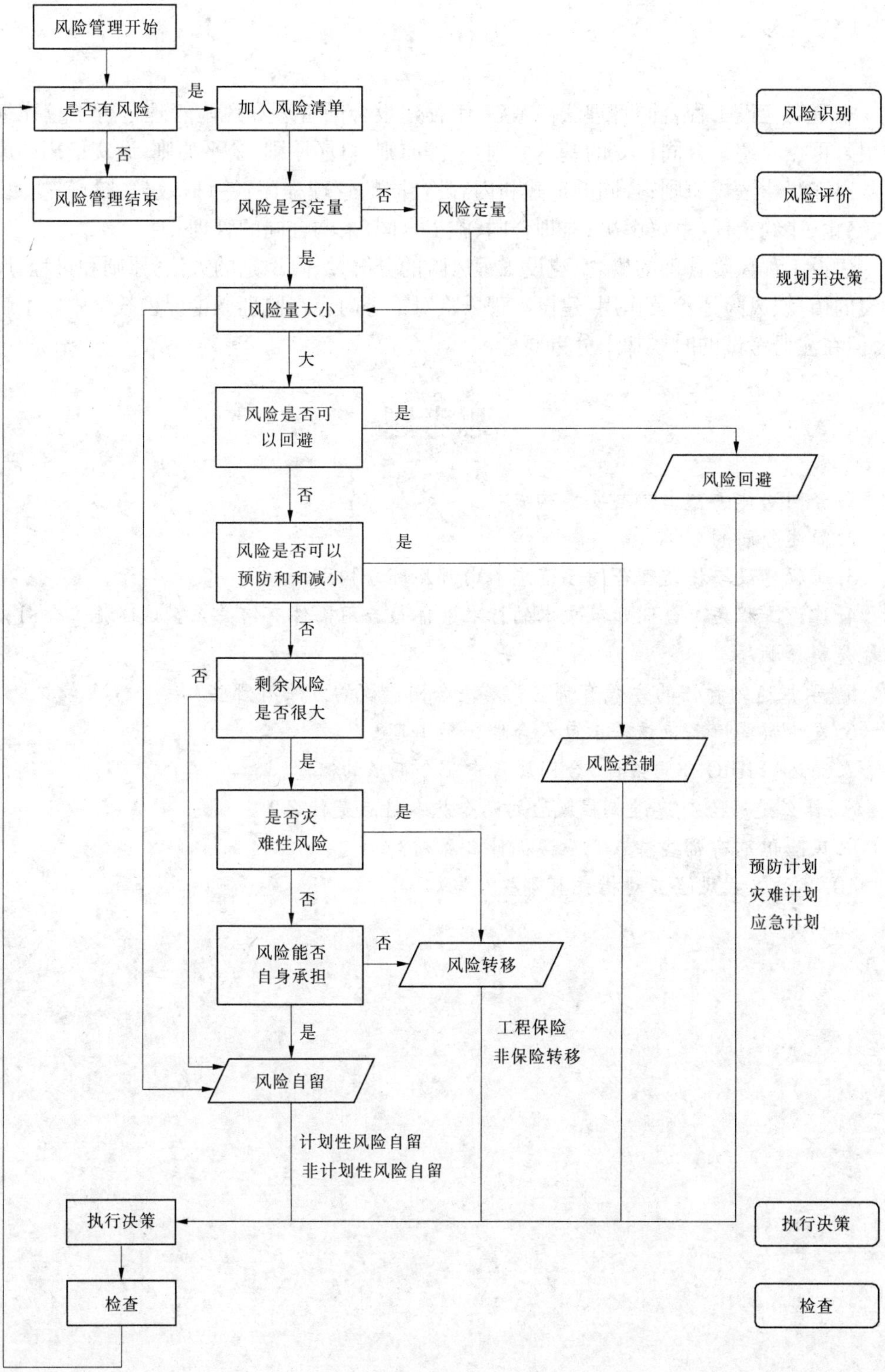

图 5-7　风险对策决策过程

小　结

本章对建设工程合同管理法律基础、工程建设合同管理和风险管理进行了较详细的介绍。重点介绍了合同订立的基本原则：平等原则、自愿原则、公平原则、诚实信用的原则以及遵守法律法规原则；合同的形式和内容；合同的管理程序：签订、效力、履行、变更、转让、终止、违约责任、争议解决；监理合同、施工合同、采购合同的管理。

建设工程风险管理的概念、建设工程风险的分解、风险识别的方法、原则和过程、风险损失的衡量、风险评价及作用、建设工程风险对策等内容在监理概论课程教学中以了解为主，但在注册考试的时候却十分重要。

思考题

1. 合同法律关系由哪些要素构成？

2. 简述合同的分类。

3. 工程建设委托监理合同示范文本由哪几部分构成？

4. 建设工程施工合同示范文本的标准条件与专用条件有何关系？试述施工合同文件的优先解释顺序。

5. 承担违约责任的方式有哪些？解决合同争议的方法有哪些？

6. 发生哪些情况应该给承包人合理顺延工期？

7. 简述《FIDIC 合同条件》合同履行中几个期限的概念。

8. 什么是风险？建设工程风险的两个基本特点是什么？

9. 风险识别有哪些特点？应遵循什么原则？

10. 建设工程风险应对措施有哪些？

第六章 建设工程安全与信息管理

【能力目标】

学完本章应会：建设工程安全事故的分类、造成安全事故的基本原因；监理资料的整理方法。

【教学目标】

通过本章学习：掌握建设工程安全事故的分类、造成安全事故的基本原因；建设工程监理文件档案资料管理的整理方法；熟悉建设工程安全生产管理主要内容；建设工程安全生产管理制度；了解建设工程各个阶段监理信息收集的方法及加工整理方法；建设工程档案验收与移交的步骤及注意事项。

第一节 建设工程安全管理

建设工程安全管理主要是指建设工程生产安全管理，建设工程生产安全管理是指针对人们生产过程中的安全问题，运用有效的资源，发挥人们的智慧，通过人们的努力，进行有关决策、计划、组织和控制活动，实现生产过程中人与机器设备、物料、环境的和谐，达到安全生产的目标。

为了保证建设工程安全有序进行，防止和减少安全事故的发生，近几年来，国家先后颁发了一系列相关法规文件。其中《中华人民共和国安全生产法》、《建设工程安全生产管理条例》、《安全生产许可证条例》、《施工企业生产评价标准》、《建筑安全生产监督管理规定》等是与安全生产管理最为密切相关的文件。特别是《建设工程安全生产管理条例》的颁布实施，对规范建设安全生产、建筑工程安全管理，提高建设工程安全水平，促进经济发展，维护社会稳定必将起重要作用。

一、安全事故的分类

（一）按照事故发生的原因分类

按照我国《企业职工伤亡事故分类标准》（GB 6441—86）规定，分为12类。

（1）物体打击：指落物、滚石、锤击、碎裂、崩块、砸伤等造成的人身伤害，不包括因爆炸而引起的物体打击。

（2）车辆伤害：指被车辆挤、压、车辆倾覆等造成的人身伤害。

（3）机械伤害：指被机械设备或工具绞、碾、碰、割、戳等造成的人身伤害，不包括车辆、起重设备引起的伤害。

（4）起重伤害：指从事各种起重作业时发生的机械伤害事故，不包括上下驾驶室时发生的坠落伤害、起重设备引起的触电及检修时制动失灵造成的伤害。

（5）触电：由于电流经过人体导致的生理伤害，包括雷击伤害。

(6)灼伤：指火焰引起的烧伤、高温物体引起的负伤、强酸或强磁引起的灼伤、放射线引起的皮肤损伤，不包括电烧伤及火灾事故引起的烧伤。

(7)火灾：在火灾时造成的人体烧伤、窒息、中毒等。

(8)高处坠落：由于危险势能差引起的伤害，包括从架子、屋架上坠落以及平地坠入坑内等。

(9)坍塌：指建筑物、堆置物倒塌以及土石方等引起的事故伤害。

(10)火药爆炸：指在火药的生产、运输、储存过程中发生的爆炸事故。

(11)中毒和窒息：指煤气、油气、沥青、化学药品、一氧化碳中毒等。

(12)其他伤害：包括扭伤、跌伤、冻伤、野兽咬伤等。

(二)事故后果分类

(1)轻伤事故：造成职工肢体或某些器官功能性或器质性轻度损伤，表现为劳动能力轻度或暂时丧失的伤害，一般每个受伤人员休息1个工作日以上，105个工作日以下。

(2)重伤事故：一般指受伤人员肢体残缺或视觉、听觉等器官受到严重损伤，能引起人体长期存在功能障碍或劳动能力有重大损失的伤害，或者造成每个受伤人损失105个工作日以上的失能伤害。

(3)死亡事故：一次事故中死亡职工1~2人的事故。

(4)重大伤亡事故：一次事故中死亡3人以上(含3人)的事故。

(5)特大伤亡事故：一次死亡10人以上(含10人)的事故。

(6)特别重大伤亡事故：按照原劳动部对国务院第34号令《特别重大事故调查程序暂行规定》有关条文解释为，凡符合下列情况之一者即为《特别重大事故调查程序暂行规定》所称特别重大伤亡事故。

①民航客机发生的机毁人亡(死亡40人及其以上)事故。

②专机和外国民航客机在中国境内发生的机毁人亡事故。

③铁路、水运、矿山、水利、电力事故造成一次死亡50人及其以上，或者一次造成直接经济损失1 000万元及其以上的。

④公路和其他发生一次死亡30人及其以上或直接经济损失在500万元及其以上的事故(航空、航天器科研过程中发生的事故除外)。

⑤一次造成职工和居民100人及其以上的急性中毒事故。

⑥其他性质特别严重，产生重大影响的事故。

二、造成安全事故的基本原因

造成安全事故的原因众多，归纳来说主要有三方面：一是人的不安全因素；二是施工现场、物的不安全状态；三是管理上的不安全因素等。

(一)人的不安全因素

人的不安全因素是指对安全产生影响的人方面的因素。即能够使系统发生问题或发生意外事件的人员、个人的不安全因素、违背设计和安全要求的错误行为。据统计资料分析，88%的事故是由人的不安全行为所造成的，而人的生理和心理特点又直接影响人的不安全行为。所以，人的不安全因素可分为个人的不安全因素和人的不安全行为两个大类。

1. 个人的不安全因素

个人的不安全因素是指人员的心理、生理、能力中所具有不能适应工作、作业岗位要求而影响安全的因素。个人不安全因素包括以下几个方面。

(1)心理因素:心理上具有影响安全的性格、气质、情绪。

(2)生理因素:①视觉、听觉等感觉器官不能适应工作、作业岗位的要求,影响安全的因素;②体能不能适应工作、作业岗位要求的影响安全的因素;③年龄不能适应工作、作业岗位要求的因素;④有不适应工作作业岗位要求的疾病;⑤疲劳和酒醉或刚睡过觉,感觉朦胧。

(3)能力上包括知识技能、应变能力、资格不能适应工作作业岗位要求,影响安全的因素。

2. 人的不安全行为

人的不安全行为是指违反安全规则(程)或安全原则,使事故有可能或有机会发生的行为。不安全行为者可能是伤害者,也可能是非受伤害者。按《企业职工伤亡事故分类标准》(GB 6441—86),人的不安全行为可分为13个大类,见表6-1。

表6-1　人的不安全行为

序号	类别	具体表现
1	操作错误、忽视安全、忽视警告	• 未经许可开动、关停、移动机器 • 开动、关停机器时未给信号 • 忘记关闭设备 • 忽视警告标志、警告信号 • 操作错误(指按钮、阀门、扳手、把柄等的操作) • 奔跑作业 • 供料或送料速度过快 • 机器超速运转 • 违章驾驶机动车 • 酒后作业 • 客货混载 • 冲压机作业时,手伸进冲压模 • 工件紧固不牢 • 用压缩空气吹铁屑 • 其他
2	造成安全装置失效	• 拆除了安全装置 • 安全装置堵塞,失去了作用 • 调整的错误造成安全装置失效 • 其他
3	使用不安全设备	• 使用不牢固的设施 • 使用无安全装置的设备 • 其他

续表 6-1

序号	类别	具体表现
4	手代替工具操作	• 用手代替手动工具 • 用手清除切屑 • 不用夹具固定、用手拿工件进行机械加工
5	物体存放不当	指成品、半成品、材料、工具、切屑和生产用品等存放不当
6	冒险进入危险场所	• 冒险进入涵洞 • 接近漏料处(无安全设施) • 采伐、集材、运材、装车时,未离危险区 • 未经安全监察人员允许进入油罐或井中 • 未“敲帮问顶”开始作业 • 冒进信号 • 调车场超速上、下车 • 易燃易爆场合明火 • 私自搭乘矿车 • 在绞车道行走 • 未及时瞭望
7	攀、坐不安全位置	(如平台护栏、汽车挡板、吊车吊钩)
8	在起吊物下作业、停留	
9	机器运转时加油、修理、检查、调整、焊接、清扫等工伤	
10	有分散注意力行为	
11	在必须使用个人防护用品、用具的作业或场合中,忽视其使用	• 未戴护目镜或面罩 • 未戴防护手套 • 未穿安全鞋 • 未戴安全帽 • 未佩戴呼吸护具 • 未佩戴安全带 • 未戴工作帽 • 其他
12	不安全装束	• 在有旋转零部件的设备旁作业穿过肥大服装 • 操纵带有旋转零部件的设备时戴手套 • 其他
13	对易燃、易爆等危险物品处理错误	

(二)施工现场的不安全状态

直接形成或导致事故发生的物质(体)条件,包括物、作业环境潜在的危险。按《企业职工伤亡事故分类标准》(GB 6441—86),物的不安全状态可分为四大类,见表 6-2。

表 6-2　物的不安全状态

序号	类别		具体表现
1	防护、保险、信号等装置缺乏或有缺陷	无防护	• 无防护罩 • 无安全保险装置 • 无报警装置 • 无安全标志 • 无护栏或护栏损坏 •（电气）未接地 • 绝缘不良 • 风扇无消声系统、噪声大 • 危房内作业 • 未安装防止“跑车”的挡车器或挡车栏 • 其他
		防护不当	• 防护罩未在适宜位置 • 防护装置调整不当 • 坑道掘进、隧道开凿支撑不当 • 防爆装置不当 • 采伐、集材作业安全距离不够 • 放炮作业隐蔽所有缺陷 • 电气装置带电部分裸露 • 其他
2	设备、设施、工具、附件有缺陷	设计不当，结构不合安全要求	• 通道门遮挡视线 • 制动装置有欠缺 • 安全间距不够 • 拦车网有欠缺 • 工件有锋利毛刺、毛边 • 设施上有锋利倒棱 • 其他
		强度不够	• 机械强度不够 • 绝缘强度不够 • 起吊重物的绳索不合安全要求 • 其他
		设备在非正常状态下运行	• 设备带“病”运转 • 超负荷运转 • 其他
		维修、调整不良	• 设备失修 • 地面不平 • 保养不当、设备失灵 • 其他

续表 6-2

序号	类别		具体表现
3	个人防护用品用具缺少或缺陷	无个人防护用品、用具	• 无防护服、手套、护目镜及面罩、呼吸器官护具、听力护具、安全带、安全帽、安全鞋等
		所用防护用品、用具不符合安全要求	
4	生产（施工）场地环境不良	照明光线不良	• 照度不足 • 作业场地烟雾（尘）弥漫视物不清 • 光线过强
		通风不良	• 无通风 • 通风系统效率低 • 风流短路 • 停电停风时放炮作业 • 瓦斯排放未达到安全浓度放炮作业 • 瓦斯超限 • 其他
		作业场所狭窄	
		作业场地杂乱	• 工具、制品、材料堆放不安全 • 采伐时，未开“安全道” • 迎门树、坐殿树、搭挂树未作处理 • 其他
		交通线路的配置不安全	
		操作工序设计或配置不安全	
		地面滑	• 地面有油或其他液体 • 冰雪覆盖 • 地面有其他易滑物
		储存方法不安全	
		环境温度、湿度不当	

管理上的不安全因素，通常也可称为管理上的缺陷，它也是事故潜在的不安全因素，作为间接的原因包括技术上的缺陷、教育上的缺陷、生理上的缺陷、心理上的缺陷、管理工作上的缺陷和学校教育与社会、历史上的原因造成的缺陷等。

三、建设工程安全管理

安全生产是指生产过程处于避免人身伤害、设备损坏及其他不可接受的损害风险（危险）的状态。不可接受的损害风险（危险）是指：超出了法律、法规和规章的要求；超出了方针、目标和企业规定的其他要求；超出了人们普遍接受的（通常是隐含）要求。

建筑工程安全生产管理是指建设行政主管部门、建筑安全监督管理机构、建筑施工企业及有关单位对建筑安全生产过程中的安全工作，进行计划、组织、指挥、控制、监督、调节和改进等一系列致力于满足生产安全的管理活动。

(一)建设工程安全生产管理的常用术语

1. 安全生产管理体制

根据国务院发〔1993〕50 号文,当前我国的安全生产管理体制是“企业负责、行业管理、国家监察和群众监督、劳动者遵章守法”。具体含义包括企业负责、行业管理、国家监察、群众(工会组织)监督、劳动者遵章守法。

2. 安全生产责任制度

安全生产责任制度是建筑生产中最基本的安全管理制度,是所有安全规章制度的核心。安全生产责任制度是指将各种不同的安全责任落实到负责安全管理的人员和具体岗位人员身上的一种制度。这一制度是安全第一,预防为主方针的具体体现,是建筑安全生产的基本制度。安全生产责任制度的主要内容包括:一是从事建筑活动主体的负责人的责任制。比如,施工单位的法定代表人要对本企业的安全负主要的安全责任。二是从事建筑活动主体的职能机构或职能处室负责人及其工作人员的安全生产责任制。比如,施工单位根据需要设置职能机构或职能处室负责人及其工作人员要对安全负责。三是岗位人员的安全生产责任制。岗位人员必须对安全负责。从事特种作业的安全人员必须进行培训,经过考试合格后才能上岗作业。

3. 安全生产目标管理

安全生产目标管理就是根据建筑施工企业的总体规划要求,制定出在一定时期内安全生产方面所要达到的预期目标并组织实现此目标。其基本内容是:确定目标、目标分解、执行目标、检查总结。

4. 施工组织设计

施工组织设计是组织建设工程施工的纲领性文件,是指导施工准备和组织施工的全面性的技术、经济文件,是指导现场施工的规范性文件。施工组织设计必须在施工准备阶段完成。

5. 安全技术措施

安全技术措施是指为防止工伤事故和职业病的危害,从技术上采取的措施。在工程施工中,是指针对工程特点、环境条件、劳力组织、作业方法、施工机械、供电设施等制定的确保安全施工的措施。安全技术措施也是建设工程项目管理实施规划或施工组织设计的重要组成部分。

6. 安全技术交底

安全技术交底是落实安全技术措施及安全管理事项的重要手段之一。重大安全技术措施及重要部位的安全技术由公司技术负责人向项目经理部技术负责人进行书面的安全技术交底;一般安全技术措施及施工现场应注意的安全事项由项目经理部技术负责人向施工作业班组、作业人员作出详细说明,并经双方签字认可。

7. 安全教育

安全教育是实现安全生产的一项重要基础工作,它可以提高职工搞好安全生产的自觉性、积极性和创造性,增强安全意识,掌握安全知识,提高职工的自我防护能力,使安全规章制度得到贯彻执行。安全教育培训的主要内容包括安全生产思想、安全知识、安全技能、安全规程标准、安全法规、劳动保护和典型事例分析。

8. 班前安全活动

班前安全活动是指在上班前由组长组织并主持，根据本班目前工作内容，重点介绍安全注意事项、安全操作要点，以达到组员在班前掌握安全操作要领，提高安全防范意识，减少事故发生的活动。

9. 特种作业

特种作业是指在劳动过程中容易发生伤亡事故，对操作者本人，尤其对他人和周围设施的安全有重大危害因素的作业。直接从事特种作业者，称特种作业人员。

10. 安全检查

安全检查是指建设行政主管部门、施工企业安全生产管理部门或项目经理部对施工企业、工程项目经理部贯彻国家安全生产法律法规的情况、安全生产情况、劳动条件、事故隐患等进行的检查。

11. 安全事故

安全事故是人们在进行有目的的活动过程中，发生了违背人们意愿的不幸事件，使其有目的的行动暂时或永久的停止。重大安全事故，是指在施工过程中由于责任过失造成工程倒塌或废弃、机械设备破坏和安全设施失当造成人身伤亡或者重大经济损失的事故。

12. 安全评价

安全评价是采用系统科学方法，辨别和分析系统存在的危险性并根据其形成事故的风险大小，采取相应的安全措施，以达到系统安全的过程。安全评价的基本内容：识别危险源、评价风险、采取措施，直至达到安全指标。

13. 安全标志

安全标志由安全色、几何图形和图形符号构成，以此表达特定的安全信息。其目的是引起人们对不安全因素的注意，预防事故发生。安全标志分为禁止标志、警告标志、指令标志、提示性标志四类。

（二）建设工程安全生产管理的特点

1. 安全生产管理涉及面广、涉及单位多

由于建设工程规模大，生产工艺复杂、工序多，在建造过程中流动作业多，高处作业多，作业位置多变，遇到不确定因素多，所以安全管理工作涉及范围大，控制面广。安全管理不仅是施工单位的责任，还包括建设单位、勘察设计单位、监理单位，这些单位也要为安全管理承担相应的责任与义务。

2. 安全生产管理动态性

（1）建设工程项目的单件性，使得每项工程所处的条件不同，所面临的危险因素和防范措施也会有所改变，例如员工在转移工地后，熟悉一个新的工作环境需要一定的时间，有些制度和安全技术措施会有所调整，员工同样有个熟悉的过程。

（2）工程项目施工的分散性。因为现场施工是分散于施工现场的各个部位，尽管有各种规章制度和安全技术交底的环节，但是面对具体的生产环境时，仍然需要自己的判断和处理，有经验的人员还必须适应不断变化的情况。

（3）安全生产管理的交叉性。建设工程项目是开放系统，受自然环境和社会环境影响很大，安全生产管理需要把工程系统和环境系统及社会系统相结合。

(4)安全生产管理的严谨性。安全状态具有触发性,安全管理措施必须严谨,一旦失控,就会造成损失和伤害。

(三)建设工程安全生产管理的方针

自2004年2月1日开始执行的《建设工程安全生产管理条例》第1章总则第3条规定"建设工程安全生产管理,坚持安全第一、预防为主的方针"。

"安全第一"是原则和目标,是把人身安全放在首位,安全为了生产,生产必须保证人身安全,充分体现了"以人为本"的理念。"安全第一"的方针,就是要求所有参与工程建设的人员,包括管理者和操作人员以及对工程建设活动进行监督管理的人员都必须树立安全的观念,不能为了经济的发展牺牲安全,当安全与生产发生矛盾时,必须先解决安全问题,在保证安全的前提下从事生产活动,也只有这样才能使生产正常进行,促进经济的发展,保持社会的稳定。

"预防为主"是实现安全第一的最重要的手段,在工程建设活动中,根据工程建设的特点,对不同的生产要素采取相应的管理措施,从而减少甚至消除事故隐患,尽量把事故消灭在萌芽状态,这是安全生产管理的最重要的思想。

(四)建设工程安全生产管理的原则

1."管生产必须管安全"的原则

"管生产必须管安全"的原则是指建设工程项目各级领导和全体员工在生产过程中必须坚持在抓生产的同时抓好安全工作。它体现了安全与生产的统一,生产与安全是一个有机的整体,两者不能分割更不能对立起来,应将安全寓于生产之中。

2."安全具有否决权"的原则

"安全具有否决权"的原则是指安全生产工作是衡量建设工程项目管理的一项基本内容,它要求在对项目各项指标考核、评优创先时,首先必须考虑安全指标的完成情况。安全指标没有实现,其他指标顺利完成,仍无法实现项目的最优化,安全具有一票否决的作用。

3.职业安全卫生"三同时"的原则

"三同时"原则是指一切生产性的基本建设和技术改造建设工厂项目,必须符合国家的职业安全卫生方面的法规和标准。职业安全卫生技术措施及设施应与主体同时设计、同时施工、同时投产使用,以确保项目投产后符合职业安全卫生要求。

4.事故处理"四不放过"的原则

在处理事故时必须坚持和实施"四不放过的原则",即:事故原因分析不清不放过;事故责任者和群众没受到教育不放过;没有整改措施预防措施不放过;事故责任者和责任领导不处理不放过。

四、安全生产管理主要内容

(一)建设工程安全生产管理制度

安全生产管理制度包括安全生产责任制度、安全教育制度、安全检查制度、安全措施计划制度、安全监察制度、伤亡事故和职业病统计报告处理制度、"三同时"制度和安全预评价制度。

1. 安全生产责任制度

安全生产责任制是最基本的安全管理制度，是所有安全生产管理制度的核心。安全生产责任制是按照安全生产管理方针和“管生产的同时必须管安全”的原则，将各级负责人员、各职能部门及其工作人员和各岗位生产工人在安全生产方面应做的事情及应负的责任加以明确规定的一种制度。

企业实行安全生产责任制必须做到在计划、布置、检查、总结、评比生产的时候，同时计划、布置、检查、总结、评比安全工作。其内容大体分为两个方面：纵向方面是各级人员的安全生产责任制，即各类人员（从最高管理者、管理者代表到项目经理）的安全生产责任制；横向方面是各个部门的安全生产责任制，即各职能部门（如安全环保、设备、技术、生产、财务等部门）的安全生产责任制。只有这样，才能建立健全安全生产责任制，做到群防群治。

2. 安全教育制度

根据原劳动部《企业职工劳动安全卫生教育管理规定》（劳部发〔1995〕405 号）和建设部《建筑业企业职工安全培训教育暂行规定》的有关规定，企业安全教育一般包括对管理人员、特种作业人员和企业员工的安全教育。

1）管理人员的安全教育

（1）企业领导的安全教育。对企业法定代表人安全教育的主要内容包括：国家有关安全生产的方针、政策、法律、法规及有关规章制度；安全生产管理职责、企业安全生产管理知识及安全文化；有关事故案例及事故应急处理措施等。

（2）项目经理、技术负责人和技术干部的安全教育。项目经理、技术负责人和技术干部安全教育的主要内容包括：安全生产方针、政策和法律、法规；项目经理部安全生产责任；典型事故案例剖析；本系统安全及其相应的安全技术知识。

（3）行政管理干部的安全教育。行政管理干部安全教育的主要内容包括：安全生产方针、政策和法律、法规；基本的安全技术知识；本职的安全生产责任。

（4）企业安全管理人员的安全教育。企业安全管理人员安全教育内容应包括：国家有关安全生产的方针、政策、法律、法规和安全生产标准；企业安全生产管理、安全技术、职业病知识、安全文件；员工伤亡事故和职业病统计报告及调查处理程序；有关事故案例及事故应急处理措施。

（5）班组长和安全员的安全教育。班组长和安全员的安全教育内容包括：安全生产法律、法规、安全技术及技能、职业病和安全文化的知识；本企业、本班组和工作岗位的危险因素、安全注意事项；本岗位安全生产职责；典型事故案例；事故抢救与应急处理措施。

2）特种作业人员的安全教育

（1）特种作业的定义。对操作者本人，尤其对他人或周围设施的安全有重大危害因素的作业，称为特种作业。直接从事特种作业的人，称为特种作业人员（根据《特种作业人员安全技术考核管理规则》（GB 5306—1985））。

（2）特种作业人员的范围。依据《特种作业人员安全技术考核管理规则》（GB 5036—1985），特种作业人员的范围有：电工作业；锅炉司炉；压力容器操作；起重机械操作；爆破作业；金属焊接（气割）作业；煤矿井下瓦斯检验；机动车辆驾驶；机动船舶驾驶和轮机操作;建筑登高架设作业;其他符合特种作业基本定义的作业。

特种作业人员应具备的条件是:必须年满十八周岁以上,而从事爆破作业和煤矿井下瓦斯检验的人员,年龄不得低于二十周岁;工作认真负责,身体健康,没有妨碍从事本种作业的疾病和生理缺陷;具有本种作业所需的文化程度和安全、专业技术知识及实践经验。

(3)特种作业人员的安全教育。由于特种作业较一般作业的危险性更大,所以特种作业人员必须经过安全培训和严格考核。对特种作业人员的安全教育应注意以下三点:

①特种作业人员上岗作业前,必须进行专门的安全技术和操作技能的培训教育,这种培训教育要实行理论教学与操作技术训练相结合的原则,重点放在提高其安全操作技术和预防事故的实际能力上。

②培训后,经考核合格方可取得操作证,并准许独立作业。

③取得操作证的特种作业人员,必须定期进行复审。复审期限除机动车辆驾驶按国家有关规定执行外,其他特种作业人员两年进行一次。凡未经复审者不得继续独立作业。

3)企业员工的安全教育

企业员工的安全教育主要有新员工上岗前的三级安全教育、改变工艺和变换岗位安全教育、经常性安全教育三种形式。

(1)新员工上岗前的三级安全教育。三级安全教育通常是指进厂、进车间、进班组三级,对建设工程来说,具体指企业(公司)、项目(或工区、工程处、施工队)、班组三级。企业新员工上岗前必须进行三级安全教育,企业新员工须按规定通过三级安全教育和实际操作训练,经考核合格后方可上岗。

(2)改变工艺和变换岗位安全教育。企业(或工程项目)在实施新工艺、新技术或使用新设备、新材料时,必须对有关人员进行相应级别的安全教育,要按新的安全操作规程教育和培训参加操作的岗位员工及有关人员,使其了解新工艺、新设备、新产品的安全性能及安全技术,以适应新的岗位作业的安全要求。

当组织内部员工发生从一个岗位调到另外一个岗位,或从某工种改变为另一工种,或因放长假离岗一年以上重新上岗的情况,企业必须进行相应的安全技术培训和教育,以使其掌握现岗位安全生产特点和要求。

(3)经常性安全教育。无论何种教育都不可能是一劳永逸的,安全教育同样如此,必须坚持不懈、经常不断的进行,这就是经常性安全教育。在经常性安全教育中,安全思想、安全态度教育最重要。进行安全思想、安全态度教育,要通过采取多种形式的安全教育活动,激发员工搞好安全生产的热情,促使员工重视和真正实现安全生产。经常性安全教育的形式有:每天的班前班后会上说明安全注意事项;安全活动日;安全生产会议;事故现场会;张贴安全生产招贴画、宣传标语及标志等。

3. 安全检查制度

安全检查制度是清除隐患、防止事故、改善劳动条件的重要手段,是企业安全生产管理工作的一项重要内容。通过安全检查可以发现企业在生产过程中的危险因素,以便有计划地采取措施,保证安全生产。

安全检查要深入生产的现场,主要针对生产过程中的劳动条件、生产设备以及相应的安全卫生设施和员工的操作行为是否符合安全生产的要求进行检查。为保证检查的效果，应根据检查的目的和内容成立一个适应安全生产检查工作需要的检查组，配备适当的力量，决不能敷衍走过场。

4. 安全措施计划制度

安全措施计划制度是指企业进行生产活动时，必须编制安全措施计划，它是企业有计划地改善劳动条件和安全卫生设施，防止工伤事故和职业病的重要措施之一，对企业加强劳动保护，改善劳动条件，保障职工的安全和健康，促进企业生产经营的发展都起着积极作用。

1）安全措施计划的依据

（1）国家发布的有关职业健康安全政策、法规和标准。

（2）在安全检查中发现的尚未解决的问题。

（3）造成伤亡事故和职业病的主要原因和所采取的措施。

（4）生产发展需要所应采取的安全技术措施。

（5）安全技术革新项目和员工提出的合理化建议。

2）编制安全技术措施计划的一般步骤

（1）工作活动分类。

（2）危险源识别。

（3）风险确定。

（4）风险评价。

（5）制定安全技术措施计划。

（6）评价安全技术措施计划的充分性。

5. 安全监察制度

安全监察制度是指国家法律、法规授权的行政部门，代表政府对企业的生产过程实施职业安全卫生监察，以政府的名义，运用国家权力对生产单位在履行职业安全卫生职责和执行职业安全卫生政策、法律、法规和标准的情况依法进行监督、检举和惩戒的制度。

安全监察具有特殊的法律地位。执行机构设在行政部门，设置原则、管理体制、职责、权限、监察人员任免均由国家法律、法规所确定。职业安全卫生监察机构与被监察对象没有上下级关系，只有行政执法机构和法人之间的法律关系。

职业安全卫生监察机构的监察活动是以国家整体利益出发的，依据法律、法规对政府和法律负责，既不受行业部门或其他部门的限制，也不受用人单位的约束。职业安全卫生监察机构对违反职业安全卫生法律、法规、标准的行为，有权采取行政措施，并具有一定的强制特点。这是因为它是以国家的法律、法规为后盾的，任何单位或个人必须服从，以保证法律的实施，维护法律的尊严。

6. "三同时"制度

"三同时"制度是指凡是我国境内新建、改建、扩建的基本建设项目（工程），技术改建项目（工程）和引进的建设项目，其安全生产设施必须符合国家规定的标准，必须与主体工程同时设计、同时施工、同时投入生产和使用。安全生产设施主要是指安全技术方面的设施、职业卫生方面的设施、生产辅助性设施。《中华人民共和国劳动法》第五十三条规定："新建、改建、扩建工程的劳动安全卫生设施必须与主体工程同时设计、同时施工、同时投入生产和使用。"《中华人民共和国安全生产法》第二十四条规定："生产经营单位新建、改建、扩建工程项目的安全设施，必须与主体工程同时设计、同时施工、同时投入生产和使用。安全设施投资应当纳入建设项目概算。"

新建、改建、扩建工程的初步设计要经过行业主管部门、安全生产管理部门、卫生部门和工会的审查，同意后方可进行施工；工程项目完成后，必须经过主管部门、安全生产管理行政部门、卫生部门和工会的竣工检验；建设工程项目投产后，不得将安全设施闲置不用，生产设施必须和安全设施同时使用。

7. 安全预评价制度

安全预评价是在建设工程项目前期，应用安全评价的原理和方法对工程项目的危险性、危害性进行预测性评价。

开展安全预评价工作，是贯彻落实"安全第一，预防为主"方针的重要手段，是企业实施科学化、规范化安全管理的工作基础。科学、系统地开展安全评价工作，不仅直接起到了消除危险有害因素、减少事故发生的作用，有利于全面提高企业的安全管理水平，而且有利于系统地、有针对性地加强对不安全状况的治理、改造，最大限度地降低安全生产风险。

(二)施工安全管理技术措施要求

1. 施工安全技术措施必须在工程开工前制定

施工安全技术措施是施工组织设计的重要组成部分，应在工程开工前与施工组织设计一同编制。为保证各项安全设施的落实，在工程图纸会审时，就应特别注意考虑安全施工的问题，并在开工前制定好安全技术措施，使得用于该工程的各种安全设施有较充分的时间进行采购、制作和维护等准备工作。

2. 施工安全技术措施要有全面性

按照有关法律法规的要求，在编制工程施工组织设计时，应当根据工程特点制定相应的施工安全技术措施。对于大中型工程项目、结构复杂的重点工程，除必须在施工组织设计中编制施工安全技术措施外，还应编制专项工程施工安全技术措施，详细说明有关安全方面的防护要求和措施，确保单位工程或分部分项工程的施工安全。对爆破、拆除、起重吊装、水下、基坑支护和降水、土方开挖、脚手架、模板等危险性较大的作业，必须编制专项安全施工技术方案。

3. 施工安全技术措施要有针对性

施工安全技术措施是针对每项工程的特点制定的，编制安全技术措施的技术人员必须掌握工程概况、施工方法、施工环境、条件等一手资料，并熟悉安全法规、标准等，才能制定有针对性的安全技术措施。

4. 施工安全技术措施应力求全面、具体、可靠

施工安全技术措施应把可能出现的各种不安全因素考虑周全，制定的对策措施方案应力求全面、具体、可靠，这样才能真正做到预防事故的发生。但是，全面具体不等于罗列一般通常的操作工艺、施工方法以及日常安全工作制度、安全纪律等。这些制度性规定，安全技术措施中不需要再作抄录，但必须严格执行。

5. 施工安全技术措施必须包括应急预案

由于施工安全技术措施是在相应的工程施工实施之前制定的，所涉及的施工条件和

危险情况大都是建立在可预测的基础上，而建设工程施工过程是开放的过程，在施工期间的变化是经常发生的，还可能出现预测不到的突发事件或灾害（如地震、火灾、台风、洪水等），所以施工技术措施计划必须包括面对突发事件或紧急状态的各种应急设施、人员逃生和救援预案，以便在紧急情况下，能及时启动应急预案，减少损失，保护人员安全。

6. 施工安全技术措施要有可行性和可操作性

施工安全技术措施应能够在每个施工工序之中得到贯彻实施，既要考虑保证安全要求，又要考虑现场环境条件和施工技术条件能够做得到。

（三）安全检查

1. 安全检查的注意事项

（1）安全检查要深入基层、紧紧依靠职工，坚持领导与群众相结合的原则，组织好检查工作。

（2）建立检查的组织领导机构，配备适当的检查力量，挑选具有较高技术业务水平的专业人员参加。

（3）做好检查的各项准备工作，包括思想、业务知识、法规政策和物资、奖金准备。

（4）明确检查的目的和要求。既要严格要求，又要防止一刀切，要从实际出发，分清主、次矛盾，力求实效。

（5）把自查与互查有机结合起来。基层以自检为主，企业内相应部门间互相检查，取长补短，相互学习和借鉴。

（6）坚持查改结合。检查不是目的，只是一种手段，整改才是最终目的。发现问题，要及时采取切实有效的防范措施。

（7）建立检查档案。结合安全检查表的实施，逐步建立健全检查档案，收集基本的数据，掌握基本安全状况，为及时消除隐患提供数据，同时也为以后的职业健康安全检查奠定基础。

（8）在制定安全检查表时，应根据用途和目的具体确定安全检查表的种类。安全检查表的主要种类有：设计用安全检查表；厂级安全检查表；车间安全检查表；班组及岗位安全检查表；专业安全检查表等。制定安全检查表要在安全技术部门的指导下，充分依靠职工来进行。初步制定出来的检查表，要经过群众的讨论，反复试行，再加以修订，最后由安全技术部门审定后方可正式实行。

2. 安全检查的主要内容

（1）查思想：检查企业领导和员工对安全生产方针的认识程度，建立健全安全生产管理和安全生产规章制度。

（2）查管理：主要检查安全生产管理是否有效，安全生产管理和规章制度是否真正得到落实。

（3）查隐患：主要检查生产作业现场是否符合安全生产要求，检查人员应深入作业现场，检查工人的劳动条件、卫生设施、安全通道、零部件的存放、防护设施状况、电气设备、压力容器、化学用品的储存、粉尘及有毒有害作业部位点的达标情况、车间内的通风照明设施、个人劳动防护用品的使用是否符合规定等。要特别注意对一些要害部位和设备加强检查，如锅炉房、变电所、各种剧毒、易燃、易爆等场所。

(4)查整改:主要检查对过去提出的安全问题和发生生产事故及安全隐患是否采取了安全技术措施和安全管理措施,进行整改的效果如何。

(5)查事故处理:检查对伤亡事故是否及时报告,对责任人是否已经作出严肃处理。在安全检查中必须成立一个适应安全检查工作需要的检查组,配备适当的人力物力。检查结束后应编写安全检查报告,说明已达标项目、未达标项目、存在问题、原因分析、作出纠正和预防措施的建议。

3. 施工安全生产规章制度的检查

为了实施安全生产管理制度,工程承包企业应结合本身的实际情况,建立健全一整套本企业的安全生产规章制度,并落实到具体的工程项目施工任务中。在安全检查时,应对企业的施工安全生产规章制度进行检查。施工安全生产规章制度一般应包括:安全生产奖励制度;安全值班制度;各种安全技术操作规程;危险作业管理审批制度;易燃、易爆、剧毒、放射性、腐蚀性等危险物品生产、储运使用的安全管理制度;防护物品的发放和使用制度;安全用电制度;加班加点审批制度;危险场所动火作业审批制度;防火、防爆、防雷、防静电制度;危险岗位巡回检查制度;安全标志管理制度。

五、安全生产管理机构

安全生产管理机构是指建筑施工企业在建筑工程项目中设置的负责安全生产管理工作的独立职能部门,其工作人员都是专职安全生产管理人员。安全生产管理机构的作用是落实国家有关安全生产法律法规,组织生产经营单位内部各种安全检查活动,负责日常安全检查,及时整改各种事故隐患,监督安全生产责任制落实等,是生产经营单位安全生产的重要组织保证。

(一)安全生产管理机构的职责

(1)落实国家有关安全生产法律法规和标准。

(2)编制并适时更新安全生产管理制度。

(3)组织开展全员安全教育培训及安全检查等活动。

(二)安全生产管理小组的组成

按照《建筑施工企业安全生产管理机构设置及专职安全生产管理人员配备办法》规定:建设工程项目应当成立由项目经理负责的安全生产管理小组,小组成员应包括企业派驻到项目的专职安全生产管理人员,对专职安全生产管理机构人数的要求如下。

(1)建筑工程、装修工程按照建筑面积:

①1 万 m^2 及以下,≥1 人。

②1 万 ~5 万 m^2,≥2 人。

③5 万 m^2 以上,≥3 人,且应当设置安全主管,按土建、机电设备等专业设置专职安全生产管理人员。

(2)土木工程、线路管道、设备按照安装总造价:

①5 000 万元以下,≥1 人。

②5 000 万 ~1 亿元,≥2 人。

③1 亿元以上,≥3 人,且应当设置安全主管,按土建、机电设备等专业设置专职安全

生产管理人员。

(3)劳务分包企业建设工程项目施工人员50人以下的,应当设置1名安全生产管理人员;50~200人的,应设2名专职安全生产管理人员;200人以上的,应根据所承担的分部分项工程施工危险实际情况增配,并不少于企业总人数的5‰。

(4)作业班组应设置兼职安全巡查员,对本班组的作业场所进行安全监督检查。

六、安全监理

安全监理是社会化、专业化监理单位受建设单位(业主)的委托和授权,依据法律、法规、已批准的工程项目设计文件,监理合同及其他建设合同对工程建设实施阶段安全生产的监督管理。

安全监理包括对工程建设中的人、机、物、环境及施工全过程的安全生产进行监督管理,并采取组织、技术、经济和合同措施,保证建设行为符合国家安全生产、劳动保护法律法规的有关政策,有效地控制建设工程安全风险在允许的范围内,以确保施工安全性。

安全监理是工程建设监理的重要组成部分,也是建设工程安全生产管理的重要保障,安全监理的实施,是提高施工现场安全管理水平的有效方法,也是建设工程项目管理体制改革中加强安全管理、控制重大伤亡事故的一种新模式。

(一)安全监理的具体工作

(1)贯彻执行"安全第一,预防为主"的方针,国家、地方的安全生产劳动保护,环保消防等的法律法规和建设行政主管部门安全生产的规章和标准。

(2)督促施工单位落实安全生产组织保障体系,建立健全安全生产管理体系和安全生产责任制。

(二)施工阶段安全监理的主要内容

(1)监督施工单位按照施工组织设计或专项施工方案组织施工,并制止违规施工作业。

(2)监督施工单位按照工程建设强制性标准组织施工。

(3)加强现场巡视检查,发现安全事故隐患,及时进行处理。

(4)发现严重冒险作业和严重安全事故隐患的,应责令其暂停施工进行整顿。

(5)对高危作业或涉及施工安全的重要部位、环节的关键工序进行现场旁站监督检查。

(6)复核施工单位安全防护工具、施工机械、安全设施等的验收手续,并签署意见。

(7)监督检查施工现场的消防安全工作。

(8)组织和参与现场的安全检查。

(9)督促施工单位进行分部分项工程安全技术交底和安全验收。

(10)定期召开工地例会。

(11)安全专题会议。

第二节　建设工程信息管理

建设工程监理的主要工作是控制,控制的基础是信息,信息管理是建设监理的一项重要内容。及时掌握准确、完整、有用的信息,可以使监理工程师卓有成效地完成监理任务。

监理工程师应重视信息管理工作,掌握信息管理方法。

一、概述

(一)信息

建设工程信息是对参与建设各方主体(如业主、设计单位、施工单位、供货厂商和监理企业等)从事建设工程项目管理(或监理)提供决策支持的一种载体,如项目建议书、可行性研究报告、设计图纸及其说明、各种建设法规及建设标准等。在现代建设工程中,能及时、准确、完善地掌握与建设有关的大量信息,处理和管理好各类建设信息,是建设工程项目管理(或监理)的重要内容。

1. 数据

数据是客观实体属性的反映,是一组表示数量、行为和目标,可以记录下来加以鉴别的符号。

数据首先是客观实体属性的反映,客观实体通过对各个角度的属性的描述,反映其与其他实体的区别。例如,在反映某个建筑工程质量时,通过对设计、施工单位资质,人员,施工设备,使用的材料,构配件,施工方法,工程地质,天气,水文等各个角度的数据收集汇总起来,就很好地反映该工程的总体质量。各个角度的数据,即是建筑工程这个实体的各种属性的反映。

数据有多种形态,这里所提到的数据是广义的数据概念,包括文字、数值、语言、图表、图形、颜色等多种形态。现在的计算机对此类数据都可以加以处理,例如施工图纸、管理人员发出的指令、施工进度的网络图、管理的直方图、月报表等都是数据。

2. 信息的概念

信息和数据是不可分割的。信息来源于数据,又高于数据,信息是数据的灵魂,数据是信息的载体。对信息有不同的定义,从辩证唯物主义的角度出发,可以给信息如下的定义:一般认为,信息是以数据形式表达的客观事实,它是对数据的解释,反映着事物的客观状态和规律,为使用者提供决策和管理所需要的依据。

使用信息的目的是为决策和管理服务。信息是决策和管理的基础,决策和管理依赖信息,正确的信息才能保证决策的正确,不正确的信息则会造成决策的失误,管理则更离不开信息。传统的管理是定性分析,现代的管理则是定量管理,定量管理离不开系统信息的支持。

3. 信息的时态

信息有三个时态:信息的过去时是知识,现在时是数据,将来时是情报。

(1)知识是前人经验的总结,是人类对自然界规律的认识和掌握,是一种系统化的信息。

(2)信息的现在时是数据。数据是人类生产实践中不断产生信息的载体,要用动态的眼光来看待数据。把握住数据的动态节奏,就掌握了信息的变化。

(3)信息的将来时是情报。情报代表信息的趋势和前沿,情报往往要用特定的手段获取,有特定的使用范围、目的、时间、传递方式,带有特定的机密性。

4. 信息的特点

为了深刻理解信息的含义和充分利用信息资源，必须了解信息的特征。一般来说，信息具有以下特征。

(1)真实性。真实性是建设工程信息的最基本性质。如果信息失真，不仅没有任何可利用的价值，反而会造成决策失误。

(2)时效性。时效性又称适时性。它反映了建设工程信息具有突出的时间性的特点。某一信息对某一建设目标是适用的，但随着建设进程，该信息的价值将逐步降低或完全丧失。可见，信息的时效性是反映信息现实性的关键，对决策的有效性产生重大的影响。

(3)系统性。信息本身需要全面地掌握各方面的数据后才能得到。在工程实际中，不能片面地处理数据，片面地产生和使用信息。信息也是系统中的组成部分之一，必须用系统的观点来对待各种信息。

(4)不完全性。由于使用数据的人对客观事物认识的局限性，因此信息具有不完全性。

(5)层次性。信息对使用者是有不同的对象的，不同的管理需要不同的信息，为此必须针对不同的信息需求，分类提供相应的信息。可以将信息分为决策级、管理级、作业级三个层次。

(二)建设工程项目管理中的信息

1. 建设工程项目信息的特点

建设工程项目信息是在整个工程建设项目管理过程中发生的、反映着工程建设的状态和规律的信息。它涉及多部门、多环节、多专业、多渠道，具有一般信息的特征，同时也有其本身的特点。

1)来源广、信息量大

在建设监理制度下，工程建设是以监理工程师为中心的，项目监理组织自然成为信息生成、流入和流出的中心。监理信息来自两个方面，一是项目监理组织内部进行项目控制和管理而产生的信息；二是在实施监理过程中，从项目监理组织外流入的信息。由于工程建设的长期性和复杂性，以及涉及的单位众多，使得从这两方面来的信息来源广、信息量大。

2)动态性强

工程建设的过程是一个动态过程，监理工程师实施的控制也是动态控制。大量的监理信息都是动态的，需要及时的收集和处理。

2. 建设工程项目信息的分类

为了有效地管理和应用建设工程监理信息，需将之进行分类。按照不同的分类标准，可将建设工程监理信息进行如下分类。

1)按照建设工程的控制目标划分

建设工程监理的目的是对工程进行有效的控制，按控制目标将信息进行分类是一种重要的分类方法。按这种分类方法，可将监理信息划分如下。

(1)投资控制信息：指与投资控制直接有关的信息，如各种投资估算指标、类似工程造价(物价)指数、概预算定额、建设项目投资估算、设计概预算、合同价、工程进度款支付单、竣工结算与决算、原材料价格、机械台班费、人工费、运杂费、投资控制的风险分析等。

(2)质量控制信息：指与质量控制直接有关的信息，如国家有关的质量政策，质量标准,项目建设标准,质量目标的分解结果,质量控制工作流程,质量控制工作制度,质量控制的风险分析,工程实体、材料、设备质量检验信息,质量抽样检查结果等。

(3)进度控制信息:指与进度控制直接有关的信息,如工期定额、项目总进度计划、进度目标分解结果、进度控制工作流程、进度控制工作制度、进度控制的风险分析、实际进度与计划进度的对比信息、进度统计分析等。

(4)合同管理信息:指与建设工程相关的各种合同信息,如施工合同文件、合同的修改和变更、合同风险分析、合同索赔、合同条款分析等。

2)按照建设工程项目信息的来源划分

(1)项目内部信息:取自建设项目本身,如工程概况、可行性研究报告、设计文件、施工组织设计、施工方案、合同文件、信息资料的编码系统、会议制度、监理组织机构、监理工作制度、监理委托合同、监理规划、项目的投资目标、项目的质量目标、项目的进度目标等。

(2)项目外部信息:来自建设项目外部环境的信息称为外部信息,如国家有关的政策及法规、国内及国际市场上原材料及设备价格、物价指数、类似工程的造价、类似工程进度、投标单位的实力、投标单位的信誉、毗邻单位的有关情况等。

3)按照信息的稳定程度划分

(1)固定信息:指那些具有相对稳定性的信息,或者在一段时间内可以在各项监理工作中重复使用而不发生质的变化的信息。它是建设工程监理工作的重要依据。这类信息包括以下几种。

①定额标准信息。指各类定额和标准,如概预算定额、施工定额、原材料消耗定额、投资估算指标、生产作业计划标准、监理工作制度等。

②计划合同信息。指计划指标体系、合同文件等。

③查询信息。指国家标准、行业标准、部门标准、设计规范、施工规范、监理工程师的人事卡片等。

(2)流动信息:指作业统计信息,是反映工程项目建设实际状态的信息。它随着工程项目的进展而不断更新。这类信息的时间性较强,如项目实施阶段的质量、投资及进度统计信息、项目实施阶段的原材料消耗量、机械台班数、人工工日数等信息。及时收集这类信息,并与计划信息进行对比分析是实施项目目标控制的重要依据。在建设工程监理过程中,这类信息的主要表现形式是统计报表。

4)按照信息的层次划分

(1)战略性信息:指该项目建设过程中的战略决策所需的信息、投资总额、建设总工期、承包商的选定、合同价的确定等信息。

(2)管理型信息:指项目年度进度计划、财务计划等。

(3)业务性信息:指各业务部门的日常信息,较具体。

5)按照信息的性质划分

将建设项目信息按项目管理功能划分为:组织类信息、管理类信息、经济类信息和技术类信息四大类。

6)按其他标准划分

(1)按照信息范围的不同,可以把建设工程项目信息分为精细的信息和摘要的信息两类。

(2)按照信息时间的不同,可以把建设工程项目信息分为历史性信息、即时信息和测量性信息三大类。

(3)按照监理阶段的不同,可以把建设工程项目信息分为计划的、作业的、核算的、报告的信息。

(4)按照对信息的期待性不同,可以把建设工程项目信息分为预知的和突发的信息两类。

以上是常见的几种分类形式。按照一定的标准将建设工程项目信息予以分类,对建设工程监理工作有着重要意义。不同的监理范围需要不同的信息,而把监理信息予以分类,有助于根据监理工作的不同要求,提供适当的信息。

二、建设工程信息管理的实施

建设工程信息管理是在明确监理信息流程、建立监理信息编码系统的基础上,围绕监理信息的收集、加工整理、存储、传递和使用而开展的。

(一)建设工程信息管理流程

信息流程反映了监理工作中各参与部门、单位之间的关系。为了使监理工作顺利进行,必须使监理信息在上下级之间、内部组织与外部环境之间流动,称为“信息流”。

1. 建设工程信息流程

建设工程信息流由建设各方各自的信息流组成,监理单位的信息系统作为建设工程系统的一个子系统,监理的信息流仅仅是其中的一部分信息流。建设工程信息流程如图 6-1 所示。

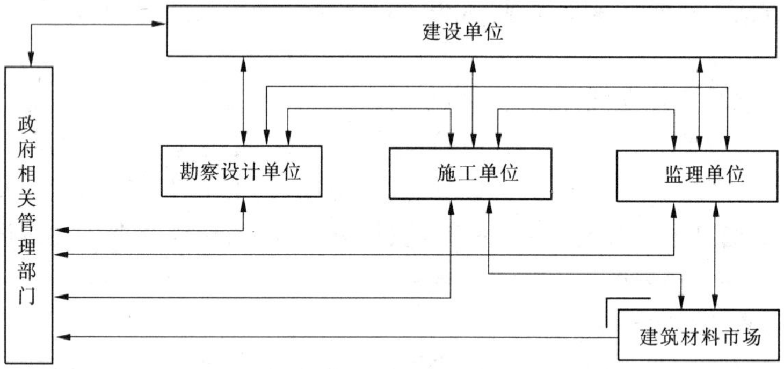

图 6-1　建设工程信息流程

注:图 6-1 ~ 图 6-3 的图标为

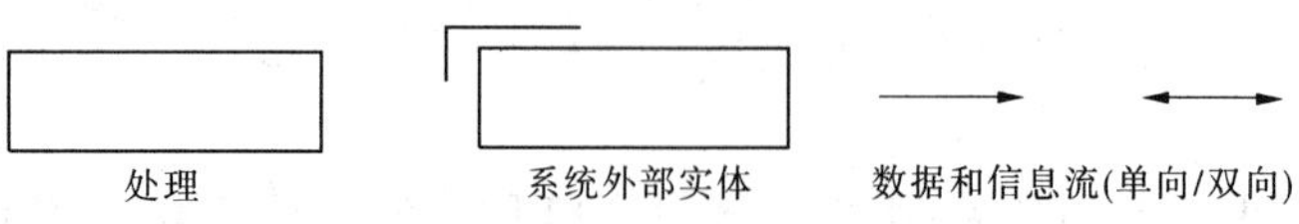

2. 监理单位及项目部信息流程

监理单位内部也有一个信息流程,监理单位的信息系统更偏重于公司内部管理和对项目监理部的宏观管理。对于项目监理部,总监理工程师要组织必要的信息流程,加强项目数据和信息的微观管理,相应的流程图如图6-2和图6-3所示。

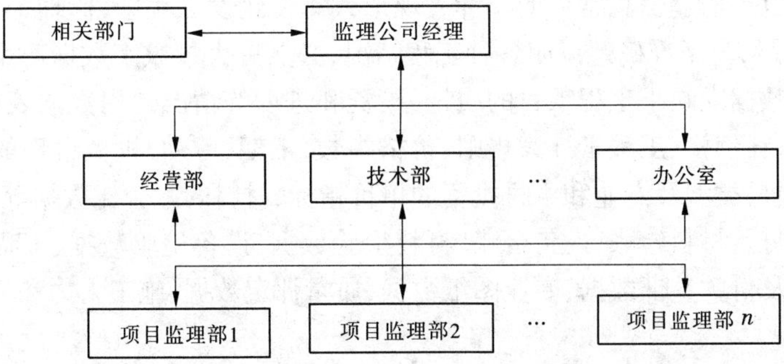

图6-2　监理单位信息流程

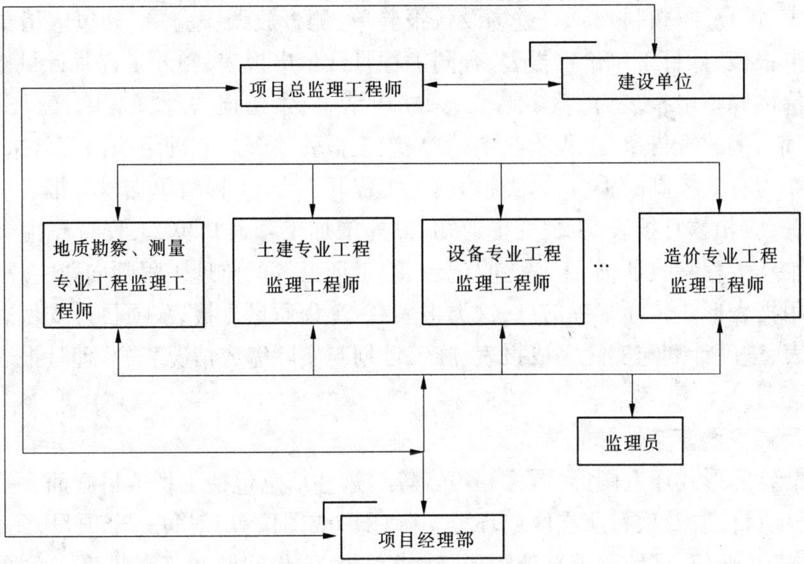

图6-3　项目监理部信息流程

3. 监理信息的形式

信息是对数据的解释,这种解释方法的表现形式多种多样,一般有文字、数字、表格、图形、图像和声音等。

1) 文字数据

文字数据形式是监理信息的一种常见形式。文件是最常见的有用信息。监理中通常规定以书面形式进行交流,即使是口头指令,也要在一定时间内形成书面文字,这就会形成大量的文件。这些文件包括国家、地区、部门行业、国际组织颁布的有关建设工程的法律法规文件,如合同法,政府建设监理主管部门下发的条例、通知和规定,行业主管部门下发的通知和规定等,还包括国际、国家和行业等制定的标准规范,如合同标准文本、设计及施工规范、材料标准、图形符号标准、产品分类及编码标准等。具体到每一个工程项目,还包括合同及招投标文件、工程承包(分包)单位的情况资料、会议纪要、监理月报、监理总结、洽商及变更资料、监理通知、隐蔽及验收记录资料等。

2)数字数据

数字数据也是监理信息常见的一种表现形式。在建设工程中，监理工作的科学性要求“用数字说话”，为了准确地说明各种工程情况，必然有大量数字数据产生，各种计算成果和试验检测数据反映了工程项目的质量、投资和进度等情况。用数据表现的信息常见的有：设备与材料价格、工程量计算规则、价格指数，工期、劳动、机械台班的施工定额，地区地质数据、项目类型及专业和主材投资的单价指标、材料的配合比数据等。具体到每个工程项目，还包括：材料台账、设备台账、材料检验数据、设备检验数据、工程进度数据、进度工程量签证及付款签证数据、专业图纸数据、质量评定数据、施工人力和机械数据等。

3)报表

各种报表是监理信息的另一种表现形式。建设工程各方常用这种直观的形式传播信息。承包商需要提供反映建设工程状况的多种报表。这些报表有：开工申请单、施工技术方案报审表、进场原材料报验单、进场设备报验单、测量放线报验单、分包申请单、合同外工程单价申报表、计日工单价申报表、合同工程月计量申报表、额外工程月计量申报表、人工与材料价格调整申报表、付款申请表、索赔申请书、索赔损失计算清单、延长工期申报表、复工申请、事故报告单、工程验收申请单、竣工报验单等。监理组织内部常采用规范化的表格来作为有效控制的手段，这类报表有：工程开工令、工程清单支付月报表、暂定金额支付月报表、应扣款月报表、工程变更通知、额外增加工程通知单、工程暂停指令、复工指令、现场指令、工程验收证书、工程验收记录、竣工证书等。监理工程师向业主反映工程情况也往往用报表形式传递工程信息，这类报表有：工程质量月报表、项目月支付总表、工程进度月报表、进度计划与实际完成报表、施工计划与实际完成情况表、监理月报表、工程状况报告表等。

4)图形图像和声音

监理信息的形式还有图形、图像和声音等。这些信息包括工程项目立面、平面及功能布置图形、项目位置及项目所在区域环境实际图形或图像等，对每一个项目，还包括隐蔽部位、设备安装部位、预留预埋部位图形、管线系统、质量问题和工程进度形象图像，在施工中还有设计变更图等。图形、图像信息还包括工程录像(光盘)、照片等，这些信息直观、形象地反映了工程情况，特别是能有效反映隐蔽工程的情况。声音信息主要包括会议录音、电话录音以及其他的讲话录音等。

以上只是监理信息的一些常见形式，而且监理信息往往是这些形式的组合。随着科技的发展，还会出现更多更好的形式，了解监理信息的各种形式及其特点，对收集、整理信息很有帮助。

4. 监理信息的作用

监理工程师在工作中会生产、使用和处理大量的信息，信息是监理工作的成果，也是监理工程师进行决策的依据。

1)监理信息是监理工程师进行目标控制的基础

建设工程监理的目标控制，即是按计划的投资、质量和进度完成工程项目建设。监理信息贯穿在目标控制的各个环节之中，建设监理目标控制系统内部各要素之间、系统和环境之间都靠信息进行联系。在建筑工程的生产过程中，监理工程师要依据所反馈的投资、质量、进度、安全信息与计划信息进行对比，看是否发生偏离，如发生偏离，即采取相应措施予以纠正，再偏离就再纠正，直至达到建设目标。纠正的措施就是依靠信息。

2）监理信息是监理工程师进行科学决策的依据

建设工程中有许多问题需要决策，决策的正确与否直接影响着项目建设总目标的实现及监理企业、监理工程师的信誉。作出一项决策需要考虑各种因素，其中最重要的因素之一就是信息。如要作出是否需要进行进度计划调整的决策，就需要收集计划进度信息与工程实际的进度信息。监理工程师在整个工程的监理过程中，都必须充分地收集信息、加工整理信息，才能作出科学的、合理的监理决策。

3）监理信息是监理工程师进行组织协调的纽带

工程项目的建设是一个复杂和庞大的系统，参建单位多、周期长、影响因素多，需要进行大量的协调工作，监理组织内部也要进行大量的协调工作，这都要依靠大量的信息。

协调一般包括人际关系的协调、组织关系的协调和资源需求关系的协调。人际关系的协调，需要了解协调对象的特点、性格方面的信息，需要了解岗位职责和目标的信息，需要了解其工作成效的信息，通过谈心、谈话等方式进行沟通与协调；组织关系的协调，需要了解组织机构设置、目标职责的信息，需要开工作例会、专题会议来沟通信息，在全面掌握信息的基础上及时消除工作中的矛盾和冲突；资源需求关系的协调，需要掌握人员、材料、设备、能源动力等资源方面的计划情况、储备情况以及现场使用情况等信息，以此来协调建筑工程的生产，保证工程进展顺利。

（二）监理信息的收集

建设工程信息管理有收集、分发、传递、加工、整理、检索、存储等环节。

1. 收集监理信息的作用

在建设工程中，每时每刻都产生着大量的信息。但是，要得到有价值的信息，只靠自发产生的信息是远远不够的，还必须根据需要进行有目的、有组织、有计划的收集，才能提高信息质量，充分发挥信息的作用。

收集信息是运用信息的前提。各种信息一经产生，就必然会受到传输条件、人们的思想意识及各种利益关系的影响，所以信息有真假、虚实、有用无用之分。监理工程师要取得有用的信息，必须通过各种渠道，采取各种方法收集信息，然后经过加工、筛选，从中选择出对进行决策有利的信息。没有足够的信息作依据，决策就会产生失误。收集信息是进行信息处理的基础。信息处理是对已经取得的原始信息进行分类、筛选、分析、加工、评定、编码、存储、检索、传递的全过程。不经收集就没有进行处理的对象，信息收集工作的好坏，直接决定着信息加工处理质量的高低。在一般情况下，如果收集到的信息时效性强、真实度高、价值大、全面系统，再经加工处理质量就更高，反之则低。

2. 收集监理信息的基本原则

1）要主动及时

监理工程师要取得对工程控制的主动权，就必须积极主动地收集信息，善于及时发现、及时取得、及时加工各类工程信息。只有工作主动，获得信息才会及时，监理工作的特点和监理信息的特点都决定了收集信息要主动及时。监理是一个动态控制的过程，实时信息量大、时效性强、稍纵即逝，建设工程又具有投资大、工期长、项目分散、管理部门多、参与建设的单位多等特点，如果不能及时得到工程中大量发生的、变化极大的数据，不能及时把不同的数据传递于需要相关数据的不同单位、部门，势必影响各部门工作，影响监理工程师作出正确的判断，影响监理的质量。

2)要全面系统

监理信息贯穿在工程项目建设的各个阶段及全部过程，各类监理信息和每一条信息，都是监理内容的反映或表现。所以，收集监理信息不能挂一漏万，以点代面，把局部当成整体，或者不考虑事物之间的联系。同时，建设工程不是杂乱无章的，而是有着内在联系的。因此，收集信息不仅要注意全面性，而且要注意系统性和连续性，全面系统就是要求收集到的信息具有完整性，以防决策失误。

3)要真实可靠

收集信息的目的在于对工程项目进行有效的控制。由于建设工程中人们的经济利益关系，以及建设工程的复杂性，信息在传输过程中会发生失真现象等主客观原因，难免产生不能真实反映建设工程实际情况的假信息。因此，必须严肃认真地进行收集工作，要将收集到的信息进行严格核实、检测、筛选，去伪存真。

4)要重点选择

收集信息要全面系统和完整，不等于不分主次、胡子眉毛一把抓，必须有针对性，坚持重点收集的原则。针对性首先是指有明确的目的性或目标，其次是指有明确的信息源和信息内容，还要做到适用，即所取信息符合监理工程的需要，能够应用并产生好的监理效果。所谓重点选择，就是根据监理工作的实际需要，根据监理的不同层次、不同部门、不同阶段对信息需求的侧重点，从大量的信息中选择使用价值大的主要信息。如业主委托施工阶段监理，则以施工阶段为重点进行收集。

3. 监理信息收集的基本方法

监理工程师主要通过各种方式的记录来收集监理信息，这些记录统称为监理记录，它是与工程项目建设监理相关的各种记录中资料的集合。通常可分为以下几类。

1)现场记录

现场监理人员必须每天利用特定的表式或以日志的形式记录工地上所发生的事情。所有记录应始终保存在工地办公室内，供监理工程师及其他监理人员查阅。这类记录每月由专业监理工程师整理成书面资料上报监理工程师办公室。监理人员在现场遇到工程施工中不得不采取紧急措施而对承包商所发出的书面指令，应尽快通报上一级监理组织，以征得其确认或修改指令。

现场记录通常记录以下内容：

(1)现场监理人员对所监理工程范围内的机械、劳力的配备和使用情况作详细记录。如承包商现场人员和设备的配备是否同计划所列的一致；工程质量和进度是否因某些职员或某种设备不足而受到影响，受到影响的程度如何；是否缺乏专业施工人员或专业施工设备，承包商有无替代方案；承包商施工机械完好率和使用率是否令人满意；维修车间及设施情况如何，是否存储有足够的备件等。

(2)记录气候及水文情况。如记录每天的最高、最低气温，降雨和降雪量，风力，河流水位；记录有预报的雨、雪、台风及洪水到来之前对永久性或临时性工程所采取的保护措施；记录气候、水文的变化影响施工及造成损失的细节，如停工时间、救灾的措施和财产的损失等。

(3)记录承包商每天工作范围、完成工程数量，以及开始和完成工作的时间，记录出现的技术问题，采取了怎样的措施进行处理，效果如何，能否达到技术规范的要求等。

(4)对工程施工中每步工序完成后的情况作简单描述，如此工序是否已被认可，对缺陷的补救措施或变更情况等作详细记录。监理人员在现场对隐蔽工程应特别注意记录。

(5)记录现场材料供应和储备情况。如每一批材料的到达时间、来源、数量、质量、存储方式和材料的抽样检查情况等。

(6)对于一些必须在现场进行的试验，现场监理人员进行记录并分类保存。

2)会议记录

由监理人员所主持的会议应由专人记录，并且要形成纪要，由与会者签字确认，这些纪要将成为今后解决问题的重要依据。会议纪要应包括以下内容：会议地点及时间；出席者姓名、职务以及他们所代表的单位；会议中发言者的姓名及主要内容；形成的决议；决议由何人及何时执行等；未解决的问题及其原因。

3)计量与支付记录

计量与支付记录包括所有计量及付款资料。应清楚地记录哪些工程进行过计量，哪些工程没有进行计量，哪些工程已经进行了支付，已同意或确定的费率和价格变更等。

4)试验记录

除正常的试验报告外，实验室应由专人每天以日志形式记录实验室工作情况，包括对承包商的试验监督、数据分析等。记录内容包括：

(1)工作内容的简单叙述。如做了哪些试验，监督承包商做了哪些试验，结果如何等。

(2)承包商试验人员配备情况。试验人员配备与承包商计划所列是否一致，数量和素质是否满足工作需要，增减或更换试验人员的建议。

(3)对承包商试验仪器、设备配备、使用和调动情况记录，需增加新设备的建议。

(4)监理实验室与承包商实验室所做同一试验，其结果有无重大差异，原因如何。

5)工程照片和录像

以下情况，可辅以工程照片和录像进行记录。

(1)科学试验：重大试验，如桩的承载试验，板、梁的试验以及科学研究试验等；新工艺、新材料的原形及为新工艺、新材料的采用所做的试验等。

(2)工程质量：能体现高水平的建筑物的总体或部分，能体现出建筑物的宏伟、精致、美观等特色的部位；工程质量较差的项目，指令承包商返工或需补强的工程的前后对比；体现不同施工阶段的建筑物照片；不合格原材料的现场和清除出现场的照片。

(3)能证明或反映未来会引起索赔或工程延期的特征照片或录像；向上级反映即将引起影响工程进展的照片。

(4)工程试验、实验室操作及设备情况。

(5)隐蔽工程：被覆盖前构造物的基础工程；重要项目钢筋绑扎、管道渗开的典型照片；混凝土桩的桩头开花及桩顶混凝土的表面特征情况。

(6)工程事故：工程事故处理现场及处理事故的状况；工程事故及处理和补强工艺，

能证实保证了工程质量的照片。

(7)监理工作:重要工序的旁站监督和验收;现场监理工作实况;参与的工地会议及参与承包商的业务讨论会;班前、工后会议;被承包商采纳的建议,证明确有经济效益及提高了施工质量的实物。

拍照时要采用专门登记本标明序号、拍摄时间、拍摄内容、拍摄人员等。

4. 监理信息收集阶段

建立一套完善的信息采集制度,收集建设工程监理的各阶段、各类信息是监理工作所必需的。下面根据工程建设各阶段监理工作的内容讨论监理信息的收集。

1)项目决策阶段的信息收集

在项目决策阶段,信息收集从以下几方面进行。

(1)项目相关市场方面的信息,如产品预计进入市场后的市场占有率、社会需求量、预计产品价格变化趋势、影响市场渗透的因素、产品的生命周期等。

(2)项目资源相关方面的信息,如资金筹措渠道、方式,原、辅料,矿藏来源,劳动力,水、电、气供应等。

(3)自然环境相关方面的信息,如城市交通、运输、气象、地质、水文、地形地貌、废料处理可能性等。

(4)新技术、新设备、新工艺、新材料,专业配套能力方面的信息。

(5)政治环境,社会治安状况,当地法律、政策、教育方面的信息。

2)设计阶段的信息收集

监理单位在设计阶段的信息收集要从以下几方面进行。

(1)可行性研究报告,前期相关设计阶段的信息收集件资料、存在的疑点和建设单位的意图,建设单位前期准备和项目审批完成的情况。

(2)同类工程相关信息:建筑规模,结构形式,造价构成,工艺、设备的选型,地质处理方式及实际效果,建设工期,采用新材料、新工艺、新设备、新技术的实际效果及存在问题,技术经济指标。

(3)拟建工程所在地相关信息:地质、水文情况,地形地貌、地下埋设和人防设施情况,城市拆迁政策和拆迁户数,青苗补偿,周围环境(水电气、道路等的接入点,周围建设、交通、学校、医院、商业、绿化、消防、排污)。

(4)勘察、测量、设计单位相关信息:同类工程完成情况,实际效果,完成该工程的能力,人员构成,设备投入,质量管理体系完善情况,创新能力,收费情况,施工期技术服务主动性和处理发生问题的能力,设计深度和技术文件质量,专业配套能力,设计概算和施工图预算编制能力,合同履约情况,采用设计新技术、新设备能力等。

(5)工程所在地政府相关信息:国家和地方政策、法律、法规、规范规程、环保政策、政府服务情况和限制等。

(6)设计中的设计进度计划,设计质量保证体系,设计合同执行情况,偏差产生的原因,纠偏措施,专业间设计交接情况,执行规范、规程、技术标准,特别是强制性规范执行的情况,设计概算和施工图预算结果,了解超限额的原因,了解各设计工序对投资的控制等。

3)施工招标投标阶段的信息收集

施工招标投标阶段信息收集从以下几方面进行。

(1)工程地质、水文地质勘察报告,施工图设计及施工图预算、设计概算,设计、地质勘察、测绘的审批报告等方面的信息,特别是该建设工程有别于其他同类工程的技术要求、材料、设备、工艺、质量等有关信息。

(2)建设单位建设前期报审文件:立项文件,建设用地、征地,拆迁文件。

(3)工程造价的市场变化规律及所在地区的材料、构件,设备、劳动力差异。

(4)当地施工单位管理水平,质量保证体系、施工质量、设备、机具能力。

(5)本工程适用的规范、规程、标准,特别是强制性规范。

(6)所在地关于招标投标有关法规、规定,国际招标、国际贷款指定适用的范本,本工程适用的建筑施工合同范本及特殊条款精髓所在。

(7)所在地招标投标代理机构能力、特点,所在地招标投标管理机构及管理程序。

(8)该建设工程采用的新技术、新设备、新材料、新工艺,投标单位对"四新"的处理能力和了解程度、经验、措施。

4)施工阶段的信息收集

施工阶段的信息收集,可从施工准备期、施工期、竣工保修期三个子阶段分别进行。

(1)施工准备期。施工准备期指从建设工程合同签订到项目开工的阶段,在施工招标投标阶段监理未介入时,本阶段是施工阶段监理信息收集的关键阶段,监理工程师应该从如下几点收集信息。

①监理大纲;施工图设计及施工图预算,特别要掌握结构特点,掌握工程难点、要点、特点,掌握工业工程的工艺流程特点、设备特点;了解工程预算体系(按单位工程、分部工程、分项工程分解),了解施工合同。

②施工单位项目经理部组成,进场人员资质;进场设备的规格型号、保修记录;施工场地的准备情况;施工单位质量保证体系及施工单位的施工组织设计,特殊工程的技术方案,施工进度网络计划图表;进场材料、构件管理制度;安全保证措施;数据和信息管理制度;检测和检验、试验程序和设备;承包单位和分包单位的资质等施工单位信息。

③建设工程场地的地质、水文、测量、气象数据;地上、地下管线,地下洞室,地上原有建筑物及周围建筑物、树木、道路;建筑红线、标高、坐标;水、电、气管道的引入标志;地质勘察报告、地形测量图及标桩等环境信息。

④施工图的会审和交底记录;开工前的监理交底记录;对施工单位提交的施工组织设计按照项目监理部要求进行修改的情况;施工单位提交的开工报告及实际准备情况。

⑤本工程需遵循的相关建筑法律、法规和规范、规程,有关质量检验、控制的技术法规和质量验收标准。

(2)施工实施期。施工实施期,信息来源相对比较稳定,主要是施工过程中随时产生的数据,由施工单位层层收集上来,容易实现规范化。

施工实施期收集的信息应该分类并由专门的部门或专人分级管理,项目监理部可从以下几方面收集信息。

①施工单位人员、设备、水、电、气等能源的动态信息。

②施工期气象的中长期趋势及同期历史数据，每天不同时段的动态信息，特别在气候对施工质量影响较大的情况下，更要加强收集气象数据。

③建筑原材料、半成品、成品、构配件等工程物资的进场、加工、保管、使用等信息。

④项目经理部管理程序；质量、进度、投资的事前、事中、事后控制措施；数据采集来源及采集、处理、存储、传递方式；工序间交接制度；事故处理制度；施工组织设计及技术方案执行的情况；工地文明施工及安全措施等。

⑤施工中需要执行的国家和地方规范、规程、标准；施工合同执行情况。

⑥施工中发生的工程数据，如地基验槽及处理记录、工序间交接记录、隐蔽工程检查记录等。

⑦建筑材料试验项目有关信息，如水泥、砖、砂石、钢筋、外加剂、混凝土、防水材料、回填土、装饰面板、玻璃幕墙等。

⑧设备安装的试运行和测试项目有关信息，如电气接地电阻、绝缘电阻测试，管道通水通气、通风试验、电梯施工试验、消防报警、自动喷淋系统联动试验等。

⑨施工索赔相关信息，如索赔程序、索赔依据、索赔证据、索赔处理意见等。

(3)竣工保修期。该阶段要收集的信息包括以下内容。

①工程准备阶段文件，如立项文件，建设用地、征地、拆迁文件，开工审批文件等。

②监理文件，如监理规划、监理实施细则、有关质量问题和质量事故的相关记录、监理工作总结以及监理过程中各种控制和审批文件等。

③施工资料：分为建筑安装工程和市政基础设施工程两大类分别收集。

④竣工图：分建筑安装工程和市政基础设施工程两大类分别收集。

⑤竣工验收资料：如工程竣工总结、竣工验收备案表、电子档案等。

在竣工保修期，监理单位按照现行《建设工程文件归档整理规范》(GB/T 50328—2001)收集监理文件并协助建设单位督促施工单位完善全部资料的收集、汇总和归类整理。

(三)监理信息的加工整理

1. 监理信息加工整理的作用和原则

所谓监理信息的加工整理，是对收集来的大量原始信息进行筛选、分类、排序、压缩、分析、比较、计算等的过程。监理工程师为了有效地控制工程建设的投资、进度和质量目标，提高工程建设的投资效益，应在全面、系统收集监理信息的基础上，加工整理收集来的信息资料。

信息的加工整理作用很大。首先，通过加工将信息分类，使之标准化、系统化。收集到的原始信息只有经过加工，使之成为标准的、系统的信息资料，才能进入使用、存储，以及提供检索和传递。其次，经过收集的资料，真实程度、准确程度都比较低，甚至还混有一些错误，对它们进行分析、比较、鉴别，乃至计算、校正，使获得的信息准确、真实。再次，原始状态的信息一般不便于使用和存储、检索、传递，经加工后，可以使信息浓缩，便于进行以上操作。另外，信息在加工过程中，通过对信息的综合、分解、整理、增补，可以得到更多有价值的新信息。

总之，本着标准化、系统化、准确性、时间性和适用性等原则，通过对信息资料的加工整理，一方面可以掌握工程建设实施过程中各方面的进展情况，另一方面可直接或借助于数学模型来预测工程建设未来的进展状况，从而为监理工程师做出正确的决策提供可靠的依据。

2. 监理信息加工整理的成果——各种监理报告

监理工程师对信息进行加工整理，形成各种资料，如各种来往信函、来往文件、各种指令、会议纪要、备忘录或协议和各种工作报告等。工作报告是最主要的加工整理成果，这些报告如下所述。

(1)现场监理日报表，是现场监理人员根据每天的现场记录加工整理而成的报告。主要包括：当天的施工内容；当天参加施工的人员（工种、数量、施工单位等）；当天施工用的机械的名称和数量等；当天发现的施工质量问题；当天的施工进度和计划进度的比较，若发生极度拖延，应说明原因；当天天气综合评语；其他说明及应注意的事项等。

(2)现场监理工程师周报，是现场监理工程师根据监理日报加工整理而成的报告，每周向项目总监理工程师汇报一周内发生的所有重大事项。

(3)监理工程师月报，是集中反映工程实况和监理工作的重要文件。一般由项目总监理工程师组织编写，每月一次上报业主。大型项目的监理月报往往由各合同段或子项目的总监理工程师代表组织编写，上报总监理工程师审阅后报业主，监理月报一般包括以下内容。

①工程进度：描述工程进度情况、工程形象进度和累计完成的比例。若拖延了计划，应分析其原因，以及这种原因是否已经消除，就此问题承包商、监理人员所采取的补救措施等。

②工程质量：用具体的测试数据评价工程质量，如实反映工程质量的好坏，并分析原因。承包商和监理人员对质量较差工作的改进意见。如有责令承包商返工的项目，应说明其规模、原因及返工后的质量情况。

③计量支付：给出本期支付、累计支付，以及必要的分项工程的支付情况，形象地表达支付比例、实际支付与工程进度对照情况等；承包商是否因流动资金短缺而影响了工程进度，并分析造成资金短缺的原因（如是否未及时办理支付等）；有无延迟支付、价格调整等问题，说明其原因及由此产生的增加费用。

④质量事故：发生的时间、地点、原因、损失估计（经济损失、时间损失、人员伤亡情况）等；事故发生后采取了哪些补救措施，在今后工程中避免类似事故发生的有效措施；由于事故的发生，影响了单项或整体工程进度的情况。

⑤工程变更：说明引起变更设计的原因、批准机关、变更项目的规模、工程量增减数量、投资增减的估计等；变更是否影响了工程进展，承包商是否就此已提出或准备提出索赔（工期、费用）。

⑥民事纠纷：说明民事纠纷产生的原因，哪些项目因此被迫停工，停工的时间，造成窝工的机器、人力情况等，承包商是否就此已提出或准备提出延期或索赔。

⑦合同纠纷：说明合同纠纷情况及产生的原因、监理人员进行调解的措施、监理人员在解决纠纷中的体会、业主和承包商有无要求进一步处理的意向。

⑧监理工作动态：描述本月的主要监理活动，如工地会议、现场重大监理活动、索赔的处理、上级布置的有关工作的进展情况、监理工作中的困难等。

（四）监理信息系统简介

在工程建设过程中，时时刻刻都在产生信息（数据），而且数量是相当大的，需要迅速收集、整理与使用。传统的处理方法是依靠监理工程师的经验，对问题进行分析与处理。面对当今复杂、庞大的工程，传统的方法就显得不足，难免给工程建设带来损失。计算机技术的发展，给信息管理提供了一个高效率的平台，监理管理信息系统开发，使信息处理变得快捷。

监理工程师的主要工作是控制建设工程的投资、进度、质量和安全，进行建设工程合同管理，协调有关单位间的工作关系。监理管理信息系统的构成应当与这些主要的工作相对应。另外，每个工程项目都有大量的公文信函，作为一个信息系统，也应对这些内容进行辅助管理。因此，监理管理信息系统一般由文档管理子系统、合同管理子系统、组织协调子系统、投资控制子系统、质量控制子系统和进度控制子系统和安全生产管理子系统构成。

第三节　建设工程文件档案资料管理

建设工程文件档案的管理是建设工程信息管理的一项重要工作。它是监理工程师实施建设工程监理、进行目标控制的基础工作。项目监理组织中必须配备专门的人员负责监理文件档案资料的管理工作。

一、建设工程文件档案资料

1. 建设工程文件的概念

建设工程文件是指在工程建设过程中形成的各种形式的记录信息，包括工程准备阶段文件、监理文件、施工文件、竣工图和竣工验收文件，也可简称为工程文件。

（1）工程准备阶段文件是工程开工以前，在立项、审批、征地、勘察、设计、招标投标等工程准备阶段形成的文件。

（2）监理文件是监理单位在工程设计、施工等阶段监理过程中形成的文件。

（3）施工文件是施工单位在工程施工过程中形成的文件。

（4）竣工图是工程竣工验收后，真实反映建设工程项目施工结果的图样。

（5）竣工验收文件是建设工程项目竣工验收活动中形成的文件。

2. 建设工程档案的概念

建设工程档案是指在工程建设活动中直接形成的具有归档保存价值的文字、图表、声像等各种形式的历史记录，也可简称工程档案。

3. 建设工程文件档案资料的概念

建设工程文件和档案组成建设工程文件档案资料。

4. 建设工程文件档案资料载体

（1）纸质载体：以纸张为基础的载体形式。

（2）缩微品载体：以胶片为基础，利用缩微技术对工程资料进行保存的载体形式。

（3）光盘载体：以光盘为基础，利用计算机技术对工程资料进行存储的形式。

(4)磁性载体:以磁性记录材料(磁带、磁盘等)为基础,对工程资料的电子文件、声音、图像进行存储的方式。

5. 文件归档范围

(1)对于与工程建设有关的重要活动,记载工程建设主要过程和现状、具有保存价值的各种载体的文件,均应收集齐全,整理立卷后归档。

(2)工程文件的具体归档范围按照现行《建设工程文件归档整理规范》(GB/T 50328—2001)中"建设工程文件归档范围和保管期限表"共5大类执行,即工程准备阶段文件、监理文件、施工文件、竣工图、竣工验收文件。

二、建设工程文件档案资料管理职责

建设工程档案资料的管理涉及建设单位、监理单位、施工单位以及地方城建档案管理部门。对于一个建设工程而言,归档有三方面的含义。

(1)建设、勘察、设计、施工、监理等单位将本单位在工程建设过程中形成的文件向本单位档案管理机构移交。

(2)勘察、设计、施工、监理等单位将本单位在工程建设过程中形成的文件向建设单位档案管理机构移交。

(3)建设单位按照现行《建设工程文件归档整理规范》(GB/T 50328—2001)要求将汇总的该建设工程文件档案向地方城建档案管理部门移交。

(一)通用职责

(1)工程各参建单位填写的建设工程档案应以施工及验收规范、工程合同、设计文件、工程施工质量验收统一标准等为依据。

(2)工程档案资料应随工程进度及时收集、整理,并应按专业归类,认真书写,字迹清楚,项目齐全、准确、真实,无未了事项。表格应采用统一表格,特殊要求需增加的表格应统一归类。

(3)工程档案资料进行分级管理,建设工程项目各单位技术负责人负责本单位工程档案资料的全过程组织工作并负责审核,各相关单位档案管理员负责工程档案资料的收集、整理工作。

(4)对工程档案资料进行涂改、伪造、随意抽撤或损毁、丢失等,应按有关规定予以处罚。情节严重的,应依法追究法律责任。

(二)建设单位职责

(1)在工程招标及与勘察、设计、监理、施工等单位签订协议、合同时,应对工程文件的套数、费用、质量、移交时间等提出明确要求。

(2)收集和整理工程准备阶段、竣工验收阶段形成的文件,并进行立卷归档。

(3)负责组织、监督和检查勘察、设计、施工、监理等单位的工程文件的形成、积累和立卷归档工作,也可委托监理单位监督、检查工程文件的形成、积累和立卷归档工作。

(4)收集和汇总勘察、设计、施工、监理等单位立卷归档的工程档案。

(5)在组织工程竣工验收前,应提请当地城建档案管理部门对工程档案进行预验收;未取得工程档案验收认可的文件,不得组织工程竣工验收。

(6)对列入当地城建档案管理部门接收范围的工程，工程竣工验收3个月内，向当地城建档案管理部门移交一套符合规定的工程文件。

(7)必须向参与工程建设的勘察设计、施工、监理等单位提供与建设工程有关的原始资料，原始资料必须真实、准确、齐全。

(8)可委托承包单位、监理单位组织工程档案的编制工作；负责组织竣工图的绘制工作，也可委托承包单位、监理单位、设计单位完成，收费标准按照所在地相关文件执行。

(三)监理单位职责

(1)应设专人负责监理资料的收集、整理和归档工作，在项目监理部，监理资料的管理应由总监理工程师负责，并指定专人具体实施，监理资料应在各阶段监理工作结束后及时整理归档。

(2)监理资料必须及时整理、真实完整、分类有序。在设计阶段，对勘察、测绘、设计单位的工程文件的形成、积累和立卷归档进行监督、检查；在施工阶段，对施工单位的工程文件的形成、积累、立卷归档进行监督、检查。

(3)可以按照委托监理合同的约定，接受建设单位的委托，监督、检查工程文件的形成积累和立卷归档工作。

(4)编制的监理文件的套数、提交内容、提交时间，应按照现行《建设工程文件归档整理规范》(GB/T 50328—2001)和各地城建档案管理部门的要求，编制移交清单，双方签字、盖章后，及时移交建设单位，由建设单位收集和汇总。监理公司档案部门需要的监理档案，按照《建设工程监理规范》(GB 50319—2000)的要求，及时由项目监理部提供。

(四)施工单位职责

(1)实行技术负责人负责制，逐级建立、健全施工文件管理岗位责任制，配备专职档案管理员，负责施工资料的管理工作。工程项目的施工文件应设专门的部门(专人)负责收集和整理。

(2)建设工程实行总承包的，总承包单位负责收集、汇总各分包单位形成的工程档案，各分包单位应将本单位形成的工程文件整理、立卷后及时移交总承包单位。建设工程项目由几个单位承包的，各承包单位负责收集、整理、立卷其承包项目的工程文件，并应及时向建设单位移交，各承包单位应保证归档文件的完整、准确、系统，能够全面反映工程建设活动的全过程。

(3)可以按照施工合同的约定，接受建设单位的委托进行工程档案的组织、编制工作。

(4)按要求在竣工前将施工文件整理汇总完毕，再移交建设单位进行工程竣工验收。

(5)负责编制的施工文件的套数不得少于地方城建档案管理部门要求，但应有完整施工文件移交建设单位及自行保存，保存期可根据工程性质以及地方城建档案管理部门有关要求确定。如建设单位对施工文件的编制套数有特殊要求的，可另行约定。

(五)地方城建档案管理部门职责

(1)负责接收和保管所辖范围应当永久和长期保存的工程档案和有关资料。

(2)负责对城建档案工作进行业务指导，监督和检查有关城建档案法规的实施。

(3)列入向本部门报送工程档案范围的工程项目，其竣工验收应有本部门参加并负责对移交的工程档案进行验收。

三、归档文件的质量要求和组卷方法

建设工程档案编制质量要求与组卷方法，应该按照建设部和国家质量检验检疫总局于2002年1月10日联合发布，2002年5月1日实施的《建设工程文件归档整理规范》(GB/T 50328—2001)执行。此外，尚应执行《科学技术档案案卷构成的一般要求》(GB/T 11822—2000)、《技术制图复制图的折叠方法》(GB 10609.3—1989)、《城市建设档案案卷质量规定》(建办〔1995〕697号)等规范或文件的规定及各省、市地方相应的地方规范执行。

(一)归档文件的质量要求

(1)归档的工程文件一般应为原件。

(2)工程文件的内容及其深度必须符合国家有关工程勘察、设计、施工、监理等方面的技术规范、标准和规程。

(3)工程文件的内容必须真实、准确，与工程实际相符合。

(4)工程文件应采用耐久性强的书写材料，如碳素墨水、蓝黑墨水，不得使用易褪色的书写材料，如红色墨水、纯蓝墨水、圆珠笔、复写纸、铅笔等。

(5)工程文件应字迹清楚、图样清晰、图表整洁，签字盖章手续完备。

(6)工程文件中文字材料幅画尺寸规格宜为A4幅面(297 mm×210 mm)，图纸宜采用国家标准图幅。

(7)工程文件的纸张应采用能够长期保存的韧力大、耐久性强的纸张。图纸一般采用蓝晒图，竣工图应是新蓝图。计算机出图必须清晰，不得使用计算机所出图纸的复印件。

(8)所有竣工图均应加盖竣工图章。

(9)利用施工图改绘竣工图，必须标明变更修改依据；凡施工图结构、工艺、平面布置等有重大改变，或变更部分超过图面1/3的，应当重新绘制竣工图。

(10)不同幅面的工程图纸应按《技术制图复制图的折叠方法》(GB 10609.3—1989)统一折叠成A4幅面，图标栏露在外面。

(11)工程档案资料的缩微制品，必须按国家缩微标准进行制作，主要技术指标(解像力、密度、海波残留量等)要符合国家标准，保证质量。

(12)工程档案资料的照片(含底片)及声像档案，要求图像清晰、声音清楚、文字说明和内容准确。

(13)工程文件应采用打印的形式并使用档案规定用笔，手工签字，在不能够使用原件时，应在复印件或抄件上加盖公章并注明原件保存处。

(二)归档工程文件的组卷要求

1. 立卷的原则和方法

(1)立卷应遵循工程文件的自然形成规律，保持卷内文件的有机联系，便于档案的保管和利用。

(2)一个建设工程由多个单位工程组成时，工程文件应按单位工程组卷。

(3)立卷采用如下方法。

①工程文件可按建设程序划分为工程准备阶段的文件、监理文件、施工文件、竣工图、

竣工验收文件5部分。

②工程准备阶段文件可按单位工程、分部工程、专业、形成单位等组卷。

③监理文件可按单位工程、分部工程、专业、阶段等组卷。

④施工文件可按单位工程、分部工程、专业、阶段等组卷。

⑤竣工图可按单位工程、专业等组卷。

⑥竣工验收文件可按单位工程、专业等组卷。

(4)立卷过程中宜遵循下列要求。

①案卷不宜过厚,一般不超过40 mm。

②案卷内不应有重复文件,不同载体的文件一般应分别组卷。

2. 卷内文件的排列

(1)文字材料按事项、专业顺序排列。同一事项的请示与批复,同一文件的印本与定稿、主件与附件不能分开,并按批复在前、请示在后,印本在前、定稿在后,主件在前、附件在后的顺序排列。

(2)图纸按专业排列,同专业图纸按图号顺序排列。

(3)既有文字材料又有图纸的案卷,文字材料排前、图纸排后。

(三)案卷的编目

(1)编制卷内文件页号应符合下列规定。

①卷内文件均按有书写内容的页面编号。每卷单独编号,页号从"1"开始。

②页号编写位置:单页书写的文字在右下角;双面书写的文件,正面在右下角,背面在左下角。折叠后的图纸一律在右下角。

③成套图纸或印刷成册的科技文件材料,自成一卷的,原目录可代替卷内目录,不必重新编写页码。

④案卷封面、卷内目录、卷内备考表不编写页号。

(2)卷内目录的编制应符合下列规定。

①卷内目录式样宜符合现行《建设工程文件归档整理规范》中附录B的要求。

②序号:以一份文件为单位,用阿拉伯数字从1依次标注。

③责任者:填写文件的直接形成单位和个人。有多个责任者时,选择两个主要责任者,其余用"等"代替。

④文件编号:填写工程文件原有的文号或图号。

⑤文件题名:填写文件标题的全称。

⑥日期:填写文件形成的日期。

⑦页次:填写文件在卷内所排列的起始页号,最后一份文件填写起止页号。

⑧卷内目录排列在卷内文件之前。

(3)卷内备考表的编制应符合下列规定。

①卷内备考表的式样宜符合现行《建设工程文件归档整理规范》中附录C的要求。

②卷内备考表主要标明卷内文件的总页数、各类文件数(照片张数),以及立卷单位对案卷情况的说明。

③卷内备考表排列在卷内文件的尾页之后。

(4)案卷封面的编制应符合下列规定。

①案卷封面印刷在卷盒、卷夹的正表面,也可采用内封面形式。案卷封面的式样宜符合现行《建设工程文件归档整理规范》中附录D的要求。

②案卷封面的内容应包括:档号、档案馆代号、案卷题名、编制单位、起止日期、密级、保管期限、共几卷、第几卷。

③档号应由分类号、项目号和案卷号组成。档号由档案保管单位填写。

④档案馆代号应填写国家给定的本档案馆的编号。档案馆代号由档案馆填写。

⑤案卷题名应简明、准确地揭示卷内文件的内容。案卷题名应包括工程名称、专业名称、卷内文件的内容。

⑥编制单位应填写案卷内文件的形成单位或主要责任者。

⑦起止日期应填写案卷内全部文件形成的起止日期。

⑧保管期限分为永久、长期、短期三种期限。各类文件的保管期限见现行《建设工程文件归档整理规范》中附录A的要求。永久是指工程档案需永久保存;长期是指工程档案的保存期等于该工程的使用寿命;短期是指工程档案保存20年以下。同一案卷内有不同保管期限的文件,该案卷保管期限应从长。

⑨工程档案套数一般不少于两套,一套由建设单位保管,另一套原件要求移交当地城建档案管理部门保存。对于接受范围规范规定,各城市可以根据本地情况适当拓宽和缩减,具体可向建设工程所在地城建档案管理部门询问。

⑩密级分为绝密、机密、秘密三种。同一案卷内有不同密级的文件,应以高密级为本卷密级。

(5)卷内目录、卷内备考表、卷内封面应采用70 g以上白色书写纸制作,幅面统一采用A4幅面。

四、建设工程档案验收与移交

(一)验收

(1)列入城建档案管理部门档案接收范围的工程,建设单位在组织工程竣工验收前,应提请城建档案管理部门对工程档案进行预验收。建设单位未取得城建档案管理部门出具的认可文件,不得组织工程竣工验收。

(2)城建档案管理部门在进行工程档案预验收时,应重点验收以下内容:

①工程档案分类齐全、系统完整。

②工程档案的内容真实、准确地反映工程建设活动和工程实际状况。

③工程档案已整理立卷,立卷符合现行《建设工程文件归档整理规范》的规定。

④竣工图绘制方法、图式及规格等符合专业技术要求,图面整洁,盖有竣工图章。

⑤文件的形成、来源符合实际,要求单位或个人签章的文件,其签章手续完备。

⑥文件材质、幅面、书写、绘图、用墨、托裱等符合要求。

工程档案由建设单位进行验收,属于向地方城建档案管理部门报送工程档案的工程项目,还应会同地方城建档案管理部门共同验收。

(3)国家、省市重点工程项目或一些特大型、大型的工程项目的预验收和验收,必须有地方城建档案管理部门参加。

(4)为确保工程档案的质量,各编制单位、地方城建档案管理部门,建设行政管理部门等要对工程档案进行严格检查、验收。编制单位、制图人、审核人、技术负责人必须进行签字或盖章。对不符合技术要求的,一律退回编制单位进行改正、补齐,问题严重者可令其重做。不符合要求者,不能交工验收。

(5)报送的工程档案,如验收不合格,则将其退回建设单位,由建设单位责成责任者重新进行编制,待达到要求后重新报送。检查验收人员应对接收的档案负责。

(6)地方城建档案管理部门负责工程档案的最后验收,并对编制报送工程档案进行业务指导、督促和检查。

(二)移交

(1)列入城建档案管理部门接收范围的工程,建设单位在工程竣工验收后3个月内向城建档案管理部门移交一套符合规定的工程档案。

(2)停建、缓建工程的工程档案,暂由建设单位保管。

(3)对改建、扩建和维修工程,建设单位应当组织设计单位、监理单位、施工单位据实修改、补充和完善工程档案。对改变的部位,应当重新编写工程档案,并在工程竣工验收后3个月内向城建档案管理部门移交。

(4)建设单位向城建档案管理部门移交工程档案时,应办理移交手续,填写移交目录,双方签字、盖章后交接。

(5)施工单位、监理单位等有关单位应在工程竣工验收前将工程档案按合同或协议规定的时间、套数移交给建设单位,办理移交手续。

第四节　建设工程监理文件档案资料管理

所谓建设工程监理文档管理,是指监理工程师受业主的委托,在进行监理工作期间,对建设工程实施过程中形成的文件资料进行收集积累、加工整理、立卷归档和检索利用等一系列的工作。建设工程监理文档管理的对象是监理文件资料,它们是建设工程监理信息的载体。项目总监理工程师配备专门人员对监理文件资料进行系统、科学的管理,对于建设工程监理工作具有重要意义。

(1)对监理文件资料进行科学管理,可以为建设工程监理工作的顺利开展创造良好的前提条件。建设工程监理的主要任务是进行项目的目标控制,而控制的基础是信息。如果没有信息,监理工程师就无法实施控制。在建设工程实施过程中产生的各种信息,经过收集、加工和传递,以监理文件资料的形式进行管理和保存,就会成为有价值的监理信息资源,它是监理工程师进行目标控制的客观依据。

(2)对监理文件资料进行科学管理,可以极大地提高建设工程监理工作的效率。监理文件资料经过系统、科学的整理归类,形成监理文件档案库。当监理工程师需要时,就能及时、有针对性地提供完整的资料,从而迅速解决监理工作中的问题。反之,如果监理文件资料分散处理,就会导致混乱,甚至散失,最终影响总监理工程师的正确决策。

(3)对监理文件资料进行科学管理,可以为建设工程监理档案的监理提供可靠保证。

监理文件资料的管理，是把建设工程监理的各项工作中形成的全部文字、声像图纸及报表等文件资料进行统一管理和保存，从而确保文档资料的完整性。一方面，在项目竣工以后，监理工程师可将完整的监理文档资料移交业主，作为建设项目的档案资料；另一方面，完整的监理文档资料是监理单位具有重要历史价值的资料，监理工程师可以从中获得宝贵的监理经验，有利于不断提高建设工程监理工作的水平。

一、监理文件档案资料管理

建设工程监理文件档案资料管理的主要内容是：监理文件档案资料的收、发文与登记，监理文件档案资料的传阅，监理文件档案资料的分类存放，监理文件档案资料的归档、借阅、更改与作废。

（一）监理文件和档案收文与登记

所有收文应在收文登记表上进行登记（按监理信息分类别进行登记），应记录文件名称、文件摘要信息、文件的发放单位（部门）、文件编号以及收文日期，必要时应注明接收件的具体时间，最后由项目监理部负责收文人员签字。

监理信息在有追溯性要求的情况下，应注意核查所填部分内容是否可追溯，如材料报审表中是否明确注明该材料所使用的具体部位，以及该材料质保证明的原件保存处等。如不同类型的监理信息之间存在相互对照或追溯关系时（如监理工程师通知单和监理工程师通知回复单），在分类存放的情况下，应在文件和记录上注明相关信息的编号和存放处。

资料管理人员应检查文件档案资料的各项内容填写和记录的真实完整，签字认可人员应为符合相关规定的责任人员，并且不得以盖章和打印代替手写签认。文件档案资料以及存储介质质量应符合要求，所有文件档案必须使用符合档案归档要求的碳素墨水填写或打印生成，以适应长时间保存的要求。

有关工程建设照片及声像资料等应注明拍摄日期及所反映工程建设部位等摘要信息。收文登记后应交给项目总监或由其授权的监理工程师进行处理，重要文件内容应在监理日记中记录。

部分收文如涉及建设单位的工程建设指令或设计单位的技术核定单以及其他重要文件，应将复印件在项目监理部专栏内予以公布。

（二）监理文件档案资料传阅与登记

由建设工程项目监理部总监理工程师或其授权的监理工程师确定文件、记录是否需传阅，如需传阅应确定传阅人员名单和范围，并注明在文件传阅纸上，随同文件和记录进行传阅。也可按文件传阅纸样式刻制方形图章，盖在文件空白处，代替文件传阅纸。每位传阅人员阅后应在文件传阅纸上签名，并注明日期。文件和记录传阅期限不应超过该文件的处理期限。传阅完毕后，文件原件应交还信息管理人员归档。

（三）监理文件资料发文与登记

发文由总监理工程师或其授权的监理工程师签名，并加盖项目监理部图章，对盖章工作应进行专项登记。如为紧急处理的文件，应在文件首页标注“急件”字样。

所有发文按监理信息资料分类和编码要求进行分类编码，并在发文登记表上登记。登记内容包括：文件资料的分类编码、发文文件名称、摘要信息、接收文件的单位（部门）名称、发文日期(强调时效性的文件应注明发文的具体时间)。收件人收到文件后应签名。

发文应留有底稿,并附一份文件传阅纸,信息管理人员根据文件签发人指示,确定文件责任人和相关传阅人员。文件传阅过程中,每位传阅人员阅后应签名并注明日期。发文的传阅期限不应超过其处理期限。重要文件的发文内容应在监理日记中予以记录。

项目监理部的信息管理人员应及时将发文原件归入相应的资料柜(夹)中,并在目录清单中予以记录。

(四)监理文件档案资料分类存放

监理文件档案经收/发文、登记和传阅工作程序后,必须使用科学的分类方法进行存放,这样既可满足项目实施过程查阅、求证的需要,又方便项目竣工后文件和档案的归档与移交。项目监理部应备有存放监理信息的专用资料柜和用于监理信息分类归档存放的专用资料夹。在大中型项目中应采用计算机对监理信息进行辅助管理。

信息管理人员则应根据项目规模规划各资料柜和资料夹内容。文件和档案资料应保持清晰,不得随意涂改记录,保存过程中应保持记录介质的清洁和不破损。

项目建设过程中文件和档案的具体分类原则应根据工程特点制定,监理单位的技术管理部门可以明确本单位文件档案资料管理的框架性原则,以便统一管理并体现出企业特色。

(五)监理文件档案资料归档

监理文件档案资料归档内容、组卷方法以及监理档案的验收、移交和管理工作,应根据现行《建设工程监理规范》及《建设工程文件归档整理规范》并参考工程项目所在地区建设工程行政主管部门、建设监理行业主管部门、地方城市建设档案管理部门的规定执行。

对一些需连续产生的监理信息,如对其有统计要求,在归档过程中应对该类信息建立相关的统计汇总表格,以便进行核查和统计,并及时发现错漏之处,从而保证该类监理信息的完整性。

监理文件档案资料的归档保存中应严格按照保存原件为主、复印件为辅和按照一定顺序归档的原则。如在监理实践中出现作废和遗失等情况,应明确地记录作废和遗失原因、处理的过程。

如果采用计算机对监理信息进行辅助管理,当相关的文件和记录经相关责任人员签字确定、正式生效并已存入项目部相关资料夹中时,计算机管理人员应将储存在计算机中的相关文件和记录改变其文件属性为“只读”,并将保存的目录记录在书面文件上,以便于进行查阅。在项目文件档案资料归档前不得将计算机中保存的有效文件和记录删除。按照现行《建设工程文件归档整理规范》(GB/T 50328—2001),监理文件有 11 大类 32 个,要求在不同的单位归档保存,见表 6-3。

(六)监理文件档案资料借阅、更改与作废

项目监理部存放的文件和档案原则上不得外借,如政府部门、建设单位或施工单位确有需要,应经过总监理工程师或其授权的监理工程师同意,并在信息管理部门办理借阅手续。监理人员在项目实施过程中需要借阅文件和档案时,应填写文件借阅单,并明确归还时间。信息管理人员办理有关借阅手续后,应在文件夹的内附目录上作特殊标记,避免其他监理人员查阅该文件时,因找不到文件而引起工作混乱。

表 6-3　监理单位文件归档资料和保管期限表

序号	归档文件	建设单位	施工单位	设计单位	监理单位	城建档案馆
一	监理委托合同	长期			长期	√
二	工程项目监理机构及负责人名单	长期			长期	√
三	监理规划等					
1	监理规划	长期			短期	√
2	监理实施细则	长期			短期	√
3	监理部总控制计划等	长期			短期	
四	监理月报中的有关质量问题	长期			长期	√
五	监理会议纪要中的有关质量问题	长期			长期	√
六	进度控制					
1	工程开工/复工审批表	长期			长期	√
2	工程开工/复工暂停令	长期			长期	√
七	质量控制					
1	不合格项目通知	长期			长期	√
2	质量事故报告及处理意见	长期			长期	√
八	造价控制					
1	预付款报批与支付	短期				
2	月付款报批与支付	短期				
3	设计变更、洽商费用报批与签认	长期				
4	工程竣工决算审核意见书	长期				√
九	分包单位					
1	分包单位资质材料	长期				
2	供货单位资质材料	长期				
3	试验等单位资质材料	长期				
十	监理通知					
1	有关进度控制的监理通知	长期			长期	
2	有关质量控制的监理通知	长期			长期	
3	有关造价控制的监理通知	长期			长期	
十一	合同与其他事项管理					
1	工程延期报告及审批	永久			长期	√
2	费用索赔报告及审批	长期			长期	
3	合同争议、违约报告及处理意见	永久			长期	√
4	合同变更材料	长期			长期	√

注："√"表示应向城建档案馆移交。

监理文件档案的更改应由原制定部门相应责任人执行，涉及审批程序的，由原审批责任人执行。若指定其他责任人进行更改和审批，新责任人必须获得所依据的背景资料。

监理文件档案更改后，由信息管理部门填写监理文件档案更改通知单，并负责发放新版本文件。发放过程中必须保证项目参建单位中所有相关部门都得到相应文件的有效版本。文件档案换发新版时，应由信息管理部门负责将原版本收回作废。考虑到日后有可能出现追溯需求，信息管理部门可以保存作废文件的样本以备查阅。

二、施工阶段监理资料

（一）常用监理工作的基本表式

建设工程监理在施工阶段的基本表式按照《建设工程监理规范》（GB 50319—2000）附录执行，该类表式可以一表多用。由于各行业、各部门、各地区已经各自形成一套表式，使得建设工程参建各方的信息行为不规范、不协调，因此建立一套通用的，适合建设、监理、施工、供货各方，适合各个行业、各个专业的统一表式已显示出充分的必要性，这样可以大大提高我国建设工程信息的标准化、规范化。根据《建设工程监理规范》（GB 50319—2000），规范中基本表式有以下三类。

A 类表共 10 个表（A1 ~ A10），为承包单位用表，是承包单位与监理单位之间的联系表，由承包单位填写，向监理单位提交申请或回复。

B 类表共 6 个表（B1 ~ B6），为监理单位用表，是监理单位与承包单位之间的联系表，由监理单位填写，向承包单位发出的指令或批复。

C 类表共 2 个表（C1、C2），为各方通用表，是工程项目监理单位、承包单位、建设单位等各有关单位之间的联系表。

1. 承包单位用表（A 类表）

本类表共 10 个，A1 ~ A10，主要用于施工阶段，使用时应注意以下内容。

（1）工程开工/复工报审表（A1）。施工阶段承包单位向监理单位报请开工和工程暂停后报请复工时填写，如整个项目一次开工，只填报一次，如工程项目中涉及多个单位工程且开工时间不同，则每个单位工程开工都应填报一次。申请开工时，承包单位认为已具备开工条件时向项目监理部申报“工程开工报审表”，监理工程师应从下列几个方面审核。认为具备开工条件时，由总监理工程师签署意见，报建设单位。具体条件如下：

①工程所在地（所属部委）政府建设主管单位已签发施工许可证。

②征地拆迁工作已能满足工程进度的需要。

③施工组织设计已获总监理工程师批准。

④测量控制桩、线已查验合格。

⑤承包单位项目经理部现场管理人员已到位，机具、施工人员已进场，主要工程材料已落实。

⑥施工现场道路、水、电、通信等已满足开工要求。

由于建设单位或其他非承包单位的原因导致工程暂停，在施工暂停原因消失、具备复工条件时，项目监理部应及时督促施工单位尽快报请复工；由于施工单位原因导致工程暂停，在具备恢复施工条件时，承包单位报请复工报审表并提交有关材料，总监理工程师应及时签署复工报审表,施工单位恢复正常施工。

(2)施工组织设计(方案)报审表(A2)。施工单位在开工前向项目监理部报送施工组织设计(施工方案)的同时,填写施工组织设计(方案)报审表。施工过程中,如经批准的施工组织设计(方案)发生改变,工程项目监理部要求将变更的方案报送时,也采用此表。施工方案应包括工程项目监理都要求报送的分部(分项)工程施工方案,季节性施工方案,重点部位及关键工序的施工工艺方案,采用新材料、新设备、新技术、新工艺的方案等。总监理工程师应组织审查并在约定的时间内核准,同时报送建设单位,需要修改时,应由总监理工程师签发书面意见,退回承包单位修改后再申报,重新审核。

(3)分包单位资格报审表(A3)。由承包单位报送监理单位,专业监理工程师和总监理工程师分别签署意见,审查批准后,分包单位完成相应的施工任务。

(4)报验申请表(A4)。本表主要用于承包单位向监理单位的工程质量检查验收申报。用于隐蔽工程的检查和验收时,承包单位必须完成自检并附有相应工序、部位的工程质量检查记录;用于施工放样报检时,应附有承包单位的施工放样成果;用于分项、分部、单位工程质量验收时,应附有相关符合质量验收标准的资料及规范规定的表格。

(5)工程款支付申请表(A5)。在分项、分部工程或按照施工合同付款的条款完成相应工程的质量已通过监理工程师认可后,承包单位要求建设单位支付合同内项目及合同外项目的工程款时,填写本表向工程项目监理部申报。

工程项目监理部的专业工程监理工程师对本表及其附件进行审批,提出审核记录及批复建议。同意付款时,应注明应付的款额及其计算方法,报总监理工程师审批,并将审批结果以“工程款支付证书”(B3)批复给施工单位并通知建设单位。不同意付款时应说明理由。

(6)监理工程师通知回复单(A6)。本表用于承包单位接到项目监理部的“监理工程师通知单”(B1),并已完成了监理工程师通知单上的工作后,报请项目监理部进行核查。表中应对监理工程师通知单中所提问题产生的原因、整改经过和今后预防同类问题准备采取的措施进行详细的说明,且要求承包单位对每一份监理工程师通知都要予以答复。监理工程师应对本表所述完成的工作进行核查,签署意见,批复给承包单位。本表一般可由专业工程监理工程师签认,重大问题由总监理工程师签认。

(7)工程临时延期申请表(A7)。当发生工程延期事件并有持续性影响时,承包单位填报本表,向工程项目监理部申请工程临时延期;工程延期事件结束,承包单位向工程项目监理部最终申请确定工程延期的日历天数及延迟后的竣工日期。此时应将本表表头的“临时”两字改为“最终”。申报时应在本表中详细说明工程延期的依据、工期计算、申请延长竣工日期,并附有证明材料。

工程项目监理部对本表所述情况进行审核评估,分别用“工程临时延期审批表”(B4)及“工程最终延期审批表”(B5)批复承包单位项目经理部。

(8)费用索赔申请表(A8)。本表用于费用索赔事件结束后,承包单位向项目监理部提出费用索赔时填报。在本表中详细说明索赔事件的经过、索赔理由、索赔金额的计算等,并附有必要的证明材料,经过承包单位项目经理签字。总监理工程师应组织监理工程师对本表所述情况及所提的要求进行审查与评估,并与建设单位协商后,在施工合同规定的期限内签署“费用索赔审批表”(B6)或要求承包单位进一步提交详细资料后重报申请,批复承包单位。

(9)工程材料/构配件/设备报审表(A9)。本表用于承包单位将进入施工现场的工程材料/构配件经自检合格后,由承包单位项目经理签章,向工程项目监理部申请验收;对运到施工现场的设备,经检查包装无破损后,向项目监理部申请验收,并移交给设备安装单位。工程材料/构配件还应注明使用部位。随本表应同时报送材料/构配件/设备数量清单、质量证明文件(产品出厂合格证、材质化验单、厂家质量检验报告、厂家质量保证书、进口商品海关报检证书、商检证等)、自检结果文件(如复检、复试合格报告等)。项目监理部应对进入施工现场的工程材料/构配件进行检验(包括抽验、平行检验、见证取样送检等);对进厂的大中型设备要会同设备安装单位共同开箱验收。检验合格,监理工程师在本表上签认,注明质量控制资料和材料试验合格的相关说明;检验不合格时,在本表上签批不同意验收,工程材料/构配件/设备应清退出场,也可据情况批示同意进场但不得使用于原拟定部位。

(10)工程竣工报验单(A10)。在单位工程竣工、承包单位自检合格、各项竣工资料齐备后,承包单位填报本表向工程项目监理部申请竣工验收。表中附件是指可用于证明工程已按合同约定完成并符合竣工验收要求的资料。总监理工程师收到本表及附件后,应组织各专业工程监理工程师对竣工资料及各专业工程的质量进行全面检查,对检查出的问题,应督促承包单位及时整改。合格后,总监理工程师签署本表,并向建设单位提出质量评估报告,完成竣工预验收。

2. 监理单位用表(B 类表)

本类表共 6 个,B1 ~ B6,主要用于施工阶段。使用时应注意以下内容。

(1)监理工程师通知单(B1)。本表为重要的监理用表,是工程项目监理部按照委托监理合同所授予的权限,针对承包单位出现的各种问题而发出的要求承包单位进行整改的指令性文件。工程项目监理部使用时要注意尺度,既不能不发通知,也不能滥发,以维护监理通知的权威性。监理工程师现场发出的口头指令及要求也应采用此表,事后予以确认。承包单位应使用“监理工程师通知回复单”(A6)回复。本表一般可由专业监理工程师签发,但发出前必须经过总监理工程师同意,重大问题应由总监理工程师签发。填写时,“事由”应填写通知内容的主题词,相当于标题;“内容”应写明发生问题的具体部位、具体内容,写明监理工程师的要求、依据。

(2)工程暂停令(B2)。在建设单位要求且工程需要暂停施工;出现工程质量问题,必须停工处理;出现质量或安全隐患,为避免造成工程质量损失或危及人身安全而需要暂停施工;承包单位未经许可擅自施工或拒绝项目监理部管理;发生了必须暂停施工的紧急事件。发生上述 5 种情况中任何一种,总监理工程师应根据停工原因、影响范围,确定工程停工范围,签发工程暂停令,向承包单位下达工程暂停的指令。表内必须注明工程暂停的原因、范围、停工期间应进行的工作及责任人、复工条件等。签发本表要慎重,要考虑工程暂停后可能产生的各种后果,并应事前与建设单位协商,取得一致意见。

(3)工程款支付证书(B3)。本表为项目监理部收到承包单位报送的“工程款支付申请表”(A5)后的批复用表,由各专业工程监理工程师按照施工合同进行审核,及时抵扣工程预付款后,确认应该支付工程款的项目及款额,提出意见。经过总监理工程师审核签认后,报送建设单位,作为支付的证明。同时批复给承包单位,随本表应附承包单位报送的“工程款支付申请表”(A5)及其附件。

(4)工程临时延期审批表(B4)。本表用于工程项目监理部接到承包单位报送的“工程临时延期申请表”(A7)后,对申报情况进行调查、审核与评估后,初步作出是否同意延期申请的批复。表中“说明”是指总监理工程师同意或不同意工程临时延期的理由和依据。如同意,应注明暂时同意工期延长的日数,延长后的竣工日期。同时应指令承包单位在工程延长期间,随延期时间的推移应陆续补充的信息与资料。本表由总监理工程师签发,签发前应征得建设单位同意。

(5)工程最终延期审批表(B5)。本表用于工程延期事件结束后,工程项目监理部根据承包单位报送的“工程临时延期申请表”(A7)及延期事件发展期间陆续报送的有关资料,对申报情况进行调查、审核与评估后,向承包单位下达的最终是否同意工程延期日数的批复。表中“说明”是指总监理工程师同意或不同意工程最终延期的理由和依据,同时应注明最终同意工期延长的日数及竣工日期。本表由总监理工程师签发,签发前应征得建设单位同意。

(6)费用索赔审批表(B6)。本表用于收到施工单位报送的“费用索赔申请表”(A8)后,工程项目监理部针对此项索赔事件,进行全面的调查了解、审核与评估后,作出的批复。本表中应详细说明同意或不同意此项索赔的理由,同意索赔时,同意支付的索赔金额及其计算方法,并附有关的资料。本表由专业工程监理工程师审核后,报总监理工程师签批,签批前应与建设单位、承包单位协商确定批准的赔付金额。

3. 各方通用表(C 类表)

(1)监理工作联系单(C1)。本表适用于参与建设工程的建设、施工、监理、勘察设计和质量监督单位相互之间就有关事项的联系。发出单位有权签发的负责人应为:建设单位的现场代表(施工合同中规定的工程师)、承包单位的项目经理、监理单位的项目总监理工程师、设计单位的本工程设计负责人、政府质量监督部门的负责监督该建设工程的监督师,而不能任何人随便签发。若用正式函件形式进行通知或联系,则不宜使用本表,改由发出单位的法人签发。该表的“事由”为联系内容的主题词。当用于混凝土浇筑申请时,可由工程项目经理部的技术负责人签发,工程项目监理部也用本表予以回复,本表可以由土建工程监理工程师签署。本表签署的份数根据内容及涉及范围而定。

(2)工程变更单(C2)。本表适用于参与建设工程的建设、施工、勘察设计、监理各方使用,在任一方提出工程变更时都要先填该表。在建设单位提出工程变更时,填写后由工程项目监理部签发,必要时建设单位应委托设计单位编制设计变更文件并签转项目监理部;承包单位提出工程变更时,填写本表后报送项目监理部,项目监理部同意后转呈建设单位,需要时由建设单位委托设计单位编制设计变更文件,并签转项目监理部,施工单位在收到项目监理部签署的“工程变更单”后,方可实施工程变更,工程分包单位的工程变更应通过承包单位办理。该表的附件应包括工程变更的详细内容,变更的依据,对工程造价及工期的影响程度,对工程项目功能、安全的影响分析及必要的图示。总监理工程师组织监理工程师收集资料,进行调研,并与有关单位磋商。当取得一致意见时,在本表中写明，并经相关的建设单位的现场代表、承包单位的项目经理、监理单位的项目总监理工程师、设计单位的本工程设计负责人等在本表上签字，此项工程变更才生效。本表由提出工程变更的单位填报，份数视内容而定。

（二）施工阶段监理资料

除了验收时需要向业主或城建档案馆移交的监理资料，施工阶段监理所涉及并应该进行管理的资料还应包括下列内容：

（1）施工合同文件及委托监理合同；

（2）勘察设计文件；

（3）监理规划；

（4）监理实施细则；

（5）分包单位资格报审表；

（6）设计交底与图纸会审会议纪要；

（7）施工组织设计（方案）报审表；

（8）工程开工/复工报审表及工程暂停令；

（9）测量核验资料；

（10）工程进度计划；

（11）工程材料、构配件、设备的质量证明文件；

（12）检查试验资料；

（13）工程变更资料；

（14）隐蔽工程验收资料；

（15）工程计量单和工程款支付证书；

（16）监理工程师通知单；

（17）监理工作联系单；

（18）报验申请表；

（19）会议纪要；

（20）来往函件；

（21）监理日记；

（22）监理月报；

（23）质量缺陷与事故的处理文件；

（24）分部工程、单位工程等验收资料；

（25）索赔文件资料；

（26）竣工结算审核意见书；

（27）工程项目施工阶段质量评估报告等专题报告；

（28）监理工作总结。

（三）监理资料的整理

1. 第一卷——合同卷

（1）合同文件（包括监理合同、施工承包合同、分包合同、施工招投标文件、各类订货合同）；

(2)与合同有关的其他事项(工程延期报告、费用索赔报告与审批资料、合同争议、合同变更、违约报告处理);

(3)资质文件(承包单位资质、分包单位资质、监理单位资质,建设单位项目建设审批文件、各单位参建人员资质、供货单位资质、见证取样试验等单位资质);

(4)建设单位对项目监理机构的授权书;

(5)其他来往信函。

2. 第二卷——技术文件卷

(1)设计文件(施工图、地质勘察报告、测量基础资料、设计审查文件);

(2)设计变更(设计交底记录、变更图、审图汇总资料、洽谈纪要);

(3)施工组织设计(施工方案、进度计划、施工组织设计报审表)。

3. 第三卷——项目监理文件

(1)监理规划、监理大纲、监理细则;

(2)监理月报;

(3)监理日志;

(4)会议纪要;

(5)监理总结;

(6)各类通知。

4. 第四卷——工程项目实施过程文件

(1)进度控制文件;

(2)质量控制文件;

(3)投资控制文件。

5. 第五卷——竣工验收文件

(1)分部工程验收文件;

(2)竣工预验收文件;

(3)质量评估报告;

(4)现场证物照片;

(5)监理业务手册。

小　结

本章介绍了建设工程安全生产管理的基本知识、安全管理事故分类、造成安全事故的基本原因、建设工程安全生产管理主要内容及安全生产管理机构和建设工程安全生产管理制度。

建设工程监理过程实质上是工程建设信息管理的过程,即建设监理单位受工程业主的委托,在明确监理信息流程的基础上,通过监理一定的组织机构,对建设工程监理信息进行收集、加工、存储、传递、分析和应用的过程。由此可见,信息管理在建设工程监理工作中具有十分重要的作用,它是监理工程师控制工程建设三大目标的基础。

建设工程信息管理的重要基础是文件档案管理,建设工程文件、档案管理的方法和基本要求，目的是让监理人员明确建设工程信息的基本构成和特点，明确建设工程信息管理的基本工作内容和工作方法，明确国家在相关方面的有关规定，以便更好地应用信息文档资料为工程建设服务。

思考题

1. 什么是建设工程安全管理？
2. 建设项目安全管理“三同时”指什么？
3. 什么是安全生产责任制？安全生产责任制主要有哪些内容？
4. 建设项目信息有哪些类型？建设项目信息有什么作用？
5. 建设工程监理信息有什么特点？
6. 建设项目信息管理主要包括哪些内容？
7. 建设工程监理应收集哪些信息？
8. 建设项目信息处理一般包括哪些内容？
9.《建设工程文件归档整理规范》(GB/T 50328—2001)中监理单位的归档资料有哪些？

第七章 建设工程监理文件

【能力目标】

学完本章应会:监理规划的编制步骤;监理大纲、监理规划、监理实施细则的关系。

【教学目标】

通过对本章的学习,掌握建设工程监理规划编制依据、原则、方法、内容;了解建设工程监理大纲、监理实施细则的编制依据、原则、方法、内容。

第一节 建设工程监理大纲

监理企业是建筑市场主体之一,尽管其业务属于服务性质,但仍然如同其他性质的企业一样,需要进行生产经营活动,获取一定的经济利益。监理企业的生产经营活动可分为两部分:一部分是在监理市场上进行经营活动,另一部分是在建设工程项目监理现场进行生产活动。经营活动是开展监理工作的前提。

一、监理企业在建筑市场上的经营活动

在我国逐步建立和完善社会主义市场经济体制的过程中,监理市场从无到有、从小到大,逐步规范化。同时,由于建筑市场对监理服务需求越来越大,促进了监理市场的蓬勃发展。监理企业数量的增加、规模的扩大、服务水平的提高,使监理市场日益体现出市场经济体制下企业的基本特性,即竞争性。这就要求监理企业将本企业的经营活动放在重要的位置。

监理企业开展生产经营活动的第一步是按照监理企业组织机构设置的做法,企业总经理或主管经营业务的经理亲自挂帅,以企业生产经营部门为主,进行投标经营活动。

第二步是在市场上通过各种信息渠道,收集监理业务信息。比如,从国家有关发展计划部门、规划管理部门、建设行政主管部门以及基建业主单位、设计院、施工企业、咨询企业等获取监理业务信息。这些部门的管理工作、业务工作往往先于监理业务活动的开展,构成了获得监理业务信息的来源渠道。

第三步是在获得监理业务信息后,进行投标决策。投标决策包括两个方面:一是投标与否的决策,二是投标内容的决策。

监理企业在决定是否参加投标时,应考虑以下几个方面的问题。

(1)承包监理项目任务的可行性与可能性。如本监理企业是否有能力承包该项目监理,能否抽调出监理人员、监理设备投入该项目监理,竞争对手是否有明显的优势,监理工程所在地域对自己是否有利等。

(2)承包监理项目的可靠性。如项目的审批程序是否已经完成,资金是否已落实等。

(3)监理项目的条件。如果业主信誉不好,承包条件苛刻,本企业难以满足其要求,则不宜参加投标。投标内容的决策主要是决策拟投入所监理项目的监理人力资源、物质

资源以及监理投标报价。根据工程项目监理工作需要投入的监理人力资源、物质资源确定以后,监理酬金、报价的高低决策常考虑如下两个方面:

①遇到如下情况报价可提高监理投标报价。开展监理工作条件差的工程项目;专业要求高的技术密集型工程项目,监理企业对本工程项目有监理专长,声望信誉也较高;项目规模小的工程项目,以及本企业不愿承揽,又不方便不投标的工程项目;特殊的工程项目,监理风险较大,如港口码头、地下隧道开挖,矿井建设工程项目等;施工总承包力量薄弱的工程项目;工期短,进度快,要求组织协调工作复杂,短期内监理资源投入集中的工程项目;监理投标对手少的工程项目;业主支付监理费条件不理想的工程项目。

②遇到如下情况报价可降低监理投标报价。所监理工程项目监理工作条件好,监理工作简单、监理工作量小,一般监理企业都可以做、都愿意做的工程项目;本监理企业目前急于打入某一市场、某一地区,或在该地区面临监理工作即将结束的工程项目;本企业在附近有监理工程,投标项目可利用附近工程监理资源或配合监理工作的工程项目;投标对手多,竞争激烈的工程项目;急需中标的工程项目;业主支付监理费条件好的工程项目。

最后就是在决定了参与投标并明确了投标内容以后,开始编制投标文件,积极参与投标工作。

现在,我国监理市场上,大中型建设项目、甚至大多数小型建设项目的业主都非常愿意以公开招标的方式优选监理企业。所以按照监理招标文件的要求,认真编制投标文件进行投标工作,是监理企业取得监理业务的重要条件。

二、监理投标文件及监理大纲

监理投标文件的内容与监理业务的性质密切相关。监理业务主要体现在为业主提供监理服务,而不像施工承包业务主要是完成施工安装任务,这就决定了监理投标文件是一个以技术标为主,商务标为辅的文件。其中,技术标的内容主要是监理大纲部分,商务标的内容主要是监理服务酬金或报价内容的部分。

监理大纲是监理工作大纲的简称,有时也称监理方案,是监理投标文件的重要组成部分,是监理企业为承揽监理业务而编写的方案性文件。如果采用招标方式选择监理企业,监理大纲就可以作为投标书或投标书的主要组成部分。这是因为对一些小型建设项目,乃至大中型建设项目的监理投标而言,监理投标报价实质上是监理投标文件的非主要部分,通常认为是投标文件的次要部分,可以融合到监理工作方案中,所以监理大纲就作为监理投标文件的内容,而不单独提供投标报价商务标部分。另外,一些中小型建设项目、业务采用邀请招标的方式,被邀请投标的单位有的不需要编制投标文件。此时,监理企业提供给业主一份监理大纲,既简单易行,又可作为取信于业主的资料。

(一)监理大纲的作用

监理大纲是为了使业主认可监理企业所提供的监理服务,从而承揽到监理业务的重要资料。尤其通过公开招标竞争的方式获取监理业务时,监理大纲是监理单位能否中标、取信于业主最主要的文件资料。

监理大纲是为中标后监理单位开展监理工作制定的工作方案,是中标监理项目委托监理合同的重要组成部分,是监理工作总的要求。

(二)监理大纲的编制要求

(1)监理大纲是体现为业主提供监理服务总的方案性文件,要求企业在编制监理大纲时,应在总经理或主管负责人的主持下,在企业技术负责人、经营部门、技术质量部门等密切配合下编制。

(2)监理大纲的编制应依据监理招标文件、设计文件及业主的要求编制。

(3)监理大纲的编制要体现企业自身的管理水平、技术装备等实际情况,编制的监理方案既要满足最大可能地中标,又要建立在合理、可行的基础上。因为监理单位一旦中标,投标文件将作为监理合同文件的组成部分,对监理单位履行合同具有约束效力。

(三)监理大纲的编制内容

为使业主认可监理单位,充分表达监理工作总的方案,使监理单位中标,监理大纲一般应包括如下内容。

1. 人员及资质

监理单位拟派往工程项目上的主要监理人员及其资质等情况介绍,如监理工程师资格证书、专业学历证书、职称证书等,可附复印件说明。作为投标书的监理大纲还需要有监理单位基本情况介绍,公司资质证明文件,如企业营业执照、资质证书、质量体系认证证书、各类获奖证书等复印件,加盖单位公章以证明其真实有效。

2. 监理单位工作业绩

监理单位工作经验及以往承担的主要工程项目,尤其是与招标项目同类型的项目一览表,必要时可附上以往承担监理项目的工作成果:获优质工程奖、业主对监理单位好评等复印件。

3. 拟采用的监理方案

根据业主招标文件要求以及监理单位所掌握了解的工程信息,制定拟采用的监理方案,包括监理组织方案、项目目标控制方案、合同管理方案、组织协调方案等,这一部分内容是监理大纲的核心内容。

4. 拟投入的监理设施

为实现监理工作目标,实施监理方案,应明确投入监理项目工作所需要的监理设施。包括开展监理工作所需要的检测、检验设备,工具、器具;办公设施,如计算机、打印机、管理软件等;为开展组织协调工作提供监理工作后勤保障所需的交通、通信设施以及生活设施等。

5. 监理酬金报价

写明监理酬金总报价,有时还应列出具体标段的监理酬金报价,必要时应有依据地列出详细的计算过程。

此外,监理大纲中还应明确说明监理工作中向业主提供的反映监理阶段性成果的文件。

第二节　建设工程监理规划

建设工程监理规划是监理单位接受业主委托并签订建设工程监理委托合同之后,监理工作开始之前编制的指导工程项目监理组织全面开展监理工作的纲领性文件。

一、建设工程监理规划的作用

(1)监理规划的基本作用就是指导工程项目监理部全面开展监理工作。建设工程监理的中心任务是协助业主实现项目总目标。实现项目总目标是一个全面、系统的过程,需要制订计划,建立组织机构,配备监理人员,投入监理工作所需资源,开展一系列行之有效的监控措施,只有做好这些工作才能完成好业主委托的建设工程监理任务,实现监理工作目标。委托监理的工程项目一般表现出投资规模大、工期长、所受的影响因素多、生产经营环节多,其管理具有复杂性、艰巨性、危险性等特点,这就决定了工程项目监理工作要想顺利实施,必须事先制订缜密的计划,做好合理的安排。监理规划就是针对上述要求所编制的指导监理工作开展的具体文件。

(2)监理规划是业主确认监理单位是否全面、认真履行建设工程监理合同的主要依据,主要内容包括:监理单位如何履行建设工程合同,委派到所监理工程项目的监理项目部如何落实业主委托监理单位所承担的各项监理服务工作,在项目监理过程中业主如何配合监理单位履行监理委托合同中自己的义务。作为监理工作的委托方,业主不但需要而且应当了解和确认指导监理工作开展的监理规划文件。监理工作开始前,按有关规定,监理单位要报送委托方一份监理规划文件,既明确地告诉业主监理人员如何开展具体的监理工作,又为业主提供了用来监督监理单位有效履行委托监理合同的主要依据。

(3)监理规划是建设工程行政主管部门对监理单位实施监督管理的重要依据。监理单位在开展具体监理工作时,主要是依据已经批准的监理规划开展各项具体的监理工作。所以,监理工作的好坏,监理服务水平的高低,很大程度上取决于监理规划,它对建设工程项目的形成有重要的影响。建设工程行政主管部门除对监理单位进行资质等级核准、年度检查外,更重要的是对监理单位实际监理工作进行监督管理,以达到对工程项目管理的目的。而监理单位的实际监理水平主要通过具体监理工程项目的监理规划以及是否能按既定的监理规划实施监理工作来体现。所以,当建设行政主管部门对监理单位的工作进行检查以及考核、评价时,应当对监理规划的内容进行检查,并把监理规划作为实施监督管理的重要依据。

(4)监理规划的编制能促进工程项目管理过程中承包商与监理方之间协调工作。工程项目实施过程中,承包商将严格按照承包合同开展工作,而监理规划的编制依据就包括施工承包合同,施工承包合同和监理方的监理规划有着实现工程项目管理目标的一致性和统一性。在工程项目开工前编制的监理规划中所述的监理工作程序、手段、方法、措施等都应当与工程项目对应的施工流程、施工方法、施工措施等统一起来。监理规划确定的监理目标、程序、方法、措施等不仅是监理人员监理工作的依据,也应该让施工承包方管理人员了解并与之协调配合。如监理规划不结合施工过程实际情况,缺乏针对性,将起不到应有的作用。相反的,在施工过程中,让施工承包方管理人员了解并接受行之有效、科学合理的监理工作程序、方法、手段、措施,将会使工程项目的管理工作顺利的开展。

(5)监理规划是建设工程项目重要的存档资料。随着我国工程项目管理及建设监理工作越来越趋于规范化,体现工程项目管理工作的重要原始资料的监理规划无论作为建设单位竣工验收存档资料,还是作为体现监理单位自己监理工作水平的标志性文件都是极其重要的。按现行国家标准《建设工程监理规范》(GB 50319—2000)和《建设工程文件归档整理规范》(GB/T 50328—2001)规定,监理规划应在召开第一次工地会议前报送建设单位。监理规划是施工阶段监理资料的主要内容,在监理工作结束后应及时整理归档,建设单位应当长期保存,监理单位、城建档案管理部门也应当存档。

二、监理规划的编制要求及依据

(一)监理规划的编制要求

监理规划的编制应针对工程项目的实际情况,明确项目监理机构的工作目标,确定具体的监理工作制度、程序、方法和措施,并应具有可操作性。监理规划编制应在签订委托监理合同及收到设计文件后,工程项目实施监理工作之前编制。

监理规划应由项目总监理工程师主持,专业监理工程师参加编制,编制完成后必须经监理单位技术负责人审核批准。

(二)监理规划编制的依据

(1)建设工程的相关法律、法规、条例及项目审批文件。

(2)与建设工程项目有关的标准、规范、设计文件及有关技术资料。

(3)监理大纲、委托监理合同文件及与建设项目相关的合同文件。

三、监理规划的主要内容

(一)工程项目概况

工程项目概况应主要写明如下内容。

(1)工程项目特征:工程名称、地点、总投资、业主单位名称,工程设计、施工单位名称,主要材料、设备供货单位名称,总建筑面积等。

(2)工程项目合同概要:工程项目合同构成,如施工总包、分包合同情况,平行承包情况,物资采购合同情况,合同标段的划分等。

(3)工程项目的内容:工程范围与内容、项目组成情况及各部分建筑规模、主要工程项目结构类型、所选用的主要设备、主要装饰装修要求、工程做法等,可以用表格形式表示。

(4)预计工程投资情况:工程项目预计投资总额和工程项目投资组成情况,可用表格形式表示。

(5)工程项目计划工期:可以用工程项目的计划持续时间表示,如“____个月”或“____天”;也可以用项目的具体日历时间表示,如“工程项目计划工期由____年____月____日至____年____月____日”。

(6)工程项目质量等级:具体表明工程项目的质量目标要求,如国优、省优、部优、合格或其他,有时还可以对整个工程项目中某些特殊分部或分项工程提出具体质量要求。

(7)为便于工程项目管理现代化,借助计算机辅助管理,大中型建设工程项目有时绘制项目结构图,并进行编码。如从投资控制角度出发,可以根据现行《建设工程工程量清单计价规范》给出的工程项目统一进行编码。

(二)监理工作范围

建设工程监理范围是指监理单位所承担监理任务的工程项目建设监理的范围。监理工作范围要根据委托监理合同的要求明确是全部工程项目,还是工程项目的某些事项或某些标段的建设监理。按照委托监理合同的规定,写明“四控制、两管理、一协调”方面业主的授权范围。

(三)监理工作内容

监理工作内容主要是依据业主和监理单位签订的委托监理合同的规定来确定,按照建设工程监理的实际情况,监理工作内容可以视具体情况编写。如委托建设工程项目全过程,监理应分别编写工程项目立项阶段、设计阶段、主要施工招标阶段、物资采购阶段、施工阶段以及竣工验收、保修使用等阶段的监理工作内容。下面对各阶段监理工作的内容作简要介绍。

1.工程项目立项阶段监理工作的主要内容

工程项目立项阶段,视业主委托监理单位具体工作情况而定。监理工作的深度、方式有所不同,具体的监理工作内容也有所不同,主要包括:协助业主编制项目建议书或审核项目建议书的各项内容;进行可行性研究工作,编制可行性研究报告或对可行性研究报告全部内容进行审核。若委托监理单位对项目建议书及可行性报告进行审核,则应当把以下几个方面作为监理工作的主要内容。

(1)审核可行性研究报告是否符合国民经济发展的长远规划,国家经济建设方针政策。

(2)审核可行性研究报告是否符合项目建议书或业主的要求。

(3)审核可行性研究报告是否具有可靠的自然、经济、社会环境等基础资料和数据。

(4)审核可行性研究报告是否符合相关的技术经济方面的规范、标准和定额等指标。

(5)审核可行性研究报告的内容、深度和计算指标是否达到标准要求。

此外,在立项阶段监理单位视业主委托情况,还可协助业主办理投资许可、土地许可、规划许可等手续。

2.设计阶段监理工作的主要内容

(1)结合工程项目特点,收集设计所需的技术经济资料。

(2)编写设计要求文件。

(3)组织工程项目设计方案竞赛或设计招标,协助业主选择好设计单位,协助业主拟订和商谈设计委托合同内容。

(4)配合设计单位开展技术经济分析,选择好的设计方案,优化设计。

(5)配合设计进度、组织设计与有关部门(如消防、环保、土地、人防以及供水、供电、供气、供热、电信等部门)的协调工作。

(6)组织各设计单位的协调工作。

(7)参与主要设备、材料的选型。

(8)审核工程设计概算、设计预算。

(9)审核主要设备、材料、清单。

(10)审核工程项目设计图纸。

(11)检查和控制设计进度。

(12)配合施工图审查部门的审查工作。

(13)组织设计文件的报批等。

3. 招投标阶段监理工作的主要内容

建设项目的招投标工作包括可行性研究、勘察设计、施工、主要物资采购乃至工程项目使用阶段物业管理等各项工作的招投标,业主可委托监理单位完成其中几项或全部工作的咨询监理工作。在各阶段工作的招投标过程中,监理工作的主要内容应包括以下内容:

(1)协助业主拟订工程项目招标文件或招标方案。

(2)协助业主完成招标的准备工作,具备招标条件,发布招标信息。

(3)协助业主对投标单位进行考察,办理有关的招标申请手续。

(4)协助业主组建评标组织机构,组织并参与开标、评标、定标工作。

(5)协助业主或亲自组织有关的现场勘察、答疑会,回答投标人提出的问题。

(6)协助业主与投标单位商签合同等。

4. 物资采购供应阶段监理工作的主要内容

建设工程项目所需的大宗设备、材料、物资等,有时委托施工承包商采购,有时业主直接负责采购。对于施工承包商采购的情况,监理工作的主要内容包括:审查施工承包商编制的采购方案,方案要明确设备采购的原则、范围、内容、程序、方式和方法,对采购方案中采购设备的类型、数量、质量要求、周期要求、市场供货情况、价格控制要求等因素进行审查。

对于业主直接采购的情况,监理工作的主要内容包括:协助业主编制设备、材料、物资采购方案,制定设备、材料、物资供应计划和相应的资金需求计划;协助业主优选供货厂商,参与生产厂商的考察,走访现有使用单位;协助业主商签订货合同,督促并监督合同的实施等。

5. 施工阶段监理工作的主要内容

此阶段监理工作的主要内容是进行施工阶段质量控制、进度控制、投资控制、合同管理、信息管理以及组织协调工作。

(四)监理工作的目标

工程项目建设监理目标通常用工程项目建设的投资、进度(工期)、质量三大控制目标来表示,即工程项目建设的目标就是监理工作的目标。

(1)投资控制目标:以年预算为基价,静态投资为万元(合同承包价为万元)。在施工阶段,视工程施工承包合同形式,投资控制目标可能是一笔包死的固定总价,也可能是可调整的动态投资控制数额。

(2)进度控制目标:按施工承包合同规定,建设工程项目总工期为“____个月”,或“____年____月____日至____年____月____日”。有时可能对整个工程项目的某些单位工程或分部、分项工程提出工期、进度要求。

(3)质量控制目标:按施工承包合同规定的质量目标,可以是国优、省优、部优或合格。有时可能对工程项目所包含的某些单位或分部、分项工程规定其质量目标。

(五)监理工作的依据

建设工程项目各阶段监理工作的依据各不相同。施工阶段,监理工作的依据应包括:现行有关建设工程的法律、法规、条例,与建设工程项目相关的规范、标准,施工承包合同、监理委托合同,已经审查批准的施工图设计文件等。

(六)项目监理机构的组织形式

监理单位履行委托监理合同时,必须建立项目监理机构。施工阶段必须在施工现场建立项目监理机构，项目监理机构在完成委托监理合同约定的监理工作后方可撤离施工现场。项目监理机构的组织形式和规模，应依据委托监理合同规定的服务内容、服务期限、工程类别、规模、技术复杂程度、工程环境等因素确定。

按照建设工程监理应实行总监理工程师负责制的规定，一个项目监理机构应设置一名总监理工程师，根据项目具体情况可设一名或数名总监理工程师代表，也可不设总监理工程师代表。有的监理机构还可设置总监理工程师办公室，下设满足不同监理工作需要的监理组。监理组可以按工程项目专业分为土建、安装专业监理组；可以按监理工作内容分为质量、投资、进度控制监理组，合同信息资料管理组；也可以按委托监理合同的不同标段划分监理组。给不同的监理组配备相应的监理人员。

（七）项目监理机构的人员配备计划

项目监理机构的人员应包括总监理工程师、专业监理工程师和监理员，必要时可配备总监理工程师代表。监理工作中有其他特殊需求时应配备相应的专业人员，如材料取样见证员、微机管理员，这些人员一般可由监理员等兼任。

总监理工程师应由具有 3 年以上同类工程监理工作经验的人员担任；总监理工程师代表应由具有 2 年以上同类工程监理工作经验的人员担任；专业监理工程师应由具有 1 年以上同类工程监理工作经验的人员担任。

项目监理机构的监理人员应专业配套，数量满足项目监理工作的需要，考虑到配合施工管理的需要，如高空作业、夜班作业等，监理人员应老、中、青相结合。

监理机构以及人员的配备是为了满足监理工作的需要而设置的，而监理工作是针对工程项目实施而言的，因此监理组织机构及监理人员可以随工程项目进展情况进行动态调整，如专业人员的调换、人员数量的增减等。土建工程的施工阶段，现场以土建专业监理人员为主，只需少数安装专业监理人员配合；安装工程施工阶段则以安装专业监理人员为主，土建专业监理人员配合；在主体结构等资源消耗集中的施工高峰期间，配备的监理人员应多些，在竣工验收扫尾阶段配备的监理人员可少些。

（八）监理工作程序

由于监理工作包括质量控制、投资控制、进度控制、合同管理、信息管理、组织协调等，所以监理规划中规定的监理工作程序包括了上述各项监理工作的程序。本教材仅介绍施工阶段监理工作程序。

在施工阶段开展监理工作，具体可规定如下监理工作程序：

(1)施工阶段工程质量控制工作流程。

(2)工序交接检验控制工作流程。

(3)业主(或承包商)提出设计变更处理工作流程。

(4)工程质量事故处理工作流程。

(5)开工申请核签工作流程。

(6)工程款支付核签工作流程。

(7)分项工程、分部工程、单位工程验收等工作流程。

(8)竣工验收工作流程。

(9)工程项目施工进度控制工作流程。

(10)计量支付工作流程。

(11)索赔处理工作流程。

(12)工程项目投资控制工作流程等。

(九)监理工作方法及措施

监理工作方法就是开展各项监理工作采用的方法、手段及工程项目质量、投资、进度、安全控制的方法。监理工作方法包括:审核有关技术文件、报告和报表,下达指令文件与一般管理文书,现场监督与检查,规定监控工作程序等。如质量控制工作方法还可运用全面质量管理的直方图法、控制图法、因果分析法、相关图法、排列图法、分层法、统计表法等进行控制;进度控制工作方法可采用横道图比较法、S 型曲线法、香蕉图法、前锋线法等进行控制;投资控制方法包括静态控制方法与动态控制方法等。监理的组织协调工作可用会议方式或指令文件方式等进行。

监理工作采用的措施一般包括组织措施、技术措施、经济措施、合同措施,不同的监理工作所采取的措施可以不同,不同阶段的监理工作控制措施可以不同,不同的监理工作内容控制措施可以不同。

1. 质量控制措施

(1)质量控制的组织措施。建立健全监理组织,完善职责分工及有关质量控制制度,落实质量控制的责任。

(2)质量控制的技术措施。设计阶段,协助设计单位优化设计和完善设计质量保证体系,施工阶段严格保证事前、事中、事后的质量控制措施。

(3)质量控制的经济措施及合同措施。严格质检和验收,不符合设计文件、合同规定质量要求的拒付工程款。

2. 投资控制措施

(1)投资控制的组织措施。建立健全监理组织机构,完善职责分工及有关制度,落实投资控制的责任。

(2)投资控制的技术措施。在设计阶段,推行限额设计和优化设计。在施工阶段,通过审核施工组织设计和施工方案,合理开支施工措施费,按工期合理组织施工,避免不必要的赶工费。

(3)投资控制的经济措施。除及时进行计划费用与实际开支费用的比较分析外,监理人员对原设计或施工方案提出合理化建议被采用,由此产生的投资节约可按监理合同规定予以一定的奖励。

(4)投资控制的合同措施。按合同条款支付工程款,防止过早、过量的现金支付,减少对方提出索赔的条件和机会,正确处理索赔等。

3. 进度控制措施

(1)进度控制的组织措施。落实进度控制的责任,建立进度控制协调制度。

(2)进度控制的技术措施。建立网络计划和施工作业计划体系,增加同时作业的施工面,采用高效能的施工机械设备,采用施工新工艺、新技术,缩短工艺过程间和工序间的技术间歇时间。

(3)进度控制的经济措施。对工期提前者实行奖励,对应急工程实行较高的计件单价,确保资金的及时供应等。

(4)进度控制的合同措施。按合同要求及时协调有关各方的进度以确保项目进度。

(十)监理工作制度

1.设计阶段监理工作制度

(1)设计大纲、设计任务书编号及审核制度。

(2)设计委托合同管理制度。

(3)设计咨询制度。

(4)工程概算、预算审核制度。

(5)施工图纸审核制度。

(6)设计费用支付签署制度。

(7)设计协调会及会议纪要制度。

(8)设计备忘录签发制度等。

2.施工阶段监理工作制度

(1)施工图纸会审及设计交底制度。

(2)施工组织设计审核制度。

(3)工程开工申请制度。

(4)工程材料、半成品质量检验制度。

(5)分部、分项工程,隐蔽工程质量验收制度。

(6)技术复核制度。

(7)技术经济签证制度。

(8)设计变更处理制度。

(9)现场协调会及会议纪要签发制度。

(10)施工备忘录签发制度。

(11)施工现场紧急情况处理制度。

(12)工程款支付签审制度。

(13)工程索赔签审制度等。

3.项目监理组织内部工作制度

(1)监理组织工作会议制度。

(2)对外行文审批制度。

(3)监理工作日志制度。

(4)监理月报、周报制度。

(5)技术、经济资料及档案管理制度。

(6)监理费用预算制度等。

(7)项目监理组织内部工作制度是在建设工程不同阶段的监理工作都应建立、执行的制度。

(十一)监理设施

根据监理工作的任务、要求及监理大纲中承诺为项目监理部投入监理资源的情况,为项目监理部配置办公设施,如计算机、打印机、管理软件;开展监理服务所需的检测试验设备、仪器、仪表、工具、器具等;开展监理工作所需的有关文件、资料,如现行规范、标准、图集、手册等;监理工作所必要的交通、通信设施,如汽车、电话等;以及监理人员生活必须设施、劳动保护设施等。

对一些特殊的监理工程项目,业主应提供委托监理合同约定的满足监理工作需要的办公、检验检测、交通、通信、生活等设施。项目监理机构应妥善保管和使用业主提供的设施,并应在完成监理工作后移交业主。

四、监理规划的调整与审批

在监理工作实施过程中,当实际情况或条件发生重大变化而需要调整监理规划时,应由总监理工程师组织,专业监理工程师研究修改,按原报审程序经过批准后报送建设单位,并按重新批准后的监理规划开展监理工作。

第三节 监理实施细则

一、监理实施细则的概念与任务

监理实施细则是监理工作实施细则的简称,是根据监理规划由专业监理工程师编制的,并经总监理工程师批准,针对工程项目中某一专业或某一方面监理工作的指导监理工作的操作性文件。

对大中型建设工程项目或专业性比较强的工程项目,项目监理机构应编制监理实施细则。监理实施细则应符合监理规划的要求,并应结合工程项目的专业特点,做到详细、具体、具有可操作性。

为了使编制的监理实施细则详细、具体、具有可操作性,根据监理工作的实际情况,监理实施细则应针对工程项目实施的具体对象、具体时间、具体操作、管理要求等,结合项目管理工作的监理工作目标、组织机构、职责分工,配备监理设备资源等,明确在监理工作过程中应当做哪些工作、由谁来做这些工作、在什么时候做这些工作、在什么地方做这些工作、如何做好这些工作。例如实施某项重要分项工程质量控制时,应明确该分项工程的施工工序组成情况,并把所有工序过程作为控制对象;明确由项目监理组织机构中具体哪一位监理员去实施监控;规定在施工过程中平行、巡视、检查方式;规定当承包商专业队组自检合格并进行工序报验时,实施检查;规定到工序施工现场进行巡视、检查、核验;规定该工序或分项工程用什么测试工具、仪器、仪表检测,检查哪些项目、内容;规定如何检查,检查后如何记录;如何与规范要求、设计要求的标准相比较做出结论等。

二、监理实施细则的编制程序与依据

(一)监理实施细则编制程序

(1)监理实施细则应在相应工程施工开始前编制完成,并经总监理工程师批准。

(2)监理实施细则应由专业监理工程师编制。

(二)监理实施细则编制依据

(1)已批准的监理规划。

(2)与专业工程相关的规范标准、设计文件和技术资料。

(3)施工组织设计。

(三)监理实施细则的主要内容

(1)专业工程的特点。

(2)监理工作的流程。

(3)监理工作控制要点及目标值。

(4)监理工作的方法及措施。

监理实施细则的内容应体现出针对性强、可操作性强、便于实施的特点。

(四)监理实施细则的管理

对于一些小型的工程项目或大中型工程项目中技术简单,质量要求不高,便于操作和便于控制,能保证工程质量、投资的分部分项工程或专业工程,若有比较详细的监理规划或监理规划深度满足要求时,可不再编制监理实施细则。监理实施细则在执行过程中,应根据实际情况进行补充、修改和完善,但其补充、修改和完善需经总监理工程师批准。

监理实施细则是开展监理工作的重要依据之一,最能体现监理工作服务的具体内容、具体做法,是体现全面认真开展监理工作的重要依据。按照监理实施细则开展监理工作并留有记录、责任到人也是证明监理单位为业主提供优质监理服务的证据,是监理归档资料的组成部分,是建设单位长期保存的竣工验收资料内容,也是监理单位、城建档案管理部门归档的资料内容。

三、监理规划、监理大纲和监理细则的关系

工程建设监理大纲和监理细则是与监理规划相互关联的两个重要监理文件,它们与监理规划共同构成监理规划系列文件。三者之间既有区别又有联系。

(一)区别

1. 意义和性质不同

(1)监理大纲:是社会监理单位为了获得监理任务,在投标阶段编制的项目监理方案性文件,亦称监理方案。

(2)监理规划:是在监理委托合同签订后,在项目总监理工程师主持下,按合同要求,结合项目的具体情况制定的指导监理工作开展的纲领性文件。

(3)监理实施细则:是在监理规划指导下,项目监理机构的各专业监理的责任落实后,由专业监理工程师针对项目具体情况制定的具有可实施性和可操作性的业务文件。

2. 编制对象不同

(1)监理大纲:以项目整体监理为对象。

(2)监理规划:以项目整体监理为对象。

(3)监理实施细则:以某项专业具体监理工作为对象。

3. 编制阶段不同

(1)监理大纲:在监理招标阶段编制。

(2)监理规划:在监理委托合同签订后编制。

(3)监理实施细则:在监理规划编制后编制。

4. 编制的责任人不同

(1)监理大纲:一般由监理企业的技术负责人组织经营部门或技术管理部门编制,可能有拟定的总监理工程师参与,也可能没有拟定的总监理工程师参与。

(2)监理规划:由总监理工程师负责组织编制。

(3)监理实施细则:由现场监理机构各部门的专业监理工程师组织编制。

5. 目的和作用不同

(1)监理大纲:目的是使业主信服,如果采用本监理单位制定的监理大纲,能够实现业主的投资目标和建设意图,从而使监理单位在竞争中获得监理任务。其作用是为社会监理单位经营目标服务。

(2)监理规划:目的是指导监理工作顺利开展,起到指导项目监理班子内部工作的作用。

(3)监理实施细则:目的是使各项监理工作能够具体实施,起到具体指导监理实务作业的作用。

(二)联系

项目监理大纲、监理规划、监理细则又是相互关联的,它们都是项目监理规划系列文件的组成部分,它们之间存在着明显的依据性关系:在编写项目监理规划时,一定要严格根据监理大纲的有关内容编写;在制定项目监理实施细则时,一定要在监理规划的指导下进行。

小　结

建设工程监理工作文件是指监理单位投标时编制的监理大纲、监理合同签订后由项目总监主持编写的监理规划和专业监理工程师编制的监理实施细则。监理规划编写的依据是现行有关建设工程的法律、法规、条例,与建设工程项目相关的规范、标准,政府批准的建设工程文件、施工承包合同、监理委托合同,已经审查批准的施工图设计文件以及监理大纲等。工程建设监理大纲和监理实施细则是与监理规划相互关联的两个重要监理文件,它们与监理规划共同构成监理规划系列文件。三者之间既有区别又有联系。

思考题

1. 监理大纲的作用是什么?

2. 建设工程施工阶段监理规划的主要内容有哪几个方面?

3. 监理规划编制的依据是什么?

4. 施工阶段监理实施细则的编制依据是什么? 内容包括哪些?

5. 监理月报编制内容包括哪些?

6. 常见的监理信息有哪些?

第八章　国外工程项目管理简介

【能力目标】

通过对本章的学习，了解国际上建设项目管理、工程咨询和建设工程组织管理的新型模式以及它们各自的特点。

【教学目标】

1. 了解国际上建设项目管理、工程咨询的基本知识。

2. 熟悉国际上建设工程组织管理的几种新型模式。

3. 掌握国际上建设工程组织管理新型模式的适用范围和特点。

第一节　建设项目管理

建设项目管理（Construction Project Management）在我国亦称为工程项目管理。从广义上讲，任何时候、任何建设工程都需要相应的管理活动，无论是埃及的金字塔、古罗马的竞技场，还是中国的长城、故宫，都存在相应的建设项目管理活动。但是，我们通常所说的建设项目管理，是指以现代建设项目管理理论为指导的建设项目管理活动。

一、建设项目管理的发展过程

第二次世界大战以前，在工程建设领域占绝对主导地位的是传统的建设工程组织管理模式，即设计—招标—建造模式（Design—Bid—Build）。采用这种模式时，业主与建筑师或工程师（房屋建筑工程适用建筑师，其他土木工程适用工程师）签订专业服务合同。建筑师或工程师不仅负责提供设计文件，而且负责组织施工招标工作来选择总包商，还要在施工阶段对施工单位的施工活动进行监督并对工程结算报告进行审核和签署。

第二次世界大战以后，世界上大多数国家的建设规模和发展速度都达到了历史最高水平，出现了一大批大型和特大型建设工程，其技术和管理的难度大幅度提高，对工程建设管理者水平和能力的要求亦相应提高。在这种新形势下，传统的建设工程组织管理模式已不能满足业主对建设工程目标进行全面控制和对建设工程实施进行全过程控制的新需求，其固有的缺陷日益显得突出，主要表现在：相对于质量控制而言，对投资和进度的控制以及合同管理较为薄弱，效果较差；难以发现设计本身的错误或缺陷，常常因为设计方面的原因而导致投资增加和工期拖延。正是在这样的背景下，一种不承担建设工程的具体设计任务、专门为业主提供建设项目管理服务的咨询公司应运而生了，并且迅速壮大，成为工程建设领域一个新的专业化方向。

建设项目管理专业化的形成和发展在工程建设领域专业化发展史上具有里程碑意义。因为在此之前，工程建设领域专业化的发展都表现为技术方面的专业化：首先是由设计、施工一体化发展到设计与施工分离，形成设计专业化和施工专业化；设计专业化的进一步发展导致建筑设计与结构设计的分离。形成建筑设计专业化和结构专业化,以后又逐渐形成各种工程设备设计的专业化;施工专业化的发展形成了各种施工对象专业化、施工阶段专业化和施工工程专业化。建设项目管理专业化的形成符合建设项目一次性的特点,符合工程建设活动的客观规律,取得了非常显著的经济效果,从而显示出强大的生命力。

建设项目管理专业化发展的初期仅局限在施工阶段,即由建筑师或工程师为业主提供设计服务,而由建设项目管理公司为业主提供施工招标服务以及施工阶段的监督和管理服务。应用这种方式虽然能在施工阶段发现设计的一些错误或缺陷,但是有时对投资和进度造成的损失已无法挽回,因而对设计的控制和建设工程总目标的控制效果不甚理想。因此,建设项目管理的服务范围又逐渐扩大到建设工程实施的全过程,加强了对设计的控制,充分体现了早期控制的思想,取得了更好的控制效果。建设项目管理的进一步发展是将服务范围扩大到工程建设的全过程,即既包括实施阶段又包括决策阶段,最大限度地发挥了全过程控制和早期控制的作用。

需要说明的是,虽然专业化的建设项目管理公司得到了迅速发展,其占建筑咨询服务市场的比例也日益扩大,但至今并未完全取代传统模式中的建筑师或工程师。当前,无论是在各国的国内建设工程中,还是在国际工程中,传统的建设工程组织管理模式仍然得到广泛的应用。没有任何资料表明,专业化的建设项目管理与传统模式究竟哪一种方式占主导地位。这一方面是因为传统模式中建筑师或工程师在设计方面的作用和优势是专业化建设项目管理人员所无法取代的,另一方面则是因为传统模式中的建筑师或工程师也在不断提高他们在投资控制、进度控制和合同管理方面的水平和能力,实际上也是以现代建设项目管理理论为指导为业主提供更全面、效果更好的服务。在一个确定的建设工程上,究竟是采用专业化的建设项目管理还是传统模式,完全取决于业主的选择。

二、建设项目管理的类型

建设项目管理的类型可从不同的角度划分。

(一)按管理主体分

参与工程建设的各方都有自己的项目管理任务。除了专业化的建设项目管理公司,参与工程建设的各方主要是指业主,设计单位,施工单位以及材料、设备供应单位。按管理主体分,建设项目管理就可以分为业主方的项目管理,设计单位的项目管理,施工单位的项目管理以及材料、设备供应单位的项目管理。其中,在大多数情况下,业主没有能力自己实施建设项目管理,需要委托专业化的建设项目管理公司为其服务;另外,除了特大型建设工程的设备系统,在大多数情况下,材料、设备供应单位的项目管理比较简单,主要表现在按时、按质、按量供货,一般不作专门研究。就设计单位和施工单位两者比较而言,施工单位的项目管理所涉及的问题要复杂得多,对项目管理人员的要求亦高得多,因而也是建设项目管理理论研究和实践的重要方面。

(二)按服务对象分

专业化建设项目管理公司的出现是适应业主新需求的产物,但是,在其发展过程中,并不仅仅局限于为业主提供项目管理服务,也可能为设计单位和施工单位提供项目管理服务。因此,按专业化建设项目管理公司的服务对象分,建设项目管理可以分为为业主服务的项目管理、为设计单位服务的项目管理和为施工单位服务的项目管理。其中,为业主服务的项目管理最为普遍,所涉及的问题最多,也最复杂,需要系统运用建设项目管理的基本理论。为设计单位服务的项目管理主要是为设计总包单位服务。这是因为发达国家的设计单位通常规模较小、专业性较强,对于房屋建筑来说,往往是由建筑师事务所担任设计总包单位,由结构、工程设备等专业设计事务所担任设计分包单位。如果面对一项大型复杂的建设工程,作为设计总包单位的某建筑师事务所可能感到难以胜任设计阶段的项目管理工作,就需要委托专业化的建设项目管理公司为其服务。从国际上建设项目管理的实践来看,这种情况很少见。至于为施工单位服务的项目管理,应用虽然较为普遍,但服务范围却较为狭窄。通常施工单位都具有自行实施项目管理的水平和能力,因而一般没有必要委托专业化建设项目管理公司为其提供全过程、全方位的项目管理服务。但是,即使是具有相当高的项目管理水平和能力的大型施工单位,当遇到复杂的工程合同争议和索赔问题时,也可能需要委托专业化建设项目管理公司为其提供相应的服务。在国际工程承包中,由于合同争议和索赔的处理涉及适用法律(往往不是施工单位所在国法律)的问题,因而这种情况较为常见。

(三)按服务阶段分

这种划分主要是从专业化建设项目管理公司为业主服务的角度考虑。根据为业主服务的时间范围,建设项目管理可分为施工阶段的项目管理、实施阶段全过程的项目管理和工程建设全过程的项目管理。其中,实施阶段全过程的项目管理和工程建设全过程的项目管理则更能体现建设项目管理基本理论的指导作用,对建设工程目标控制的效果亦更为突出。因此,这两种全过程项目管理所占的比例越来越大,成为专业化建设项目管理公司主要的服务领域。

三、建设项目管理理论体系的发展

建设项目管理是一门较为年轻的学科,从其形成到现在只有40多年的历史,目前仍然在继续发展。无论是国内还是国外,不同学者关于建设项目管理的专著从结构体系到具体内容往往有较大的差异,至今没有一本绝对权威的专著被普遍接受。因此,这里只能概要性地描述一下建设项目管理理论体系的发展轨迹,突出其主要内容的形成和发展过程,而不涉及具体的内容、方法和观点。

建设项目管理的基本理论体系形成于20世纪50年代末、60年代初。它是以当时已经比较成熟的组织论(亦称组织学)、控制论和管理学作为理论基础,结合建设工程和建筑市场的特点而形成的一门新兴学科。当时,建设项目管理学的主要内容有建设项目管理的组织、投资控制(或成本控制)、进度控制、质量控制、合同管理。建设项目管理理论体系的形成过程与建设项目管理专业化的形成过程大致是同步的,两者是相互促进的,真正体现了理论指导实践、实践又反作用于理论、使理论进一步发展和提高的客观规律。

20世纪70年代,随着计算机技术的发展,计算机辅助管理的重要性日益显露出来,因而计算机辅助建设项目管理或信息管理(注意,计算机辅助建设项目管理与信息管理是两个不同范畴的问题)成为了建设项目管理学的新内容。在这期间,原有的内容也在进一步发展,例如,有关组织的内容扩大到工作流程的组织和信息流程的组织,合同管理中深化了索赔内容，进度控制方面开始出现商品化软件，等等。而且，随着网络计划技术理论和方法的发展，开始出现进度控制方面的专著。

20 世纪 80 年代，建设项目管理学在宽度和深度两方面都有重大发展。在宽度方面，组织协调和建设工程风险管理成为建设项目管理学的重要内容。在深度方面，投资控制方面出现了一些新的理念，如全面投资控制（Total Cost Control）、投资控制的费用（Cost of Cost Control）等；进度控制方面出现了多平面（又称多阶）网络理论和方法；合同管理和索赔方面的研究日益深入，出现了许多专著，等等。

20 世纪 90 年代和 21 世纪初，建设项目管理学主要是在深度方面发展。例如，投资控制方面的偏差分析形成系统的理论和方法，质量控制方面由经典的质量管理方法向 ISO 9000T LSO 1400 系列发展，建设工程风险管理方面的研究越来越受到重视，在组织协调方面出现沟通管理（Communication Management）的理念和方法，等等。这一时期，建设项目管理学的各个主要内容都出现了众多的专著，产生了大批研究成果。而且，这一时期，也是与建设项目管理有关的商品化软件的大发展期，尤其在进度控制和投资控制方面出现了不少功能强大、比较成熟和完善的商品化软件，其在建设项目实践中得到广泛运用，提高了建设项目管理实际工作的效率和水平。

应当特别提到的是，美国项目管理学会（PMI）对总结项目管理（注意，并不局限于建设项目管理）的理论和扩展项目管理的应用领域发挥了重要作用。PMI 编制的《项目管理知识体系指南》（A Guide to the Project Management Body of Knowledge，简称 PMBOK）被许多国家在不同专业领域进行项目管理培训时广泛采用。在 PMBOK 2000 版中，把项目管理的知识领域归纳为 9 个方面，即项目整体（或集成）管理、项目范围管理、项目进度（或时间）管理、项目费用管理、项目质量管理、项目人力资源管理、项目沟通管理、项目风险管理和项目采购管理（含合同管理）。

四、美国项目管理专业人员资格认证（PMP）

PMP（Project Management Professional）是指项目管理专业人员资格认证。它是由美国项目管理学会（PMI）发起的，目的是给项目管理专业人员提供统一的行业标准，使之掌握科学化的项目管理知识，以提高项目管理专业的工作水平。目前，PMP 考试同时用英语、德语、法语、日语、朝语、西班牙语、葡萄牙语和中文等多种语言进行，很多国家都在效仿美国的项目管理认证制度。

（一）PMI 对项目经理职业道德、技能方面的要求

（1）具备较高的个人和职业道德标准，对自己的行为承担责任。

（2）只有通过培训获得任职资格，才能从事项目管理。

（3）在专业和业务方面，对雇主和客户诚实。

（4）向最新专业技能看齐，不断发展自身的继续教育。

（5）遵守所在国家的法律。

（6）具备相应的领导才能，能够最大限度地提高生产率并最大限度地缩减成本。

（7）应用当今先进的项目管理工具和技术，以保证达到项目计划规定的质量、费用和进度等控制目标。

(8)为项目团队成员提供适当的工作条件和机会,公平待人。

(9)乐于接受他人的批评,善于提出诚恳的意见,并能正确地评价他人的贡献。

(10)帮助团队成员、同行和同事提高专业知识。

(11)对雇主和客户没有被正式公开的业务和技术工艺信息应予以保密。

(12)告知雇主、客户可能会发生的利益冲突。

(13)不得直接或间接对有业务关系的雇主和客户行贿、受贿。

(14)真实地报告项目质量、费用和进度。

(二)PMP 知识结构

(1)掌握项目生命周期:项目启动、项目计划、项目执行、项目控制、项目竣工。

(2)具有以下 9 个方面的基本能力:整体(或集成)管理、范围管理、进度(或时间)管理、费用管理、质量管理、资源管理、沟通管理、风险管理、采购管理。

(三)报考条件与要求

PMP 认证申请者必须满足以下类别之一规定的教育背景和专业经历。

第一类:申请者需具有学士学位或同等的大学学历或以上者。

申请者需至少连续 3 年以上,具有 4 500 小时的项目管理经历。仅在申请日之前 6 年之内的经历有效。需要提交的文件:一份详细描述工作经历和教育背景的最新简历(需提供所有雇主和学校的名称及详细地址);一份学士学位或同等大学学历证书或复印件;能说明至少连续 3 年以上,4 500 小时的经历审查表。

第二类:申请者不具备学士学位或同等大学学历或以上者。

申请者需至少连续 5 年以上,具有 7 500 小时的项目管理经历。仅在申请日之前 8 年之内的经历有效。所需提交文件:一份详细描述工作经历和教育背景的最新简历(需提供所有雇主和学校的名称及详细地址);能说明至少连续 5 年以上,7 500 小时的经历审查表。

(四)考试形式和内容

在我国举办的 PMP 考试为中英文对照形式,共 200 道单项选择题,考试时间为 4.5 小时。考试的内容涉及 PMBOK 中的知识内容,包括项目管理的 5 个过程和 9 个知识领域,其中,项目启动 4%,项目计划 37%,项目执行 24%,项目控制 28%,项目竣工 7%。

第二节　工程咨询

一、工程咨询概述

(一)工程咨询的概念

到目前为止,工程咨询在国际上还没有一个统一的、规范化的定义。尽管如此,综合各种关于工程咨询的表述,可将工程咨询定义为:所谓工程咨询,是指适应现代经济发展和社会进步的需要,集中专家群体或个人的智慧和经验,运用现代科学技术和工程技术以及经济、管理、法律等方面的知识,为建设工程决策和管理提供的智力服务。

需要说明的是,如果某项工作的任务主要是采用常规的技术且属于设备密集型的工作,那么该项工作就不应列为咨询服务,在国际上通常将其列为劳务服务。例如,卫星测绘、地质钻探、计算机服务等就属于这类劳务服务。

(二)工程咨询的作用

工程咨询是智力服务,是知识的转让,可有针对性地向客户(Client)提供可供选择的方案、计划或有参考价值的数据、调查结果、预测分析等,亦可实际参与工程实施过程的管理,其作用可归纳为以下几个方面。

1. 为决策者提供科学合理的建议

工程咨询本身通常并不决策,但它可以弥补决策者职责与能力之间的差距。根据决策者的委托,咨询者利用自己的知识、经验和已掌握的调查资料,为决策者提供科学合理的一种或多种可供选择的建议或方案,从而减少决策失误。这里的决策者既可以是各级政府机构,也可以是企业领导或具体建设工程的业主。

2. 保证工程的顺利实施

由于建设工程具有一次性的特点,而且其实施过程中有众多复杂的管理工作,业主通常没有能力自行管理。工程咨询公司和人员则在这方面具有专业化的知识和经验,由他们负责工程实施过程的管理,可以及时发现和处理所出现的问题,大大提高工程实施过程管理的效率和效果,从而保证工程的顺利实施。

3. 为客户提供信息和先进技术

工程咨询机构往往集中了一定数量的专家、学者,拥有大量的信息、知识、经验和先进技术,可以随时根据客户需要提供信息和技术服务,弥补客户在科技和信息方面的不足。从全社会来说,这对于促进科学技术和情报信息的交流与转移,更好地发挥科学技术作为生产力的作用,都起到十分积极的作用。

4. 发挥准仲裁人的作用

由于相互利益关系的不同和认识水平的不同,在建设工程实施过程中,业主与建设工程的其他参与方之间,尤其是与承包商之间,往往会产生合同争议,需要第三方来合理解决所出现的争议。工程咨询机构是独立的法人,不受其他机构的约束和控制,只对自己咨询活动的结果负责,因而可以公正、客观地为客户提供解决争议的方案和建议。而且,由于工程咨询公司所具备的知识、经验、社会声誉及其所处的第三方地位,因而其所提出的方案和建议易于为争议双方所接受。

5. 促进国际间工程领域的交流和合作

随着全球经济一体化的发展,境外投资的数额和比例越来越大,相应地,境外工程咨询(往往又称为国际工程咨询)业务亦越来越多。在这些业务中,工程咨询公司和人员往往表现出他们自己在工程咨询和管理方面的理念和方法,以及所掌握的工程技术和建设工程组织管理的新型模式,这对促进国际间在工程领域技术、经济、管理和法律等方面的交流和合作无疑起到十分积极的作用,有利于加强各国工程咨询界的相互了解和沟通。另外,虽然目前在国际工程咨询市场中发达国家工程咨询公司占绝对主导地位,但他们境外工程咨询业务的拓展在客观上也是有利于提高发展中国家工程咨询水平的。

(三)工程咨询的发展趋势

工程咨询是近代工业化的产物,于19世纪初首先出现在建筑业。

工程咨询从出现伊始就是相对于工程承包而存在的,即工程咨询公司和人员不从事建设工程实际的建造和维修活动。工程咨询与工程承包的业务界限可以说是泾渭分明，即工程咨询公司不从事工程承包活动，而工程承包公司则不从事工程咨询活动。这种状况一直持续到20 世纪60 年代而没有发生本质的变化。

20 世纪70 年代以来，尤其是80 年代以来，建设工程日趋大型化和复杂化，工程咨询和工程承包业务日趋国际化。与此同时，建设工程组织管理模式不断发展，出现了 CM 模式、项目总承包模式、EPC 模式等新型模式；建设工程投、融资方式也在不断发展，出现了BOT、PFI(Private Finance Initiative)、TOT、BT 等方式。国际工程市场的这些变化使得工程咨询和工程承包业务也相应发生变化，两者之间的界限不再像过去那样严格分开，开始出现相互渗透、相互融合的新趋势。从工程咨询方面来看，这一趋势的具体表现主要是以下两种情况：一是工程咨询公司与工程承包公司相结合，组成大的集团企业或采用临时联合方式，承接交钥匙工程（或项目总承包工程）；二是工程咨询公司与国际大财团或金融机构紧密联系，通过项目融资取得项目的咨询业务。

从工程咨询本身的发展情况来看，总的趋势是向全过程服务和全方位服务方向发展。其中，全过程服务分为实施阶段全过程服务和工程建设全过程服务两种情况，这与本章第一节建设项目管理所述内容是一致的，此不赘述。至于全方位服务，则比建设项目管理中对建设项目目标的全方位控制的内涵宽得多。除了对建设项目三大目标的控制，全方位服务还可能包括决策支持、项目策划、项目融资或筹资、项目规划和设计、重要工程设备和材料的国际采购等。当然，真正能提供上述所有内容全方位服务的工程咨询公司是不多见的。但是，如果某工程咨询公司除了能提供常规的建设项目管理服务，还能提供其他一个或几个方面的服务，亦可归入全方位服务之列。

此外，还有一个不容忽视的趋势是以工程咨询为纽带，带动本国工程设备、材料和劳务的出口。这种情况通常是在全过程服务和全方位服务条件下才会发生。由于业主最先选定了工程咨询公司（一般是国际著名的有实力的工程咨询公司），出于对该工程咨询公司的信任，在不损害业主利益的前提下，业主会乐意接受该工程咨询公司所推荐的其所在国的工程设备、材料和劳务。

二、咨询工程师

（一）咨询工程师的概念

咨询工程师（Consulting Engineer）是以从事工程咨询业务为职业的工程技术人员和其他专业（如经济、管理）人员的统称。

国际上对咨询工程师的理解与我国习惯上的理解有很大不同。按国际上的理解，我国的建筑师、结构工程师、各种专业设备工程师、监理工程师、造价工程师、从事工程招标业务的专业人员等都属于咨询工程师；甚至从事工程咨询业务有关工作（如处理索赔时可能需要审查承包商的财务账簿和财务记录）的审计师、会计师也属于咨询工程师之列。因此，不要把咨询工程师理解为“从事咨询工作的工程师”。也许是出于以上原因，1990年国际咨询工程师联合会（FIDIC）在其出版的《业主/咨询工程师标准服务协议书条件》（简称白皮书）中已用“Consultant”取代了“Consulting Engineer”。Consultant 一词可译为咨询人员或咨询专家，但我国对“白皮书”的翻译仍按原习惯译为咨询工程师。

另外，需要说明的是，由于绝大多数咨询工程师都是以公司的形式开展工作，所以咨询工程师一词在很多场合也用于指工程咨询公司。例如，从白皮书的名称来看，业主显然不是与咨询工程师个人而是与工程咨询公司签订合同；从工程咨询合同(如白皮书)的具体条款来看，也有类似情况。因此，在阅读有关工程咨询的外文资料时，要注意鉴别咨询工程师一词的确切含义。

应当说在大多数情况下不会产生歧义，但有时可能需要仔细琢磨才能准确把握其含义。

(二)咨询工程师的素质

工程咨询是科学性、综合性、系统性、实践性均很强的职业。作为从事这一职业的主体，咨询工程师应具备以下素质才能胜任这一职业。

1. 知识面宽

建设工程自身的复杂程度及其不同的环境和背景，工程咨询公司服务内容的广泛性，要求咨询工程师具有较宽的知识面。除了掌握建设工程的专业技术知识，还应熟悉与工程建设有关的经济、管理、金融和法律等方面的知识，对工程建设的管理过程有深入的了解，并熟悉项目融资、设备采购、招标咨询的具体运作和有关规定。

在工程技术方面，咨询工程师不仅要掌握建设工程的专业应用技术，而且要有较深的理论基础，并了解当前最新技术水平和发展趋势；不仅掌握建设工程的一般设计原则和方法，而且掌握优化设计、可靠性设计、功能—成本设计等系统设计方法；不仅熟悉工程设计各方面的技术要点和难点，而且熟悉主要的施工技术和方法，能充分考虑设计与施工的结合，从而保证顺利地建成工程。

2. 精通业务

工程咨询公司的业务范围很宽，作为咨询工程师个人来说，不可能从事本公司所有业务范围内的工作。但是，每个咨询工程师都应有自己比较擅长的一个或多个业务领域，成为该领域的专家。对精通业务的要求，首先意味着要具有实际动手能力。工程咨询业务的许多工作都需要实际操作，如工程设计、项目财务评价、技术经济分析等，不仅要会做，而且要做得对、做得好、做得快。其次，要具有丰富的工程实践经验。只有通过不断的实践经验积累，才能提高业务水平和熟练程度，才能总结经验，找出规律，指导今后的工程咨询工作。此外，在当今社会，计算机应用和外语已成为必要的工作技能，作为咨询工程师也应在这两方面具备一定的水平和能力。

3. 协调、管理能力强

工程咨询业务中有些工作并不是咨询工程师自己直接去做，而是组织、管理其他人员去做，这不仅涉及与本公司各方面人员的协同工作，而且经常与客户、建设工程参与各方、政府部门、金融机构等发生联系，处理各种面临的问题。在这方面，需要的不是专业技术和理论知识，而是组织、协调和管理的能力。这表明，咨询工程师不仅要是技术方面的专家，而且要成为组织、管理方面的专家。

4. 责任心强

咨询工程师的责任心首先表现在职业责任感和敬业精神，要通过自己的实际行动来维护个人、本公司、本职业的尊严和名誉；同时，咨询工程师还负有社会责任，即应在维护国家和社会公众利益的前提下为客户提供服务。

责任心并不是空洞、抽象的，它可以在实际的咨询工作中得到充分的体现。工程咨询业务往往由多个咨询工程师协同完成，每个咨询工程师独立完成其中某一部分工作。这时，咨询工程师的责任心就显得尤为重要。因为每个咨询工程师的工作成果都与其他咨询工程师的工作有密切联系，任何一个环节的错误或延误都会给该项咨询业务带来严重后果。因此，每个咨询工程师都必须确保按时、按质地完成预定工作，并对自己的工作成果负责。

5. 不断进取，勇于开拓

当今世界，科学技术日新月异，经济发展一日千里，新思想、新理论、新技术、新产品、新方法等层出不穷，对工程咨询不断提出新的挑战。如果咨询工程师不能以积极的姿态面对这些挑战，终将被时代所淘汰。因此，咨询工程师必须及时更新知识，了解、熟悉乃至掌握与工程咨询相关领域的新进展；同时，要勇于开拓新的工程咨询领域（包括业务领域和地区领域），以适应客户的新需求，顺应工程咨询市场发展的趋势。

（三）咨询工程师的职业道德

国际上许多国家（尤其是发达国家）的工程咨询业已相当发达，相应地制定了各自的行业规范和职业道德规范，以指导和规范咨询工程师的职业行为。这些众多的咨询行业规范和职业道德规范虽然各不相同，但基本上是大同小异，其中在国际上最具普遍意义和权威性的是 FIDIC 道德准则，其内容在本书第二章已经作了介绍，此处不再重复。

咨询工程师的职业道德规范或准则虽然不是法律，但是对咨询工程师的行为却具有相当大的约束力。不少国家的工程咨询行业协会都明确规定，一旦咨询工程师的行为违背了职业道德规范或准则，就将终身不得再从事该职业。

三、工程咨询公司的服务对象和内容

工程咨询公司的业务范围很广泛，其服务对象可以是业主、承包商、贷款方，工程咨询公司也可以与承包商联合投标承包工程。工程咨询公司的服务对象不同，相应的具体服务内容也有所不同。

（一）为业主服务

为业主服务是工程咨询公司最基本、最广泛的业务，这里所说的业主包括各级政府（此时不是以管理者身份出现）、企业和个人。

工程咨询公司为业主服务既可以是全过程服务（包括实施阶段全过程和工程建设全过程），也可以是阶段性服务。

工程建设全过程服务的内容包括可行性研究（投资机会研究、初步可行性研究、详细可行性研究）、工程设计（概念设计、基本设计、详细设计）、工程招标（编制招标文件、评标、合同谈判）、材料设备采购、施工管理（监理）、生产准备、调试验收、后评价等一系列工作。在全过程服务的条件下，咨询工程师不仅是作为业主的受雇人开展工作，而且也代行了业主的部分职责。

所谓阶段性服务，就是工程咨询公司仅承担上述工程建设全过程服务中某一阶段的服务工作。一般来说，除了生产准备和调试验收，其余各阶段工作业主都可能单独委托工程咨询公司来完成。阶段性服务又分为两种不同的情况：一种是业主已经委托某工程咨询公司进行全过程服务，但同时又委托其他工程咨询公司对其中某一或某些阶段的工作成果进行审查、评价，例如，对可行性研究报告、设计文件都可以采取这种方式。另一种是业主分别委托多个工程咨询公司完成不同阶段的工作，在这种情况下，业主仍然可能将某一阶段工作委托某一工程咨询公司完成，再委托另一工程咨询公司审查、评价其工作成果；业主还可能将某一阶段工作（如施工监理）分别委托多个工程咨询公司来完成。

工程咨询公司为业主服务既可以是全方位服务，也可以是某一方面的服务，例如，仅仅提供决策支持服务、仅仅承担施工质量监理、仅仅从事工程投资控制等。

（二）为承包商服务

工程咨询公司为承包商服务主要有以下几种情况。

一是为承包商提供合同咨询和索赔服务。如果承包商对建设工程的某种组织管理模式不了解，如CM模式、EPC模式，或对招标文件中所选择的合同条件体系很陌生，如从未接触过ALA合同条件和JCT合同条件，就需要工程咨询公司为其提供合同咨询，以便了解和把握该模式或该合同条件的特点、要点以及需要注意的问题，从而避免或减少合同风险，提高自己合同管理的水平。另外，当承包商对合同所规定的适用法律不熟悉甚至根本不了解，或发生了重大、特殊的索赔事件而承包商自己又缺乏相应的索赔经验时，承包商都可能委托工程咨询公司为其提供索赔服务。

二是为承包商提供技术咨询服务。当承包商遇到施工技术难题，或工业项目中工艺系统设计和生产流程设计方面的问题时，工程咨询公司可以为其提供相应的技术咨询服务。在这种情况下，工程咨询公司的服务对象大多是技术实力不太强的中小承包商。

三是为承包商提供工程设计服务。在这种情况下，工程咨询公司实质上是承包商的设计分包商，其具体表现又有两种方式：一种是工程咨询公司仅承担详细设计（相当于我国的施工图设计）工作。在国际工程招标时，不少情况下仅达到基本设计（相当于我国的扩初设计），承包商不仅要完成施工任务，而且要完成详细设计。如果承包商不具备完成详细设计的能力，就需要委托工程咨询公司来完成。需要说明的是，这种情况在国际上仍然属于施工承包，而不属于项目总承包。另一种是工程咨询公司承担全部或绝大部分设计工作。其前提是承包商以项目总承包或交钥匙方式承包工程，且承包商没有能力自己完成工程设计。这时，工程咨询公司通常在投标阶段完成概念设计或基本设计，中标后再进一步深化设计。此外，还要协助承包商编制成本估算、投标估价，编制设备安装计划，参与设备的检验和验收、参与系统调试和试生产，等等。

（三）为贷款方服务

这里所说的贷款方包括一般的贷款银行、国际金融机构（如世界银行、亚洲开发银行等）和国际援助机构（如联合国开发计划署、粮农组织等）。

工程咨询公司为贷款方服务的常见形式有两种：一是对申请贷款的项目进行评估。工程咨询公司的评估侧重于项目的工艺方案、系统设计的可靠性和投资估算的准确性，并核算项目的财务评价指标并进行敏感性分析，最终提出客观、公正的评估报告。由于申请贷款项目通常都已完成了可行性研究，因此工程咨询公司的工作主要是对该项目的可行性研究报告进行审查、复核和评估。二是对已接受贷款项目的执行情况进行检查和监督。国际金融或援助机构为了了解已接受贷款的项目是否按照有关的贷款规定执行，确保工程和设备在国际招标过程中的公开性和公正性，保证贷款资金的合理使用、按项目实施的实际进度拨付，并能对贷款项目的实施进行必要的干预和控制，就需要委托工程咨询公司为其服务，对已接受贷款项目的执行情况进行检查和监督，提出阶段性工作报告，以及时、准确地掌握贷款项目的动态，从而作出正确的决策(如停贷、缓贷)。

(四)联合承包工程

在国际上，一些大型工程咨询公司往往与设备制造商和土木工程承包商组成联合体，参与项目总承包或交钥匙工程的投标，中标后共同完成项目建设的全部任务。在少数情况下，工程咨询公司甚至可以作为总承包商，承担项目的主要责任和风险，而承包商则成为分包商。工程咨询公司还可能参与BOT项目，甚至作为这类项目的发起人和策划公司。

虽然联合承包工程的风险相对较大，但可以给工程咨询公司带来更多的利润，而且在有些项目上可以更好地发挥工程咨询公司在技术、信息、管理等方面的优势。如前所述，采用多种形式参与联合承包工程，已成为国际上大型工程咨询公司拓展业务的一个趋势。

第三节 建设工程组织管理新型模式

随着社会技术经济水平的发展，建设工程业主的需求也在不断变化和发展，总的趋势是希望简化自身的管理工作，得到更全面、更高效的服务，更好地实现建设工程预定的目标。与此相适应，建设工程组织管理模式也在不断的发展，国际上出现了许多新型模式。本节介绍CM模式、EPC模式、Partnering模式和Project Controlling模式。需要说明的是，如果从形成时间和与传统模式相对应的角度考虑，项目总承包(国际上称为设计+施工或交钥匙模式)也可称为新型模式。只是由于这种模式在国际上应用已较为普遍，故本书将其归在“基本模式”之列。而本节所介绍的四种新型模式，除CM模式形成时间较早外(20世纪60年代)，其余模式形成时间均较迟(20世纪80年代以后)，且至今在国际上应用尚不普遍。尽管如此，由于这些新型模式反映了业主需求和建筑市场的发展趋势，而且均难以用简单的词汇直接译成中文，因而有必要了解其基本概念和有关情况。

一、CM模式

(一)CM模式的概念和产生背景

CM是英文Construction Management的缩写，若直译成中文为“施工管理”或“建设管理”。但是，这两个概念在我国均有其明确的内涵，显然不宜这样直译。鉴于此，我国有些学者将其翻译为建筑工程管理。但从中文的词义来看，“建筑工程管理”的内涵很宽，难以准确反映CM模式的含义，故本书直接用其英文字母缩写来表示。

即使在CM的发源地美国，对CM模式也没有完全统一的定义。而要准确理解CM模式的含义，就需要了解其产生的背景。

1968年，汤姆森(Charles B. Thomson)等人受美国建筑基金会的委托，在美国纽约州立大学研究关于如何加快设计和施工速度以及如何改进控制方法的报告中，通过对许多大建筑公司的调查，在综合各方面经验的基础上，提出了快速路径法(Fast-Track Method，国内也有学者译为快速轨道法)，又称为阶段施工法(Phased Construction Method)。这种方法的基本特征是将设计工作分为若干阶段(如基础工程、上部结构工程、装修工程、安装工程)完成，每一阶段设计工作完成后，就组织相应工程内容的施工招标，确定施工单位后即开始相应工程内容的施工。与此同时，下一阶段设计工作继续进行，完成后再组织相应的施工招标，确定相应的施工单位……其建设实施过程如图 8-1 所示。

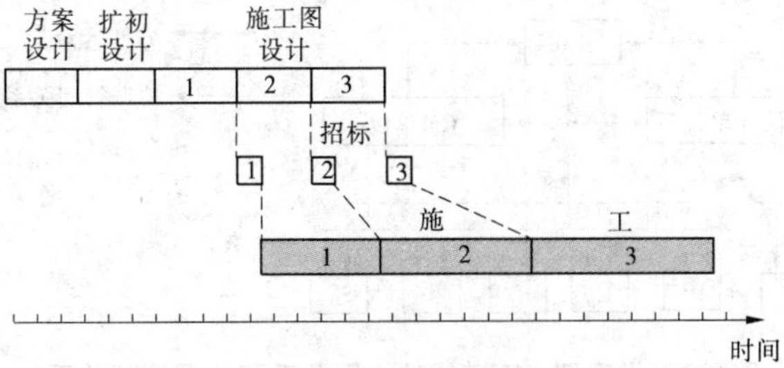

图 8-1　快速路径法

由图 8-1 可以看出，采用快速路径法可以将设计工作和施工招标工作与施工搭接起来，整个建设周期是第一阶段设计工作和第一次施工招标工作所需要的时间与整个工程施工所需要的时间之和。与传统模式相比，快速路径法可以缩短建设周期。从理论上讲，其缩短的时间应为传统模式条件下设计工作和施工招标工作所需时间与快速路径法条件下第一阶段设计工作和第一次施工招标工作所需时间之差。对于大型、复杂的建设工程来说，这一时间差额很长，甚至可能超过 1 年。但实际上，与传统模式相比，快速路径法大大增加了施工阶段组织协调和目标控制的难度，例如，设计变更增多，施工现场多个施工单位同时分别施工导致工效降低，等等。这表明，在采用快速路径法时，如果管理不当，就可能欲速则不达。因此，迫切需要采用一种与快速路径法相适应的新的组织管理模式。CM 模式就是在这样的背景下应运而生的。

所谓 CM 模式，就是在采用快速路径法时，从建设工程的开始阶段就雇用具有施工经验的 CM 单位（或 CM 经理）参与到建设工程实施过程中来，以便为设计人员提供施工方面的建议且随后负责管理施工过程。这种安排的目的是将建设工程的实施作为一个完整的过程来对待，并同时考虑设计和施工的因素，力求使建设工程在尽可能短的时间内、以尽可能经济的费用和满足要求的质量建成并投入使用。

需要注意的是，不要将 CM 模式与快速路径法混为一谈，因为快速路径法只是改进了传统模式条件下建设工程的实施顺序，不仅可在 CM 模式中使用，也可在其他模式中使用，如平行承发包模式、项目总承包模式（此时设计与施工的搭接是在项目总承包商内部完成的，且不存在施工与招标的搭接）。而 CM 模式则是以使用 CM 单位为特征的建设工程组织管理模式，具有独特的合同关系和组织形式。

美国建筑师学会（AIA）和美国总承包商联合会（ACC）于 20 世纪 90 年代初共同制定了 CM 标准合同条件。但是，FIDIC 等合同条件体系至今尚没有 CM 标准合同条件。

（二）CM 模式的类型

CM 模式分为代理型 CM 模式和非代理型 CM 模式两种类型。

1. 代理型 CM 模式（CM/Agency）

这种模式又称为纯粹的 CM 模式。采用代理型 CM 模式时，CM 单位是业主的咨询单位，业主与 CM 单位签订咨询服务合同，CM 合同价就是 CM 费，其表现形式可以是百分率（今后陆续确定的工程费用总额为基数）或固定数额的费用；业主分别与多个施工单位签订所有的工程施工合同。其合同关系和协调管理关系如图 8-2 所示。图中 C 表示施工单位,S 表示材料设备供应单位。

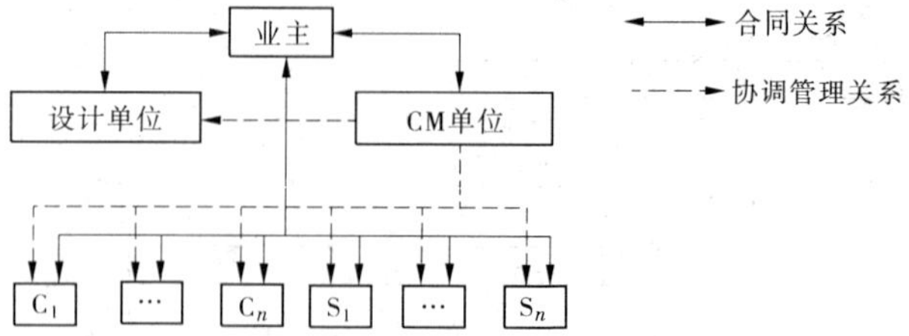

图 8-2　代理型 CM 模式的合同关系和协调管理关系

需要说明的是,CM 单位对设计没有指令权,只能向设计单位提出一些合理化建议,因而 CM 单位与设计单位之间是协调关系。这一点同样适用于非代理型 CM 模式。这也是 CM 模式与全过程建设项目管理的重要区别。

代理型 CM 标准合同条件被 AIA 定为“B801/CMa”,同时被 ACC 定为“ACC510”。

代理型 CM 模式中的 CM 单位通常是由具有丰富的施工经验的专业 CM 单位或咨询单位担任。

2. 非代理型 CM 模式(CM/Non-Agency)

这种模式又称风险型 CM 模式(At-Risk CM),在英国则称为管理承包(Management Contracting)。据英国有关文献介绍,这种模式在英国早在 20 世纪 50 年代即已出现。采用非代理型 CM 模式时,业主一般不与施工单位签订工程施工合同,但也可能在某些情况下,对某些专业性很强的工程内容和工程专用材料、设备,业主与少数施工单位和材料、设备供应单位签订合同。业主与 CM 单位所签订的合同既包括 CM 服务的内容,也包括工程施工承包的内容;而 CM 单位则与施工单位和材料、设备供应单位签订合同。其合同关系和协调管理关系如图 8-3 所示。

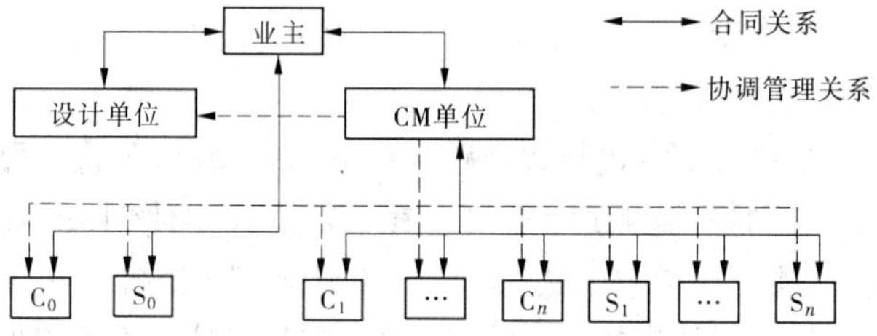

图 8-3　非代理型 CM 模式的合同关系和协调管理关系

在图 8-3 中,CM 单位与施工单位之间似乎是总分包关系,但实际上却与总分包模式有本质的不同。其根本区别主要表现在:一是虽然 CM 单位与各个分包商直接签订合同,但 CM 单位对各分包商的资格预审、招标、议标和签约都对业主公开并必须经过业主的确认才有效。二是由于 CM 单位介入工程时间较早(一般在设计阶段介入)且不承担设计任务,所以 CM 单位并不向业主直接报出具体数额的价格,而是报 CM 费,至于工程本身的费用则是今后 CM 单位与各分包商、供应商的合同价之和。也就是说,CM 合同价由以上两部分组成,但在签订 CM 合同时,该合同价尚不是一个确定的具体数据,而主要是确定计价原则和方式,本质上属于成本加酬金合同的一种特殊形式。

由此可见,在采用非代理型 CM 模式时,业主对工程费用不能直接控制,因而在这方面存在很大风险。为了促使 CM 单位加强费用控制工作,业主往往要求在 CM 合同中预先确定一个具体数额的保证最大价格(Guaranteed Maximum Price,简称 GMP,包括总的工程费用和 CM 费)。而且,合同条款中通常规定,如果实际工程费用加 CM 费超过了 GMP,超出部分由 CM 单位承担;反之,节余部分归业主。为了鼓励 CM 单位控制工程费用的积极性,也可在合同中约定对节余部分由业主和 CM 单位按一定比例分成。

不难理解,如果 GMP 的数额过高,就失去了控制工程费用的意义,业主所承担的风险增大;反之,GMP 的数额过低,则 CM 单位所承担的风险加大。因此,GMP 具体数额的确定就成为 CM 合同谈判中的一个焦点和难点。确定一个合理的 GMP,一方面取决于 CM 单位的水平和经验,另一方面更主要的是取决于设计所达到的深度。因此,如果 CM 单位介入时间较早(如在方案设计阶段即介入),则可能在 CM 合同中暂不确定 GMP 的具体数额,而是规定确定 GMP 的时间(不是从日历时间而是从设计进度和深度考虑)。但是,这样会大大增加 GMP 谈判的难度和复杂性。

非代理型 CM 标准合同条件被 AIA 定为"A121/CMc",同时被 ACC 定为"ACC565"。

非代理型 CM 模式中的 CM 单位通常是由从过去的总承包商演化而来的专业 CM 单位或总承包商担任。

(三) CM 模式的适用情况

从 CM 模式的特点来看,在以下几种情况下尤其能体现出它的优点:

(1)设计变更可能性较大的建设工程。某些建设工程,即使采用传统模式即等全部设计图纸完成后再进行施工招标,在施工过程中仍然会有较多的设计变更(不包括因设计本身缺陷引起的变更)。在这种情况下,传统模式利于投资控制的优点体现不出来,而 CM 模式则能充分发挥其缩短建设周期的优点。

(2)时间因素最为重要的建设工程。尽管建设工程的投资、进度、质量三者是一个目标系统,三大目标之间存在对立统一的关系,但是某些建设工程的进度目标可能是第一位的,如生产某些急于占领市场的产品的建设工程。如果采用传统模式组织实施,建设周期太长,虽然总投资可能较低,但可能因此而失去市场,导致投资效益降低乃至很差。

(3)因总的范围和规模不确定而无法准确定价的建设工程。这种情况表明业主的前期项目策划工作做得不好,如果等到建设工程总的范围和规模确定后再组织实施,持续时间太长。因此,可采取确定一部分工程内容即进行相应的施工招标,从而选定施工单位开始施工。但是,由于建设工程总体策划存在缺陷,因而 CM 模式应用的局部效果可能较好,而总体效果可能不理想。

以上都是从建设工程本身的情况说明 CM 模式的适用情况。而不论哪一种情况,应用 CM 模式都需要有具备丰富施工经验的高水平的 CM 单位,这可以说是应用 CM 模式的关键和前提条件。

二、EPC 模式

(一) EPC 模式的概念

EPC 为英文 Engineering—Procurement—Construction 的缩写,我国有些学者将其翻译

为设计—采购—建造。对此，有必要作特别说明。如果将 Engineering 一词简单地译为“工程”肯定不恰当，但译为“设计”也未必恰当，因为这容易使人从中文的角度理解为 Design，从而将 EPC 模式与项目总承包模式相混淆。

为了弄清 EPC 模式与项目总承包模式的区别，有必要从两者英文表述词的分析入手。项目总承包模式的英文表示为 Design-Build 或 Design + Build（也可简单地表示为 D + B）。在这两种模式中，Engineering 与 Design 相对应，Build 与 Construction 相对应。

Engineering 一词的含义极其丰富，在 EPC 模式中，它不仅包括具体的设计工作（Design），而且可能包括整个建设工程内容的总体策划以及整个建设工程实施组织管理的策划和具体工作。因此，很难用一个简单的中文词来准确表达这里的 Engineering 的含义。由此可见，与 D + B 模式相比，EPC 模式将承包（或服务）范围进一步向建设工程的前期延伸，业主只要大致说明一下投资意图和要求，其余工作均由 EPC 承包单位来完成。

Build 与 Construction 两个英文词的中文含义有很多相同之处，作为英文使用时有时并没有严格区别。但是，这两个英文词还是有一些细微的区别。Build 与 Building（建筑物，通常指房屋建筑）密切相关，而 Construction 没有直接相关的工程对象词汇。D + B 模式一般不特别说明其适用的工程范围，而 EPC 模式则特别强调适用于工厂、发电厂、石油开发和基础设施（Infrastructure）等建设工程。

Procurement 译为采购是恰当的。按世界银行的定义，采购包括工程采购（通常主要是指施工招标）、服务采购和货物采购。但在 EPC 模式中，采购主要是指货物采购即材料和工程设备的采购。虽然 D + B 模式在名称上未出现 Procurement 一词，但并不意味着在这种模式中材料和工程设备的采购完全由业主掌握。实际上，在 D + B 模式中，大多数材料和工程设备通常是由项目总承包单位采购（合同中对此亦有相应的条款），但业主可能保留对部分重要工程设备和特殊材料的采购权。EPC 模式在名称上突出了 Procurement，表明在这种模式中，材料和工程设备的采购完全由 EPC 承包单位负责。

EPC 模式于 20 世纪 80 年代首先在美国出现，得到了那些希望尽早确定投资总额和建设周期（尽管合同价格可能较高）的业主的青睐，在国际工程承包市场中的应用逐渐扩大。FIDIC 于 1999 年编制了标准的 EPC 合同条件，这有利于 EPC 模式的推广应用。

（二）EPC 模式的特征

与建设工程组织管理的其他模式相比，EPC 模式有以下几方面基本特征。

1. 承包商承担大部分风险

一般认为，在传统模式条件下，业主与承包商的风险分担大致是对等的。而在 EPC 模式条件下，由于承包商的承包范围包括设计，因而很自然地要承担设计风险。此外，在其他模式中均由业主承担的“一个有经验的承包商不可预见且无法合理防范的自然力的作用”的风险，在 EPC 模式中也由承包商承担。这是一类较为常见的风险，一旦发生，一般会引起费用增加和工期延误。在其他模式中承包商对此所享有的索赔权在 EPC 模式中不复存在。这无疑大大增加了承包商在工程实施过程中的风险。

另外，在 EPC 标准合同条件中还有一些条款也加大了承包商的风险。例如，EPC 合同条件第 4.10 款［现场数据］规定：承包商应负责核查和解释（业主提供的）此类数据。业主对此类数据的准确性、充分性和完整性不承担任何责任……而在其他模式中，通常是强调承包商自己对此类资料的解释负责,并不完全排除业主的责任。又如,EPC 合同条件第 4.12 款[不可预见的困难]规定:(1)承包商被认为已取得了可能对投标文件或工程产生影响或作用的有关风险、意外事故和其他情况的全部必要的资料;(2)在签订合同时,承包商应已经预见到了为圆满完成工程今后发生的一切困难和费用;(3)不能因任何没有预见的困难和费用而进行合同价格的调整。而在其他模式中,通常没有上述(2)、(3)的规定,这意味着如果发生此类情况,承包商可以得到费用和工期方面的补偿。

2. 业主或业主代表管理工程实施

在 EPC 模式条件下,业主不聘请“工程师”(即我国的监理工程师)来管理工程,而是自己或委派业主代表来管理工程。EPC 合同条件第 3 条规定,如果委派业主代表来管理,业主代表应是业主的全权代表。如果业主想更换业主代表,只需提前 14 天通知承包商,不需征得承包商的同意。而在其他模式中,如果业主想更换工程师,不仅提前通知承包商的时间大大增加(如 FIDIC 施工合同条件规定为 42 天),且需得到承包商的同意。

由于承包商已承担了工程建设的大部分风险,所以与其他模式条件下工程师管理工程的情况相比,EPC 模式条件下业主或业主代表管理工程显得较为宽松,不太具体和深入。例如,对承包商所应提交的文件仅仅是“审阅”,而在其他模式则是“审阅和批准”;对工程材料、工程设备的质量管理,虽然也有施工期间检验的规定,但重点是在竣工检验,必要时还可能做竣工后检验(排除了承包商不在场做竣工后检验的可能性)。

需要说明的是,虽然 FIDIC 在编制 EPC 合同条件时,其基本出发点是业主参与工程管理工作很少,对大部分施工图纸不需要经过业主审批,但在实践中,业主或业主代表参与工程管理的深度并不统一。通常,如果业主自己管理工程,其参与程度不可能太深。但是,如果委派业主代表则不同,在有的实际工程中,业主委派某个建设项目管理公司作为其代表,从而对建设工程的实施从设计、采购到施工进行全面的严格管理。

3. 总价合同

总价合同并不是 EPC 模式独有的,但是与其他模式条件下的总价合同相比,合同更接近于固定总价合同(若法规变化仍允许调整合同价格)。通常,在国际工程承包中,固定总价合同仅用于规模小、工期短的工程。而 EPC 模式所适用的工程一般规模较大、工期较长,且具有相当的技术复杂性。因此,在这类工程上采用接近固定的总价合同,也就称得上是特征了。另外,在 EPC 通用合同条件第 13.8 款[费用变化引起的调整]中,没有其他模式合同条件中规定的调价公式,而只是在专用条件中提到。这表明,在 EPC 模式条件下,业主允许承包商因费用变化而调价的情况是不多见的。而如果考虑到前述第 4.12 款[不可预见的困难]的有关规定,则业主根本不可能接受在专用条件中规定调价公式。这一点也是 EPC 模式与同样是采用总价合同的 D + B 模式的重要区别。

(三)EPC 模式的适用条件

由于 EPC 模式具有上述特征,因而应用这种模式需具备以下条件:

(1)由于承包商承担了工程建设的大部分风险,因此在招标阶段,业主应给予投标人充分的资料和时间,以使投标人能够仔细审核“业主的要求”(这是 EPC 模式条件下业主招标文件的重要内容),从而详细地了解该文件规定的工程目的、范围、设计标准和其他技术要求,并在此基础上进行工程前期的规划设计、风险分析和评价以及估价等工作,向业主提交一份技术先进可靠、价格和工期合理的投标书。

另一方面，从工程本身的情况来看，所包含的地下隐蔽工作不能太多，承包商在投标前无法进行勘察的工作区域也不能太大。否则，承包商就无法判定具体的工程量，增加了承包商的风险，只能在报价中以估计的方法增加适当的风险费，难以保证报价的准确性和合理性，最终要么损害业主的利益，要么损害承包商的利益。

(2)虽然业主或业主代表有权监督承包商的工作，但不能过分地干预承包商的工作，也不要审批大多数的施工图纸。既然合同规定由承包商负责全部设计，并承担全部责任，只要其设计和所完成的工程符合“合同中预期的工程之目的”(EPC 合同条件第 4.1 款[承包商的一般义务])，就应认为承包商履行了合同中的义务。这样做有利于简化管理工作程序，保证工程按预定的时间建成。而从质量控制的角度考虑，应突出对承包商过去业绩的审查，尤其是在其他采用 EPC 模式的工程上的业绩(如果有的话)，并注重对承包商投标书中技术文件的审查以及质量保证体系的审查。

(3)由于采用总价合同，因而工程的期中支付款(Interim Payment)应由业主直接按照合同规定支付，而不是像其他模式那样先由工程师审查工程量和承包商的结算报告，再决定和签发支付证书。在 EPC 模式中，期中支付可以按月度支付，也可以按阶段(我国所称的形象进度或里程碑事件)支付；在合同中可以规定每次支付款的具体数额，也可以规定每次支付款占合同价的百分比。

如果业主在招标时不满足上述条件或不愿接受其中某一条件，则该建设工程就不能采用 EPC 模式和 EPC 标准合同文件。在这种情况下，FIDIC 建议采用工程设备和设计——建造合同条件，即新黄皮书。

三、Partnering 模式

(一)Partnering 模式概述

1. Partnering 的概念

Partnering 模式于 20 世纪 80 年代中期首先在美国出现。1984 年，壳牌(Shell)石油公司与 SIP 工程公司签订了被美国建筑业协会(CII)认可的第一个真正的 Partnering 协议。1988 年，美国陆军工程公司(ACE)开始采用 Partnering 模式并应用得非常成功；1992 年，美国陆军工程公司规定在其所有新的建设工程上都采用 Partnering 模式，从而大大促进了 Partnering 模式的发展。到 20 世纪 90 年代中后期，Partnering 模式的应用已逐渐扩大到英国、澳大利亚、新加坡、香港等国家和地区，越来越受到建筑工程界的重视。

Partnering 一词看似简单，但要准确地译成中文却相当困难，我国大陆有学者将其译为伙伴关系，台湾学者则将其译为合作管理。对 Partnering 一词的理解，尤其要注意其作为英文动名词的特性，翻译成中文时不能与作为英文名词的 Partner 和 Partnership 相混淆。Partner 的基本含义是伙伴、合伙人，Partnership 的基本含义是伙伴关系、合伙关系。仅从这个角度来看，相对而言，将 Partnering 翻译成“合作管理”显得较为贴切。尽管如此，在未得到我国学术界和工程界普遍认可的情况下，本书仍然采用英文的原文。

Partnering 一词的中文翻译相当困难，Partnering 模式的定义也相当困难。即使在 Partnering 模式的发源地美国，至今对 Partnering 模式也没有统一的定义。美国建筑业协会(CII)、美国陆军工程公司(ECE)、美国国民经济发展办公室(NEDO)、美国总承包商联合会(AGC)、美国土木工程师协会(ASCE)、美国仲裁协会(AAA)等机构以及一些学者都分别对 Partnering 模式下了不同的有较大差异的定义。本书不一一列举和比较这些定义,在此仅试图将这些定义共同的主要内容归纳如下:

Partnering 模式意味着业主与建设工程参与各方在相互信任、资源共享的基础上达成一种短期或长期的协议;在充分考虑参与各方利益的基础上确定建设工程共同的目标;建立工作小组,及时沟通以避免争议和诉讼的产生,相互合作、共同解决建设工程实施过程中出现的问题,共同分担工程风险和有关费用,以保证参与各方目标和利益的实现。

2. Partnering 协议

Partnering 协议的英文原文为 Partnering Charter,其中 Charter 的含义有宪章、协议等,一般是由多方共同签署的文件,这是与 Agreement 的重要区别。本书虽然将 Charter 译为协议,但应注意不要将其与 Agreement 相混淆。

Partnering 协议并不仅仅是业主与施工单位双方之间的协议,而需要建设工程参与各方共同签署,包括业主、总包商或承包商、主要的分包商、设计单位、咨询单位、主要的材料设备供应单位等。对此,要注意两个问题:一是提出 Partnering 模式的时间可能与签订 Partnering 协议的时间相距甚远。由于业主在建设工程中处于主导和核心地位,所以通常是由业主提出采用 Partnering 模式的建议。业主可能在建设工程策划阶段或设计阶段开始前就提出采用 Partnering 模式,但可能到施工阶段开始前才签订 Partnering 协议。二是 Partnering 协议的参与者未必一次性全部到位,例如,最初 Partnering 协议的签署方可能不包括材料设备供应单位。

需要说明的是,一般合同(如施工合同)往往是由当事人一方(通常是业主)提出合同文本,该合同文本可以采用成熟的标准文本,也可以自行起草或委托咨询单位起草,然后经过谈判(主要是针对专用条件内容)签订。而 Partnering 协议没有确定的起草方,必须经过参与各方的充分讨论后确定该协议的内容,经参与各方一致同意后共同签署。

由于 Partnering 模式出现的时间还不长,应用范围也比较有限,因而到目前为止尚没有标准、统一的 Partnering 协议的格式,其内容往往也因具体的建设工程和参与者的不同而有所不同。但是,Partnering 协议还是有许多共同点,一般都是围绕建设工程的三大目标以及工程变更管理、争议和索赔管理、安全管理、信息沟通和管理、公共关系等问题作出相应的规定,而这些规定都是有关合同中没有或无法详细规定的内容。

3. Partnering 模式的特征

Partnering 模式的特征主要表现在以下几方面:

(1)出于自愿。在 Partnering 模式中,参与 Partnering 模式的有关各方必须是完全自愿,而非出于任何原因的强迫。Partnering 模式的参与各方要充分认识到,这种模式的出发点是实现建设工程的共同目标以使参与各方都能获益。只有在认识上统一才能在行动上采取合作和信任的态度,才能愿意共同分担风险和有关费用,共同解决问题和争议。在有的案例中,招标文件中写明该工程将采取 Partnering 模式,这时施工单位的参与就可能是出于非自愿。

(2)高层管理的参与。Partnering 模式的实施需要突破传统的观念和传统的组织界限,因而建设工程参与各方高层管理者的参与以及在高层管理者之间达成共识,对这种模式的顺利实施是非常重要的。由于这种模式要由参与各方共同组成工作小组,要分担风险、共享资源,甚至是公司的重要信息资源,因此高层管理者的认同、支持和决策是关键因素。

(3)Partnering 协议不是法律意义上的合同。Partnering 协议与工程合同是两个完全不同的文件。在工程合同签订后,建设工程参与各方经过讨论协商后才会签署 Partnering 协议。该协议并不改变参与各方在有关合同规定范围内的权利和义务关系,参与各方对有关合同规定的内容仍然要切实履行。Partnering 协议主要确定了参与各方在建设工程上的共同目标、任务分工和行为规范,是工作小组的纲领性文件。该协议的内容也不是一成不变的,当有新的参与者加入时,或某些参与者对协议的某些内容有意见时,都可以召开会议经过讨论对协议内容进行修改。

(4)信息的开放性。Partnering 模式强调资源共享,信息作为一种重要的资源对于参与各方必须公开。同时,参与各方要保持及时、经常和开诚布公的沟通,在相互信任的基础上,要保证工程的设计资料、投资、进度、质量等信息能被参与各方及时、便利的获取。这不仅能保证建设工程目标得到有效的控制,而且能减少许多重复性的工作,降低成本。

4. Partnering 模式与其他模式的比较

为简明起见,将 Partnering 模式与建设工程组织管理的其他模式(主要指基本模式和 CM 模式)的比较用表格形式汇总于表 8-1。

表 8-1 Partnering 模式与其他模式的比较

项目	其他模式	Partnering 模式
目标	业主与施工单位均有三大目标,但除了质量方面双方目标一致,在费用和进度方面双方目标可能矛盾	将建设工程参与各方的目标融为一个整体,考虑业主和参与各方利益的同时要满足甚至超越业主的预定目标,着眼于不断的提高和改进
期限	合同规定的期限	可以是一个建设工程的一次性合作,也可以是多个建设工程的长期合作
信任性	信任是建立在对完成建设工程能力的基础上,因而每个建设工程均需组织招标(包括资格预审)	信任是建立在共同的目标、不隐瞒任何事实以及相互承诺的基础上,长期合作则不再招标
回报	根据建设工程完成情况的好坏,施工单位有时可能得到一定的奖金(如提前工期奖、优质工程奖)或再接到新的工程	认为建设工程产生的结果很自然地已被彼此共享,各自都实现了自身的价值;有时可能就建设工程实施过程中产生的额外收益进行分配
合同	传统的具有法律效力的合同	传统的具有法律效力的合同加非合同性的 Partnering 模式
相互关系	强调各方的权利、义务和利益,在微观利益上相互对立	强调共同的目标和利益,强调合作精神,共同解决问题
争议与索赔	次数多、数额大,常常导致仲裁或诉讼	较少出现甚至完全避免

(二)Partnering 模式的要素

所谓 Partnering 模式的要素,是指保证这种模式成功运作所不可缺少的重要组成元素。综合美国各有关机构和学者对 Partnering 模式要素的论述,可归纳为以下几点。

1. 长期协议

虽然 Partnering 模式目前也经常被运用于单个建设工程，但从各国的实践来看，在多个建设工程上持续运用 Partnering 模式可以取得更好的效果，因而是 Partnering 模式的发展方向。通过与业主达成长期协议、进行长期合作，施工单位能够更加准确地了解业主的需求；同时能保证施工单位不断地获取工程实施任务，从而使施工单位可以将主要精力放在工程的具体实施上，充分发挥其积极性和创造性。这既对工程的投资、进度、质量控制有利，同时也降低了施工单位的经营成本。而业主一般只有通过与某一施工单位的成功合作才会与其达成长期协议，这样不仅可以使业主避免在选择施工单位方面的风险，而且可以大大降低"交易成本"，缩短建设周期，取得更好的投资效益。

2. 共享

共享的含义是指建设工程参与各方的资源共享、工程实施产生的效益共享；同时，参与各方共同分担工程的风险和采用 Partnering 模式所产生的相应费用。在这里，资源和效益都是广义的。资源既有有形的资源，如人力、机械设备等，也有无形的资源，如信息、知识等；效益同样既有有形的效益，如费用降低、质量提高等，也有无形的效益，如避免争议和诉讼的产生、工作积极性提高、施工单位社会信誉提高等。其中，尤其要强调信息共享。在 Partnering 模式中，信息应在参与各方之间及时、准确而有效的传递、转换，才能保证及时处理和解决已经出现的争议和问题，提高整个建设工程组织的工作效率。为此，需将传统的信息传递模式转变为基于电子信息网络的现代传递模式，如图 8-4 所示。

3. 信任

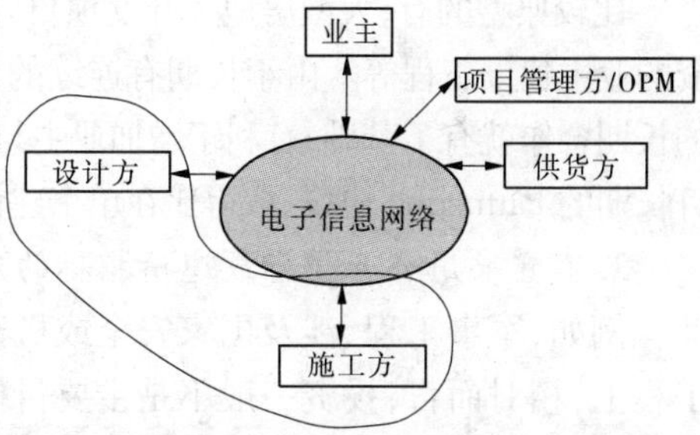

图 8-4　基于电子信息网络的信息传递模式

相互信任是确定建设工程参与各方共同目标和建立良好合作关系的前提，是 Partnering 模式的基础和关键。只有对参与各方的目标和风险进行分析和沟通，并建立良好的关系，彼此才能更好的理解；只有相互理解才能产生信任，而只有相互信任才能产生整体性的效果。Partnering 模式所达成的长期协议本身就是相互信任的结果，其中每一方的承诺都是基于对其他参与方的信任。有了信任才能将建设工程组织管理其他模式中常见的参与各方之间相互对立的关系转化为相互合作的关系，才可能实现参与各方的资源和效益共享。因此，在采用 Partnering 模式时，在建设工程实施的各个管理层次上，包括参与各方的高层管理者、具体建设工程的主要管理人员和基层工作人员之间，都需要建立信任关系，并使之不断强化。由此可见，Partnering 模式实质上是建设工程组织管理的一种全新的理念。

4. 共同的目标

在一个确定的建设工程上，参与各方都有各自不同的目标和利益，在某些方面甚至还有矛盾和冲突。尽管如此，在建设工程的实施过程中，参与各方之间还是有许多共同利益的。例如，通过设计方、施工方和业主方的配合，可以降低工程的风险，对参与各方均有利；还可以提高工程的使用功能和使用价值，不仅提高了业主的投资效益，而且提高了设计单位和施工单位的社会声誉，等等。因此，采用 Partnering 模式要使参与各方认识到，只有建设工程实施结果本身是成功的，才能实现他们各自的目标和利益，从而取得双赢和多赢的结果。为此，就需要通过分析、讨论、协调、沟通，针对特定的建设工程确定参与各方共同的目标，在充分考虑参与各方利益的基础上努力实现这些共同的目标。

5. 合作

合作意味着建设工程参与各方都要有合作精神，并在相互之间建立良好的合作关系。但这只是基本原则，要做到这一点，还需要有组织保证。Partnering 模式需要突破传统的组织界限，建立一个由建设工程参与各方人员共同组成的工作小组。同时，要明确各方的职责，建立相互之间的信息流程和指令关系，并建立一套规范的操作程序。该小组围绕共同的目标展开工作，在工作过程中鼓励创新、合作的精神，对所遇到的问题要以合作的态度公开交流，协商解决，力求寻找一个使参与各方均满意或均能接受的解决方案。建设工程参与各方之间这种良好的合作关系创造出和谐、愉快的工作氛围，不仅可以大大减少争议和矛盾的产生，而且可以及时做出决策，大大提高工作效率，有利于共同目标的实现。

（三）Partnering 模式的适用情况

Partnering 模式总是与建设工程组织管理模式中的某一种模式结合使用的，较为常见的情况是与总分包模式、项目总承包模式、CM 模式结合使用。这表明 Partnering 模式并不能作为一种独立存在的模式。从 Partnering 模式的实践情况来看，并不存在什么适用范围的限制，但是 Partnering 模式的特点决定了它特别适用于以下几种类型的建设工程。

1. 业主长期有投资活动的建设工程

比较典型的有，大型房地产开发项目，商业连锁建设工程，代表政府进行基础设施建设投资的业主建设工程等。由于长期有连续的建设工程作保证，业主与施工单位等工程参与各方的长期合作就有了基础，有利于增加业主与建设工程参与各方之间的了解和信任，从而可以签订长期的 Partnering 协议，取得比在单个建设工程上运用 Partnering 模式更好的效果。

2. 不宜采用公开招标或邀请招标的建设工程

例如，军事工程、涉及国家安全或机密的工程、工期特别紧迫的工程等。在这些建设工程上，相对而言，投资一般不是主要目标，业主与施工单位较易形成共同的目标和良好的合作关系。而且，虽然没有连续的建设工程，但良好的合作关系可以保持下去，在今后新的建设工程上仍然可以再度合作。这表明，即使对于短期内一个确定的建设工程，也可以签订具有长期效力的协议（包括在新的建设工程上套用原来的 Partnering 协议）。

3. 复杂的不确定因素较多的建设工程

如果建设工程的组成、技术、参与单位复杂，尤其是技术复杂、施工的不确定因素多，在采用一般模式时，往往会产生较多的合同争议和索赔，容易导致业主和施工单位产生对立情绪，相互之间的关系紧张，影响整个建设工程目标的实现，其结果可能是两败俱伤。在这类建设工程上采用 Partnering 模式，可以充分发挥其优点，协调参与各方之间的关系，有效避免和减少合同争议，避免仲裁或诉讼，较好地解决索赔问题，从而更好地实现建设工程参与各方共同的目标。

4. 国际金融组织贷款的建设工程

按贷款机构的要求，这类建设工程一般应采用国际公开招标（或称国际竞争性招标），常常有外国承包商参与，合同争议与索赔经常发生而且数额较大。另一方面，一些国际著名的承包商往往有Partnering模式的实践经验，至少对这种模式有所了解。因此，在这类建设工程上采用Partnering模式容易为外国承包商所接受并较为顺利的运作，从而可以有效地防范和处理合同争议与索赔，避免仲裁或诉讼，较好地控制建设工程的目标。当然，在这类建设工程上，一般是针对特定的建设工程签订Partnering协议而不是签订长期的Partnering协议。

四、其他建设工程项目管理模式

(1)DB模式：设计—建造(Design—Build)模式，又称为交钥匙工程或一揽子工程。通常的做法是在项目的初始阶段，业主邀请一位或几位有资格的承包商(或具备资格的项目管理咨询公司)根据业主的要求或设计大纲，由承包商独自完成或会同自己委托的设计咨询公司提出初步设计或成本概算。这种模式的特点：效率高，一旦和约签订以后，承包商就据此进行施工图设计，如果承包商本身拥有设计能力，就促使承包商积极的提高设计质量，通过合理和精心的设计创造经济效益，往往达到事半功倍的效果。责任单一性，DB模式的承包商对项目建设的全过程负有全部的责任，这种责任的单一性避免了工程建设中各方相互矛盾和扯皮，也促使承包商不断提高自己的管理水平，通过科学的管理创造效益。

(2)BOT模式：BOT(Build—Operate—Transfer)模式译为建造—运营—移交模式。BOT模式的基本思路是由项目所在国政府或所属机构为项目的建设和经营提供一种特许权协议作为项目融资的基础，由本国公司或外国公司作为项目的投资者和经营者安排融资，承担风险，开发建设项目，并在有限的时间内经营项目获取商业利润，最后根据协议将该项目转让给项目所在国的政府机构。

(3)PFI(Private—Finance—Initiative)模式：即私人主动融资，其含义是公共工程项目由私人资金启动、投资兴建，政府授予私人委托特许经营权，通过特许协议，政府和项目的其他参与方之间分担建设和运作风险。

(4)PPP(Private—Public—Partnership)模式：称做“国家私人合营公司”模式。

小　结

本章主要介绍了建设项目管理的类型、工程咨询的服务对象和内容、建设工程组织管理的新型模式：CM模式、EPC模式、Partnering模式、Project Controlling模式等，主要介绍了它们的概念、特点。使学生了解建设工程管理新模式以及各种模式的特点。

思考题

1. 简述建设项目管理的类型。
2. 咨询工程师应具备哪些素质?
3. 简述工程咨询公司的服务对象和内容。
4. 简述CM模型的类型和适用情况。
5. 简述EPC模式的特征和适用条件。
6. 简述Partnering模式的特征、要素及适用情况。

第九章　案例分析

【案例一】 某建设项目的业主于2004年3月1日发布该项目招标公告,其中载明招标项目的性质、大致规模、实施地点、获取招标文件的办法等事项,还要求参加投标的施工企业必须是本市一、二级企业或外地一级企业,近3年内有获省、市优质工程奖的项目,且需提供相应的资质证书和证明文件。4月1日向通过资格预审的施工单位发售招标文件,各投标单位领取招标文件的人均按要求在一张表上登记并签收。招标文件中明确规定,工期不长于24个月,工程质量标准为优良,4月18日16时为投标截止时间。在书面答复投标单位的提问以后,业主组织各投标单位进行了施工现场踏勘。4月12日,业主书面通知各投标单位,由于某种原因,决定将商场部分装修工程从原招标范围内删除,并明确4月18日16时仍为投标截止时间。开标时,由各投标人推选的代表检查投标文件的密封情况,确认无误后,由招标人当众拆信,宣读投标人名称、投标价格、工期等内容,还宣布了评标标准和评标委员会名单(共8人,其中招标人代表2人,招标人上级主管部门代表1人,技术专家3人,经济专家2人),并授权评标委员会直接确定中标人。

问题:1.该项目施工招标在哪些方面不符合《中华人民共和国招标投标法》的有关规定?

2.若某投标人在投标截止日前2天将投标文件送达业主,在开标时间前2小时,该投标人又递交了一份补充文件,其中声明将原报价降低1%,请问招标人如何处理此事件。

3.在招标过程中共有6家公司竞标,其中F工程公司的投标文件在招标文件要求提交投标文件的截止时间后半小时送达;G工程公司的投标文件未密封。评标委员会是否应该对这两家公司的投标文件进行评审?为什么?

4.招标人根据什么确定中标人?中标人的投标应当符合什么条件?

分析:1.该项目施工招标在以下几个方面不符合《中华人民共和国招标投标法》的有关规定:

(1)该项目招标公告中对本地和外地投标人的资质等级要求不同是错误的,这属于“以不合理条件限制或排斥潜在投标人”。

(2)要求领取招标文件的投标人在一张表格上登记并签字是错误的,因为按规定,招标人不得向他人透露已获取招标文件的潜在投标人的名称、数量等情况。

(3)投标截止时间过短,按规定,自招标文件发出之日起至投标人提交投标文件截止之日止,最短不得少于20天。

(4)现场踏勘应安排在书面答复投标人提问之前,因为投标人对施工现场条件也可能提出问题。

(5)招标人变更招标范围文件应在投标截止日期至少15日前以书面形式通知所有招标文件的收受人,本项目4月12日才提出此问题,投标截止日期应相应顺延。

(6)评标标准在开标时宣布,可能涉及两种情况:一是评标标准未包括在招标文件中,开标时才宣布,这是错误的;二是评标标准已包括在招标文件中,开标时已是重申性宣布，则不属错误。

(7)评标委员会的名单在中标结果确定之前应当保密，而不应在开标时宣布；评标委员会的人数应是5人以上单数，不应为8人；其中技术、经济专家不得少于总数的2/3，而本案为5/8。

2. 招标人应该接受这份文件，将这份文件作为原投标文件的补充文件，共同构成同一份投标文件。

3. 对于问题3：

(1)对F不评定(审)，按《中华人民共和国招标投标法》，对逾期送达的投标文件视为废标，应予拒收。

(2)对G不评定(审)，按《中华人民共和国招标投标法》，对未密封的投标文件视为废标。

4. 招标人根据评标委员会提出的评标报告和推荐的中标候选人确定中标人。中标人的投标应当符合下列条件之一：

(1)能够最大限度地满足招标文件中规定的各项综合评价标准。

(2)能够满足招标文件的实质性要求，并且经评审的投标价格最低，但是投标价格低于成本的除外。

【案例二】 某工程，施工总承包单位依据施工合同约定，与甲安装单位签订了安装分包合同。基础工程完成后，由于项目用途发生变化，建设单位要求设计单位编制设计变更文件，并授权项目监理机构就设计变更引起的有关问题与总承包单位进行协商。项目监理机构在收到经相关部门重新审查批准的设计变更文件后，经研究对其今后工作安排如下：

(1)由总监理工程师负责与总承包单位进行质量、费用和工期等问题的协商工作。

(2)要求总承包单位调整施工组织设计，并报建设单位同意后实施。

(3)由总监理工程师代表主持修订监理规划。

(4)由负责合同管理的专业监理工程师全权处理合同争议。

(5)安排一名监理员主持整理工程监理资料。

在协商变更单价过程中，项目监理机构未能与总承包单位达成一致意见，总监理工程师决定以双方提出的变更单价的均值作为最终的结算单价。

项目监理机构认为甲安装分包单位不能胜任变更后的安装工程，要求更换安装分包单位。总承包单位认为项目监理机构无权提出该要求，但仍表示愿意接受，随即提出由乙安装单位分包。

甲安装单位依据原定的安装分包合同已采购的材料，因设计变更需要退货，向项目监理机构提出了申请，要求补偿因材料退货造成的费用损失。

问题：1. 逐项指出项目监理机构对其今后工作的安排是否妥当，不妥之处，写出正确做法。

2. 指出在协商变更单价过程中项目监理机构做法的不妥之处，并按《建设工程监理规范》写出正确做法。

3. 总承包单位认为项目监理机构无权提出更换甲安装分包单位的意见是否正确？为什么？写出项目监理机构对乙安装单位分包资格的审批程序。

4. 指出甲安装单位要求补偿材料退货造成费用损失申请程序的不妥之处，写出正确做法。该费用损失应由谁承担?

分析:1. 对于问题 1。

(1)妥当。

(2)不妥。正确做法:调整后的施工组织设计应经项目监理机构(或总监理工程师)审核、签认。

(3)不妥。正确做法:由总监理工程师主持修订监理规划。

(4)不妥。正确做法:由总监理工程师负责处理合同争议。

(5)不妥。正确做法:由总监理工程师主持整理工程监理资料。

2. 不妥之处:以双方提出的变更费用价格的均值作为最终的结算单价。正确做法:项目监理机构(或总监理工程师)提出一个暂定价格,作为临时支付工程进度款的依据。变更费用价格在工程最终结算时以建设单位与总承包单位达成的协议为依据。

3. 不正确。理由:依据有关规定,项目监理机构对工程分包单位有认可权。

程序:项目监理机构(或专业监理工程师)审查总承包单位报送的分包单位资格报审表和分包单位的有关资料,符合有关规定后,由总监理工程师予以签认。

4. 不妥之处:由甲安装分包单位向项目监理机构提出申请。正确做法:甲安装分包单位向总承包单位提出申请,再由总承包单位向项目监理机构提出申请。

费用损失由建设单位承担。

【案例三】 监理单位承担了某工程的施工阶段监理任务,该工程由甲施工单位总承包。甲施工单位选择了经建设单位同意并经监理单位进行资质审查合格的乙施工单位作为分包。施工过程中发生了以下事件:

事件 1. 专业监理工程师在熟悉图纸时发现,基础工程部分设计内容不符合国家有关工程质量标准和规范。总监理工程师随即致函设计单位要求改正并提出更改建议方案。设计单位研究后,口头同意了总监理工程师的更改方案,总监理工程师随即将更改的内容写成监理指令通知甲施工单位执行。

事件 2. 施工过程中,专业监理工程师发现乙施工单位施工的分包工程部分存在质量隐患。为此,总监理工程师同时向甲、乙两施工单位发出了整改通知。甲施工单位回函称,乙施工单位施工的工程是经建设单位同意进行分包的,所以本单位不承担该部分工程的质量责任。

事件 3. 专业监理工程师在巡视时发现,甲施工单位在施工中使用未经报验的建筑材料,若继续施工,该部位将被隐蔽。因此,立即向甲施工单位下达了暂停施工的指令(因甲施工单位的工作对乙施工单位有影响,乙施工单位也被迫停工)。同时,指示甲施工单位将该材料进行检验,并报告了总监理工程师。总监理工程师对该工序停工予以确认,并在合同约定的时间内报告了建设单位。检验报告出来后,证实材料合格,可以使用,总监理工程师随即指令施工单位恢复了正常施工。

事件 4. 乙施工单位就上述停工自身遭受的损失向甲施工单位提出补偿要求,而甲施工单位称,此次停工是执行监理工程师的指令,乙施工单位应向建设单位提出索赔。

事件 5. 对上述施工单位的索赔建设单位称,本次停工是监理工程师失职造成的,且事先未征得建设单位同意。因此,建设单位不承担任何责任,由于停工造成施工单位的损失应由监理单位承担。

问题:针对上述各个事件,分别提出的问题如下:

1. 请指出总监理工程师上述行为的不妥之处并说明理由。总监理工程师应如何正确处理?

2. 甲施工单位的答复是否妥当?为什么?总监理工程师签发的整改通知是否妥当?为什么?

3. 专业监理工程师是否有权签发本次暂停令?为什么?下达工程暂停令的程序有无不妥之处?请说明理由。

4. 甲施工单位的说法是否正确?为什么?乙施工单位的损失应由谁承担?

5. 建设单位的说法是否正确?为什么?

分析:1. 总监理工程师不应直接致函设计单位。因为监理人员无权进行设计变更。

正确处理:发现问题应向建设单位报告,由建设单位向设计单位提出变更要求。

2. 甲施工单位回函所称不妥。因为分包单位的任何违约行为导致工程损害或给建设单位造成的损失,总承包单位承担连带责任。

总监理工程师签发的整改通知不妥,因为整改通知应签发给甲施工单位,因乙施工单位与建设单位没有合同关系。

3. 专业监理工程师无权签发工程暂停令。因为这是总监理工程师的权力。

下达工程暂停令的程序有不妥之处。理由是专业监理工程师应报告总监理工程师,由总监理工程师签发工程暂停令。

4. 甲施工单位的说法不正确。因为乙施工单位与建设单位没有合同关系,乙施工单位的损失应由甲施工单位承担。

5. 建设单位的说法不正确。因为监理工程师在是合同授权内履行职责,施工单位所受的损失不应由监理单位承担。

【案例四】 某工程由土建工程和设备安装工程两部分组成,业主与某建筑公司和某安装公司分别签订了施工合同和设备安装合同,土建工程包括桩基础,土建承包商将桩基础部分分包给某基础工程公司。桩为预制钢筋混凝土桩,共计1 200根,每根的混凝土量0.8 m^3,承包商对此所报单价为500元/m^3,预制桩由甲方供应,每根价格为350元。桩基础按施工进度计划规定从7月10日开工至7月20日结束。在桩基础施工过程中,由于业主方供应的预制桩不及时,使桩基础7月13日才开工,7月13日至18日基础工程公司的打桩设备出现故障,7月19日至22日出现了属于不可抗力的恶劣天气无法施工。合同约定:业主违约一天应补偿承包方5 000元,承包方违约一天应罚款5 000元。

问题:1. 在上述工程拖延中,哪些属于不可原谅的拖期?哪些属于可原谅而不予补偿费用的拖期?哪个属于可原谅但给予补偿费用的拖期?

2. 桩基部分的价格为多少?承包方此项应得款为多少?

3. 土建承包商应获得的工期补偿和费用补偿各为多少?

4. 设备承包商的损失由谁负责承担?应补偿的工期和费用为多少?

分析:对于问题1:

从7月10日至12日共3天,属于不可原谅且补偿费用的拖期(业主原因);

从7月13日至18日共6天，属于不可原谅的拖期（分包商原因）；

从7月19日至22日共4天，属于不可原谅但不予补偿费用的拖期（不可抗力原因）。

2. 对于问题2：

（1）桩基部分价格 =1 200 ×0.8 ×500 =48（万元）。

（2）承包方此项应得款：

① 可原谅且给予补偿费用的拖期为3天，应给承包商补偿3 ×5 000 =1.5（万元）；

② 不可原谅的拖期共6天，对承包商罚款6 ×5 000 =3.0（万元）；

③ 承包商此项应得款 =48 －（1 200 ×350/10 000）+1.5 －3.0 =4.5（万元）。

3. 对于问题3：

（1）土建承包商应获得的工期补偿为3 +4 =7（天）。

（2）土建承包商应获得费用补偿为3 ×5 000 －6 ×5 000 = －15 000（元），即应扣款1.5万元。

4. 对于问题4：

（1）设备安装承包商的损失应由业主负责承担。因为设备安装承包商与业主有合同关系，而土建承包商与设备安装承包商无合同关系。

（2）设备安装承包商应获工期为3 +6 +5 =14（天）。

（3）设备安装承包商应获费用补偿为14 ×5 000 =7.0（万元）。

【案例五】 某27层大型商住楼工程项目，建设单位为A。将其实施阶段的工程监理任务委托给B监理公司进行监理，并通过招标决定将施工承包合同授予施工单位C。在施工准备阶段，由于资金紧缺，建设单位向设计单位提出修改设计方案、降低设计标准，以便降低工程造价和投资的要求。设计单位为此将基础工程及装饰工程设计标准降低，减少了原设计方案的基础厚度。

问题： 1. 通常对于设计变更，监理工程师应如何控制？注意些什么问题？

2. 针对上述设计变更情况，监理工程师应如何控制？

分析： 1. 应注意以下问题：

（1）不论谁提出的设计变更要求，都必须征得建设单位同意并办理书面变更手续。

（2）涉及施工图审查内容的设计变更必须报原审查机构审查后再批准实施。

（3）注意随时掌握国家政策法规的变化及有关规范、规程、标准的变化，并及时将信息通知设计单位与建设单位，避免产生潜在的设计变更及因素。

（4）加强对设计阶段的质量控制，特别是施工图设计文件的审核。

（5）对设计变更要求进行统筹考虑，确定其必要性及对工期、费用等的影响。

（6）严格控制对设计变更的签批手续，明确责任，减少索赔。

2. 对上述设计变更，监理工程师应进行严格控制：

（1）应对建设单位提出的变更要求进行统筹考虑，确定其必要性，并将变更对工程工期的影响及安全使用的影响通报建设单位，如必须变更，应采取措施尽量减少对工程的不利影响；

（2）坚持变更必须符合国家强制性标准，不得违背；

（3）必须报请原审查机构审查批准后才实施变更。

【案例六】 T省H市一幢商住楼工程项目,建设单位A与施工单位B和监理单位C分别签订了施工承包合同和施工阶段委托监理合同。该工程项目的主体工程为钢筋混凝土框架式结构,设计要求混凝土抗压强度达到C20。在主体工程施工至第三层时,钢筋混凝土柱浇筑完毕拆模后,监理工程师发现,第三层全部80根钢筋混凝土柱的外观质量很差,不仅蜂窝麻面严重,而且表面的混凝土质地酥松,用锤轻敲即有混凝土碎块脱落。经检查,施工单位提交的从9根柱施工现场取样的混凝土强度试验结果表明,混凝土抗压强度值均达到或超过了设计要求值,其中最大值达到C30的水平,监理工程师对施工单位提交的试验报告结果十分怀疑。

问题: 1. 在上述情况下,作为监理工程师,你认为应当按什么步骤处理?

2. 常见的工程质量问题产生的原因主要有哪几方面?

3. 工程质量问题的处理方式有哪些?质量事故处理应遵循什么程序?质量事故分为几类?如有一造价8 000万元的高层建筑,主体工程完成封顶后,装修过程中发现建筑物整体倾斜,无法控制,最后人工控制爆破炸毁。这一质量事故属于哪一类?

4. 工程质量事故处理的依据包括哪几方面?质量事故处理方案有哪几类?事故处理的基本要求是什么?事故处理验收结论通常有哪几种?如果上述质量问题经检验证明抽验结果质量严重不合格(最高C18,最低仅为C8),而且施工单位提交的试验报告结果不是根据施工现场取样,而是在实验室按设计配合比做出的试样试验结果,你认为应当如何处理?

分析: 1. 该质量事故发生后,监理工程师可按下述步骤处理:

(1)监理工程师应首先指令施工单位暂停施工。

(2)如果自己具有相应技术实力及设备,可通知施工单位,在其参加下,从已浇筑的柱体上钻孔取样进行抽样检验和试验;也可以请具有权威性的第三方检测机构进行抽检和试验;或要求施工单位在有监理方现场见证的情况下,重新见证取样和试验。

(3)根据抽检结果判断质量问题的严重程度,必要时需通过建设单位请原设计单位及质量监督机构参加对该质量问题的分析判断。

(4)根据判断的结果及质量问题产生的原因决定处理方式或处理方案。

(5)指令施工单位进行处理,监理方应跟踪监督。

(6)处理后施工单位自检合格后,监理工程师复检合格加以确认。

(7)明确质量责任,按责任归属承担责任。

2. 常见的工程质量问题可能的成因有:

(1)违背建设程序。

(2)违反法规行为。

(3)地质勘查失真。

(4)设计差错。

(5)施工管理不到位。

(6)使用不合格的原材料、制品及设备。

(7)自然环境因素。

(8)使用不当。

3. 工程质量问题的处理方式、处理程序和质量事故分类与判断如下：

(1)工程质量问题的处理，根据其性质及严重程度不同可有以下处理方式。

①当施工引起的质量问题尚处于萌芽状态时，应及时制止，并要求施工单位立即改正。

②当施工引起的质量问题已出现，立即向施工单位发出监理通知，要求其进行补救处理，当其采取保证质量的有效措施后，向监理单位填报监理通知回复单。

③某工序分项工程完工后，如出现不合格项，监理工程师应填写不合格项处置记录，要求施工单位整改，并对其补救方案进行确认，跟踪其处理过程，对处理结果进行验收，不合格不允许进入下道工序或分项工程施工。

④在交工使用后保修期内，发现施工质量问题时，监理工程师应及时签发监理通知，指令施工单位进行保修(修补、加固或返工处理)。

(2)质量事故处理的一般程序。

①质量事故发生后，总监理工程师签发工程暂停令，暂停有关部分的工程施工。要求施工单位采取措施，防止扩大，保护现场，上报有关主管部门，并于24小时内写出书面报告。

②监理工程师应积极协助上级有关主管部门组织成立的事故调查组工作，提供有关的证据，若监理方有责任，则应回避。

③总监理工程师接到事故调查组提出的技术处理意见后，可征求建设单位意见，组织有关单位研究并委托原设计单位完成技术处理方案，予以审核签认。

④处理方案核签后，监理工程师应要求施工单位制定详细施工方案，报监理审批后监督其实施处理。

⑤施工单位处理完工自检后报验结果，组织各方检查验收，必要时进行处理鉴定。

(3)质量事故可分为以下四类。

①一般质量事故——指直接经济损失在5 000元及其以上、不满5万元者，或者是影响使用功能和结构安全，造成永久质量缺陷者。

②严重质量事故——指具备下述条件之一者：直接经济损失达5万元及其以上不满10万元者；严重影响使用功能或结构安全、存在重大质量隐患者；事故性质恶劣或造成2人以下重伤者。

③重大质量事故——指具备下述条件之一者：工程倒塌或报废；造成人员死亡或重伤3人以上；直接经济损失10万元以上。重大质量事故又分为四级：死亡30人以上或直接经济损失300万元以上为一级；死亡10人以上、29人以下或直接经济损失100万元以上(300万元以下)为二级；死亡3人以上、9人以下，或重伤20人以上，或经济损失30万元以上(不满100万元)为三级；死亡2人以下，或重伤3人以上、19人以下，或经济损失10万元以上(不满30万元)为四级。

④特别重大事故——一次死亡30人及其以上，或直接经济损失达500万元及其以上，或其他性质特别严重的事故。

(4)本问题中所述情况属于特别重大事故。

4. 关于工程质量事故处理的依据、处理方案类型、处理的基本要求和处理验收结论的问题答案如下。

(1)工程质量事故处理的依据有四个方面:①质量事故的实况资料;②具有法律效力的工程承包合同、设计委托合同、材料或设备购销合同及监理合同、分包合同等文件;③有关的技术文件、档案;④相关的建设法规。

(2)质量事故处理方案类型有:①修补处理;②返工处理;③不做专门处理。不做专门处理的条件是:①不影响结构安全和使用;②可以经过后续工序弥补;③经法定单位鉴定合格;④经检测鉴定达不到设计要求,但经原设计单位核算并能满足结构、安全及使用功能。

(3)事故处理的基本要求是:满足设计要求和用户期望;保证结构安全可靠;不留任何隐患;符合经济的合理原则。

(4)事故处理验收结论可以有:①事故已排除可继续施工;②隐患消除结构安全有保证;③修补处理后能满足使用;④基本满足使用要求,但有附加限制的使用条件;⑤对耐久性的结论;⑥外观影响的结论;⑦短期内难作结论的可提出进一步观测检验意见。

(5)根据本问题所述检验结果,应当全部返工处理。由此产生的经济损失及工期延误应由施工单位承担责任。监理工程师在对施工单位抽样检验的环节中失控,应对建设单位承担一定的失职责任。

【案例七】 某商业中心建设工程项目,业主A与某一级施工企业B和某甲级监理单位C分别签订了工程施工合同和施工阶段监理合同。工程开工后发生了下列事件。

1. 在修建国际商品展销中心工程的基础施工中,由于施工班组的违章作业,使经过监理人员检验合格的基础钢筋出现位移质量事故,在混凝土浇筑不久后,被监理方发现及时口头指示后并书面通知承包方立即停工处理和整改。承包方按监理方指令执行,提出质量事故报告及处理方案,经监理工程师审查批准后实施。整改完成后,经监理方重新检验确定合格后,指令复工继续基础混凝土施工。由此造成的经济损失由承包方承担,工期拖延不予延长,监理方还将此事故以及处理情况向业主作了报告。而业主代表书面提出:出现质量事故,监理公司也应负一定责任,要求扣除1%的监理费作为罚金。

2. 在地下管道施工中,管道敷设完毕后,承包方曾书面通知监理方要求检查管道敷设质量。但监理方收到质量验收通知单后,在合同约定的时间内并未前去检验,也未提出延期检查的书面要求。因此,承包方即将管沟予以回填。为此,监理方书面指令承包方将管沟重新挖开,以便检验管道质量。承包方按监理方要求对管沟进行剥露,经监理方检查后,确认管道敷设质量未达到设计图纸要求和合同要求,也不符合标准和规范要求,管道接合部严重漏水。因此,监理方要求承包方返工。承包方按要求进行了管道的返工处理,经监理方检验质量合格予以确认后,将管沟重新回填。为此,承包方提出:除管道返工费用由于承包方原因造成的适量不合格应自己承担外,要求发包方补偿再度剥露费用(包括重新开挖、回填以及由于重挖造成的部分管道损坏的费用)76 000元和工期延长8天。

3. 在修建该商业中心的东方广场和商业大厦工程中,开挖基础时,在地下发现大量化石和古人类文明遗迹。经有关部门及专家鉴定为远古类人猿活动遗址,有重大考古价值。经国家有关部门与业主协商决定在该处进行发掘工作,并与承包方协商后决定由承包方抽调部分力量参与文物发掘工作。经40天发掘工作基本完成。为此,承包方向发包方提出要求补偿参与考古发掘工作的直接费用48万元,由于工程暂停和延期所造成的劳动力和机械设备闲置等损失32万元,及20%管理费和10%利润,并且工期延长40天。

问题:1. 作为监理方是否接受业主代表要求扣除1%的监理费作为罚金? 为什么?

2. 承包方在管道未经监理检查并认可其质量的情况下,能否回填和覆盖? 管沟合法回填的前提条件是什么?

3. 承包方提出的发包方补偿管沟再度剥露的费用和工期延长的要求是否合理? 为什么? 监理方应如何处理?

4. 在施工中发现地下化石及文物后,监理单位应按照什么程序处理?

5. 对参与考古发掘工作,承包方提出的费用补偿及延长工期的要求是否合理? 为什么?

分析:对于问题1。

1. 监理方不能接受业主代表要求扣除1%的监理费作为罚金。因为是承包方违章作业造成的适量事故,不是由于监理的错误指令造成的,故不属于监理方责任。

2. 对于问题2。

(1)在未经监理方的检查和认可管道铺设合格的情况下,承包方可以回填和覆盖,但必须具备如下的前提条件:

①承包方自检合格后,在验收前48小时以书面通知监理方检查验收。

②监理人员没有在合同约定的合同内到场检验,而且在不能按时到场检验的情况下,又未能提前24小时向承包方提出书面的延期检查要求。

(2) 一般情况下,承包方合法回填管沟的前提条件是:

①自检质量合格。

②经过监理方检查并书面确认工程质量合格,符合国家或行业规范、标准以及设计文件和施工合同的要求。

在按合同约定的要求时间内,承包方已书面通知监理方检查,监理方未能按约定时间到场检查,也未能提前提出延期检查的要求。

3. 承包方向发包方提出补偿管沟剥露的费用和延期工期的要求不合理。因为,隐蔽工程通常不论是否已经过验收,当监理工程师提出剥露或开孔重新检验隐蔽工程的情况下,承包方都应当按监理工程师的要求进行剥露。至于因剥露而发生的费用及时间的补偿,则要以检查的结果如何来确定:若检验合格,则发包方应承担由此发生的追加合同价款,赔偿承包方损失,并相应顺延工期;若检验不合格,则承包方应承担发生的全部费用,但工期不予顺延。故监理工程师对本问题的处理应当是:费用不给予补偿,工期不予顺延。

4. 施工中发现文物、化石及其他有考古、地质研究等有价值的物品时,承包方应立即保护好现场,并且4小时内书面通知监理工程师。监理工程师应于收到书面通知后24小时内报告当地文物管理部门,并按有关管理部门的要求采取妥善的保护措施。必要时,可下达书面的暂停施工的指令。此外,监理方还应与承包方互相配合,一方面要做好保护工作,另一方面要采取措施设法尽量减少由于暂停施工给工程和承包方带来的损失。

5. 承包方向发包方提出补偿因发现文物、化石等发生的费用损失,以及延长工期的要求是合理的。因为,一般在发生上述的情况下,发包方应承担由此发生的费用,并相应顺延延误的工期。

附　录

附录一　建设工程监理规范

GB 50319—2000

主编单位:中国工程监理协会

批准部门:中华人民共和国建设部

(编者注:限于篇幅,只列出本规范的大纲)

1　总则

2　术语

3　项目监理机构及其设施

3.1　项目监理机构

3.2　监理人员的职责

3.3　监理设施

4　监理规划及监理实施细则

4.1　监理规划

4.2　监理实施细则

5　施工阶段的监理工作

5.1　制定监理工作程序的一般规定

5.2　施工准备阶段的监理工作

5.3　工地例会

5.4　工程质量控制工作

5.5　工程造价控制工作

5.6　工程进度控制工作

5.7　竣工验收

5.8　工程质量保修期的监理工作

6　施工合同管理的其他工作

6.1　工程暂停及复工

6.2　工程变更的管理

6.3　费用索赔的处理
6.4　工程延期及工程延误的处理
6.5　合同争议的调解
6.6　合同的解除

7　施工阶段监理资料的管理

7.1　监理资料
7.2　监理月报
7.3　监理工作总结
7.4　监理资料的管理

附录二　建设工程旁站监理管理规定

第一章　总　则

第一条　为了加强对建设工程监理工作的监督管理，有效控制建设工程质量，根据《中华人民共和国建筑法》和《建设工程质量管理条例》等法律、法规，制定本规定。

第二条　凡在中华人民共和国境内从事建设工程施工阶段监理活动的，必须实行旁站监理。

旁站监理是指监理单位的监理人员在施工现场对建设工程关键部位或关键工序的施工过程进行的监督管理活动。

第三条　建设单位应支持监理单位实施旁站监理。施工单位应接受监理单位的旁站监理。

第四条　县级以上人民政府建设行政主管部门负责旁站监理工作的监督管理。

第二章　旁站监理的范围、依据和内容

第五条　凡涉及建设工程结构安全的地基基础、主体结构和设备安装工程的关键部位和工序，均应实行旁站监理。

第六条　下列工程部位或工序应实行旁站监理：

（一）基础工程。桩基工程、沉井过程、水下混凝土浇筑、承载力检测、独立基础框架结构、基础土方回填。

（二）结构工程。混凝土浇筑、施加预应力、施工缝处理、结构吊装。

（三）钢结构工程。重要部位焊接、机械连接安装。

（四）设备进场验收测试、单机无负荷试车、无负荷联动试车、试运转、设备安装验收、压力容器等。

（五）隐蔽工程的隐蔽过程。

（六）建筑材料的见证取样、送样。

（七）新技术、新工艺、新材料、新设备试验过程。

（八）建设工程委托监理合同规定的应旁站监理的部位和工序。

第七条　旁站监理的依据：

（一）建设工程相关法律、法规；

（二）相关技术标准、规范、规程、工法；

（三）建设工程承包合同文件、委托监理合同文件；

（四）经批准的设计文件、施工组织设计、监理规划和旁站监理工作方案。

第八条 旁站监理工作的主要内容：

（一）是否按照技术标准、规范、规程和批准的设计文件、施工组织设计施工；

（二）是否使用合格的材料、构配件和设备；

（三）施工单位有关现场管理人员、质检人员是否在岗；

（四）施工操作人员的技术水平、操作条件是否满足施工工艺要求，特殊操作人员是否持证上岗；

（五）施工环境是否对工程质量产生不利影响；

（六）施工过程是否存在质量和安全隐患。对施工过程中出现的较大质量问题或质量隐患，旁站监理人员应采用照相、摄像等手段予以记录。

第三章 旁站监理的程序和方式

第九条 项目监理机构应根据监理规划编制旁站监理工作方案，明确旁站监理人员及职责、工作内容和程序、工程部位或工序，送建设单位的同时通知施工单位。

第十条 项目监理机构应建立和完善旁站监理制度，督促旁站监理人员到位、定期检查旁站监理记录和旁站监理工作质量。

第十一条 对需要旁站监理的部位和工序，施工单位应在施工前24小时书面通知项目监理机构，项目监理机构应根据旁站监理工作方案安排旁站监理人员在预定的时间内到达施工现场。

第十二条 旁站监理应按下列程序进行：

（一）落实旁站监理人员、进行旁站监理技术交底、配备必要的旁站监理设施；

（二）对施工单位人员、机械、材料、施工方案、安全措施及上一道工序质量报验等进行检查；

（三）具备旁站监理条件时，旁站监理人员按照本规定第八条的内容实施旁站监理工作，并做好旁站监理记录；

（四）旁站监理过程中，旁站监理人员发现施工质量和安全隐患时，按规定及时上报；

（五）旁站结束后，旁站监理人员在旁站监理记录上签字。

第十三条 旁站监理人员应及时、准确地记录旁站监理内容，施工单位应在旁站监理记录上签字确认。

旁站监理记录的内容应包括：旁站监理的部位或工序、时间、地点、气候、主要施工内容、发现或存在的问题及处理过程。

第十四条 总监理工程师或专业监理工程师应依据旁站监理记录确认其部位或工序的工程质量。

第十五条 工程竣工验收后，旁站监理记录应及时归档。

第十六条 旁站监理一般应采用现场监督、检查的方式。

第四章 旁站监理人员的任职条件和职权

第十七条 旁站监理人员必须具备下列条件之一，方可上岗：

（一）取得监理工程师执业资格并经注册；

（二）具有相关专业中专以上学历、一年以上相关专业工作经历，经过监理业务培训并经省级建设行政主管部门认可；

（三）具有相关专业技师职称、十年以上相关专业工作经历，经过监理业务培训并经省级建设行政主管部门认可。

第十八条 旁站监理人员应履行下列职责：

（一）旁站监理前，检查施工单位的施工准备情况，并将检查记录上报项目监理机构；

（二）熟悉相关的技术规范、设计图纸、建设工程施工合同和委托监理合同；

（三）旁站监理工作完成后，及时向项目监理机构提交完整、准确的旁站监理记录；

（四）当发现施工活动可能危害工程质量和安全时及时制止，并监督施工单位纠正处理；

（五）当发现重大施工质量和安全问题或隐患时，必须立即上报项目监理机构；

（六）依据本规定第七条客观公正地开展旁站监理工作。

第十九条 当发现施工单位在施工过程中有违反技术标准、规范、规程、建设工程施工合同、经批准的施工方案等行为时，旁站监理人员有权要求施工单位立即整改。

旁站监理人员应对旁站监理工作承担相应的监理责任。

第五章 监督管理

第二十条 建设行政主管部门应对旁站监理工作进行严格的监督管理，对监理单位的旁站监理工作进行检查，对违反本规定的行为进行处罚。省级建设行政主管部门应严格审核旁站监理人员的任职条件。

第二十一条 建设行政主管部门对监理单位在旁站监理过程中发现的涉及工程质量、安全的重大问题，应责成有关方面及时处理；对建设单位和施工单位妨碍监理单位正常开展旁站监理工作的行为，应及时予以制止和纠正。

第二十二条 建设行政主管部门对建设单位以低于国家规定的监理取费费率标准与监理单位签订委托监理合同的，不予颁发施工许可证。

第二十三条 建设单位应依据项目监理机构提交的旁站监理工作方案，监督旁站监理工作的实施。

建设单位对项目监理机构提出的旁站监理工作方案有不同意见时，应及时与项目监理机构协商，达成一致意见后由监理单位书面通知施工单位。

第二十四条 建设单位对不具备施工条件的部位或工序，不得明示或者暗示监理单位允许施工单位施工。

在旁站监理过程中，建设单位不得明示或者暗示监理单位同意施工单位使用不合格的建筑材料、建筑构配件和设备。

第二十五条 建设单位应为监理单位正常开展旁站监理工作提供必要条件。不得以低于国家规定的监理取费费率标准与监理单位签订委托监理合同，并应根据旁站监理工作强度，适当提高监理酬金。

第二十六条 监理单位应保证旁站监理制度正常实施，不得以低于国家规定的监理取费费率标准与建设单位签订委托监理合同。

第六章　罚　则

第二十七条　建设单位违反本规定，有下列行为之一的，责令改正，可处罚款；造成损失的，依法承担赔偿责任：

（一）对不具备施工条件的部位或工序，明示或者暗示旁站监理人员允许施工单位施工的；

（二）明示或者暗示旁站监理人员同意施工单位使用不合格的建筑材料、建筑构配件和设备的；

（三）以低于国家规定的监理取费费率标准与监理单位签订委托监理合同的。

第二十八条　监理单位违反本规定，有下列行为之一的，责令改正，可处罚款；情节严重的，降低资质等级，直至吊销资质等级证书；造成损失的，依法承担连带赔偿责任：

（一）对建设工程应实行旁站监理的关键部位或关键工序未组织监理人员旁站的；

（二）因旁站监理人员过失造成工程质量和安全事故的；

（三）以低于国家规定的监理取费费率标准与建设单位签订委托监理合同的。

第二十九条　旁站监理人员违反本规定，有下列行为之一的，责令改正，可处罚款，对注册监理工程师可停止执业一年；造成重大工程质量事故的，吊销监理工程师注册证书，五年内不予注册；构成犯罪的，依法追究刑事责任：

（一）滥用职权或者与建设单位、施工单位串通，弄虚作假、降低工程质量的；

（二）将不合格的建设工程、建筑材料、建筑构配件和设备按照合格签字的；

（三）在旁站监理过程中发现危害工程质量和安全的行为不予制止的；

（四）在旁站监理过程中发现重大施工质量和安全事故不上报项目监理机构的。

第三十条　施工单位违反本规定，有下列行为之一的，责令改正，可处罚款；造成损失的，依法承担赔偿责任：

（一）不按时通知监理单位进行旁站监理的；

（二）拒不接受旁站监理人员监理的；

（三）拒不服从总监理工程师发出停工整改指令的；

（四）在旁站监理记录上拒不签字的。

第三十一条　建设行政主管部门及其工作人员违反本规定，有下列行为之一的，由上级机关责令改正；情节严重的，可对责任人给予行政处分；构成犯罪的，依法追究刑事责任：

（一）对监理单位在旁站监理过程中发现的涉及工程质量和安全事故，未责成有关方面及时处理的；

（二）对建设单位和施工单位妨碍监理单位正常开展旁站监理工作的行为未予以制止和纠正的；

（三）对建设单位以低于国家规定的监理取费费率标准与监理单位签订委托监理合同，不予纠正并颁发施工许可证的。

第三十二条　本规定中的罚款，法律、法规有幅度规定的从其规定，无幅度规定的为五千元以上三万元以下。

第七章　附　则

第三十三条　实行旁站监理制度，不免除建设单位和施工单位对工程质量应承担的相应责任。

第三十四条 省、自治区、直辖市人民政府建设行政主管部门可以根据本规定制定实施细则。

第三十五条 本规定由国务院建设行政主管部门负责解释。

第三十六条 本规定自发布之日起施行。本规定施行以前有关文件与本规定不符的,按本规定执行。

附录三 房屋建筑工程施工旁站监理管理办法(试行)

中华人民共和国建设部

二〇〇二年七月十七日

第一条 为加强对房屋建筑工程施工旁站监理的管理,保证工程质量,依据《建设工程质量管理条例》的有关规定,制定本办法。

第二条 本办法所称房屋建筑工程施工旁站监理(以下简称旁站监理),是指监理人员在房屋建筑工程施工阶段监理中,对关键部位、关键工序的施工质量实施全过程现场跟班的监督活动。

本办法所规定的房屋建筑工程的关键部位、关键工序,在基础工程方面包括:土方回填,混凝土灌注桩浇筑,地下连续墙、土钉墙、后浇带及其他结构混凝土、防水混凝土浇筑,卷材防水层细部构造处理,钢结构安装;在主体结构工程方面包括:梁柱节点钢筋隐蔽过程,混凝土浇筑,预应力张拉,装配式结构安装,钢结构安装,网架结构安装,索膜安装。

第三条 监理企业在编制监理规划时,应当制定旁站监理方案,明确旁站监理的范围、内容、程序和旁站监理人员职责等。旁站监理方案应当送建设单位和施工企业各一份,并抄送工程所在地的建设行政主管部门或其委托的工程质量监督机构。

第四条 施工企业根据监理企业制定的旁站监理方案,在需要实施旁站监理的关键部位、关键工序进行施工前24小时,应当书面通知监理企业派驻工地的项目监理机构。项目监理机构应当安排旁站监理人员按照旁站监理方案实施旁站监理。

第五条 旁站监理在总监理工程师的指导下,由现场监理人员负责具体实施。

第六条 旁站监理人员的主要职责是:

(一)检查施工企业现场质检人员到岗、特殊工种人员持证上岗以及施工机械、建筑材料准备情况;

(二)在现场跟班监督关键部位、关键工序的施工执行方案以及工程建设强制性标准情况;

(三)核查进场建筑材料、建筑构配件、设备和商品混凝土的质量检验报告等,并可在现场监督施工企业进行检验或者委托具有资格的第三方进行复验;

(四)做好旁站监理记录和监理日记,保存旁站监理原始资料。

第七条 旁站监理人员应当认真履行职责,对需要实施旁站监理的关键部位、关键工序在施工现场跟班监督,及时发现和处理旁站监理过程中出现的质量问题,如实准确地做好旁站监理记录。凡旁站监理人员和施工企业现场质检人员未在旁站监理记录(见附件)上签字的,不得进行下一道工序施工。

第八条 旁站监理人员实施旁站监理时,发现施工企业有违反工程建设强制性标准行为的,有权责令施工企业立即整改;发现其施工活动已经或者可能危及工程质量的,应当及时向监理工程师或者总监理工程师报告，由总监理工程师下达局部暂停施工指令或者采取其他应急措施。

第九条 旁站监理记录是监理工程师或者总监理工程师依法行使有关签字权的重要依据。对于需要旁站监理的关键部位、关键工序施工，凡没有实施旁站监理或者没有旁站监理记录的，监理工程师或者总监理工程师不得在相应文件上签字。在工程竣工验收后，监理企业应当将旁站监理记录存档备查。

第十条 对于按照本办法规定的关键部位、关键工序实施旁站监理的，建设单位应当严格按照国家规定的监理取费标准执行；对于超出本办法规定的范围，建设单位要求监理企业实施旁站监理的，建设单位应当另行支付监理费用，具体费用标准由建设单位与监理企业在合同中约定。

第十一条 建设行政主管部门应当加强对旁站监理的监督检查，对于不按照本办法实施旁站监理的监理企业和有关监理人员要进行通报，责令整改，并作为不良记录载入该企业和有关人员的信用档案；情节严重的，在资质年检时应定为不合格，并按照下一个资质等级重新核定其资质等级；对于不按照本办法实施旁站监理而发生工程质量事故的，除依法对有关责任单位进行处罚外，还要依法追究监理企业和有关监理人员的相应责任。

第十二条 其他工程的施工旁站监理，可以参照本办法实施。

第十三条 本办法自2003年1月1日起施行。

附件：旁站监理记录表

旁站监理记录表

工程名称：　　　　　　　　　　　　　　　　　　编号：

<table>
<tr><td>日期及气候：</td><td>工程地点：</td></tr>
<tr><td colspan="2">旁站监理的部位或工序：</td></tr>
<tr><td>旁站监理开始时间：</td><td>旁站监理结束时间：</td></tr>
<tr><td colspan="2">施工情况：</td></tr>
<tr><td colspan="2">监理情况：</td></tr>
<tr><td colspan="2">发现问题：</td></tr>
<tr><td colspan="2">处理意见：</td></tr>
<tr><td colspan="2">备注：</td></tr>
<tr><td>施工企业：____________
项目经理部：____________
质检员（签字）：____________
年　月　日</td><td>监理企业：____________
项目监理机构：____________
旁站监理人员（签字）：____________
年　月　日</td></tr>
</table>

参考文献

[1] 中国建设监理协会 . GB 50319—2000 建设工程监理规范[S]. 北京:中国建筑出版社,2001.
[2] 周和荣. 建筑工程监理概论[M]. 北京:高等教育出版社,2005.
[3] 钟汉华. 工程建设监理[M]. 郑州:黄河水利出版社,2005.
[4] 张立人,李建新. 工程建设监理[M]. 武汉: 武汉理工大学出版社,2006.
[5] 张梦宇,梁建林. 工程建设监理概论[M]. 北京:中国水利水电出版社,2006.
[6] 中国建设监理协会. 建设工程监理相关法规文件汇编[G]. 北京:知识产权出版社, 2005.
[7] 中华人民共和国建设部令第 158 号. 工程监理企业资质管理规定[S].
[8] 吴贤国. 工程项目监理[M]. 北京:机械工业出版社,2007.
[9] 中国建设监理协会. 建设工程监理概论[M]. 北京:知识产权出版社,2007.
[10] 中国建设监理协会. 建设工程监理进度控制[M]. 北京:知识产权出版社,2007.
[11] 中国建设监理协会. 建设工程监理投资控制[M]. 北京:知识产权出版社,2007.
[12] 中国建设监理协会. 建设工程监理质量控制[M]. 北京:知识产权出版社,2007.